循证研究方法与实践丛书

总主编　杨克虎

网状Meta分析方法与实践

主　编　田金徽　李　伦

副主编　葛　龙　李秀霞　陈杰峰

编　者　（以姓氏笔画为序）

田金徽（兰州大学）　　李　伦（中南大学湘雅二医院）

李秀霞（兰州大学）　　杨克虎（兰州大学）

陈可欣（台北医科大学）　陈杰峰（台北医科大学）

陈耀龙（兰州大学）　　张　朋（河南南阳市中心医院）

张　珺（甘肃中医药大学）　张俊华（天津中医药大学）

姚　亮（兰州大学）　　葛　龙（兰州大学）

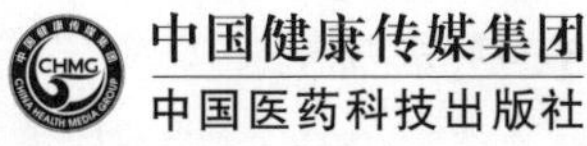

中国健康传媒集团
中国医药科技出版社

内容提要

本书为国内第一本介绍网状 Meta 分析的专著，阐述了网状 Meta 分析的基础理论、基本概念、制作方法，并以典型案例诠释网状 Meta 分析的实际研究和应用。本书有如下特色：阐述了网状 Meta 分析的起源、发展和现状以及撰写方法和注意事项；在讲解理论知识的同时，选取了大量有代表性的实例做深入解读分析，利于读者理解和运用；介绍网状 Meta 分析的常用软件，图文并茂，讲解深入浅出，可操作性强；首次介绍了 GRADE 方法在网状 Meta 分析中的应用；列出了 SCI 发表网状 Meta 分析的主要期刊信息，方便读者投稿。本书供想学习网状 Meta 分析者参考使用。

图书在版编目（CIP）数据

网状 Meta 分析方法与实践／田金徽，李伦主编. —北京：中国医药科技出版社，2017. 7
ISBN 978-7-5067-9324-7

Ⅰ. ①网… Ⅱ. ①田… ②李… Ⅲ. ①统计分析-应用软件 Ⅳ. ①C819

中国版本图书馆 CIP 数据核字（2017）第 095227 号

美术编辑 陈君杞
版式设计 张 璐

出版 **中国健康传媒集团** | 中国医药科技出版社
地址 北京市海淀区文慧园北路甲 22 号
邮编 100082
电话 发行：010-62227427 邮购：010-62236938
网址 www. cmstp. com
规格 787×1092mm 1/16
印张 23¼
字数 442 千字
版次 2017 年 7 月第 1 版
印次 2023年 6 月第 5 次印刷
印刷 北京市密东印刷有限公司
经销 全国各地新华书店
书号 ISBN 978-7-5067-9324-7
定价 58. 00 元

获取新书信息、投稿、为图书纠错，请扫码联系我们。

前言

FOREWORD

自1990年英国循证医学中心主任、Cochrane协作网创始人Iain Chalmers爵士发表了第一篇现代意义上的系统评价/Meta分析至今，系统评价/Meta分析方法已被广泛用于临床医学、公共卫生和卫生决策之中，其发表数量也迅猛增长，1994年累计数量达到1000篇，2010年突破10000篇，近5年更是以年均30%的速度在增加。截至2016年8月31日，PubMed数据库中收录的系统评价/Meta分析的数量已达到182359篇。由于系统评价/Meta分析通常只比较2个干预措施，面对多种干预措施时，如何筛选最有效、安全的方法以提高卫生保健质量，常常是临床决策的一大难题，而网状Meta分析方法的出现，为解决上述问题提供了可能。

网状Meta分析是基于多个研究分析两个以上干预措施之间间接比较结果（主要是调整间接比较）或直接比较结果与间接比较结果的合并结果（混合治疗效应）的Meta分析，自1997年Bucher等提出调整间接比较开始，经英国、加拿大、美国和荷兰等国网状Meta分析方法学家的共同研究，网状Meta分析的统计方法不断得到完善，2014年以来，网状Meta分析开始逐步采用证据推荐分级的评估、制订与评价（Grading of Recommendations Assessment, Development and Evaluation，GRADE）方法来解读汇总结果，标志着网状Meta分析理论与方法进一步走向成熟。

兰州大学循证医学中心（以下简称“中心”）于2010年开始集中力量学习和研究网状Meta分析方法，连续三届博士生均围绕网状Meta分析及其方法学选题进行研究。2011～2012年，中心派田金徽博士专门赴英国University of East Anglia，师从国际间接比较和网状Meta分析奠基人之一宋福建教授，研修间接比较和网状Meta分析方法。2013～2014年，中心派李伦博士专门赴加拿大University of Ottawa，师从循证医学奠基人之一David Moher教授，研修网状Meta分析方法学。同时，邀请国内外一流的方法学专家前来中心讲学交流，与国内外相关组织和机构合作开展网状 Meta 分析的研究，参与罗马大学 Giuseppe Biondi-Zoccai 教授组织的《Umbrella Reviews：Evidence Synthesis with Overviews of Reviews and Meta－Epidemiologic Studies》（Springer，2016）一书的编写，与德国维藤/黑尔德克大学循证医学中心主任 Dawid Pieper 教授、加拿大渥太华大学 David Moher 教授、澳大利亚莫纳什大学 Matthew Page 教授合作的研究成果分别发表在 J Clin Epidemiol 和 PLoS Med。近年来，中心在国内外期刊正式发表有关网状 Meta 分析研究论文 36 篇，博士研究论文 3 篇。经过 5 年多的学习、研究和实践，我们在网状 Meta 分析撰写方面积累了较为丰富的经验，奠定了比较扎实的基础。本次出版的《网状 Meta 分析方法与实践》，就是我们学习和研究网状 Meta 分析的阶段性成果，田金徽博士和李伦博士为此付出了大量的心血，从设计编写大纲，组织编写队伍，到反复讨论、仔细推敲修改文稿，历经一年多的辛勤劳动，圆满完成了本书的编写任务。

《网状 Meta 分析方法与实践》由三部分组成。第一部分为理论基础（第 1～3 章），主要介绍系统评价/Meta 分析的现状、进展与挑战；间接比较及网状 Meta 分析的定义、起源、发展和制作步骤；网状 Meta 分析的统计学原理、频率法和贝叶斯法选择、随机效应模型和固定效应模型的选择等。第二部分为制作方法介绍（第 4～6 章），主要包括网状 Meta 分析常用软件的使用方法；网状 Meta 分析制作流程和撰写方法，同时，介绍了 GRADE 在网状 Meta 分析中的应用，以及单病例网状 Meta 分析、生存数据网状 Meta 分析、观察性研究网状 Meta 分析和动物实验网状 Meta 分析的研究现状。第三部分为网状 Meta 分析应用及案例分析（第 7 章），通过网状 Meta 分析在医学各领域应用的案例解析，有助于读者更好的理解掌握和灵活运用网状 Meta 分析方法。

作为国内第一部介绍网状 Meta 分析的专著，本书有以下特色：第一，详尽阐述了网状 Meta 分析的起源、发展和现状以及撰写方法和注意事项；第二，在讲解理论知识的同时，选取了大量有代表性的实例做深入解读分析，利于读者理解和运用；第三，详细介绍了网状 Meta 分析的常用软件，图文并茂，讲解深入浅出，可操作性强；第四，首次介绍了 GRADE 方法在网状 Meta 分析中的应用；第五，列出了 SCI 发表网状 Meta 分析的主要期刊信息，方便读者投稿。本书逻辑清晰，结构严密，章节安排得当，详尽介绍了网状 Meta 分析的基础理论、基本概念、制作方法，并通过典型案例的解读分析，全面展示网状 Meta 分析的实际研究应用，是网状 Meta 分析学习者不可多得的参考书。

《网状 Meta 分析方法与实践》是“循证研究方法与实践丛书”的第三本，前两本《系统评价指导手册》及《诊断试验系统评价/Meta 分析指导手册》已分别于 2010 年和 2015 年出版。目前正在撰写的有《GRADE—证据质量与推荐强度分级理论与实践》《系统评价/Meta 分析在社会科学研究中的应用》《非随机试验系统评价》等。我们期待这套丛书对促进循证研究与实践工作有所帮助。

囿于对网状 Meta 分析认识和理解的局限性以及网状 Meta 分析方法学研究的不断发展，书中难免存在不足和疏漏，敬请读者在阅读时能以批判的眼光和辩证的态度有选择的采纳和吸收。我们热切欢迎各位同道及广大读者对书中的观点和内容提出宝贵意见和建议，并请发送至 tianjh@lzu.edu.cn 邮箱，以便再版时及时修正和改进，臻于至善。

杨克虎

2017 年 1 月

目 录

CONTENTS

第一章　系统评价/Meta 分析简介

第一节　系统评价/Meta 分析定义

一、系统评价定义

系统评价（systematic review, SR）是一种按照一定的纳入标准广泛收集关于某一医疗卫生问题的研究，对纳入研究进行严格的偏倚风险和证据质量评估，将各研究结果进行定量合并分析或定性分析，以对该问题进行系统总结的研究方法。Chalmers 和 Altman 将其定义为：采用各种方法以减少偏倚和随机误差并将其记录在案和研究报告的方法部分里的一种证据合成方法。美国医疗保健研究与质量局（the Agency for Healthcare Research and Quality, AHRQ）将系统评价定义为临床文献的总结。研究人员就某一特定临床问题，系统全面地收集证据，采用一定的标准评价和总结证据。通过对研究的客观评价和总结，进而解决一个特定的临床问题，也可包含定量数据分析。Cochrane 协作网（the Cochrane Collaboration, CC）认为系统评价是全面收集符合纳入标准的证据，以期解决某一特定研究问题，采用严格和系统的方法收集证据，尽最大的可能降低偏倚，呈现可靠的证据，进而得出可信的结论。

虽然不同组织对系统评价的定义不同，但是所有系统评价通常包括：制订全面的检索策略和严格的纳入排除标准；评估纳入研究的偏倚风险；对纳入研究资料进行定量或定性分析，获得纳入研究的合并效应量或定性结果证据；估计所获证据的质量，在此基础上形成对临床实践的应用推荐。

二、Meta 分析定义

Meta 分析（Meta analysis, MA）是一类将多个研究结果进行定量合成分析的统计学方法，出现于 20 世纪 70～80 年代，最初将其定义为“用以合成多个研究结果的定量分析方法”（L.V.Hedges, 1985）；1991 年，Fleiss 提出较严谨和准确的定义：“Meta 分析是一类用以比较和合成针对同一科学问题研究结果的统计学方法，其结论是否有意义，取决于所纳入的研究是否满足一定的条件”。此外，一些组织机构也对 Meta 分析给出了各自的定义，见表 1-1。

表 1-1　一些组织机构对 Meta 分析定义一览表

组织机构名称	对 Meta 分析的定义
Cochrane 协作网	采用统计方法将不同研究的数据进行合并。这种方法可充分利用系统评价收集所有信息，进而增加统计检验效能。通过采用统计方法合并相似研究，以提高结果效应量的精确性
美国国家医学图书馆（National Library of Medicine，NLM）	合并不同独立研究（通常基于发表文献）、总结不同研究结果的统计方法，指导临床实践和科研，以便评估治疗效果和开展新的研究
Himmelfarb 健康科学图书馆	是系统评价之一，是一种统计方法，可系统地合并不同研究的定量数据，进而得到一个具有更好统计学效能和精确性的结论
AHRQ	对不同研究数据合并的统计学方法

通过比较上述的定义不难发现，Meta 分析首先是一种统计学方法，该方法可对不同研究的结果进行合并，进而得到一个更精确、统计效能更高的结果。这种统计方法可对研究结果间的相似性进行定量或定性的评价，以克服原始研究样本量小的问题。

三、Cochrane 系统评价定义

Cochrane 系统评价（cochrane systematic reviews，CSR）是 Cochrane 协作网组织制作并在 Cochrane Library 上发表的系统评价。它是 CSR 作者在 Cochrane 协作网统一工作手册的指导下，在相应 CSR 工作组编辑部指导和帮助下所完成的系统评价。

固定化格式是 CSR 的一个鲜明的特点，便于读者很快找到研究结果并分析其真实性、实用性和潜在意义，也易于更新、阅读、出版发行。

与一般系统评价相比，CSR 有非常严格的制作程序。第一，CSR 的作者必须经过严格的培训，培训教材的内容全球统一；第二，CSR 的研究计划书和 CSR 全文均须经评审小组评审，提出修改意见；第三，经过各相关专业组复审编辑才能发表；发表后，任何人均可对其进行评价，提出意见，每年或每两年，作者根据这些意见和新检索到的临床研究对原系统评价进行修改或更新。因为严格的质量保障制度和周密体系，CSR 被公认为是最高级别的证据之一，已被广泛地作为制订指南和卫生政策的证据。

四、系统评价与 Meta 分析的关系

Meta 分析对多个纳入研究的资料进行合并分析得到定量结果，也可是单个研究的统计学效应量结果。并非所有系统评价都必须做 Meta 分析，是否做 Meta 分析要视纳入研究是否具有足够的相似性，如果纳入研究不具有同质性，则不进行 Meta 分析，而仅进行描述性的系统评价，此类系统评价称为定性系统评价；若纳入研究具有足够相似性，则进行合并分析，此类系统评价称为定量系统评价。

由此可见，系统评价可以包含 Meta 分析，Meta 分析可能是系统评价的一部分，但

并不是所有的 Meta 分析都是系统评价。当收集了一些研究，并进行了数据的定量合并，这时研究的收集并不系统、全面，这样就不是系统评价。但是，系统评价不一定必须对纳入的研究进行定量分析，若纳入研究存在明显的临床异质性，这时候对数据进行定量合并就会产生偏倚，此时就需要对纳入的研究进行定性描述，分析其应用的不同范围。

第二节　系统评价/Meta 分析现状

一、系统评价/Meta 分析发展现状

以“meta analysis[Title] OR meta analyses[Title] OR systematic review[Title] OR ‘Meta-Analysis’[Publication Type] OR "Meta-Analysis as Topic"[Mesh]”检索 PubMed，截至 2015 年 12 月 31 日共有来自 193 个国家的 3366 个城市的 116824 篇 SR/MA 及其相关研究发表在 5409 种杂志上。由图 1-1 可以看出，SR/MA 的数量逐年递增，年发表数量 1994 年仅 500 余篇，1998 年超过 1000 篇，2008 年超过 5000 篇，2012 年达到 10000 篇，特别是近 5 年以每年 3000 篇的速度在增加。从国家分布来看，前 5 位国家依次为美国、中国、英国、加拿大和澳大利亚，而前 3 个国家发表了全球近 44%的 SR/MA（图 1-2）；从城市分布来看，伦敦、上海、多伦多、波士顿和北京发表 SR/MA 数量居前 5 位，我国上海、北京、成都、南京和广州分别位居第 2、5、9、10 和 12 位（图 1-2）；从地域分布看，欧洲发表 SR/MA 数量最多，其次为北美洲，而非洲、大洋洲和南美洲发表数量相对较少（图 1-3）；发表 SR/MA 数量最多的前 3 位期刊分别为 Cochrane Database Syst Rev、Plos One 和 Tumour Biol（表 1-2）。

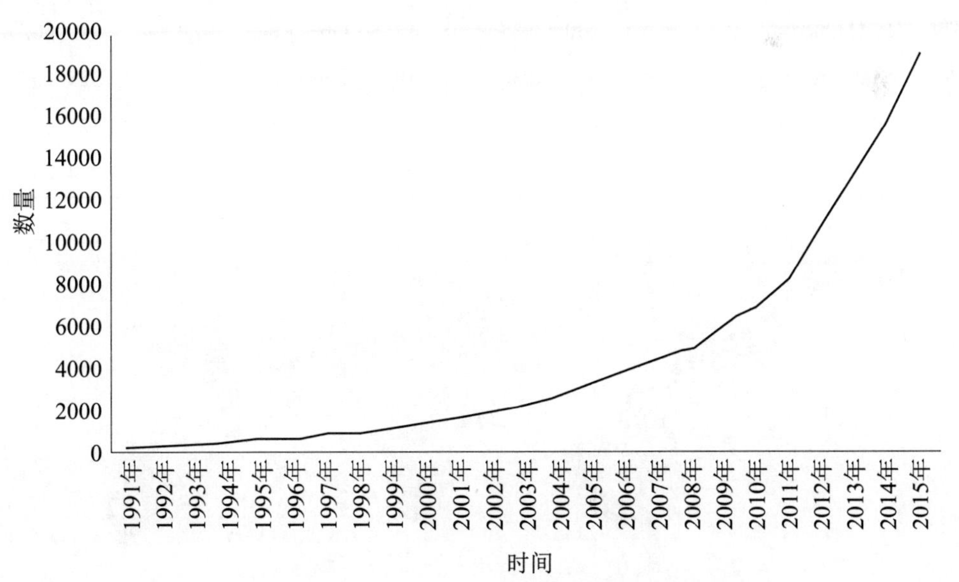

图 1-1　SR/MA 及其相关研究发表数量随时间变化趋势

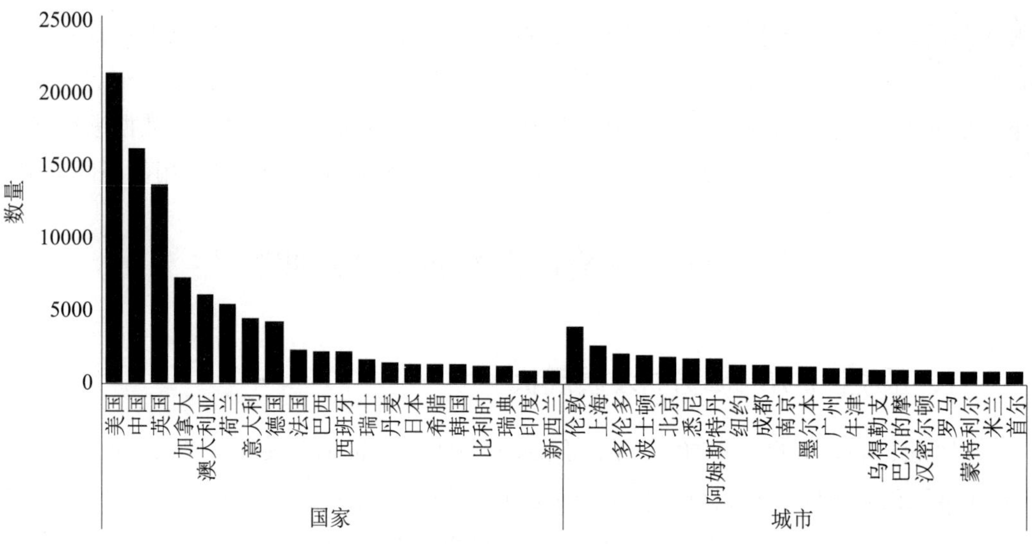

图 1-2　发表 SR/MA 前 20 位的国家和城市

表 1-2　发表 SR/MA 前 20 位的期刊一览表

序号	期刊名称	数量（%）	序号	期刊名称	数量（%）
1	Cochrane Database Syst Rev	5238（4.48）	11	Mol Biol Rep	366（0.31）
2	Plos One	3226（2.76）	12	BMC Public Health	340（0.29）
3	Tumour Biol	666（0.57）	13	World J Gastroenterol	335（0.29）
4	BMJ	614（0.53）	14	JAMA	328（0.28）
5	Int J Cardiol	503（0.43）	15	Aliment Pharmacol Ther	327（0.28）
6	Asian Pac J Cancer Prev	499（0.43）	16	Health Technol Assess	327（0.28）
7	BMJ Open	430（0.37）	17	Obes Rev	326（0.28）
8	Syst Rev	416（0.36）	18	Lancet	325（0.28）
9	Int J Clin Exp Med	412（0.35）	19	Br J Surg	321（0.27）
10	Ann Intern Med	400（0.34）	20	Stroke	314（0.27）

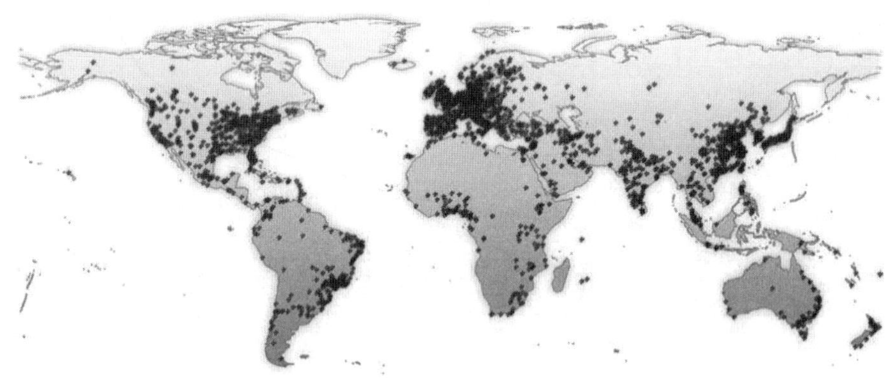

图 1-3　SR/MA 及其相关研究世界分布图

二、Cochrane 系统评价现状分析

截至 2015 年 12 月 31 日，Cochrane Library 共发表 CSR 11658 篇，由图 1–4 可知，2001 年至 2011 年发表的 CSR 数量介于 400～800 篇之间，2000 年、2012 年、2013 年发表的 CSR 超过了 1000 篇。共有来自 89 个国家的 811 个城市的 33619 位作者参与了 CSR 的撰写，发表前 5 位的国家依次为：英国 4014 篇（34.43%）、澳大利亚 1323 篇（11.35%）、美国 912 篇（7.82%）、加拿大 887 篇（7.61%）和荷兰 515 篇（4.42%）（图 1–5）。发表前 5 位的城市依次为：伦敦（英国）783 篇（6.72%）、牛津（英国）511 篇（4.38%）、利物浦（英国）316 篇（2.71%）、多伦多（加拿大）232 篇（1.99%）和曼彻斯特（英国）230 篇（1.97%）（图 1–5），全世界的分布情况见图 1–6。发表前 5 位的作者依次为：Moore R 105 篇（0.90%）、Hofmeyr G 102 篇（0.87%）、Handoll H 81 篇（0.69%）、Wells G 79 篇

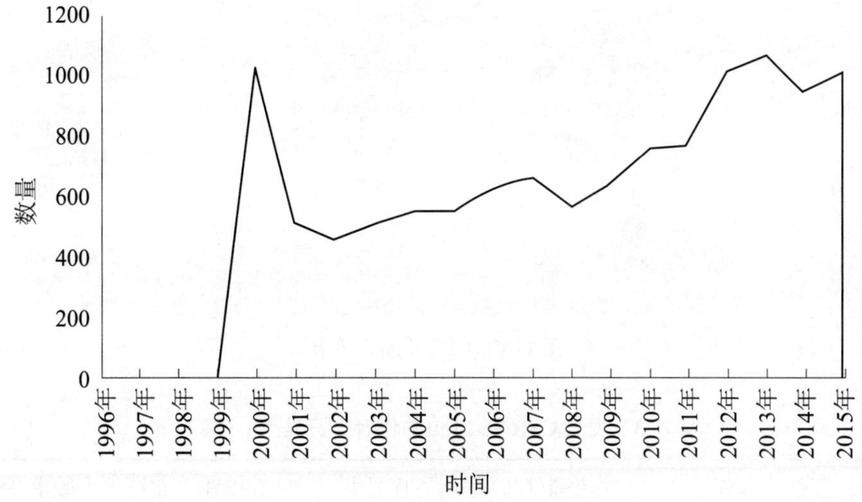

图 1–4　CSR 发表数量随时间变化趋势图

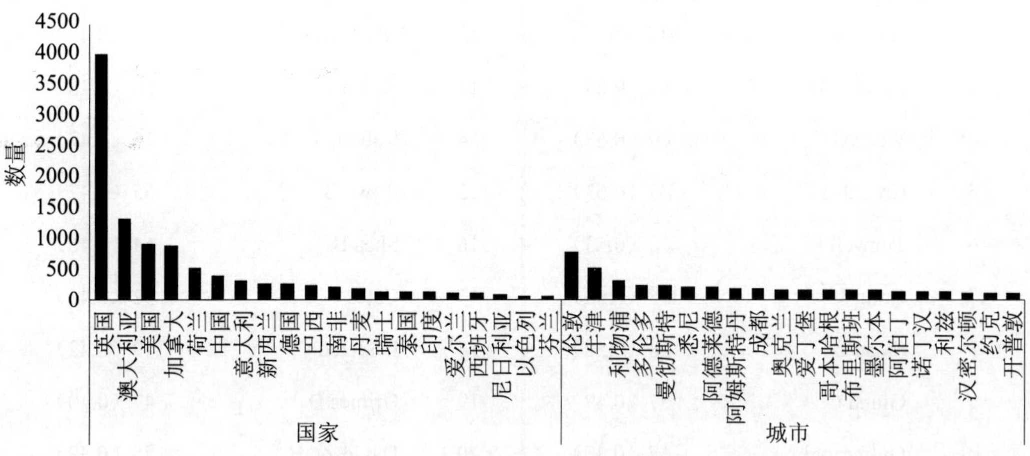

图 1–5　发表 CSR 前 20 位的国家和城市

（0.68%）和 Crowther C 73 篇（0.63%）（表 1–3），主要作者的网络合作图见图 1–7。中国发表 CSR 382 篇，自 2009 年至今位居世界第 6 位，在中国位居前 5 位的城市分别成都（194 篇）、北京（51 篇）、上海（28 篇）、南宁（24 篇）和兰州（17 篇）。

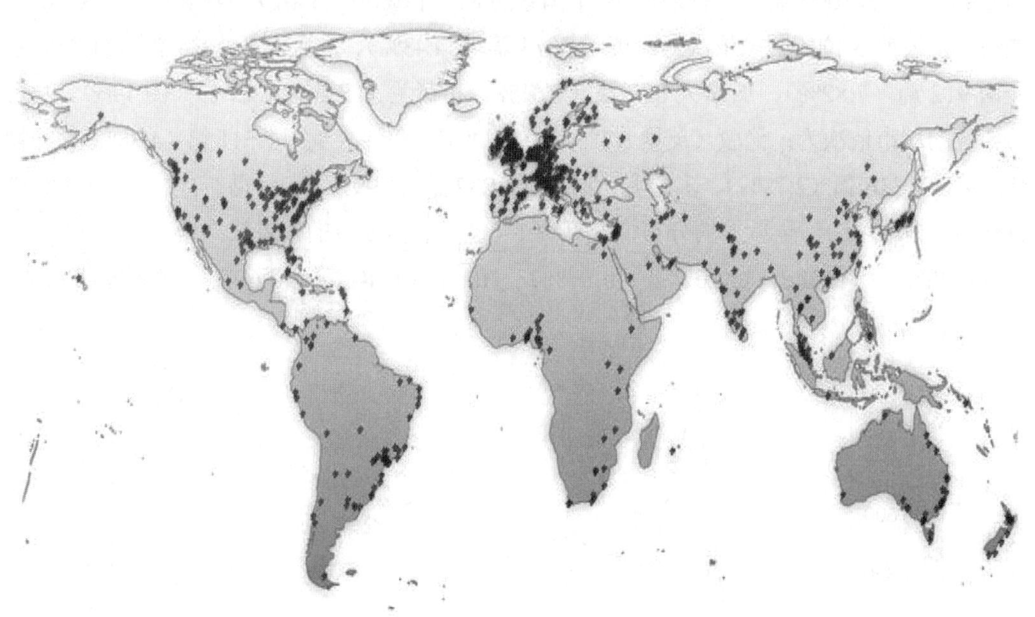

图 1–6　CSR 世界分布图

表 1–3　发表 CSR 前 20 位的作者一览表［n（%）］

序号	作者	数量（%）	序号	作者	数量（%）
1	Moore R	105（0.90）	11	Henderson-Smart D	57（0.49）
2	Hofmeyr G	102（0.87）	12	Ohlsson A	56（0.48）
3	Handoll H	81（0.69）	13	Parker M	56（0.48）
4	Wells G	79（0.68）	14	Roberts I	55（0.47）
5	Crowther C	73（0.63）	15	Rowe B	55（0.47）
6	Tugwell P	62（0.53）	16	Shea B	54（0.46）
7	Craig J	58（0.50）	17	Cates C	52（0.45）
8	Stead L	58（0.50）	18	Lasserson T	49（0.42）
9	Gluud C	57（0.49）	19	Grimes D	47（0.40）
10	Gülmezoglu A	57（0.49）	20	Davidson B	45（0.39）

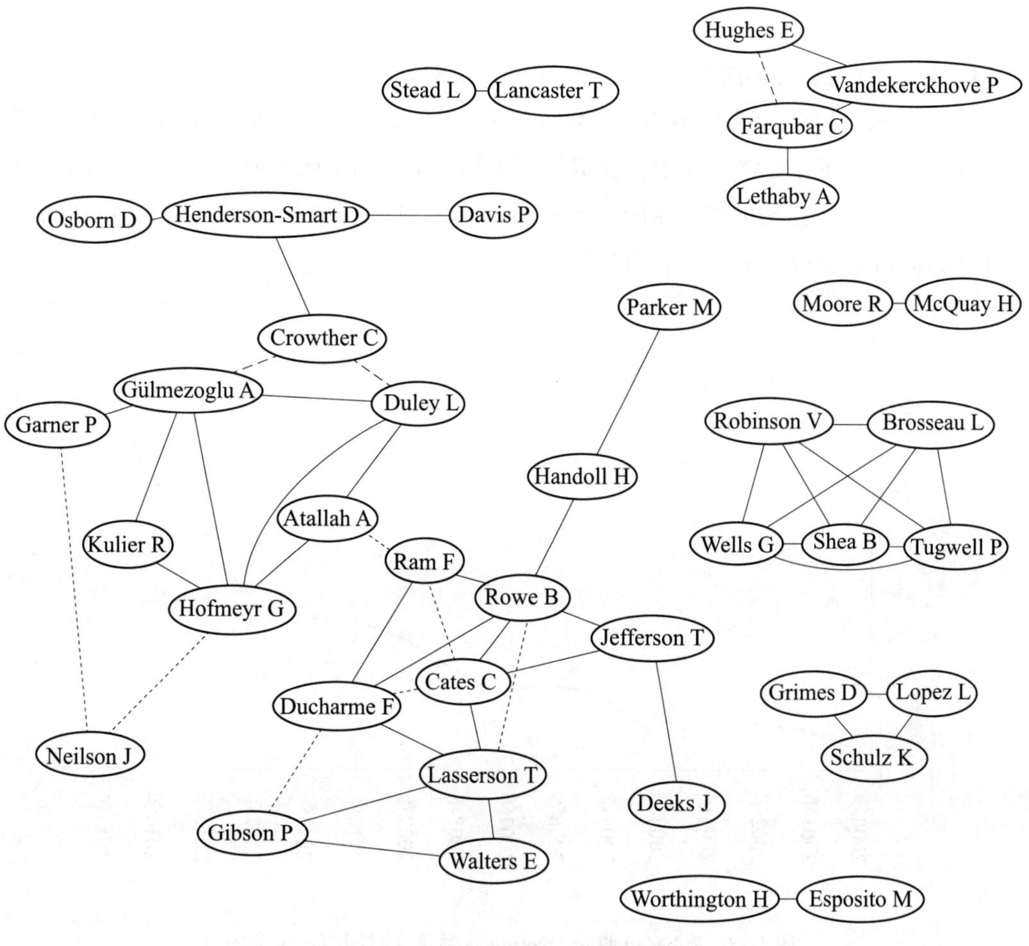

图 1-7 CSR 高产作者网络合作图

第三节 系统评价/Meta 分析进展与面临的挑战

一、系统评价/Meta 分析进展

1. 系统评价再评价

系统评价再评价（Overviews of Reviews，Overviews）是全面收集同一疾病或同一健康问题的治疗、病因、诊断或预后等方面的相关 SR，进行综合研究的一种方法。Overviews 是基于 SR 的研究，其研究方法既有 SR 的特点，又有所区别。以“overview of reviews [Title/Abstract] OR overview of cochrane reviews [Title/Abstract] OR synthesis of reviews [Title/Abstract] OR umbrella reviews[Title/Abstract] OR summary of systematic reviews [Title/Abstract] OR overview of cochrane reviews [Title/Abstract]”检索 PubMed，截至 2015 年 12 月 31 日共收录 Overviews 1204 篇，1999 年以前每年发表的 Overviews

不足10篇，自2000年开始Overviews数量逐年递增（图1−8），发表前5位的国家依次为：美国306篇（25.42%）、英国255篇（21.18%）、加拿大166篇（13.79%）、荷兰73篇（6.06%）和澳大利亚66篇（5.48%）（图1−9），除了防治性Overviews外，在疾病诊断与筛查、卫生经济学和卫生保健等多个领域也有相关研究成果发表。随着调整间接比较与多种干预措施的网状Meta分析（network Meta-analysis，NMA）的日趋成熟，对Overviews的发展产生了一定的影响。

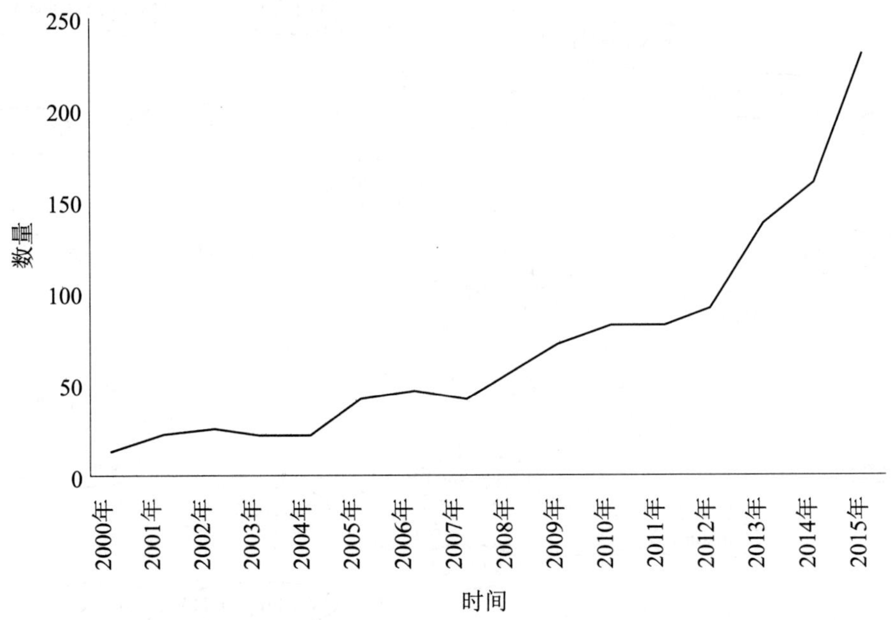

图1−8　PubMed收录Overviews数量随时间变化示意图

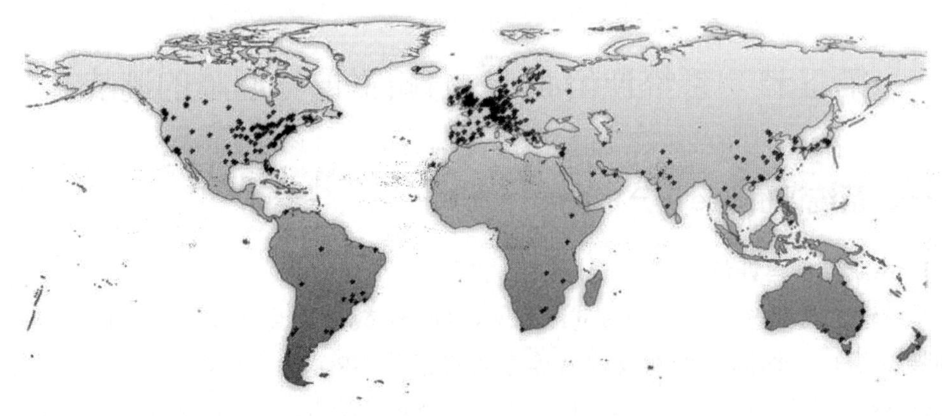

图1−9　Overviews世界分布图

2. 诊断试验系统评价

诊断试验系统评价（diagnostic test accuracy systematic review, DTASR）是通过系统、全面地搜集诊断试验研究，严格按照预先制定的纳入排除标准筛选研究，依据国际公认的诊断试验质量评价工具评价纳入研究质量，并进行定性描述或用合成受试者工作特性曲线进行定量分析的一种全面评价诊断试验准确性和重要性的研究方法。Willis BH 等研究人员分析了 236 篇以英文形式发表的 DTASR 的发表时间、研究主题、诊断试验方法等内容。第 1 篇 DTASR 发表于 1990 年，前 11 年发表的数量保持在 10 篇以下，自 2001 年以后呈逐年递增趋势，在关注诊断试验方法方面，涉及最多的依次为影像学诊断（36%）、实验室诊断（29%）和临床症状（26%），其中影像学诊断中，前 3 位依次为超声（29%）、核磁共振（27%）和 CT（23%）。徐俊峰等对中国大陆学者发表的 312 篇 DTASR 进行了分析，第 1 篇 DTASR 发表于 2001 年，前 5 年发表的数量介于 1～9 篇之间，2005 年至 2006 年徘徊在 10 篇左右，从 2007 年开始发表数量陡增。诊断试验方法以实验室检查（51%）和影像学检查（45%）为主。与传统干预性 MA 相比，DTASR 在诊断效能指标及 MA 方法的选择比较特殊，特别是一些合并方法处于不断完善中。

3. 单个病例数据 Meta 分析

单个病例数据（individual patient data, IPD）Meta 分析是 Meta 分析的一种特殊类型，是直接从纳入研究的原始研究者处收集每一个研究对象的原始数据，而非从已发表的研究结果中提取数据。这些资料可重新集中分析，在适当条件下可进行 Meta 分析，但 IPD-MA 通常需要专职人员和大量的时间去开展。IPD-MA 需要特殊的方法，比基于已发表或集合数据的传统 Meta 分析需更多的时间和成本。但 IPD-MA 在数据质量和可进行的分析类型方面有独特优势。因此，IPD-MA 被视为 Meta 分析的“金标准”。Huang Y 等以 PubMed、EMBASE 和 Cochrane Library 数据库为数据来源，检索截至 2012 年 8 月，共纳入 829 篇 IPD-MA 进行分析，结果提示 IPD-MA 发表数量呈逐年递增趋势，平均每年发文量为 31.9 篇；发文数量前 5 位的国家依次为英国 225 篇（27.1%）、美国 167 篇（20.1%）、法国 71 篇（8.6%）、荷兰 59 篇（7.1%）和加拿大 53 篇（6.4%）；涉及干预类 IPD-MA 530 篇（63.9%）、预后类 261 篇（31.5%）和其他类型 38 篇（4.6%）；在研究设计方面，以 RCT 为主 505 篇（60.9%），其次为观察性研究 114 篇（13.8%）和其他 210 篇（25.3%）。Simmonds M 等调查了 184 篇 IPD-MA 统计学分析报告问题，结果提示 48 篇（26.1%）报告了使用 IPD 的必要性和原理，80 篇（43.5%）报告了检索细节，52 篇报告了 IPD 获取途径，33 篇（17.9%）报告了 IPD 数据核查过程，仅 8 篇（4.4%）报告了数据核查结果，23 篇（12.5%）研究描述了不能获取 IPD 的原因；在使用的统计分析方法方面，37 篇（20.11%）采用了“一步法”，26 篇（14.1%）采用了“两步法”，31 篇（16.8%）采用了“一步法”和“两步法”，6 篇（3.26%）研究未报告采用的统计方法；在采用的统计学模型上，61 篇（33.2%）使用了固定效应模型，33 篇（17.9%）使用了随机效应模型，139 篇（75.5%）报告了异质性检测方法及其结果。目前，IPD-MA 尚处于起步阶段，随着注册的临床研究数量不断增加，将为 IPD-MA 的发展奠定数据基础。

4. 剂量－反应关系 Meta 分析

剂量－反应关系 Meta 分析（dose-response Meta-analysis,DRMA）是一类新型的 Meta

分析方法，相比传统的二分类及连续性资料 Meta 分析，DRMA 可同时处理 3 个及以上组别的数据，并直接估计暴露因素与疾病的剂量–反应关系。DRMA 模型可用于病例–对照研究与队列研究，也可用于 RCT，但要注意任何一种 DRMA 模型都需大样本的支持，以保证足够的统计效能。以“dose response meta analysis [Title/Abstract] OR dose response meta analyses [Title/Abstract]”检索 EMBASE.com，截至 2015 年 12 月 17 日，共有来自 25 个国家的 105 个城市的 1507 位作者撰写的 277 篇 DRMA 发表在 115 种期刊上，呈现逐年增加趋势（图 1–10），发文量前 5 位的国家依次为中国 134 篇（48.4%）、美国 42 篇（15.2%）、英国 34 篇（12.3%）、瑞典 17 篇（6.1%）和挪威 12 篇（4.3%），涉及的疾病主要有肥胖、结直肠癌、乳腺癌、前列腺癌、缺血性心脏病、脑血管意外、糖尿病、胃癌、高血压、子宫内膜癌、肺癌、脑缺血、类风湿性关节炎、膀胱癌、脑出血、心力衰竭、心肌梗死、肝癌、胰腺癌、骨折和卵巢癌等；涉及的干预措施主要有：咖啡因、酒、叶酸、ω–3 脂肪酸、维生素 D、酸奶、阿司匹林、维生素 C（抗坏血酸）、钙、多不饱和脂肪酸、胰岛素、番茄红素和口服避孕药等。DRMA 从本质是来说就是一种回归分析，剂量的取值范围要求在原始研究剂量的最大值和最小值之间，不能外推至拟合剂量范围之外的数值。

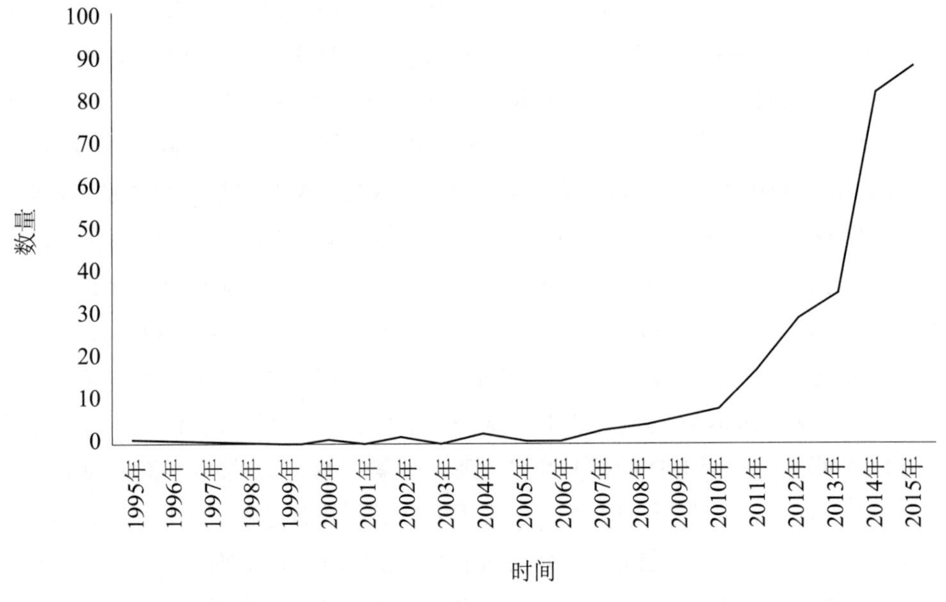

图 1–10　EMBASE.com 收录 DRMA 数量示意图

5. 网状 Meta 分析

NMA 是由传统的 Meta 分析发展而来，从标准的两组试验 Meta 分析扩展为同时将一系列多个不同处理因素进行相互分析比较的方法。NMA 也可同时分析直接比较和间接比较。在直接比较不存在的情况下，间接比较可以为卫生决策提供有价值的信息；当直接比较存在的情况下，合并直接比较和间接比较的结果可以增加结果的精确性。NMA

还可基于不同干预措施的治疗结果进行排序，并提供最佳干预措施的概率。我们检索了PubMed、EMBASE.com、Web of Science 和 the Cochrane Library 等数据库，截至 2014 年 12 月 31 日，391 篇 NMA（同时分析三个或者三个以上的不同干预措施）发表在 211 种期刊上，被 SCI 收录期刊 182 种，占期刊总数的 86.26%，未被 SCI 收录的期刊 30 种，占期刊总数的 13.74%。在影响因子分布方面，SCI 收录期刊影响因子介于 1～5 的期刊最多，共计 132 种，占 SCI 收录期刊总数的 62.56%。在期刊刊载 NMA 数量分布方面，刊载 1 篇 NMA 的期刊 135 种，占期刊总数的 60.27%，载文量最多的期刊为 BMJ，影响因子最高的期刊为 The Lancet。NMA 的数量逐年递增，自 2010 年起 NMA 数量呈上升趋势，2010 年至 2014 年分别发表 26 篇（6.65%）、37 篇（9.46%）、68 篇（17.39%）、98 篇（25.06%） 和 122 篇（31.20%），5 年间累计发表 NMA 数量占总数的 89.77%。目前，NMA 除在干预措施研究方面应用，在动物实验、单个病例数据、生存数据和观察性研究方面的 NMA 也得到了很快发展。

二、系统评价/Meta 分析面临的挑战

1. 在全面、系统的获取资料方面仍然存在重要问题与障碍

全面、系统收集资料是进行 SR/MA 的先决条件，SR/MA 的检索是否全面、如何实施检索可能会影响纳入研究的数量，也可能会对 SR/MA 的结果产生偏倚，而全面的文献检索依赖于敏感的检索策略和齐全的检索资源。在 SR/MA 检索和收集相关研究的过程中存在的偏倚主要有：发表偏倚、被检数据库的标引偏倚、检索偏倚、参考文献或引文偏倚、重复发表偏倚、重复使用研究对象偏倚和限制语种偏倚等。调查显示，我国干预类 SR/MA、DTASR、NMA 和我国中医药大学冠名为“SR/MA”的博硕士论文均存在不同程度的检索策略细节报告不全面、数据库使用率低、灰色文献检索有待加强等问题。要避免上述问题，应注意以下问题。① 检索相同主题已发表的 SR/MA 是检索的基础：通过检索相同主题已发表的 SR/MA，可弥补选择检索词过程中漏选的检索词和补充数据库检索结果漏检的研究；② 检索必检数据库（Medline/PubMed、EMBASE 和 Cochrane Library）的同时，应重视与研究课题相关的专业数据库（如 PsycINFO 和 CINAHL 等）；③ 为了检索的全面性，避免漏检，增强研究实用价值，研究者除了要全面检索数据库外，还应当进行手工检索、追踪参考文献和检索搜索引擎；④ 如果可能，在专业人员指导下制定检索策略，并检索课题相关特异性数据库，同时尽可能报告文献信息的获取是否在信息检索专家指导下完成。

2. 对纳入研究间异质性的处理须慎重

CSR 指导手册将异质性分为：临床异质性、方法学异质性和统计学异质性。纳入研究间若存在临床和（或）方法学异质性，需采取必要的方法进行分析，如亚组分析、Meta 回归、改变效应模型、敏感性分析等。① 亚组分析：每次只能对一个变量进行亚组分析，且对每个亚组都要进行效应量的合并。若要对两个以上的变量进行分析，则应采用

Meta 回归。在临床同质性的基础上亚组的数量越少越好；② Meta 回归：若纳入研究数量小于 10 个，Meta 回归模型中最好一次只分析一个协变量，以确保结果的稳健性；③ 敏感性分析：实施敏感性分析后，若结果未发生变化，说明结果较为稳定可信，若分析后得到差别较大甚至结论相反，说明结果的稳定性低，在解释结果和下结论时需慎重，提示存在与干预措施或诊断方法相关的、重要的、潜在的因素需进一步明确争议的来源；④ 改变模型：当异质性来源不能用临床和方法学异质性来解释时，通常用随机效应模型合并效应量，但该模型估计合并效应量，实际上是计算多个原始研究效应量的加权平均值。

3. 不同类型 SR/MA 各自面临的挑战

① CSR 面临的挑战主要有：如何使 CSR 涉及的领域更宽泛，如动物实验和实验室研究的 SR/MA，如何使 RevMan 软件更加完善，如 DTASR 分层受试者工作曲线参数结果直接估算等；② Overviews：其制作过程中的证据质量分级、资料分析和处理方法、报告规范等问题值得深入研究，与此同时，与 NMA 的关系和异同点也值得关注；③ NMA：纳入研究质量评价标准选择、异质性和一致性处理问题、如何规范报告统计问题等仍需要进一步研究；④ DTASR：目前 DTASR 更多关注的是 2 种诊断方法之间的比较，在临床实践中，需要对多种诊断方法的准确度进行纵向比较，如何实现 3 种及以上诊断方法比较应该被关注；⑤ IPD-MA：这种方法可一次分析目前所有原始研究的数据、研究水平和患者水平上的结果差异、时间相关数据的结果，也可对原始数据按照相同的方法进行重新分析。但漏掉的研究可能增加研究风险，在数据合并上可能存在统计学的挑战；⑥ DRMA：对纳入研究数据的完整性要求较高，在实际应用中，许多纳入研究并未给出所需的数据，尽管通过一些估算方法得出的结果，但存在一定的差别。

综上所述，SR/MA 是当前证据的最佳呈现形式，不仅可以全面系统地展示当前的所有证据，还可减少单个研究的随机误差，最大可能地降低随机误差带来的偏倚，进而增加数据的精确度。随着对 SR/MA 理念的认同、恰当的应用 SR/MA 的方法，正确解读 SR/MA 的结果，SR/MA 必将为知证决策提供可靠的证据。

（田金徽　杨克虎）

第二章　网状 Meta 分析简介

第一节　间接比较概述

一、定义

要直接比较干预措施效果（安全性、有效性、经济性等指标），通常是将患者随机分组，分别给予不同的干预措施（如 A 与 B，代表两种不同治疗），干预后观察某项特定的效果或结果有无差异。对缺乏随机对照试验直接比较证据的情况下，“借助”已开展的其他处理因素的相关临床试验和证据来估计要评价的 2 种干预措施的效能，这种比较形式称为间接比较（indirect comparison）。

二、基本思想

我们期望比较干预措施 A 与 B，没有二者直接比较的随机对照试验，但有它们分别与干预措施 C 比较的随机对照试验，C 成为 A、B 的共同对照（common comparator）。于是我们可借助干预措施 C 来间接评价干预措施 A 与 B 的治疗效果。这是间接比较最简单的形式。图 2–1 中实线表示已有随机对照试验，有直接比较证据；虚线代表无随机对照试验，需进行间接比较得到结果。

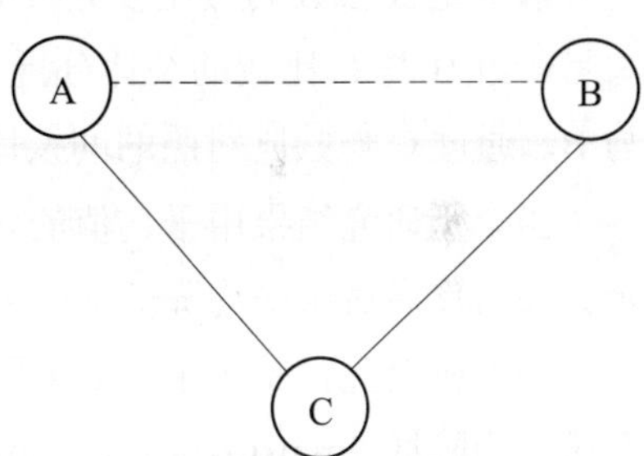

图 2–1　间接比较基本思想示意图

三、类型

间接比较主要包括单组间接比较和调整间接比较（图 2–2）。单组间接比较基于不同研究中所要关注的干预措施的原始数据进行直接合并。由于不同研究在患者特征和外部环境上可能存在一定的差异，导致其纳入的数据在基线特征上可比性弱。而调整间接比较，即基于共同对照的结果进行的间接比较，最终的结果依据共同对照进行调整，从而保存了纳入随机对照试验的随机性。因此，调整间接比较的结果相对于单组间接比较的结果更为可靠。

调整间接比较方法（adjusted indirect comparison）利用 1 个（或多个）公共对照组对各研究直接比较结果进行调控，至少可部分保留原随机对照试验优势。假设试验 –1 直接比较 A vs. C，试验 –2 直接比较 B vs. C，而无 A vs. B 的试验。可根据 2 个试验的共同干预措施 C，调控 A 和 B 的间接比较（图 2–2）。

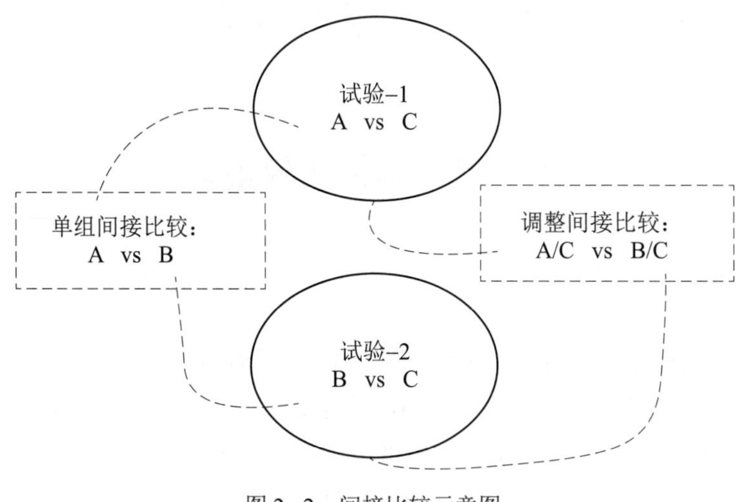

图 2–2　间接比较示意图

四、计算方法

以下是 A 与 B 间接比较分析的一种计算方法：将 A 与 C 比较的统计分析结果 d_{A-C}，与另一组 B 与 C 比较的统计分析结果 d_{B-C}，再进行比较，得到（d_{A-C}）–（d_{B-C}），即 A 与 B，通过 C 作共同对照的间接比较结果（$d_{indirect,\ A-B}$）。

当个别研究结果用平均值的差异来呈现时，间接比较的结果也以平均值的差别来表示。如治疗后血压平均降低的毫米汞柱（mmHg）。

如随机对照试验 1 中，A 药品治疗患者血压平均降低 12mmHg，其对照 C 治疗患者血压平均降低 2mmHg，d_{A-C}=10mmHg；随机对照试验 2 中，B 药品治疗患者血压平均降低 18mmHg，其对照 C 治疗患者血压平均降低 5mmHg，d_{B-C}=13mmHg。则 A 治疗与 B 治疗通过 C 作共同对照，间接比较的结果如下：

$d_{indirect,\ A-B} = 10-13=-3$，B 治疗相对于 A 治疗，患者平均血压多降低 3mmHg。

另一类临床研究常用的分析采用相对比值为结果，如比值比（odds ratio, OR），相对危险度（risk ratio, RR）和危险比（hazard ratio, HR）等。如 OR 值，可先计算各组分析结果 $OR_{A/C}$ 及 $OR_{B/C}$，再计算 $OR_{A/C} \div OR_{B/C}$ 就可得到 A 与 B 间接比较的 OR 值（$OR_{indirect,\ A-B}$）。

统计上习惯先取自然对数后相减。

$$\ln(OR_{A/C} \div OR_{B/C}) = \ln(OR_{A/C}) - \ln(OR_{B/C})$$

此时各研究整合后的结果分别为：

$$d_{A-C} = \ln(OR_{A/C});$$
$$d_{B-C} = \ln(OR_{B/C})$$

而 $d_{indirect,\ A-B} = \ln(OR_{A/C}) - \ln(OR_{B/C})$。

因此，调整间接比较分析基本上是把两组分别比较的研究结果先整合，再相减。再取这个对数结果的指数，即可算出 OR。

$$OR_{indirect,\ A/B} = \exp\ (d_{indirect,\ A-B})。$$

五、结果的方向性

整合各研究比较结果时要注意各分组比较的方向。共同对照 C，在 2 组比较中都作对照，应放在减号后面，或是分母。这样 C 所代表的治疗效果才会在间接比较中消去。当 C 不是安慰剂对照而是其他积极治疗时，原来的研究报告中，可能会放在分组比较的减号前方，或作分子，如果不小心拿出来作间接比较，会变成这样的结果：

$$\begin{aligned} & d_{A-C} - d_{C-B} \\ & = (Y_A - Y_{1,C}) - (Y_{2,C} - Y_B) \\ & = Y_A + Y_B - Y_{1,C} - Y_{2,C} \end{aligned}$$

这样就没有办法正确计算出 A 与 B 间效果的差异。

除了用相减（或相除）的方法外，正确方向的分析也可安排如下：

$$\begin{aligned} & d_{A-C} - d_{B-C} \\ & = (Y_A - Y_{1,C}) - (Y_B - Y_{2,C}) \\ & = (Y_A - Y_{1,C}) + (Y_{2,C} - Y_B) \\ & = d_{A-C} + d_{C-B} \end{aligned}$$

间接比较的共同对照组不一定只限定用一种治疗。当比较通过多个共同对照时，以上使用加法的安排阅读起来较方便。如 A 与 B 通过 X、Y、Z 三种不同的治疗做间接比较，可这样分析：

$$d_{indirect,\ A-B} = d_{A-X} + d_{X-Y} + d_{Y-Z} + d_{Z-B}$$

式中，d_{A-X}、d_{X-Y}、d_{Y-Z}、d_{Z-B} 为各组治疗两两直接比较的研究结果。

做间接比较分析时，需注意各研究分组的比较方向，与间接比较所用的加减号是否配合正确。

六、分析的标准误及可信区间

除 A 与 B 治疗效果差异大小与方向外，还需考虑研究的随机误差，才能分析间接比较结果差异是否具有统计意义。因用于分析间接比较的各组结果分别来自独立的研究，根据统计原理，$(d_{A-C})-(d_{B-C})$的变异数（Variance，用 V_2 表示，实为离均差平方和）等于两组各变异数的和。而标准误又等于变异数除以分析样本数（研究个数，用 k 表示）之后的平方根，根据这样的原理，间接比较结果的标准误可这样计算：

$$SE_{indirect,\,A-B}=\sqrt{V_{2A-C}/k_{A-C}+V_{2B-C}/k_{B-C}}$$

如果两组比较都是经过统计分析的结果，则研究个数已在个别统计分析里考虑过，此时间接比较标准误可简化成：

$$SE_{indirect,\,A-B}=\sqrt{(SE_{A-C})^2+(SE_{B-C})^2}$$

式中，SE_{A-C}与SE_{B-C}为各组比较统计分析结果的标准误。

A 与 B 治疗效果差异间接比较的 95%可信区间（confident interval，CI）计算方法如下：

$$95\%\ CI=d_{indirect,\,A-B}\pm 1.96\times SE_{indirect,\,A-B}$$

七、间接比较与直接比较统计分析上的差异

Glenny AM 等就直接比较研究与间接比较分析的标准误进行了以下说明：当各项研究数目相同、设计与结果相类似时，如共收集到 10 个 A 与 B 的直接比较研究，另分别有 10 个 A 与 C 和 B 与 C 的比较研究，且各种比较结果的变异数都相同（$V_2=V_{2A\text{-}C}=V_{2B\text{-}C}$），合并 10 个直接比较研究结果的标准误为：

$$SE_{direct,\,A-B}=\sqrt{\frac{V_2}{10}}$$

而间接比较的标准误为：

$$SE_{indirect,\,A-B}=\sqrt{\frac{V_2}{10}+\frac{V_2}{10}}=\sqrt{2\frac{V_2}{10}}$$

根据这样的原理，20 个 A 与 C 及 20 个 B 与 C 研究的间接比较的标准误与 10 个直接比较研究合并的标准误相同：

$$SE_{indirect,\,A-B}=\sqrt{\frac{V_2}{20}+\frac{V_2}{20}}=\sqrt{\frac{V_2}{10}}$$

从统计角度讲，若期望间接比较跟直接比较的效果一致时（$d_{direct,\,A-B}=d_{indirect,\,A-B}$），采用间接比较分析，需要比相同规模的直接比较多 4 倍的研究个数，才能得到相同的统计结果。因此，相对于直接比较来说，间接比较的统计检验效能低，可信区间的范围也较宽。即间接比较的不确定性较高，这是间接比较分析的弱点之一。且当两个主要比较治疗间经过的共同对照越多，分析误差也随之增加。

对间接比较与直接比较研究结果一致性，2003 年 Song FJ 等收集了国际上发表的 44 项同时包含间接与直接比较研究的统计分析结果，3 项间接比较与直接比较统计分析结果呈现统计学差异；9 项两种方法统计分析结果呈现方向一致的统计学差异；23 项两种方法统计学结果无统计学差异。剩余 9 项未发现两种分析方法统计分析结果呈现矛盾（如间接比较 A 显著优于 B，但直接比较 B 显著优于 A 治疗）的情况。总体而言，两种分析结果呈现中等程度的一致性。

方法学研究发现：多数情况下间接比较和直接比较的结果无显著差异，间接比较的可靠性依赖纳入试验的内部真实性和试验集的相似性。即间接比较的统计学方法本身无偏倚，但所纳入的研究证据需要满足相应的假设。

尽管使用间接比较比直接比较需注意的问题较多，但不可否认临床上不同治疗方法的选择在很多情况下是非正式的采用间接比较形式。若能掌握间接比较的数据处理方法，且能正确解读间接比较的分析结果，则间接比较应是提升现有临床研究数据应用效率，能有效协助医生为患者选择恰当的治疗方案的可行选择之一。

（田金徽）

第二节　网状 Meta 分析起源与发展

临床医生和患者决策时，常会从多个干预措施中选择最佳治疗方案。不断增多的药物及治疗方案使医生和患者选择增多，同时也增加临床决策难度，如晚期胰腺癌有 19 种化疗方案，慢性阻塞性肺疾病有 18 种干预措施，这就需要对当前的干预措施进行筛选，选择最有效、安全的以提高卫生保健质量。理想情况下，临床决策的首选是直接比较多个干预措施的 SR/MA，但许多 SR/MA 通常只比较 2 个干预措施，服务卫生决策的能力有限。在没有比较多个干预措施 SR/MA 的情况下，比较多个干预措施的随机对照试验也可用于卫生决策，但随机对照试验比较的干预措施也很有限。同时 SR/MA 和随机对照试验不可能比较同一疾病或状况的所有干预措施的疗效，当 2 个干预措施间不存在直接比较时，就无法评估两者的有效性和安全性。此时，NMA 完全可解决上述问题。

自 20 世纪 90 年代的单组间接比较到 2014 年 NMA 理论体系的成熟，期间伴随着统计方法和软件不断地完善，具体发展历程如下。

20 世纪 90 年代，研究者从不同研究中提取不同干预措施的数据，比较不同干预措施间效果的差异，即单组间接比较（图 2-2）。单组间接比较忽略影响研究结果因素在研究间的可比性，直接叠加不同研究的数据，破坏随机对照试验的随机性，增加了结果的偏倚，使结果的不可靠性增加。

1997 年 Bucher 等提出通过共同对照比较两个干预措施间疗效差异，即调整间接比较（图 2-2），并采用这种方法比较磺胺甲氧苄氨嘧啶与氨苯砜/乙胺嘧啶预防艾滋病患者中卡氏肺囊虫感染的效果。由于该方法基于 Meta 分析的结果，基于共同对照的结果进行调整，并未破坏随机对照试验的随机性，也没有引入偏倚。

2002 年，Lumley 等采取频率统计方法合并直接比较和间接比较结果，首次提出 NMA 和不连贯性的概念，比调整间接比较方法更先进，可同时实现多个间接比较和直接比较与间接比较结果的合并。这种 NMA 本质上是混合治疗效应，相对于直接比较和间接比较结果，具有较高的统计学效能和精确性。

2003 年，Song 等验证了 Z 检验的可靠性，但 Z 检验只适合纳入两臂研究的 NMA。

2004 年，Lu 等采用贝叶斯方法合并直接比较和间接比较结果，首次提出混合治疗效应。这种方法主要通过 WinBUGS 软件实现，比较灵活方便，是目前 NMA 应用最广的方法，开创了 NMA 新局面。

2006 年，Lu 等提出不一致性因子，采用贝叶斯模型计算闭合环中的不一致性因子，但该方法不容易判断是否存在不一致性。

2009 年，加拿大渥太华大学 Wells 等研发的间接比较软件（indirect treatment comparison, ITC）是最早可进行调整间接比较的软件，可分析多组干预措施间的间接比较结果，最多可以通过 10 个干预措施比较两个干预措施间的效果差异。由于该软件主要基于 Meta 分析的合并结果，因此，首先需对这些干预措施进行 Meta 分析后，才能使用 ITC 软件进行间接比较。

2010 年，Dias 等提出两种不一致性的计算方法：后推法和点分法。后推法根据合并结果和直接比较结果计算间接比较结果，分析直接比较和间接比较结果间的不一致性；点分法是将某一对照措施的结果拆分为直接比较和间接比较结果，比较两者间的一致性。这两种方法计算比较麻烦，不容易实施，尤其是点分法需要在 R 软件中建模。

2011 年，White 等更新 Stata 软件中的 mvmeta 程序包，为频率统计方法开展 NMA 提供程序支持。

2012 年，White 发表 Stata 软件的 Network 命令，该命令是目前基于 Stata 实现 NMA 最为简单的命令，可同时实现一致性和不一致性 NMA 及采取点分法检测不一致性。

2013 年，英国国家卫生医疗质量标准署（National Institute for Health and Clinical Excellence, NICE）提出广义线性模型，并提供亚组分析、Meta 回归、异质性和风险偏倚调整分析模型，至此 NMA 的统计方法和模型已趋近完善，可分析不同情况下的数据。

2013 年，Chaimani 等发表 Stata 软件程序包，可实现以图的形式展示 NMA 的主要要素：证据关系图、NMA 结果、不一致性、结果排序及证据贡献图。

2013 年，荷兰格罗宁根大学 Gert van Valkenhoef 等开发的 ADDIS 软件可同时实现直接比较 MA、NMA 和风险收益评估，其界面简单，操作容易。该软件利用贝叶斯方法的一致性或不一致性模型，同时提供检验不一致性的点分法模型。

2014 年，Miladinovic 等开发 Indirect 命令，比较简单，可同时获取直接比较和间接比较结果，但并不能合并直接比较和间接比较结果。

2014 年，加拿大 Brown 等开发的 NetMetaXL 软件基于 Excel 软件 VB 功能调用 WinBUGS 软件进行 NMA。该软件基于贝叶斯方法，可同时实现固定效应与随机效应、一致性与不一致性模型下的 NMA，一次性实现证据网络的构建、不一致性的检测和收敛性的评估。该软件操作简单，不需贝叶斯法的专业知识，结果以图表形式呈现，较为清晰。然而，该软件只能完成二分类变量数据的分析，不能实现连续变量和生存数据的分析，也不能实现亚组分析、Meta 回归和发表偏倚的检测。

2014 年，在 NMA 中应用证据推荐分级的评估、制订与评价（grading of recommendations assessment, development and evaluation，GRADE）评估证据质量的论文陆续发表，标志着 NMA 已经初步建立成熟的理论体系。

（李 伦）

第三节 网状 Meta 分析概念

目前 NMA 的术语和定义相对混乱，这主要是由于目前并不能够区分 NMA、调整间接比较和混合治疗效应之间的关系。调整间接比较和混合治疗效应作为 NMA 常见的两种研究设计，其命名应该基于证据图中是否含有闭合环进行。当证据图中含有闭合环的情况，某些干预措施间既有直接比较也有间接比较，这样可对两者进行合并，得出合并结果，这样的研究为混合治疗效应研究；当证据图中不含有闭合环，所有干预措施间只有间接比较，这样的研究为调整间接比较（图 2–3）。鉴于此，我们对所收集 NMA 定义进行筛选，提取并对其进行对比分析，进而筛选和给出它们最佳的定义。

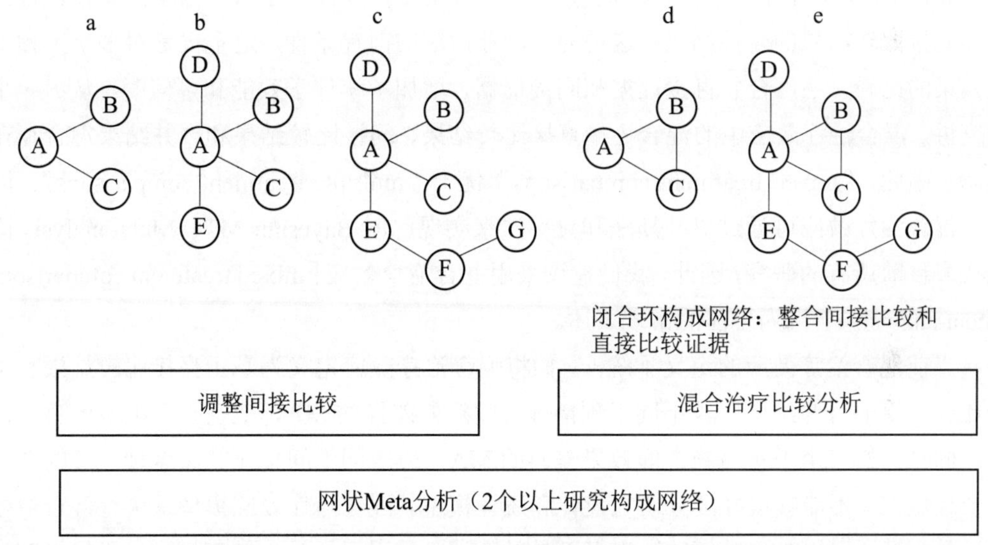

图 2–3 NMA 示意图

a-c 均为对 B 和 C 进行间接比较，d-e 形成了闭合环网络（A，B，C 之间），整合了间接比较和直接比较证据，在此基础上，形成了混合治疗分析

一、调整间接比较定义

调整间接比较的定义较为一致，当不存在直接比较时，基于共同对照评价不同干预措施之间的疗效差异，然而不同研究对调整间接比较的定义尚存细微差异，主要体现在：① 调整间接比较关注的范围差异。根据疾病的发生和发展，干预措施可分为预防性干预

措施和治疗性干预措施。在公共卫生和预防医学领域，干预措施常为预防性的。在临床医学领域，干预措施常为治疗性的。因此，调整间接比较定义中使用“干预措施”优于“治疗措施”。② 调整间接比较关注干预措施数量的差异。传统 MA 常常关注于两个干预措施，调整间接比较基于传统 MA 的结果进行比较。最简单的调整间接比较是比较三个干预措施的疗效差异，即干预措施 A 和干预措施 B 通过共同对照干预措施 C 得到干预措施 A 与 B 之间疗效的差异。复杂的调整间接比较所关注的干预措施的数量可增加到 4～5 个，甚至更多。由此可见，在定义调整间接比较时不应该对干预措施的数量进行限制。因此，调整间接比较定义为当多个干预措施之间不存在直接比较的情况下，基于其与共同对照干预措施比较的 MA 结果进行比较研究（图 2–3a–c）。

二、混合治疗效应定义

目前混合治疗效应的英文表述有：mixed treatment comparisons, multiple treatment comparisons, mixed treatment comparisons (MTC) meta-analysis, Bayesian MTC Meta-analysis。混合治疗效应定义混乱直接导致了该类证据查找和使用困难。Salanti 等研究指出“混合”指同时存在直接比较结果和间接比较结果，混合治疗效应结果为直接比较结果和间接比较结果的合并结果，这是混合治疗效应的前提条件。这不仅是对多个干预措施效果的比较，还可合并直接证据和间接证据，增加了统计学效能和可信度。从另一个角度讲，混合治疗效应中的混合还指直接比较结果、间接比较结果和合并结果混合存在状态。因此，“mixed treatment comparisons”优于“multiple treatment comparisons”。同时，混合治疗效应可通过贝叶斯法和频率法来实现，但 Bayesian MTC Meta-analysis 不能代表目前所有的研究，因此，我们建议采用混合治疗效应［mixed treatment comparisons（meta-analysis）］作为目前的常规表述。

当前混合治疗效应的定义不统一，如将混合治疗效应定义为基于直接比较结果和间接比较结果的合并结果比较不同干预措施之间疗效差异的 MA，或基于多组不同直接比较，同时分析多个干预措施之间效果差异的 MA，或等同于间接比较。这种定义的混乱主要体现在：不能够很好区分研究设计和统计模型。混合治疗效应模型是进行混合治疗效应的方法，可以是贝叶斯法，也可以是频率法。采用混合治疗效应模型，不仅能够计算间接结果，还能够计算间接比较结果和直接比较结果的合并结果。对于采用混合治疗效应模型计算间接比较结果的这种调整间接比较，不应该称之为混合治疗效应，这是因为此类研究呈现的为间接比较的结果。因此，将混合治疗效应等同于间接比较是不恰当的。尽管大多数作者认为证据图中同时存在直接比较和间接比较，混合治疗效应可以同时合并直接比较结果和间接比较结果。在现实中，证据图可能非常复杂，混合治疗效应主要针对于存在一个或者多个闭合环的证据图的分析，这种证据图中既有直接比较又有间接比较，对此进行混合治疗效应分析，可同时获取间接比较结果以及直接比较与间接比较的合并结果。由此可见，上述的定义并不完善，我们将混合治疗效应定义为同时存在直接比较和间接比较的情况下（同时存在一个或者多个闭合环），基于间接比较结果及间接比较结果与直接比较结果的合并结果同时分析多个（三个及以上）干预措施效果差异的分析（图 2–3d–e）。

三、网状 Meta 分析的定义

NMA 的术语有 3 个：NMA、混合治疗效应和多组 MA。学术界认为 3 种术语可互用。目前并不能很好地区分这 3 个术语，同时在术语使用上也存在着困难，3 种术语都分别有着自身不同的解释和含义。NMA 中的网状主要来自于对证据图的解释，证据图的形状是网状，因此，NMA 就是基于形成证据图的研究对不同的干预措施进行分析。混合治疗效应是同时存在直接比较和间接比较的情况下（同时存在一个或者多个闭合环），基于间接比较结果及间接比较结果与直接比较结果的合并结果同时分析多个（三个或者三个以上）干预措施效果差异的分析。多组 MA 是对多组干预措施进行比较的 MA。但是就目前的流行程度而言，大多数研究更倾向使用 NMA。

在 NMA 的定义方面，其定义为基于直接比较和间接比较结果比较多个干预措施治疗效果差异的 MA，或者是在没有直接比较的情况下，分析多个干预措施之间效果差异的 MA，或者为比较两个以上干预措施疗效的 MA。对 NMA 的定义可以分为：①基于直接比较和间接比较的结果比较多个干预措施的 MA，这种定义和混合治疗效应 MA 的定义相似，主要应用在证据图存在闭合环的情况。这也就是在证据图存在闭合环时，NMA 和混合治疗效应可以混用。② NMA 在没有直接比较的情况下，通过间接比较实现不同的干预措施的比较。这种定义与调整间接比较的定义相似。对这两种定义的分析，不难看出，NMA 应该包括调整间接比较和混合治疗效应。Jansen 等描述了间接比较、混合治疗效应和 NMA 三者之间的关系：当分析涉及两个以上干预措施的多个研究时，可采用 NMA；当证据图中存在闭合环时，可称之为混合治疗效应；当不存在任何闭合环的时候，可称之为调整间接比较。因此，NMA 的定义应该至少包括这两个方面。我们将 NMA 定义为基于多个研究分析两个以上干预措施之间间接比较结果（主要是调整间接比较）或者直接比较结果与间接比较结果的合并结果（混合治疗效应）的 MA（图 2–3）。

四、网状 Meta 分析中其他术语定义

1. 相似性的定义

相似性的术语有 3 个：相似性（similarity）、传递性（transitivity）和可交换性（exchangeability），并不能确定哪一个术语更适合相似性假设，但毋庸置疑的是，这 3 个术语均针对调整间接比较。Salant 等认为传递性优于相似性，其理由：第一，传递性更能够体现出间接比较的特征，即通过共同对照干预措施比较两个干预措施；第二，相似性可能会误认为是纳入研究在所有的特征上可比，但是在现实中，即使有些特征（如不

影响结果的因素）不可比，也不影响调整间接比较的有效性。尽管目前国外对相似性假设的术语不统一，但是国内一般使用相似性。大部分研究对相似性的定义为影响效应量的因素在研究间以及不同对照间相似，将相似性分为临床相似性和方法学相似性。临床相似性是指影响效应量的临床特征，如患者、干预措施、研究地点等在研究间和不同对照间相似；方法学相似性是影响效应量的研究设计相关因素，如偏倚风险。在研究间和不同对照间相似。传递性的定义主要通过共同对照得到两个干预措施的效果差异，或研究间和不同对照间影响效应量的因素是可比的。可交换性的定义主要指在不同环境下，所有研究的效果是相似的。

对上述 3 个术语的分析可知，相似性针对影响结果的因素在研究间或者不同对照间是相似的，传递性主要是从统计学角度解释这种相似性，而可交换性主要是从结果角度分析。3 个术语是从不同的角度对这种研究间或不同对照间的相似进行表述，因此，我们更倾向于使用相似性，并将其定义为研究间以及不同对照间影响效应量的因素相似。

2. 一致性的定义

一致性的术语有 2 个：一致性（consistency）和连贯性（coherence），但与其相对应的术语为不一致性（inconsistency）和不连贯性（incoherence）。尽管连贯性的提出早于一致性，但是一致性的应用较连贯性广泛。因此我们建议使用一致性作为常用术语。目前公认的一致性定义为直接比较证据和间接比较证据是一致的，不一致性的定义为直接比较证据和间接比较证据之间是不一致的，但也有一些研究者同时将不同路径间调整间接比较的不一致也定义为不一致性。基于当前研究，一致性应该定义为直接比较证据与间接比较证据、不同路径的间接比较证据是一致的。不一致性应该定义为直接比较证据与间接比较证据、不同路径的间接比较证据是不一致的。

3. 证据网络的定义

证据网络的术语有 3 个：证据网络（evidence network）、研究网络（trial network）和干预措施网络（treatment network）。目前应用最广的是证据网络，但是国内也有学者采用网状关系图进行描述。

尽管如此，我们更倾向于使用证据网络，证据网络不仅可以呈现纳入研究干预措施之间的关系，还可以呈现不同组间的研究数和患者数。目前对证据网络的定义较为一致，即纳入研究关注的干预措施之间的关系图。这种图形主要由两个要素构成：点和线。点主要代表不同的干预措施，线代表两个干预措施在相同的研究中进行比较。Mills 等使用几何学特征（geometry）和不对称性（asymmetry）描述证据网络。几何学是指证据网络的总体类型，不对称性是指特定的干预措施或特定的对照措施在整个网络中所占比例高于其他干预措施或对照。因此我们建议使用纳入研究关注的干预措施之间的关系图作为证据网络的定义。

（李 伦）

第四节　网状 Meta 分析现状

一、网状 Meta 分析发展现状

以"network meta analysis" [Title/Abstract] OR "network meta analyses" [Title/Abstract] OR "mixed treatment comparison meta analysis" [Title/Abstract] OR "mixed treatment comparisons meta analyses" [Title/Abstract] OR "mixed treatment meta analysis" [Title/Abstract] OR "mixed treatment meta analyses" [Title/Abstract] OR "mixed treatment comparisons" [Title/Abstract] OR "mixed treatment comparison" [Title/Abstract] OR "multiple treatment comparison meta analysis" [Title/Abstract] OR "multiple treatment comparisons meta analyses" [Title/Abstract] OR "multiple treatments meta analysis" [Title/Abstract] OR "multiple treatments meta analyses" [Title/Abstract] OR "multiple treatment meta analysis" [Title/Abstract] OR "multiple treatment meta analyses" [Title/Abstract] OR "multiple treatment comparison" [Title/Abstract] OR "multiple treatment comparisons" [Title/Abstract]为检索式检索 PubMed 数据库，截至 2015 年 12 月 31 日共有 1138 篇 NMA 发表，第一篇 NMA 发表在 2003 年的 JAMA 上，2002 年开始 NMA 发表数量逐年增加，但增加数量每年不超过 20 篇，从 2011 年起 NMA 发表数量陡增（图 2-4）。从分布国家来看，前 5 位依次为英国、美国、加拿大、中国和意大利，前 3 位国家发表了全球近 65.3%的 NMA

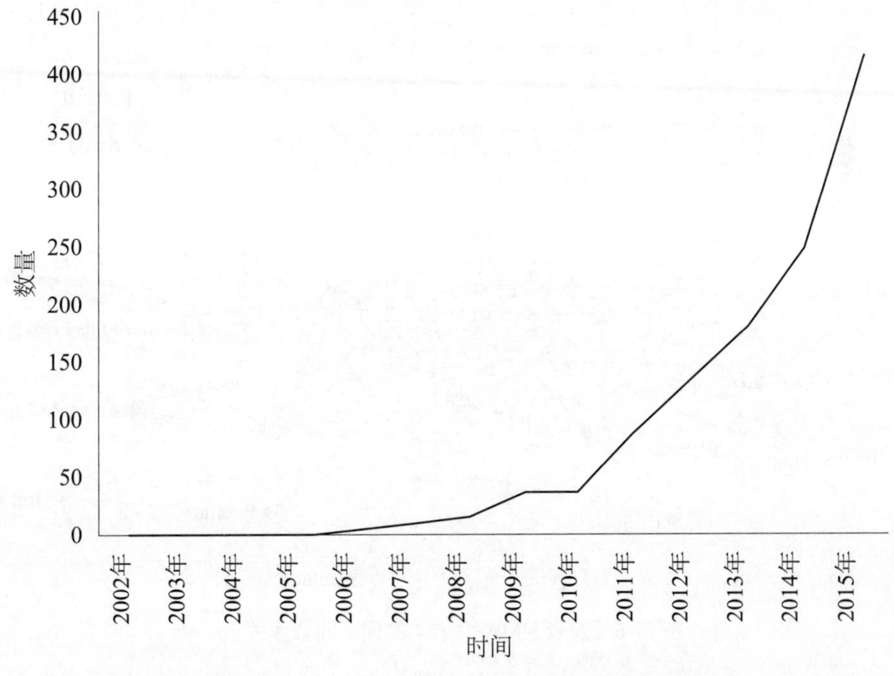

图 2-4　NMA 及其相关研究发表数量随时间变化趋势图

（图 2–5），国家之间的合作情况见图 2–6；从城市分布来看，伦敦、波士顿、多伦多、布里斯托尔和汉密尔顿发表 NMA 数量居前 5 位（图 2–5），而北京、上海、中国台北、广州和兰州位居我国发表 NMA 数量的前 5 位；从地域分布看，欧洲发表 NMA 数量最多，其次为北美洲（图 2–7）；发表 NMA 数量最多的前 3 位期刊分别为 Value Health、Plos One 和 BMJ，而影响因子最高的期刊为 The Lancet（表 2–1）。

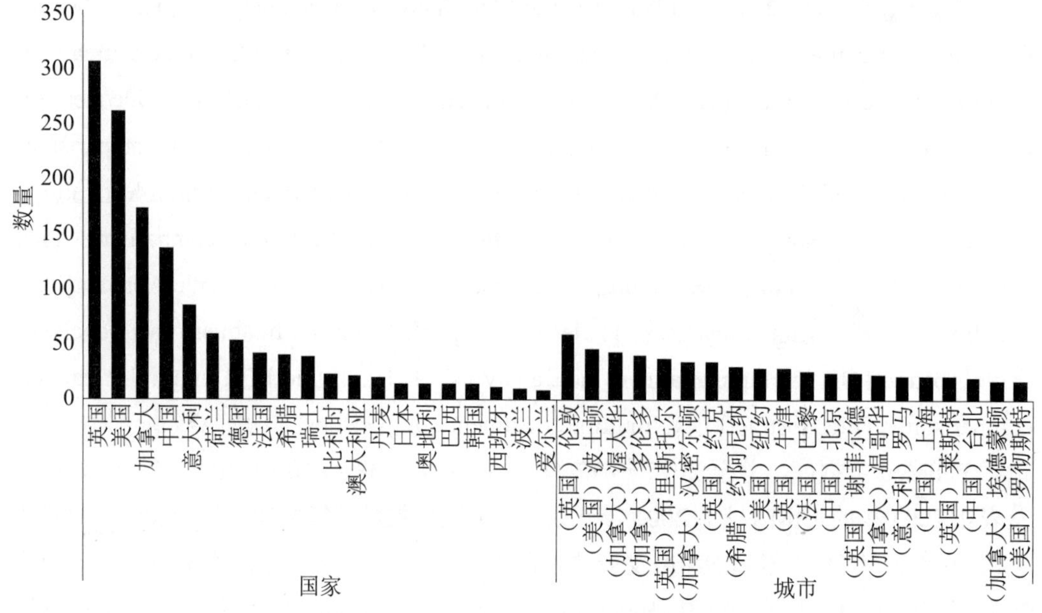

图 2–5　发表 NMA 前 20 位的国家和城市

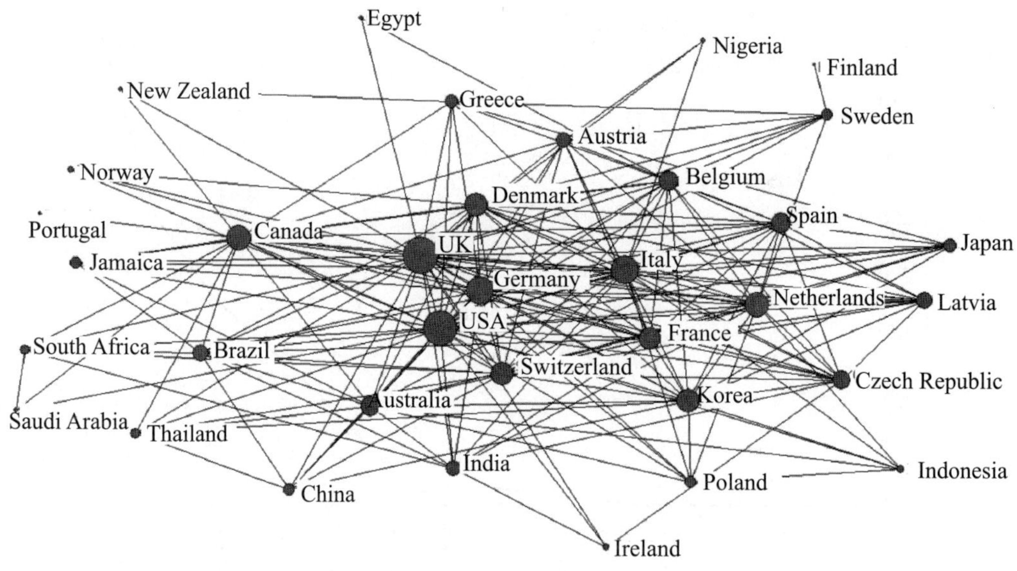

图 2–6　发表 NMA 大于 4 的国家间合作关系

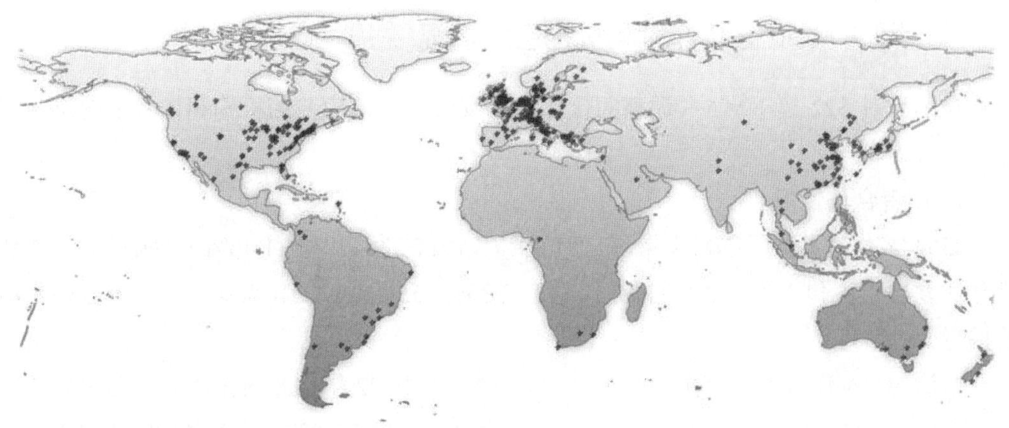

图 2-7 NMA 及其相关研究世界分布图

表 1-2 发表 NMA 前 20 位的期刊一览表

序号	期刊名称	数量（%）	是否被 SCI 收录	影响因子（IF）
1	Value Health	68（5.98）	是	3.279
2	Plos One	55（4.83）	是	3.234
3	BMJ	39（3.43）	是	17.445
4	Health Technol Assess	37（3.25）	是	5.027
5	Stat Med	34（2.99）	是	1.825
6	Syst Rev	33（2.90）	否	—
7	Curr Med Res Opin	32（2.81）	是	2.653
8	BMJ Open	27（2.37）	是	2.271
9	Res Synth Methods	27（2.37）	否	—
10	Cochrane Database Syst Rev	27（2.37）	是	6.032
11	Pharmacoeconomics	18（1.58）	是	2.45
12	J Clin Epidemiol	18（1.58）	是	3.417
13	BMC Med Res Methodol	18（1.58）	是	2.27
14	Medicine （baltimore）	15（1.32）	否	—
15	Int J Cardiol	15（1.32）	是	4.036
16	Ann Intern Med	15（1.32）	是	17.81
17	J Med Econ	14（1.23）	是	1.576
18	BMC Med	13（1.14）	是	7.249
19	Lancet	13（1.14）	是	45.217
20	Med Decis Making	11（0.97）	是	1.83

二、网状 Meta 分析作者和机构合作情况

李伦等对 522 篇 NMA（调整间接比较和混合治疗效应）的机构和作者情况进行了分析。

1. 作者合作情况

2364 名作者参与了 NMA 撰写，81.09%（1917/2364）和 11.46%（271/2364）的作者分别参与 1 篇和 2 篇 NMA 的撰写，只有 2.33%（55/2364）的作者参与 5～19 篇 NMA 的撰写。

单篇 NMA 作者数量范围为 1～29，90.80%（474/522）NMA 的作者数量范围为 2～12，其中 15.71%（82/522）、14.75%（77/522）和 13.79%（72/522）的 NMA 分别有 4 名、5 名和 6 名作者，但只有 1 个作者的 NMA 占 1.72%（9/522）。发表 NMA 4 篇以上的作者主要是大学或医院的科研人员/医生，大部分来自于欧洲和北美洲。

随着 NMA 的作者合作度的增加，形成的团队数量也在增加。发表 NMA 4 篇以上的作者可分为 10 个研究团队，但 6 个作者与其他作者间无合作关系。当作者间合作度为 2 时，这些作者可分为 14 个研究团队，同时有 17 名作者与其他作者之间无合作关系；当作者间合作度为 3 时，这些作者可分为 19 个研究团队，其中 23 名作者与其他作者之间无合作关系；当作者间合作度为 4 时，其中 35 名作者与其他同级别的作者之间无合作关系。随着合作强度的增加，NMA 作者间的合作关系发生变化，形成的团队数目也在增加，同时出现更多的孤立作者。

2. 机构合作情况

966 个机构参与了 NMA 撰写，其中，参与 1 篇的机构有 664 个、2 篇的有 150 个、参与 3～4 篇和 5～24 篇 NMA 撰写的机构均为 76 个，但在这些机构中，医药企业在 NMA 的撰写中扮演着重要的角色，145 个医药企业参与 NMA 的撰写，占机构总数的 15%。

单篇 NMA 机构数量范围为 1～26，大部分 NMA 的机构数量范围为 1～7，随着合作度的增加，形成的团队数目也增加。发表 NMA 数量大于 4 的机构为 2 个团队，可当机构间合作度为 1 的机构为 8 个团队，当合作度为 2 时有 15 个团队，当机构间合作强度为 3 时，达到 16 个团队。

三、网状 Meta 分析疾病和干预措施分布情况

1. 疾病分布

田金徽等对 487 篇 NMA 根据 ICD10 进行分类，共涉及 17 大类疾病，前 5 位依次为循环系统疾病 97 篇（16.55%）、骨骼肌肉系统和结缔组织疾病 66 篇（11.26%）、精神和行为障碍 48 篇（8.19%）、内分泌、营养和代谢疾病 46 篇（7.85%）和肿瘤 45 篇（7.68），见表 2–2。

表 2-2 NMA 的研究疾病分类

ICD10 条目	数量及百分比［n（%）］
某些传染病和寄生虫病	26（4.44）
病毒性肝炎	16（2.73）
真菌病	5（0.85）
其他传染病	3（0.51）
人类免疫缺陷病毒（HIV）性疾病	1（0.17）
原虫病	1（0.17）
肿瘤	45（7.68）
乳房的恶性肿瘤	9（1.54）
淋巴、造血和相关组织的恶性肿瘤	9（1.54）
呼吸和胸内器官的恶性肿瘤	6（1.02）
消化器官恶性肿瘤	5（0.85）
骨和关节软骨恶性肿瘤	4（0.68）
不明确、继发和未特指部位的恶性肿瘤	3（0.51）
女性生殖器官的恶性肿瘤	2（0.34）
男性生殖器官的恶性肿瘤	2（0.34）
泌尿道恶性肿瘤	2（0.34）
甲状腺和其他内分泌腺恶性肿瘤	1（0.17）
黑素瘤和其他的皮肤恶性肿瘤	1（0.17）
唇、口腔和咽部的恶性肿瘤	1（0.17）
血液和造血器官疾病以及某些涉及免疫功能的异常	1（0.17）
凝血缺陷、紫癜和其他出血性疾病	1（0.17）
内分泌、营养和代谢疾病	46（7.85）
糖尿病	37（6.31）
肥胖和其他的营养过剩	5（0.85）
甲状腺疾病	4（0.68）
精神和行为障碍	48（8.19）
情感性精神障碍	27（4.61）
使用精神活性物质所致的精神和行为障碍	9（1.54）
精神分裂症、分裂型和妄想性精神障碍	4（0.68）
神经症性、应激性和躯体形式障碍	3（0.51）
器质性（包括症状性）精神障碍	3（0.51）
通常发生于儿童及青少年期的行为和精神障碍	1（0.17）
伴有生理障碍和躯体因素的行为综合征	1（0.17）

续表

ICD10条目	数量及百分比［n（%）］
神经系统疾病	23（3.92）
短暂和突发性疾病	14（2.39）
中枢神经系统脱髓鞘疾病	6（1.02）
锥体外运动障碍	1（0.17）
中枢神经系统炎症性疾病	1（0.17）
神经、神经根和神经丛疾病	1（0.17）
眼及附器疾病	6（1.02）
脉络膜、视网膜疾病	4（0.68）
青光眼	2（0.34）
循环系统疾病	97（16.55）
脑血管疾病	35（5.97）
缺血性心脏病	19（3.24）
其他形式的心脏病	17（2.90）
高血压病	11（1.88）
静脉、淋巴管、淋巴结疾病	6（1.02）
慢性风湿性心脏病	5（0.85）
动脉、小动脉和毛细血管疾病	3（0.51）
肺心病和肺循环疾病	1（0.17）
呼吸系统疾病	22（3.75）
慢性下呼吸道疾病	17（2.90）
流感和肺炎	4（0.68）
急性上呼吸道感染	1（0.17）
消化系统疾病	24（4.10）
口腔、唾液腺和上下颌疾病	10（1.71）
胆囊、胆道和胰腺疾病	4（0.68）
非感染性肠炎和结肠炎	3（0.51）
食管、胃和十二指肠疾病	3（0.51）
肝脏疾病	3（0.51）
疝气	1（0.17）
皮肤和皮下组织疾病	15（2.56）
银屑病	12（2.05）
皮肤附器疾病	2（0.34）
与辐射有关的皮肤和皮下组织疾病	1（0.17）

续表

ICD10 条目	数量及百分比［n（%）］
骨骼肌肉系统和结缔组织疾病	66（11.26）
关节病	45（7.68）
全身性结缔组织疾病	6（1.02）
脊背病变	5（0.85）
软组织病变	5（0.85）
其他骨骼肌肉系统和结缔组织疾病	3（0.51）
骨病和软骨病	2（0.34）
泌尿生殖系统疾病	20（3.41）
男性生殖器官疾病	7（1.19）
肾小管–间质疾病	6（1.02）
肾衰竭	3（0.51）
女性生殖道非炎性疾病	2（0.34）
泌尿生殖道的其他疾病	2（0.34）
起源于围生期的某些疾病	2（0.34）
与妊娠周期和胎儿生长相关的疾病	2（0.34）
先天性畸形、变形和染色体异常	1（0.17）
循环系统先天性畸形	1（0.17）
症状、体征和异常的临床和化验结果	15（2.56）
一般的症状和体征	11（1.88）
涉及消化系统和腹部的症状和体征	3（0.51）
涉及皮肤和皮下组织的症状和体征	1（0.17）
损伤、中毒和外因作用的某些其他结果	7（1.19）
膝和小腿损伤	6（1.02）
跌落	1（0.17）
其他	23（3.92）

2. 干预措施分布

李伦等对 522 篇 NMA 的干预措施进行了分析，抗风湿 25 篇（4.79%）、抗凝血 24 篇（4.60%）和抗肿瘤 21 篇（4.02%）占据前 3 位，共有 16 种干预措施出现次数大于 9（表 2–3）。

表 2–3　NMA 的研究干预措施分类

干预措施	数量及百分比［n（%）］	干预措施	数量及百分比［n（%）］
抗风湿	25（4.79）	血小板聚集抑制剂	17（3.26）
抗凝血	24（4.60）	抗高血压	17（3.26）
抗肿瘤	21（4.02）	抗抑郁	17（3.26）

续表

干预措施	数量及百分比［n（%）］	干预措施	数量及百分比［n（%）］
抗肿瘤联合化疗方案	16（3.07）	肿瘤坏死因子 -α	8（1.53）
降血糖	14（2.68）	消炎药	7（1.34）
支架	13（2.49）	非甾体抗炎药	7（1.34）
噻吩	13（2.49）	免疫抑制剂	7（1.34）
生物制品	13（2.49）	膝关节成形术	7（1.34）
抗病毒药	13（2.49）	第二代抗抑郁药	7（1.34）
抗惊厥	12（2.30）	关节成形术	7（1.34）
支气管扩张	10（1.92）	苯并咪唑	7（1.34）
骨密度保护剂	10（1.92）	止痛	7（1.34）
肾上腺皮质激素	10（1.92）	血管紧张素受体拮抗剂	7（1.34）
阿司匹林	9（1.72）	冠脉球囊血管成形术	7（1.34）
抗菌药	9（1.72）	西罗莫司	7（1.34）

（李 伦 田金徽）

第五节 网状 Meta 分析基本假设

当存在很多治疗方案时，NMA 可同时比较多种干预措施，也可合并直接比较和间接比较证据，进而选择最佳治疗。Song FJ 等提出间接比较和 NMA 常涉及 3 个基本假设：同质性假设（用于传统 MA）、相似性假设（用于调整间接比较）和一致性假设（用于直接比较与间接比较证据、不同路径的间接比较证据合并）（图 2-8），评价这些假设对确保结果的有效性和可靠性至关重要。

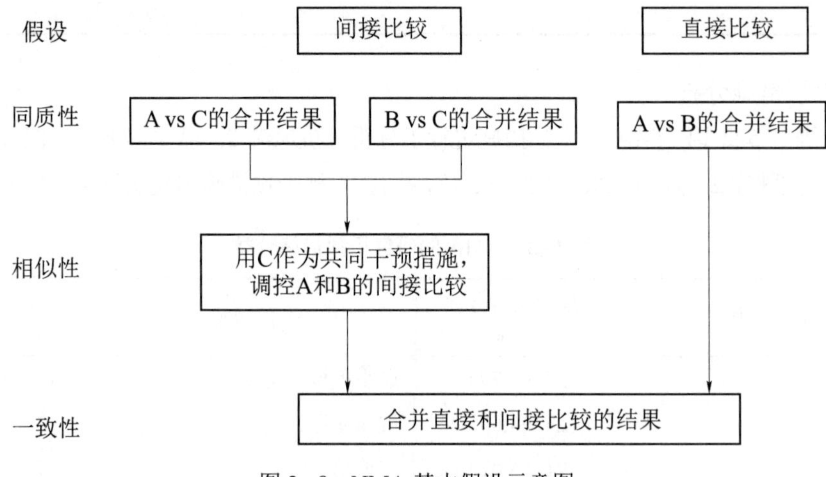

图 2-8 NMA 基本假设示意图

一、同质性假设

NMA 的统计学基础之一是传统直接比较 MA，因此 NMA 的假设之一是同质性假设，即不存在异质性。根据异质性来源可分为临床异质性、方法学异质性和统计学异质性。临床异质性是指纳入研究在患者或人群、干预措施、对照措施等影响结果的临床因素上存在差异。方法学异质性是指纳入研究在研究设计和研究质量上存在差异。统计学异质性是指纳入研究的结果效应量存在差异。异质性会影响直接比较 MA 的结果与可靠性，进而影响 NMA 的结果与可靠性。NMA 应该对所有直接比较的异质性进行评估或检验，当不同研究的结果同质性足够时 MA 才有价值，常用的方法为比较研究间的患者和试验的特征、比较结果效应量大小和精确性、假设检验（如卡方检验）、统计学测量（I^2）、固定效应模型和随机效应模型、亚组分析或 Meta 回归。

二、相似性假设

相似性是 NMA 最重要的假设之一，主要针对调整间接比较，即所有研究间以及不同对照组间影响效应量的因素相似。从统计学角度讲，相似性为传递性，即调整间接比较基于共同对照得到两个干预措施的效果差异；从结果角度讲，相似性为可交换性，即在不同的环境下，所有研究的效果相似。当满足相似性假设，NMA 会产生准确的结果，反之，NMA 结果会产生偏倚。

评估 NMA 相似性假设只能通过间接方法，即评估可能影响研究结果的混杂因素在研究间的可比性，主要包括内部真实性因素（如患者特征、随访时间和结果指标等）和外部真实性因素（如试验开展的地点及当地卫生政策等）。但是定性评估存在局限性，不能保证发现所有混杂因素。比较研究间临床和方法学特征的相似性（如患者、试验设计等基线资料）是目前检验相似性最为常用的方法。

三、一致性假设

NMA 结果有效的另一个重要前提是直接比较证据与间接比较证据一致和（或）不同路径的间接证据一致。这种假设适用于混合治疗效应 MA（直接比较证据和间接比较证据同时存在）或调整间接比较（同一对照组间存在多个调整间接比较结果）。不一致性的评估方法详见第三章第二节。当直接比较与调整间接比较不一致时，我们通常更相信直接比较证据。但直接比较证据不一定都确切，有研究报道调整间接比较在一定条件下比直接比较的结果偏倚更少。

（李　伦）

第六节　网状Meta分析制作步骤

1. 选题

基于疾病负担、当前干预措施现状和已发表的MA提出待评价的问题，提出的问题是否恰当、清晰、明确，关系到NMA是否具有重要的临床意义，是否具有可行性，并影响着NMA研究方案的设计和制定。

2. 制定纳入排除标准

纳入标准和排除标准的关系为：用纳入标准确定研究的主体，用排除标准排除研究主体中具有影响结果因素的个体，进一步对研究主体进行准确定义。NMA 的纳入标准不同，会导致NMA关注的药物相同，结论却不同。因此NMA不仅要报告患者、干预措施、测量指标和研究设计，应该对干预措施进行定义。

3. 制定检索策略并实施检索

NMA全面、系统、无偏倚检索对NMA非常重要，这就要求多渠道（综合、专业数据库与其他资源相结合、计算机检索与手工检索相结合）、多语种（避免语言偏倚）、获取发表（SR/MA、纳入研究/综述的参考文献）与未发表（会议、学位论文和在研研究）的文献（避免发表偏倚）。检索范围的大小关系到能否纳入所有应该纳入的研究，从而直接影响NMA的质量。如果检索范围小，选择的数据库太少，或制订的检索策略不恰当，则会发生漏检，产生选择性偏倚，可能对结果和结论产生影响。

4. 筛选研究

首先利用文献管理软件完成文献去重，然后根据纳入排除标准选择研究，并记录排除文献数量及其原因，在此过程中，一定要注意鉴别重复发表文献和多中心研究，因为重复发表会引起内容偏倚（由于将同一研究重复进行了合并分析）。

5. 评估纳入研究的方法学质量

使用相关量表和偏倚风险评估工具评价纳入研究质量，尽可能详细描述评价的具体过程和细节。

6. 提取数据

设计数据提取表非常重要，数据提取表既可保存原始资料，又可作为数据分析的来源，其过程也是对研究资料的核实过程。资料提取是NMA结果分析中的一个关键步骤，直接影响结果的准确性，它是连接原始研究报告和NMA最终报告的一座桥梁。资料提取表的内容至少包括研究对象基本特征（特别与疾病干预效果和预后相关的特征）、干预措施（名称、剂量、给药途径等）、测量指标（特别注意指标的测量方法）和研究设计等。

7. 分析数据并在合适的情况下进行NMA

统计分析是NMA的灵魂，NMA依据复杂的统计学处理，可得出各个干预措施之间的疗效差异、干预措施排序结果及其可能性。主要包括：效应量选择、随机效应模型和固定效应模型选择、一致性模型和不一致性模型选择、频率学方法和贝叶斯方法的选择、证据网络图、贡献图、发表偏倚、亚组分析、Meta 回归和敏感性分析等。

8. 陈述主要结果

检索结果、纳入和排除研究的报告对于 NMA 非常关键，研究特征主要呈现：研究的基本特征、证据网络图、单个研究结果和偏倚风险评价结果；统计结果的呈现是 NMA 的重要部分，主要包括：直接比较结果和 NMA 结果，针对直接比较 MA 不仅包括统计学结果、统计学异质性，还包括采取的其他分析，如敏感性分析、亚组分析、Meta 回归等。针对 NMA，主要包括：干预措施之间比较结果、干预措施排序结果及成为最佳治疗的概率、不一致性评估结果。在此基础上，还需注意：① 若使用贝叶斯模型，还需评估模型的拟合度和收敛程度；② 当纳入研究存在联合用药时，还需对联合用药进行调整分析，并报告其结果。研究间偏倚风险存在差异时，尽量对偏倚风险的影响进行分析。

9. 撰写讨论与结论

NMA 的讨论与结论与传统 MA 没有太大的差别，主要从证据总结、研究的优势与不足、实用性和对未来的启示等方面进行撰写。

（田金徽）

第七节　Cochrane 协作网网状 Meta 分析注册、撰写与发表

一、Cochrane 协作网网状 Meta 分析注册

目前，为了保证 NMA 的质量和规范，CC 对 NMA 的撰写实行注册制度。

1. 查询注册情况

选题以后，首先通过网址（http://www.cochrane.org/search/site/?adv=1&f[0]=im_field_stage%3A1）核实该题目是否已经被注册，该网站的主要功能是发布 CC 所有 CSR 的题目及其当前状况，以便查阅。

2. 申请注册

给 CSR 工作组写信申请注册，收到作者的申请后，该组编辑和专业负责人针对注册信息进行讨论，如获同意，向作者发送电子注册表。

3. 填写注册表

各个 CSR 工作组的注册表的格式和填写内容略有差异，但基本内容都包括申请者和合作者的信息资料及其对 CSR 知识的掌握背景情况、简要的研究计划等。作者按照

相关CSR工作组的要求填写注册表，在此过程中，若有疑惑可寻求CSR工作组的帮助，填写结束后核实无误后向CSR工作组提交注册表。

4. 评估注册表

相关 CSR 工作组在编辑会上对注册表进行评估，提出修改意见并通知是否可进行计划书撰写。

二、Cochrane 协作网网状 Meta 分析撰写

1. 基本步骤

注册、撰写和发表一个 NMA 的具体步骤如下：

（1）确定 NMA 题目（见第五章第一节）。

（2）与相关 CSR 工作组联系，申请注册 NMA 题目。

（3）题目获得批准后，研究者在 CC 指导下利用 CSR 专用软件（RevMan）开始撰写计划书（Protocol）。CC 建议撰写 NMA 的人员最好参加各国或各地区 Cochrane/循证医学中心举办的相关培训班，因为对一般人员来说 NMA 的方法很难自学。

（4）向 CSR 工作组提交完成的计划书，接受 3～5 名评审专家评审。

（5）按照修改意见和建议修改计划书，接受 CSR 工作组编辑部复审，复审合格后在 Cochrane Library 上发表计划书。

（6）按照计划书的内容，在 CSR 工作组的帮助下完成 NMA 全文（参考第五章）。

（7）全文完成后提交至相关 CSR 工作组编辑部，接受 3～5 名评审专家评审。

（8）按照修改意见和建议修改全文，经相关协作组复审，复审合格后才能在 Cochrane Library 上发表全文，也可同时在其他期刊上发表全文（但必须与 CSR 工作组讨论并取得许可）。

（9）全文发表后，作者跟踪注册题目的进展，结合反馈意见修改或更新 NMA。

2. 结构

CC 的 NMA 可分题目、正文、研究和参考文献、数据与分析、表、图、资助来源、反馈和附件等，与传统 MA 的结构相似。

三、Cochrane 协作网网状 Meta 分析发表

NMA 全文发表在 Cochrane Library 发表后，为推动其传播，CC 鼓励作者在其他杂志或出版物上发表，且不与作者签订任何排他性的版权协议。但是，作者必须同意 CC 在全球范围内的发表权和不得与任何杂志或出版物制订排他性的版权。任何杂志和出版物在可获得非排他性的版权许可的情况下，可发表 Cochrane 协作网 NMA，同时不能限制在 CC 内以任何形式发表该研究。NMA 不是某一个作者的成果，加之 Wiley-Blackwell 公司为 CC 出版的 NMA，因此，必须是在 Cochrane Library 发表之后，且要事先征得相关工作组的许可，其他杂志才能发表。在其他杂志或出版物发表 NMA 的步骤如下。

（1）作者在 Cochrane Library 发表 NMA 全文。

（2）作者征求相关工作组是否同意在其他杂志发表的许可，若同意，向 Wiley-Blackwell 公司提交拟在其他杂志发表 NMA 申请书。

（3）按照欲投专业杂志的稿约修改 NMA。

（4）得到相关专业杂志接受发表的通知后，填写 Wiley-Blackwell 公司在其他杂志发表 NMA 申请书。

（5）获得 Wiley-Blackwell 公司同意后，方可在其他杂志上发表。

四、网状 Meta 分析的更新

根据 CC 的规定，在研究计划书发表之后的 2 年内，必须完成并发表全文，否则将被 Cochrane Library 撤销；NMA 发表后，作者要定期对 NMA 进行更新。在每次更新时，需要重新核实检索策略是否仍然能够有效地检出相关文献，否则，需要重新设计编写检索策略，对各个数据库进行检索以纳入新的研究。在获得新研究后，NMA 原先所使用的资料提取表仍可用于对新研究的资料提取；如果新研究使用了新的变量，则应对资料提取表进行修改。有时，NMA 作者可能决定对所更新的 NMA 采用新的分析策略，如采用 RevMan 中所没有的统计学方法；通常，新的分析策略会导致实质性的改变。

由于新研究证据的不断产生，作者需要对 NMA 进行更新；作者应与编辑们一起确定何时有必要对其进行更新或修改。修改的日期必须记录在“What's New”中。即使在这一年或两年中没有出现新的研究证据或不进行修改，也要在 NMA 中将相关时间改成最近的更新日期，如检索策略的时间。

如果一个 NMA 处于待处理状态或被撤销，Cochrane Library 中该 NMA 将只保留作者信息及说明撤销原因，并且在其题目后注明已撤销。

（田金徽）

第三章　网状 Meta 分析的统计学基础

第一节　Meta 分析的统计学基础

一、效应量的选择

效应量（effect size，ES）是指临床上有意义或实际价值的数值或观察指标改变量，是单个研究结果的综合指标，需根据研究的性质、资料的类型确定。

（一）二分类资料的效应量

以常见四格表资料（表 3–1）为例，分别计算不同形式的效应量及其标准误，假设纳入的研究为 k 个（i=1，2，…，k）。

表 3–1　四格表资料的基本格式

研究 i	发生	未发生	合计
试验组	a_i	b_i	n_{1i}
对照组	c_i	d_i	n_{2i}
合计	m_{1i}	m_{2i}	N_i

1. 相对危险度

相对危险度（Relative Risk，RR）也叫率比（rate ratio），是反映暴露与发病（或死亡）关联强度的最常用指标。它是暴露组的发病率与非暴露组（或低暴露）的发病率之比，说明前者是后者的多少倍。RR 是反映暴露（干预）与事件关联强度最有用的指标。RR 值越大，表明效应越大，暴露与结局关联的强度越大。表 3–2 列出了一个常用的标准。

$$RR_i=\frac{a_i/n_{1i}}{c_i/n_{2i}}\quad SE[\ln(RR_i)]=\sqrt{\frac{1}{a_i}-\frac{1}{n_{1i}}+\frac{1}{c_i}-\frac{1}{n_{2i}}}$$

表 3-2 相对危险度与关联的强度

RR		关联的强度
0.9～1.1	1.0～1.1	无
0.7～0.8	1.2～1.4	弱
0.4～0.6	1.5～2.9	中
0.1～0.3	3.0～9.9	强
＜0.1	10	很强

若结局是死亡率、病死率、患病率等指标时，RR≠1 表示暴露因素（或试验因素）对疾病有影响；当 RR＞1 时，表示暴露因素（或试验因素）是疾病的危险因素，RR 越大，暴露因素（或试验因素）对疾病的不利影响就越大；当 RR＜1 时，表示暴露因素（或试验因素）是疾病的有益因素，且 RR 越小，暴露因素（或试验因素）对疾病的有益作用就越大；当 RR=1 时，表示暴露因素（或试验因素）与疾病无关。

若结局是有效率、治愈率等指标时，RR≠1 时，表示试验因素对疾病有影响；当 RR＞1 时，表示试验因素是疾病的有益因素，且 RR 越大，试验因素对疾病的有益影响就越大；当 RR＜1 时，表示试验因素是疾病的危险因素，且 RR 越小，试验因素对疾病的危险作用就越大；当 RR=1 时，表示试验因素与疾病无关。

2. 比值比

比值比（odds ratio，OR）是测量疾病与暴露联系强度的一个重要指标。OR 的意义与 RR 相似，指暴露组的疾病危险性为非暴露组的多少倍。OR＞1 说明疾病的危险度因暴露而增加，暴露与疾病之间为“正”关联；OR＜1 说明疾病的危险度因暴露而减少，暴露与疾病之间为“负”关联。但是，在不同患病率和不同发病率的情况下，OR 与 RR 是有差别的。结局事件发生率较低时，OR 是 RR 的极好近似值。无论以暴露比值和非暴露比值计算，或是以有病比值和无病比值计算，比值比的结果都是一样。

$$OR_i = \frac{a_i d_i}{b_i c_i} \quad SE[\ln(OR_i)] = \sqrt{\frac{1}{a_i} + \frac{1}{b_i} + \frac{1}{c_i} + \frac{1}{d_i}}$$

3. 率差

率差（rate difference，RD）又称特异危险度、归因危险度，是暴露组发病率与对照组发病率相差的绝对值，在临床试验中其大小可以反映试验效应的大小，其可信区间可用来推断两个率有无差别。两率差为 0 时，两组的某事件发生率没有差别，而率差的可信区间不包含 0（上下限均大于 0 或上下限均小于 0），则两个率有差别；反之，两率差的可信区间包含 0，则无统计学意义。通常只有队列研究和随机对照试验结果可以计算 RD。

$$RD_i = \frac{a_i}{n_{1i}} - \frac{c_i}{n_{2i}} \quad SE(RD_i) = \sqrt{\frac{a_i b_i}{n_{1i}^3} + \frac{c_i d_i}{n_{2i}^3}}$$

4. 选择 RR、OR 和 RD 注意事项

（1）当结局事件发生率极低时（有学者认为事件发生率≤10%时），RR 或 OR 具有良好的一致性，两者均可采用。其中对于某些发生率较低的结局事件，如并发症或不良反应，常推荐采用 OR 进行计算。

（2）随着结局事件发生率的升高，OR 的夸大效应愈加明显，在一定程度时可能伴有结局性质的不一致。对于纳入研究中出现试验组和对照组结局事件发生率均为 100%时，不应选择 OR 指标。

（3）当事件发生率一定时，随着 OR 值的增大，OR 与 RR 的差异变大，从而引起结论夸大效应。

（4）纳入研究的质量情况。根据纳入研究的质量评价标准，当纳入的研究质量较低而可能导致较大的结论偏倚时，可尝试通过效应指标的选择尽量减少结论的高估或假阳性，以避免偏倚的累积，在这种情况下 RR 指标可能较为合适，但仍需更深入的研究。

（5）当纳入研究纳入的研究对象的基线风险具有较好的一致性时，可选择 RD。当所关注结局事件在试验组或对照组人群中全部发生或为 0 时，此时也可考虑采用 RD 为合并统计量。采用 RD 的优点是结果容易被解释，便于理解，但临床可适用性往往较低。

（二）连续型资料的效应量

根据比较组的样本含量、均数、标准差来计算效应量，一般效应量为试验组与对照组的加权均数差（weight mean difference，WMD）和标准化均数差（standardized mean difference，SMD）表示，计算前先将资料整理成表 3–3 的格式，假设纳入的研究为 k 个（i=1，2，…，k）。

表 3–3　定量资料整理的基本格式

研究 i	例数	均数	标准差
试验组	n_{1i}	m_{1i}	s_{1i}
对照组	n_{2i}	m_{2i}	s_{2i}
合计	$N_i=n_{1i}+n_{2i}$		

1. 加权均数差

加权均数差即两组均数之差，计算两个组之间均数的差值是临床研究中的常用统计方法，用于估计治疗改变结果的平均量。Meta 分析时，使用同样或同类计量单位的研究，如均使用厘米作为计量单位，或厘米与米虽然度量单位不同，但属于同类计量单位，可转化成相同的度量单位，就可直接进行合并分析。

$$md_i = m_{1i} - m_{2i} \quad SE(md_i) = \sqrt{\frac{s_{1i}^2}{n_{1i}} + \frac{s_{2i}^2}{n_{2i}}}$$

2. 标准化均数差

Meta 分析会遇到相同指标而计量单位不同的情况，可采用标准化均数差进行分析，因其可消除量纲的影响，常见计算方法有：Cohens'd，Hedges' adjusted g，Glass's D，下面简要介绍 Cohens'd 法，另 2 种方法感兴趣的读者可参阅相关文献。

首先计算出两组的合并标准差：

$$s_i = \sqrt{\frac{(n_{1i}-1)s_{1i}^2 + (n_{2i}-1)s_{2i}^2}{N_i - 2}}$$

然后计算标准化均数差，过程如下：

$$d_i = \frac{m_{1i} - m_{2i}}{s_i} \quad SE(d_i) = \sqrt{\frac{N_i}{n_{1i}n_{2i}} + \frac{d_i^2}{2(N_i - 2)}}$$

不管实际采用什么计量单位，只要均数差的标准误为相同数量级，各研究的 SMD 也是相同数量级，就可以计算合并效应量（$SMD_{合并}$）。

注意：SMD 并非校正度量的差异，而是使各种不同度量趋同的方法，即 SMD 没有任何单位。SMD 反映的是计量单位的差异而不是真正的患者之间的变异，这可能在一些情况下会产生问题，如当 Meta 分析包括的患者范围较宽时，标准误可能较大，而我们期望了解在不同研究里的患者间的变异是否真正有差异。由于 Meta 分析的度量单位与原始研究不一样，总疗效可能难于用 Meta 分析的度量单位对原始研究的效应量进行解释。但有些条件下，可以将疗效转换回特定研究所使用的单位。

（三）等级资料效应量

等级资料指将观察对象按其自然类别分类，如将疾病按严重程度分为“轻度”、“中度”和“重度”。等级资料的效应量使用均衡机会比（proportional odds ratio），在分类的类别很多时，这种计算非常困难，且没有必要计算。在实际分析中，较长的分类等级资料被处理成连续性变量、较短的分类等级资料被处理成二分类变量进行分析。转换成二分类变量时，需设定切割点，切割点选择不当可能增加偏倚，特别是如果该切割点使两组干预措施的差异最大化时，偏倚的可能性更大。当等级资料被转化为二分类变量资料时，使用 RR、OR 或 RD 来表达事件或疗效效应量的大小；转化为连续性变量资料，则疗效效应量被表达为 WMD 或 SMD。

（四）计次和率效应量

有些类型的事件可在一个观察对象上多次发生，如心肌梗死、骨折、某种副作用或住院，统计这些事件的次数可能比简单地统计每一个患者是否发生事件更好，有些资料必须这样统计事件次数，这种资料被称为计次资料，计次资料可分为稀有事件计次资料和多发事件计次资料。

稀有事件的分析常常使用率，如某临床研究的一个组发生了 18 次心肌梗死，全组的随访期为 314 人年，则该组心肌梗死发生率为 0.057/人年或 5.7/100 人年。Meta 分析中的汇总分析使用率比（rate ratio，RR），用于比较两组中事件的率。在少数情况下，也可使用率差。

对于更多事件的计次，如缺失的或填充的牙齿，常用与连续性资料相同的方法来处理，其治疗效应量采用 WMD 或 SMD 表示。

（五）时间相关事件结果效应量

很多临床研究结果的判断不能仅靠统计结局事件的多少即发生率的大小，还需根据出现这种结局的时间长短进行比较。时间相关事件资料由两部分组成：① 没有事件发生的时间的长度，② 反映一个时间段的终点或仅在观察终点是否有事件发生的指标。时间相关事件可以不是死亡事件，如疾病的复发等。

只要时间相关事件资料在固定时间点观察获得，就可采用二分类资料的分析方法进行分析。如所有观察对象在 12 个月内都被随访到，各组所发生事件的比例可填入四格表，治疗效应量就可使用 RR、OR 或 RD 来表达。

对时间相关事件资料的结果进行 Meta 分析可采用：① 如果能够获得事件实际数和理论数差值（O−E）和精确方差（V），就对单个患者资料或研究中报告的统计数据进行重新分析，使用 Peto 法合并研究结果；② 如果能够从 Cox 比例风险回归模型获得 log 风险比和标准误，则可用普通倒方差法合并研究结果，根据资料选用固定效应模型或随机效应模型。

二、异质性的来源与处理

将在不同国家或地区实施的同类研究收集在一起进行 Meta 分析，不可避免地会存在差异，如不同人种对同一药物敏感性的差异、同一干预措施给药途径的差异、研究设计和实施的差异等不同程度都会对结果产生不同的影响。

（一）异质性来源

一是研究内变异，即使两个研究的总体效应完全相同，不同的研究由于样本含量不同，样本内的各观察单位可能存在差异，可能得到不同的结果，但与实际效应相差不会很大。当样本含量较大时，抽样误差相对较小。

二是研究间变异，即使干预措施和其他情况都一样，由于研究对象来自不同的总体以及偏倚的控制等诸多方面存在差异，其实际效应也不相同。

（二）异质性分类

在实施 Meta 分析前，首先应分析和识别纳入研究临床和方法学异质性，只有临床和方法学特征具有足够相似性方可进行合并。Cochrane 系统评价指导手册将 Meta 分析的异质性分为：临床异质性、方法学异质性和统计学异质性。

1. 临床异质性

临床异质性主要指观察对象的差异和治疗方面的差异，包括以下几种差异。① 生理、人类学方面的差异：年龄、性别、种族、信仰、生活习惯等；② 病理生理学方面的差异：

病程长短、疾病严重程度、疾病类型等；③ 治疗方面的差异：随访时间长短、不同干预措施、不同疗程、干预措施的不同剂量等。注意：不能认为只要有生理和人类学方面的差异就认定会产生临床异质性，因为生理和人类学方面的差异不一定在所有干预研究中都会产生不同的结果，如在器官移植后使用不同免疫抑制剂的排斥反应发生率比较通常很少考虑种族、性别和年龄等差异。

2. 方法学异质性

主要指研究设计和实施等质量因素及结果测量的计量和度量单位不同造成的异质性，包括以下方面。① 不同的设计方案：随机分组是否正确、分配隐藏是否充分、盲法是否实施等；② 不同的结果测量方法：不同的测评方法、不同测量指标和不同度量单位等。

3. 统计学异质性

指用统计学方法来探测和分析是否存在临床和方法学异质性。分析统计学异质性的基本思路是：所有统计学异质性均来自于临床异质性和方法学异质性。换句话说，如果存在临床和方法学异质性，就必然会造成结果的统计学异质性。Meta 分析中用统计学方法探测和分析异质性的原理是比较各研究结果及其精确性的差异，而精确性可通过可信区间体现，不同研究之间可信区间重合的部分越多，则存在同质性的可能性越大；相反，则存在异质性的可能性越大。

（三）异质性分析

1. 定性分析

采用χ^2检验和 P 值来定性分析各研究结果间的统计学异质性。χ^2值在 Cochrane 系统评价中又称 Q 值（Cochrane Q），Q 值相对于自由度（df，即纳入研究数减 1：$df=n-1$）越大，P 值越小，则存在异质性的可能性就越大；反之，Q 值相对于自由度越小，P 值越大，则存在异质性的可能性越小。

使用χ^2和 P 值描述异质性时，只能表述有无异质性，不能说异质性“大”或“小”。P 值在 0.05～0.10 之间时，为差异有或无统计学意义的边缘值；当 $P<0.05$ 时，差异肯定有统计学意义；当 $P>0.10$ 时则差异肯定无统计学意义。因此，分析异质性时，组内的异质性阈值设定为 $P\geq0.10$，即 $P\geq0.10$ 时，表示研究间没有统计学异质性；组间合并分析时，异质性阈值可设定为 $P\leq0.05$，即 P 值≤0.05 时，表示组间存在统计学异质性。

2. 定量分析

I^2是对各研究结果间的异质性进行定量分析的参数，其值分布于 0～100%，0%表示无异质性，I^2越大表示异质性增加越多。当$I^2<25\%$时，表示异质性低；$25\%<I^2<50\%$时，表示有中等程度的异质性；$I^2>75\%$则表示异质性大。一般而言，当$I^2>50\%$时，表示有实质性的异质性存在。

（四）异质性处理方法

针对异质性的处理，可参考图 3-1 的流程进行。注意只有纳入研究间异质性最小，合并效应具有更高的可信度。

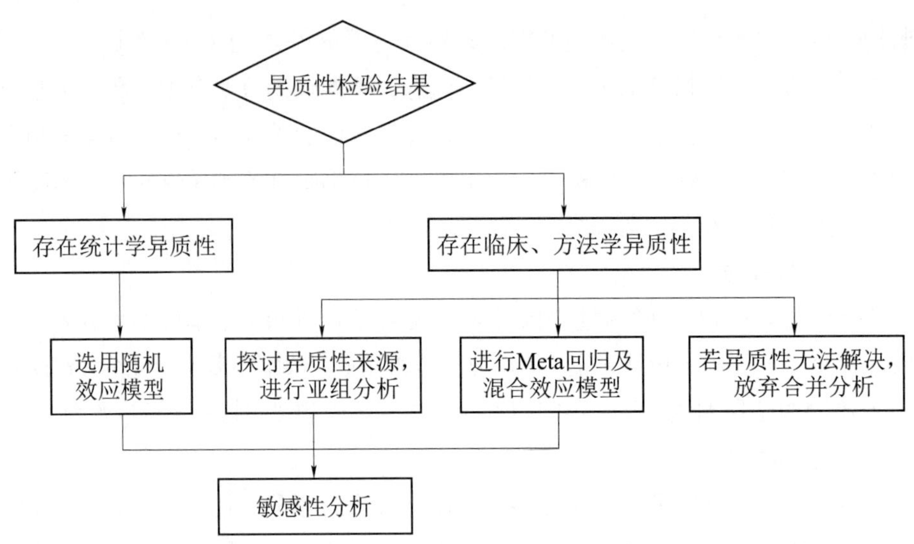

图 3-1　Meta 分析中异质性检验及相关分析的流程图

1. 亚组分析

如研究间结果存在异质性时，需对异质性产生的原因进行分析。按异质性来源不同进行分层处理，如可能由方法学质量导致，则按质量高低进行分层分析；如可能由设计方案不同导致，则按设计方案进行分层分析。

注意：① 亚组分析每次只能对一个变量进行亚组分析，并且对每个亚组都要进行效应量的合并。若要对两个以上的变量进行分析，则应采用 Meta 回归。② 在临床同质性的基础上进行亚组分析，亚组的数量越少越好。

2. Meta 回归

各研究的疗效间存在异质性时，可用 Meta 回归对疗效与研究特性的关系进行分析。Meta 回归是亚组分析的一种扩展，对连续效应量、分类、特征因素进行分析，主要对多因素的效应量进行联合分析。

在 Meta 回归里，结果变量是效应量估计，如 MD、RD、log OR 或 log RR，解释变量为可影响治疗效应量大小的研究特征因素，被称为“潜在效应量改变因子”或协变量。Meta 回归所得到的回归系数描述了结果变量（治疗效果）如何随解释变量的单位增加而改变（潜在效应量改变因子）。回归系数的统计学显著性通过对治疗效应量和解释变量之间有无线性关系进行检验来确定。如果治疗效应量是一种率的测量，则在回归模型中需要使用经对数转化的疗效效应量，回归系数的指数由解释变量的增加来估计治疗效应量的相对改变。

注意：如果 Meta 分析所纳入的研究数量少于 10 个时，一般不做 Meta 回归。

3. 敏感性分析

指通过改变某些可能影响合并结果的重要因素，如采取不同的纳入标准（研究质量、随访情况等）或统计方法（固定效应模型或随机效应模型）等，观察不同研究的异质性和合并结果是否发生变化，从而判断结果的稳定性和强度。若采用不同方法分析后，结果未发生大的变化，说明敏感性低，结果较为稳定可信，若分析后得到差别较大甚至相反结论，说明敏感性高，结果的稳定性低，在解释结果和下结论时需非常慎重，通常采用敏感性分析找出潜在的影响因素。敏感性分析的方法可采用：① 改变研究类型、研究对象、干预措施或测量指标的纳入标准；② 纳入或排除那些在某些方面不能明确肯定是否符合纳入标准的研究；③ 有些研究可能有一些不确定的结果，将其具有合理性的结果资料另行分析，如报告的结果中互相矛盾而不能从原作者处获得解释的资料、由于定义或测量差异造成结果差异，则选择其合理部分进行分析；④ 对于缺失资料，输入合理的可能数值后重新进行分析；⑤ 使用不同的统计方法对资料进行重新分析，如用随机效应模型替换固定效应模型，或者相反。

注意：当纳入了低质量的研究时，尤其是样本含量大、事件数量多、可信区间窄的研究，无论其质量高低，都会有较大的权重，从而在很大程度上影响 Meta 分析的结果。通常的做法是：首先计算包括了所有纳入研究在内的 Meta 分析结果，然后，计算排除低质量研究后的 Meta 分析结果，如果两次结果一致，则结果可靠。如果两次结果不一致，则在解释时应该十分慎重，一般应主要根据高质量研究的结果来解释 Meta 分析的结果。

4. 选用随机效应模型合并效应量

见本节第三部分合并效应量模型选择。

5. 放弃作 Meta 分析

若异质性过于明显，特别是具有明显的临床异质性、方法学异质性而无法通过上述几种方法解决时，可考虑放弃作 Meta 分析，只对结果进行一般的统计描述。

三、合并效应量模型选择

合并效应量实际上是多个研究效应量的加权平均值，一般可分为两步进行估计，首先逐一计算每个研究的效应量及其 95%可信区间；然后根据资料类型与异质性检验结果，选择合适的统计分析模型，估计合并效应量，必要时可作假设检验。

当资料分析满足同质性时，可选用固定效应模型；当资料不满足同质性时，不能用临床异质性和方法学异质性来解释时，则选用随机效应模型估计合并效应量。

1. 固定效应模型

指在 Meta 分析中假设研究间所有观察到的变异是由偶然机会引起的一种合并效应量的计算模型，即按各研究的实际权重进行合并，这些研究假定为测量相同的总体效应。

2. 随机效应模型

是 Meta 分析中统计研究内抽样误差（方差）和研究间变异以估计结果的不确定性（可信区间）的模型。当包括的研究有除偶然机会外的异质性时，随机效应模型将给出比固定效应模型更宽的可信区间。

随机效应模型估计合并效应量，实际上是计算多个原始研究效应量的加权平均值。

以研究内方差与研究间方差之和的倒数作为权重，调整的结果是样本量较大的研究给予较小的权重，而样本量较小的研究则给予较大的权重。

在随机效应模型下，合并疗效为一近似值，其大小符合如下分布：

$$\Theta_i \approx N(\Theta, \tau^2)$$

式中，$\hat{\Theta}$为logOR，logRR或RD，WMD或SMD。τ^2由以下公式给出：

$$\hat{\tau}^2 = \max\{[Q-(k-1)]/[\Sigma w_i-(\Sigma(w_i^2))/\Sigma w_i],0\}$$

式中，w_i为log OR, log RR, RD, (W) MD和SMD的倒方差权重

每个研究的权重为：

$$W_i' = \frac{1}{se(\hat{\Theta}_i)^2+\hat{\tau}^2}$$

合并效应量为：

$$\hat{\Theta}_{DL} = \frac{\Sigma w_i' \hat{\Theta}_i}{\Sigma w_i'}$$

和

$$se\{\hat{\Theta}_{DL}\} = \frac{1}{\sqrt{\Sigma w_i'}}$$

当Q值小于或等于自由度（df=k−1）时，$\hat{\tau}^2$等于0，则权重与倒方差法相等：

$$W_i' = \frac{1}{se(\hat{\Theta}_i)^2+\hat{\tau}^2} = \frac{1}{se(\hat{\Theta}_i)^2+0} = \frac{1}{se(\hat{\Theta}_i)^2}$$

即与固定效应模型计算的权重相等。

由于Q值等于或小于自由度即没有统计学异质性，合并没有统计学异质性的资料时，采用随机效应模型与固定效应模型获得的合并效应量相等。

3. 选用统计模型时应注意的问题

原则上，因为所有Meta分析所纳入的研究都存在多少不等的异质性，都应采用随机效应模型进行分析。但由于统计学异质性分析是基于数据的分析，只要结果数据的可信区间重合度足够大，则不会出现统计学异质性。因此，在临床和方法学同质的情况下，只要具有统计学同质性的资料就可使用固定效应模型进行合并，反之，凡具有统计学异质性的资料则应采用随机效应模型进行Meta分析。

一般情况下，临床和方法学异质性能够在结果数据上表现出相应的差异，但由于医学研究的复杂性，许多时候具有临床异质性的资料却有相同的结果数据表现。相反的情况是各研究间没有临床异质性，而出现统计学异质性。

另外，方法学异质性与临床异质性一样，也可能出现有方法学异质性而没有统计学异质性，或相反，有方法学同质性而出现统计学异质性的情况。

随机效应模型是用以处理具有统计学异质性资料的一种统计模型，而不能消除研究间的变异。

四、发表偏倚分析

发表偏倚也称为阳性结果偏倚，是指由于各种原因，通常负面结果（试验药物疗效比对照药物差）或阴性结果（试验药物与对照药物没有差异）的研究较难在杂志上发表，而阳性结果（试验药物优于对照药物）的研究容易发表。有研究表明，国际上已发表的文章中，阳性结果占38%，阴性结果占20%，而我国的研究绝大多数为阳性结果。如果Meta分析只纳入阳性结果的文献而未纳入负面结果或阴性结果的文献，其Meta分析的结果很可能会受到这些阳性结果研究的影响；这种由于带倾向性地发表研究结果对Meta分析所造成的偏倚称为发表偏倚。

1. 漏斗图

基本原理：研究效应量的统计学强度由样本总量和事件发生数量所决定，如样本量为100000例，而事件发生数为10例的研究的治疗效应量的统计学强度就不如样本含量为1000例而事件发生数为100例的研究；以每个研究的效应量为横坐标（X轴），以表征研究精确性的指标即效应量的标准误（SE）为纵坐标（Y轴）；Y轴的顶端SE为0，即越往上SE越小，研究的精确性越高；相反，越往下SE越大，研究的精确性越低。因此，代表大样本量和事件发生率高的研究其SE较小，而其点较集中地分布在坐标系的上部；而代表小样本量、事件发生率低的研究其SE较大，则其点就较分散地分布在坐标系的下部，状似倒置的漏斗，故称为“漏斗图”。

将疗效的相对效应量如OR、RR均取对数，这样，就可使各研究的效应量成为相等量级，如OR=0.5与OR=2.0，取对数之后量级相等（–0.301和0.301），因此，坐标上二者为等距。漏斗图Y轴上使用SE或效应量的方差，而不是样本量，见图3–2。

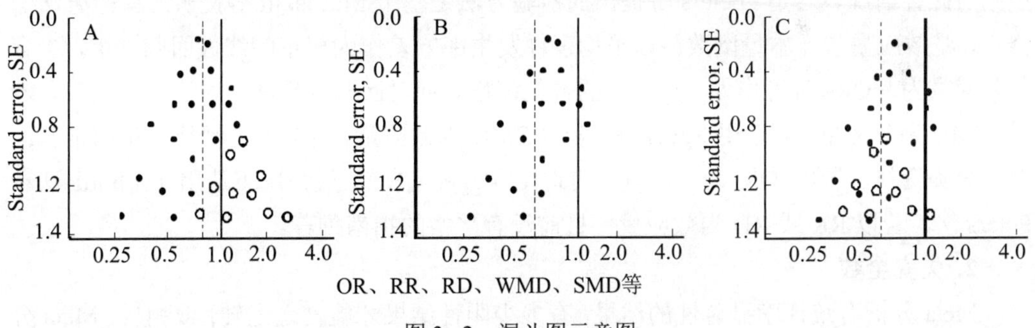

图3–2 漏斗图示意图

以各纳入研究的合并效应量为中轴在漏斗图上与X轴相交作一条垂线，分布在垂线左侧的点代表效应量小于合并效应量的研究；分布在垂线右侧的点代表效应量大于合并效应量的研究；两侧点的数量基本一致表示没有发表偏倚，相反则有发表偏倚；导致漏斗图两侧点的数量不对称的可能原因有：① 选择性偏倚：发表偏倚、研究地点偏倚、语言偏倚、引用偏倚、重复发表偏倚；② 样本量小的研究的方法学质量低下、不正确地分析；③ 真正的异质性研究大小不同且各自效应量不同，如由于干预的强度不同或不同研究的差异，其潜在危险性不同；④ 人为因素，如造假；⑤ 机遇因素。

由此可见，从漏斗图不但可估计发表偏倚，还可估计纳入研究的质量、大小以及事件发件率。

A 图中的空心圆圈表示差异没有统计学意义结果（阴性结果）的较小研究，均分布于图的下部，对称地分布于合并效应量两侧，表示没有发表偏倚。

B 图中将没有统计学意义结果的较小研究不纳入分析，造成了合并效应量的偏倚和各研究点的分布不均，出现发表偏倚。

C 图中空心圆圈为低质量小样本研究，其结果的效应量偏大，造成合并效应量偏倚和各研究的点分布偏一侧，出现发表偏倚。

注意：① 用漏斗图分析发表偏倚应采用主要测量指标；② 漏斗图对发表偏倚的判断是基于大于或小于合并效应量的研究数量，在纳入研究很少时，其结果很容易受未纳入研究数量的影响，所以应至少纳入 9 个研究时才分析发表偏倚。

常用漏斗图的不对称检验方法主要有秩相关检验法和回归分析法。秩相关检验法是由 Begg 等提出，首先通过减去权重平均值并除以 SE 将效应量标准化，然后通过校正秩相关分析检验效应量的大小是否与其 SE 存在相关性。Egger 等提出的线性回归法是效应量与其对应 SE 的线性加权回归分析，如果存在不对称性，小样本研究显示的效应将系统的偏离大样本研究，回归线将不通过起点。其截距代表不对称的程度，它偏离 0 越大，说明不对称的程度就越明显。Harbord 提出改良的线性回归法针对二分类结果的对照试验，基于计分检验的统计量 Z 及其方差对传统的 Egger 线性回归法的修正，模拟试验显示在研究间异质性较小或无异质性时有较好的统计效能，如果存在异质性时则应该探索异质性来源，不建议将此法应用于组间样本量大小非常不平衡的队列研究，而 Egger 法则对此种情况较合适。Peters 等提出的检验方法是基于 Macaskill 等提出的检验方法的修正，是效应量与样本量倒数并以平均事件发生率方差作为权重的线性回归分析，当合并效应量为 lnORs 时可作为 Egger 法的替代策略。针对回归分析法，对连续型资料，若以 WMD 为效应量，可选用 Egger 法，若以 SMD 为效应量，目前没有严格的指南推荐；对二分类资料，若以 OR 为效应量，可选用 Egger 法，一般情况下选用 Harbord 法和 Peters 法，若以 RR 或 RD 为效应量，目前没有严格的指南推荐。

2. 失安全数

Meta 分析有统计学显著性的结果，有多少阴性结果才能使之逆转；或相反，Meta 分析没有统计学显著性的结果，有多少阳性结果才能使之逆转。显然，失安全数越大，表示要逆转 Meta 分析的结果需要的相反结果的研究就越多，说明 Meta 分析结果越稳定。失安全数用 Nfs 表示，Nfs 的显著性水平设为 P=0.05 和 P=0.01，则：

$$Nfs_{0.05}=\left(\frac{\Sigma Z}{1.64}\right)^2-K \text{ 和 } Nfs_{0.01}=\left(\frac{\Sigma Z}{2.33}\right)^2-K$$

式中，Z 为各纳入研究的 Z 值，K 为纳入研究数量。

由于失安全数反映了逆转 Meta 分析结果需要的相反结果的研究数，因此，也有作者用其估计发表偏倚对 Meta 分析结果的影响，通常是估计潜在的未发表的阴性结果研究数量对阳性 Meta 分析结果的影响。若逆转 Meta 分析的阳性结果需要的阴性结果研究数量分别为 $Nfs_{0.05}=112$ 和 $Nfs_{0.01}=51$ 且远大于纳入研究数量，即需要数十和上百个阴性结果的研究才能改变 Meta 分析结果，可认为即使存在发表偏倚其对结果的影响也很小。

注意：① 与漏斗图一样，用失安全数估计发表偏倚对 Meta 分析结果的影响应采用主要测量指标；② 这种估计只适用于权重均匀分布的研究，如果单个阴性结果研究的权重很大，达到 40%以上时，1 个阴性结果的研究就可能逆转 Meta 分析结果。

3. 剪补法

由 Duval 和 Tweedie 提出，是建立在发表性偏倚造成漏斗图不对称的假设基础之上，主要分两步进行，首先去掉不对称的部分小样本研究，估计合并效应量，然后再粘补上相同数量的小样本研究。与其他定量分析方法相比，剪补法具有较好的结果一致性。剪补法意义并不在于估计出缺失研究的具体数目，它实际上是一种敏感性分析方法，如果去掉一部分研究与增补一部分研究，合并效应量估计值变化不明显，说明发表性偏倚影响不大，结果比较稳定。

注意：剪补法有一定的风险性，当 Meta 分析中纳入原始研究过少时，使用剪补法有时会出现矫枉过正。另外根据对称的原则，增补多个不存在的小样本研究，并在此基础上计算合并效应量，尚存在一些争议，因此，在使用时应慎重。

（田金徽）

第二节　网状 Meta 分析的统计学相关知识

一、网状 Meta 分析统计学原理

1. 调整间接比较

图 2-1 以 C 为共同对照实现 A 与 B 疗效的比较，$\ln OR_{ac}$ 和 $\ln OR_{bc}$ 分别表示干预措施 A 与 C 和 B 与 C 在某结果指标效应量 OR 的对数，$Se_{\ln OR_{ac}}$ 和 $Se_{\ln OR_{bc}}$ 分别表示干预措施 A 与 C 和 B 与 C 在某结果指标效应量 OR 的标准误，$\ln OR_{ab'}$ 和 $Se_{\ln OR_{ab'}}$ 分别表示干预措施 A 与 B 的调整间接比较结果和标准误，则：

$$\ln OR_{ab'} = \ln OR_{ac} - \ln OR_{bc} \quad \text{（公式 1）}$$

$$Se_{\ln OR_{ab'}} = \sqrt[2]{(Se_{\ln OR_{ac}})^2 + (Se_{\ln OR_{bc}})^2} \quad \text{（公式 2）}$$

2. 混合治疗效应

当直接比较结果和间接比较结果同时存在的情况下，采取倒方差方法合并，即分别给予直接比较和间接比较结果一定的权重（方差的倒数）进行合并。

$\ln OR_{ab}$ 和 $Se_{\ln ORab}$ 分别表示干预措施 A 与 B 的直接比较结果和标准误。

那么其合并结果：$lnOR_{ab}{}^*=\dfrac{\left(\dfrac{lnOR_{ab'}}{(Se_{lnOR_{ab'}})^2}\right)+\left(\dfrac{lnOR_{ab}}{(Se_{lnOR_{ab}})^2}\right)}{\left(\dfrac{1}{(Se_{lnOR_{ab'}})^2}\right)+\left(\dfrac{1}{(Se_{lnOR_{ab}})^2}\right)}$（公式3）

其标准误差为：$Se_{lnOR_{ab}}{}^*=\sqrt[2]{\dfrac{1}{\left(\dfrac{1}{(Se_{lnOR_{ab'}})^2}\right)+\left(\dfrac{1}{(Se_{lnOR_{ab}})^2}\right)}}$（公式4）

$$\frac{Se_{lnOR_{ab}}{}^*}{Se_{lnOR_{ab}}}=\frac{\sqrt[2]{\dfrac{1}{\left(\dfrac{1}{(Se_{lnOR_{ab'}})^2}\right)+\left(\dfrac{1}{(Se_{lnOR_{ab}})^2}\right)}}}{Se_{lnOR_{ab}}}$$

$$=\sqrt[2]{\frac{(Se_{lnOR_{ab'}})^2}{(Se_{lnOR_{ab'}})^2+(Se_{lnOR_{ab}})^2}}<1$$（公式5）

混合治疗效应在考虑直接比较结果和间接比较结果的基础上，同时按照精确程度（方差）给予一定的权重，不但保持随机对照试验的随机性，而且增加结果的精确性和统计效能。

说明：公式1和公式3同样适用于相对危险度和危险比；对于连续变量，并不需要对效应量取对数，直接按照结果（均数差）进行计算。

二、频率法和贝叶斯法选择

在进行网状Meta分析的时候，首要考虑的统计学问题是频率法和贝叶斯法的问题（图3–3）。频率法的网状Meta分析比较简单，通过直接比较计算不同干预措施之间的直接比较结果，通过调整间接比较的方法实现不存在直接比较的干预措施之间的疗效差异，当存在直接比较证据和间接比较证据时，通过倒方差的方法进行直接比较证据和间接比较证据的合并，这个过程可通过简单的Meta分析的软件和间接比较的软件进行，当然，也可通过STATA软件进行分析。贝叶斯模型方法是采用马尔科夫–蒙特卡罗链（Markov-chain-Monte-Carlo，MCMC）完成，其需要较高的统计学要求和软件操作能力，由于其比较灵活，可解决复杂的证据网络的统计学处理。目前贝叶斯法存在着多种的统计模型，可用来实现网状Meta分析。在频率法网状Meta分析中，所计算出来的区间为可信区间，在贝叶斯模型方法里面计算出来的区间为置信区间，后者可以解释为结果在该区间的可能性。

（一）频率法

频率法（frequency analysis method）的统计推断：通过统计样本得到结论。这种统计推断框架是基于建立完善的假设检验与可信区间理论的基础上。在网状Meta分析的证据合成中，频率学方法目前主要应用的有倒方差法和广义线性（混合）模型。倒方差法实施相对简单，即将各研究的方差倒数作为权重，对各研究效应进行加权平均，总体效应的方差为权重之和的倒数。

大多数统计软件算法与结果都是基于频率统计学思想，如 SAS、Stata、SPSS、S-plus、R 等。频率统计网状 Meta 分析主要用混合模型建模，综合考虑研究间的异质性、混合因素等条件，二分类变量也有用 Logistic 回归建模。

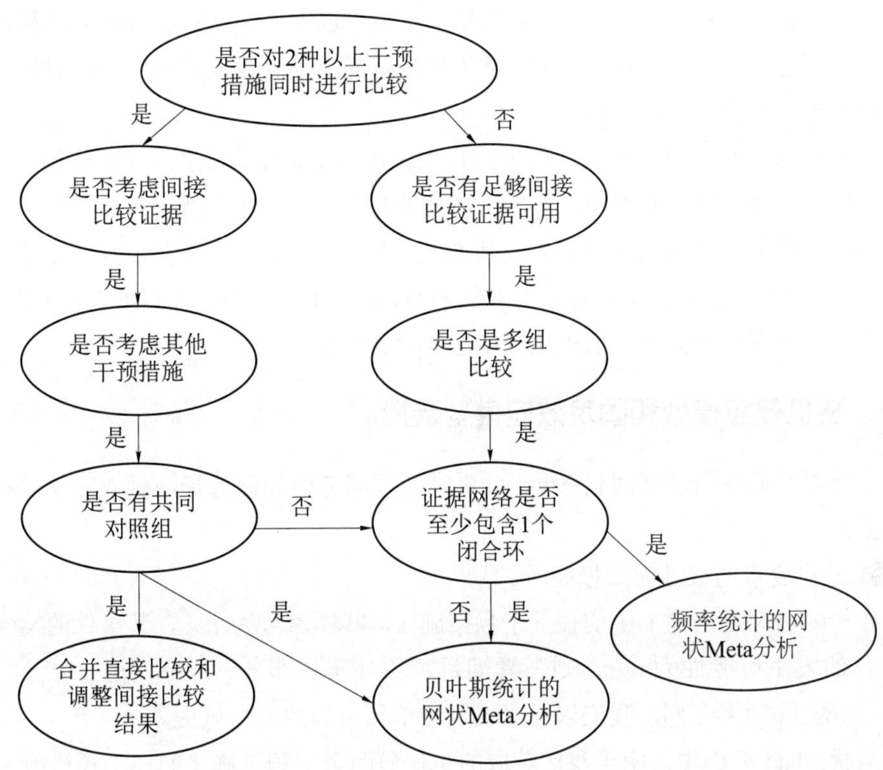

图 3-3　网状 Meta 分析的统计分析选择示意图

（二）贝叶斯法

贝叶斯法（Bayesian analysis methods）是基于贝叶斯定理发展起来用于系统阐述和解决统计问题的方法。简述如下：以往证据表明结局事件 θ 出现的概率为 P（θ），称为先验概率。现研究获得一批新数据 y，y 在θ的前提下发生的条件概率记为 P（y | θ），称为似然。根据先验概率和似然可计算出概率 P（θ | y），表示 θ 在 y 存在的前提下发生的可能性大小，称为后验概率。后验概率和先验概率与似然的乘积成正比，即 P（θ | y）∝P（y | θ）P（θ）。在贝叶斯框架下，分析必须包括模型、参数和似然。

贝叶斯统计法比频率统计法需要更强大的计算能力来完成推断。MCMC 是一种通过构造马尔科夫链模拟参数联合后验分布的一种方法，其中以 Gibbs 抽样的应用最为广泛。WinBUGS 是用于 Gibbs 抽样的专用软件包，为免费软件，目前已广泛用于实施贝叶斯方法。SAS、WinBUGS 等软件相关模块可供进行贝叶斯计算，上述软件均需编程，而 ADDIS 软件不需编程，且操作较简单，但其数据录入较繁琐。

（三）频率法与贝叶斯法异同

频率法与贝叶斯方法最本质的区别在于二者对概率的解读方式不同。贝叶斯法有先验分布，这是贝叶斯统计最鲜明的特征；贝叶斯分析将未知参数视为随机变量，而频率统计法将其视为固定但未知的数值；贝叶斯法推断允许概率与某一未知参数相联系，这里的概率可以是频率法概率的解读也可以是贝叶斯法的解读。贝叶斯解读还允许研究者对特定参数设置值保留自己的理解；贝叶斯法结果可以是一个从试验或研究中得到关于参数的一个后验概率分布；而频率统计结论是接受或拒绝假设检验或是看结果是否包含在某一样本推断下的可信区间内。

贝叶斯法与频率法相比的优势在于：① 不仅可有效地整合数据，灵活建模，还可利用所得到的后验概率对所有参与比较的干预措施进行排序，分出优劣顺序。而频率法在排序上目前仅能依靠两两比较的 OR 及其 95% CI。② 因为频率法在参数估计时采用最大似然法，通过不断的迭代去估计最大似然函数，容易出现不稳定而得到有偏倚的结果，而贝叶斯法不存在这个问题，所以比频率法的估计值更准确。

三、随机效应模型和固定效应模型选择

在选择贝叶斯模型进行网状 Meta 分析时，还需考虑如何选择随机效应模型和固定效应模型。

1. 二分类变量的线性回归模型

对任一随机对照试验 i 中的任一干预措施 x，其样本量为 $n_{i,x}$，其事件的发生数为 $r_{i,x}$，事件的发生可能性为 $p_{i,x}$，则三者满足二项分布，即 $r_{i,x}$～Bin（$p_{i,x}$, $n_{i,x}$）。那么 log（p）=log［p/（1−p）］，我们以 θ 来表示该干预措施的治疗效应。

在网状 Meta 分析中，由于我们获取的是任何两个干预措施之间（干预措施 x 和干预措施 y）的相对治疗效果，即 $\theta_{i,x}$ 为任一随机对照试验 i 中的任一干预措施 x 的治疗效应，那么另外一个干预措施 y 的治疗效应就为 $\theta_{i,y}$，所以干预措施 x 和干预措施 y 之间的疗效差异（对数差）就为 $\theta_{i,x}-\theta_{i,y}$，OR 值就应该为 exp（$\theta_{i,x}-\theta_{i,y}$）。

对于任一随机对照试验，都应该存在基础治疗效应 b（i），其治疗效应以 $\theta_{i,b(i)}$ 表示，$\theta_{i,b(i)}$=log［$p_{i,b(i)}$］=μ_i；在随机效应模型中，对于任何一个不是基础治疗的措施 y 而言，其治疗效应 $\theta_{i,y}$ 为 $\log(p_{i,y})=\mu_y=\mu_i+\delta_{i,b(i),y}$，其中 $\delta_{i,b(i),y}$ 是干预措施 y 相对于基础治疗 b 的治疗效益之差，且满足以下正态分布 $\delta_{i,x,y}\sim N(d_{x,y},\sigma^2_{x,y})$，其中 $d_{x,y}$ 是干预措施 y 与干预措施 x 的相对治疗效应，$\sigma^2_{x,y}$ 是干预措施 y 与干预措施 x 相对治疗效应的方法；在固定效应模型中，对于任何一个不是基础治疗的干预措施 y 而言，其治疗效应 $\theta_{i,y}$ 为 log（$p_{i,y}$）=$\mu_y=\mu_i+d_{x,y}$。

2. 连续变量的线性回归模型

对任一随机对照试验 i 中的任一干预措施 x，其样本量为 $n_{i,x}$。其事件的结果为 $y_{i,x}$，标准误为 $se_{i,x}$，则二者满足与真实治疗效应 $\theta_{i,y}$ 的正态分布，即 $y_{i,x}$～N（$\theta_{i,y}$, $se_{i,x}$）。

对于任一随机对照试验，都应该存在基础治疗效应 b（i），其治疗效应以 $y_{i,b(i)}$ 表示，$y_{i,b(i)}=\mu_i$；在随机效应模型中，对于任何一个不是基础治疗的干预措施 k 而言，其治疗效应 $\theta_{i,k}=\mu_y=\mu_i+\delta_{i,b(i),y}$，其中 $\delta_{i,b(i),y}$ 是干预措施 y 相对于基础治疗 b 的治疗效益之

差，且满足以下正态分布 $\delta_{i,x,y}$～N（$d_{x,y}$, $\sigma^2_{x,y}$），其中 $d_{x,y}$ 是治疗措施 y 与治疗措施 x 的相对治疗效应，$\sigma^2_{x,y}$ 是干预措施 y 与干预措施 x 相对治疗效应的方法；在固定效应模型中，对于任何一个不是基础治疗的干预措施 k 而言，其治疗效应 $\theta_{i,k}$ 为 $\mu_i+d_{x,y}$。

3. 模型的选择及评估

模型的选择应根据直接比较的统计学异质性和纳入研究临床异质性的判断来选择。当纳入研究的结果一致的情况下，固定效应模型是最佳模型。但是当存在显著的异质性，如临床异质性或统计学异质性时，固定效应模型不可行，此时在对异质性进行探索性分析（如敏感性分析、亚组分析等）之后没有统计学异质性，仍可采取固定效应模型。当统计学异质性无法解决，且不存在临床异质性的时候，可采取随机效应模型。在异质性存在的情况下，随机效应模型已经被广泛应用于网状 Meta 分析，因为随机效应模型可将试验间的差异考虑在内。即使如此，存在统计学异质性的网状 Meta 分析应采取一定的措施对异质性的来源进行探索，如 Meta 回归。

一般而言，在采取贝叶斯模型的时候，随机和固定效应模型的选择主要是依靠偏差信息准则（DIC），DIC 由 D（θ）和 pD 两部分组成，D（θ）是贝叶斯模型中检验模型拟合的偏差，是后验总体残存偏差的平均数；pD 是指参数的有效数目，可展示模型的复杂程度。当 D（θ）小于总体数据点的时候，模型就会达到很好的拟合程度；当 D（θ）大于总体数据点的时候，模型的拟合程度不是很好。这里的数据点为纳入所有研究的总臂数，如 15 个两臂研究就有 30 个数据点，如果再有额外 9 个三臂研究，那么就增加了 27 个数据点。对于不同模型之间的选择，可采取 DIC 的差值进行评价。一般认为最小的 DIC 就说明这个模型最好，可有效地预测数据。但目前并没有严格的定义说 DIC 的差值多少合适，有人建议 DIC 的差值大于 10 才能说明 DIC 值较高，差值在 5 和 10 之间说明两个模型之间的差异值得考虑，这两种情况就能够很好地选择最好的模型。当 DIC 的差值小于 5 的情况下，两个模型的拟合程度可以认为是一致的。

四、网状 Meta 分析的不一致性检测

一致性假设是网状 Meta 分析的重要假设，一般而言，网状 Meta 分析必须满足一致性假设，即所有研究在临床基本特征和方法学特征上保持一致，然而纳入研究难免在临床特征和方法学特征上存在差异，就需考虑直接比较结果和间接比较结果之间的差异。不一致性模型只有在形成闭合环的时候才考虑，因为只有这样，直接比较证据和间接比较证据才有可能同时存在。

当前检测不一致性方法有 10 余种，有定性的方法，也有定量的方法，下面介绍几种相对容易理解和实施便捷的方法。

1. 假设检验

假设检验是不一致性最简单的评估方法，即比较直接和间接结果间的一致性，常用的方法为 Z 检验。但这种方法只适用于两臂随机对照试验（只关注两个干预措施）的网状 Meta 分析。

分别以 $\ln OR_{ab}$（$Se_{\ln OR_{ab}}$）、$\ln OR_{ab'}$（$Se_{\ln OR_{ab'}}$）表示干预措施 A 与 B 直接、间接比较结果及其标准误，那么 $\Delta=\ln OR_{ab}-\ln OR_{ab'}$，

$$Se(\Delta)=\sqrt[2]{(Se_{\ln OR_{ab}})^2+(Se_{\ln OR_{ab'}})^2}$$

$$Z=\frac{\Delta}{Se(\Delta)}$$

对于连续变量，可用均数差之差（直接比较结果和间接比较结果的差值）及其 95%CI（均数差之差±1.96Se）来判断不一致性。之后根据 Z 值计算对应的 P 值，进而判断直接结果和间接结果是否一致。一般 P<0.05 认为存在统计学差异。

不一致性也可通过比值比之比（ROR）及其 95%CI 来说明 ROR=exp（Δ），其 95%CI 即为 exp［Δ±1.96 Se（Δ）］，进而通过 CI 判断直接比较证据和间接比较证据是否一致。对于连续变量，并不需要对效应量取对数，直接按照结果（均数差）进行计算。

2. 后推法

由于假设检验统计方法中直接比较与间接比较结果获取可能存在一定的难度，有方法学家转而从最终的网状结果与直接比较结果后推的方式获取间接比较结果的效应量与标准误。然后利用假设检验方法（方法 1）获得 Z 值，并计算对应的 P 值，进而判断是否存在不一致性。

3. 点分法

由 Dias 等提出，针对有闭合环的网状 Meta 分析，点分法将一个闭合环中的某一个对照的结果拆分为直接比较结果和间接比较结果，直接比较结果主要来自于直接比较的 Meta 分析，间接比较结果主要来自于间接比较的 Meta 分析。对于三臂或多臂研究，需比较直接比较结果、间接比较结果和合并结果。点分法可计算直接比较证据和间接比较证据之间的差异，通过P值的大小进而判断是否存在不一致性。目前，MTC 软件和 ADDIS 软件主要采取这种方法进行不一致性的判断。

4. 不一致性模型

一致性假设需要满足 dBC= dAC− dAB。

在不一致性模型中，需引入不一致性因子ωABC，即直接比较和间接比较之间存在差异，需要满足 dBC= dAC−dAB+ωABC。

分别计算一致性模型和不一致性模型，比较两者的结果差异，如果不一致性模型显示出很好的模型拟合，就说明可能存在不一致性，反之，则没有不一致性。注意：在简单的网络中，不一致性模型可以有效分析不一致性，但是当存在多个闭合环时，不一致性模型的判断就比较麻烦。目前，该方法可在 BUGS 软件和 ADDIS 软件实现。

综上所述，假设检验适合两臂研究，后推法、点分法和不一致性模型适合任何网状 Meta 分析，网状 Meta 分析撰写者可根据自己对软件和统计方法的熟知程度进行选择。

（李 伦）

第四章　网状 Meta 分析常用统计学软件

目前，有多种用于实现间接比较和网状 Meta 分析的软件，本章主要讲解 ITC、WinBUGS、Stata、ADDIS、GeMTC、NetMetaXL 和 R 软件如何实现网状 Meta 分析。

第一节　ITC 软件

一、简介

ITC（Indirect Treatment Comparison）软件是由 George Wells 等研究者在加拿大药品和卫生技术署（Canadian Agency for Drugs and Technologies in Health，CADTH）的资助下研发的基于 Visual Basic 的专用于间接比较的软件，于 2009 年 2 月 24 日正式发布。

二、下载与安装

在 IE 浏览器输入 https://www.cadth.ca/resources/itc-user-guide/download-software-win-xp 后，点击界面“download”，免费下载软件保存到计算机上，无需安装。

三、操作界面简介

ITC 软件主要包含两个界面：图 4–1（界面 1）主要是进行间接比较；图 4–2（界面 2）是给予不同的直接比较 Meta 分析在进行间接比较时的权重。

在图 4–1 界面可进行相对危险度（relative risk）、比值比（odds ratio）、率差（risk difference）、均数差（mean difference）和危险比（hazard ratio）的间接比较。输入不同对照比较的合并结果，就可得出相应间接比较的效应量及可信区间。

在图 4–2 界面，当计算统计关联假设检验时需输入权重。比值比可表示某种关联，如危险因素与事件发生之间的关系，但这种方法不能够评估这种关联是否由于系统的偶然性引起。因此就需进行假设检验。当 $P>0.05$ 时就认为不存在统计学差异。权重可以直接获取，也可以输入各个研究中的样本量获取。

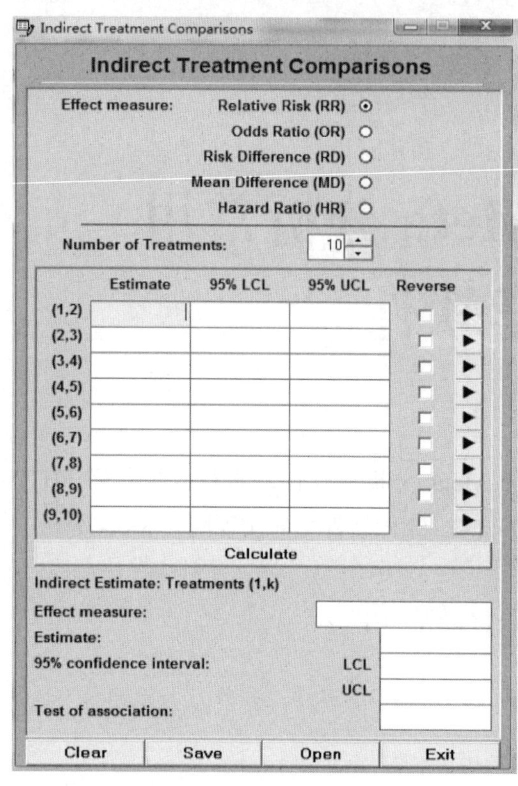

图 4-1　ITC 软件界面 1

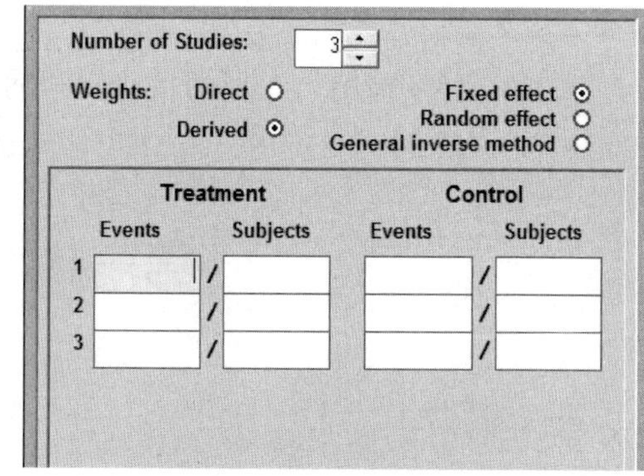

图 4-2　ITC 软件界面 2

四、数据来源

以二分类变量为例，若 7 个随机对照试验比较了干预措施 A 和干预措施 B 治疗某一疾病的疗效，9 个随机对照试验比较了干预措施 A 和干预措施 C 对该疾病的治疗效果。可根据 7 个随机对照试验进行 Meta 分析，得出干预措施 A 与干预措施 B 某一结果指标的合并值为 RRab；对 9 个随机对照试验进行 Meta 分析，得出干预措施 A 与干预措施 C 疗效结果指标的合并值为 RRac。设定 RRab 为 0.84，95%CI：0.74～0.94，RRac 为 0.95，95%CI：0.66～1.36。通过间接比较得出干预措施 B 和干预措施 C 的间接比较结果。

五、数据分析与结果解释

1. 选择效应量

在图 4-1 界面选取效应量相对危险度（relative risk）。

2. 填写干预措施数目（number of treatments）

在本案例中，存在 3 个干预措施 A、B 和 C，在图 4-1 界面的 Number of Treatments 一栏里面选择 3。

3. 输入效应量结果

在 ITC 软件中，通过计算得到干预措施 1 和干预措施 3 的间接比较结果，共同对照措施为干预措施 2。在本案例中，想要获取干预措施 B 和干预措施 C 的间接比较结果，共同比较干预措施为 A，在第一栏（1，2）里面输入干预措施 B 与干预措施 A 的相对比较的结果 RRab，在第二栏（2，3）输入干预措施 A 与干预措施 C 之间的相对比较的结果 RRac。

根据案例结果，在（1，2）栏里面输入 RRab 的结果，但应该对这个结果进行倒转，即选中“Reverse”，在（2，3）一栏里面应该输入 RRac 的结果。

4. 统计分析

点击图 4-1 界面的“Calculated”出现间接比较的结果（图 4-3）。本案例中干预措施 B 与干预措施 C 间接比较的 RR 值为 1.131（95%CI：0.773～1.655）。

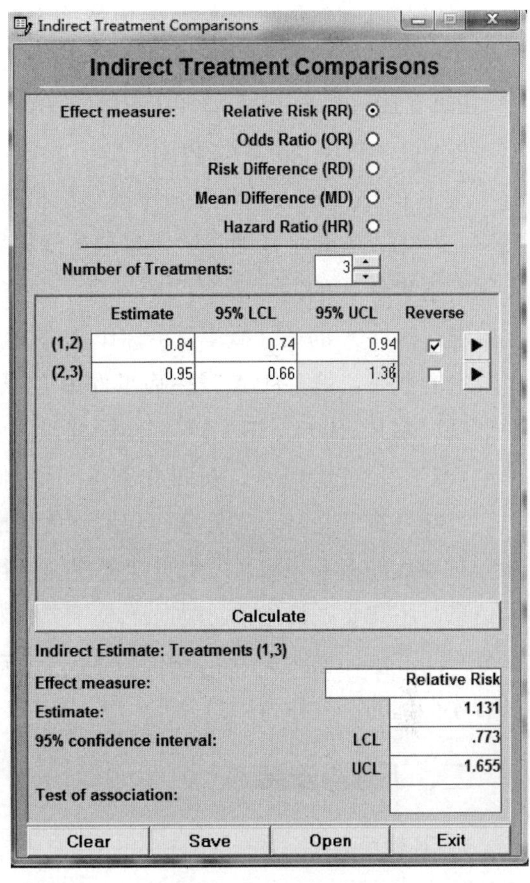

图 4-3　案例计算结果

5. 检验统计关联假设

点击（1，2）栏后面的三角形符号，在图 4-2 界面输入数据计算权重，继而计算间接比较结果假设检验的 P 值。

（李　伦）

第二节　WinBUGS 软件

一、简介

WinBUGS（Bayesian Inference Using Gibbs Sampling）是由英国剑桥公共卫生研究所 MRC Biostatistics Unit 推出，与伦敦的 St Mary’s 皇家医学院共同研发形成稳定的 WinBUGS 1.4.3，此后停止更新。该软件主要通过马尔可夫链－蒙特卡罗（Markov chainMonte Carlo,MCMC）方法进行贝叶斯推断。其基本原理就是通过 Gibbs 抽样和 Metropolis 算法，从完全条件概率分布中抽样，从而生成马尔科夫链，通过迭代，最终估计出模型参数。

贝叶斯定理是指随机事件A和B的条件概率（或边缘概率），即事件A在事件B中的发生概率，常用P（A|B）来表示。其公式为：

$P(A \cap B)=P(A)*P(B \mid A)=P(B) \times P(A \mid B)$

$P(A \mid B)=P(B \mid A)*P(A)/P(B)$

式中P（A）是A的先验概率或边缘概率，是指不考虑事件B因素下事件A的发生概率；P（B）是事件B的先验概率或边缘概率，这里称作标准化常量，是指不考虑事件A因素下事件B的发生概率；P（A|B）是指事件B发生后事件A发生的概率，是事件B发生后事件A的条件概率，也称作A的后验概率；P（B|A）是指事件A发生后事件B发生的概率，是事件A发生后事件B的条件概率，也称作B的后验概率，这里称作似然度。而P（B|A）/P（B）称作标准似然度。因此，贝叶斯法则又可表述为：后验概率=（似然度×先验概率）/标准化常量=标准似然度×先验概率。

贝叶斯定理是基于先验分布和似然度推断出后验分布下的参数结果。先验分布是总体分布参数的概率分布，采用贝叶斯定理进行统计推断时，不仅需要当前所观察到的样本信息，还需要先验分布。根据样本分布和未知参数的先验分布，用概率论中求条件概率分布的方法，求出在样本已知情况下，未知参数的条件分布。因为这个分布是在抽样以后才得到的，故称为后验分布。

二、下载与安装

1. 下载

在MRC Biostatistics Unit的官方网站（http://www.mrc-bsu.cam.ac.uk/software/bugs/the-bugs-project-winbugs），选择32位或64位WinBUGS链接，对于32位的电脑，下载“WinBUGS.exe”；对于64位的电脑，需下载“zipped version of the whole file structure”，解压在指定位置即可。同时点击“patch for 1.4.3”，下载“WinBUGS14_cumulative_patch_No3_06_08_07_RELEASE”更新WinBUGS到1.4.3版本。

2. 安装

双击“WinBUGS.exe”，按照安装向导完成安装。旧版本的WinBUGS需要注册后用电子邮箱获取注册码，每6个月需要重新获取注册码；从1.4版本之后，免费提供永久注册码，下载地址为http://www.mrc-bsu.cam.ac.uk/bugs/winbugs/WinBUGS14_immortality_key.txt。注册码安装完成后，在WinBUGS安装目录下的Code文件夹中找到Keys.ocf，提示安装成功。

3. 升级到1.4.3版本

启动WinBUGS14，在File下拉菜单点击“Open”，选择已下载好的更新包；在Tools下拉菜单中点击“Decode”，点击对话框中出现的“Decode All”，完成安装，重新启动WinBUGS，按F1，可见 Upgraded to: **Version 1.4.3** August 6th, 2007 。

三、WinBUGS 语言

使用 WinBUGS 进行网状 Meta 分析，必须准备模型基本结构、数据、模型初始化参数，模型基本结构主要包括似然比、模型的参数化、先验信息和后验参数（表 4–1），模型的参数化主要是对模型的参数以公式进行表示（表 4–2）。

表 4–1　不同分布的 WinBUGS 语言

分布名称	似然关系	表示方法
二项分布	log、cloglog	r～dbin（p,n），r 为事件发生数，n 为样本总量，p 为该事件发生的概率
泊松分布	log	r～dpois（theta） theta< –lambda*E r 为事件发生数，theta 为均值，lambda 为事件发生率，E 为该事件的人年数（person-year）
多项式分布	log、probit	r～dmulti（p,n），r 为事件发生数，n 为样本总量，p 为该事件发生的概率
正态分布	恒等式	y～dnorm（theta, prec），theta 为均值，prec 为精确性

表 4–2　模型的参数化

分布名称	似然关系	参数化公式
二项分布	log	随机效应模型：logit(p[i, k])<–mu[i]+delta[i, k] 固定效应模型：logit(p[i, k])<–mu[i]+d[t[i, k]]–d[t[i, 1]]
	cloglog	随机效应模型：cloglog(p[i, k])<–log(time[i])+mu[i]+delta[i, k] 固定效应模型：cloglog(p[i, k])<–log(time[i])+mu[i]+d[t[i, k]]–d[t[i, 1]]
泊松分布	log	随机效应模型：log(lambda[i, k])<–mu[i]+delta[i, k] 固定效应模型：log(lambda[i, k])<–mu[i]+d[t[i, k]]–d[t[i, 1]]
多项式分布	log	随机效应模型：log(lamda[i, k, m])<–mu[i, m]+delta[i, k, m] 固定效应模型：log(lamda[i, k, m])<–mu[i, m]+d[t[i, k], m]–d[t[i, 1], m]
正态分布	恒等式	随机效应模型：theta[i, k]< –mu[i]+delta[i, k] 固定效应模型：theta[i, k]< –mu[i]+d[t[i, k]]–d[t[i, 1]]

说明：i. 任一研究；k. 研究 i 中的任一组干预措施；m. 结果指标中的任一结果

对先验分布中的参数范围进行定义，即制定先验信息，先验信息一般根据经验来制定。后验分布中参数进行设定，即制定后验信息。WinBUGS 进行网状 Meta 分析比较灵活，可以同时分析多个结果指标以及同一个结果指标的不同表达形式。

1. 二分类变量参数

```
# pairwise ORs and LORs for all possible pair-wise comparisons, if nt>2
for (c in 1:(nt-1)) {
```

```
for (k in (c+1):nt) {
or[c,k] <- exp(d[k]-d[c])
lor[c,k] <- (d[k]-d[c])}}
```

这组命令以比值比（OR）来呈现结果，在提供共同对照措施A的平均效果（meanA）和精确度（precA）时，可分别以需处理的病人数（NNT）、率差（RD）、相对危险度（RR）来呈现结果。

```
# Provide estimates of treatment effects T[k] on the natural (probability) scale
# Given a Mean Effect, meanA, for 'standard' treatment 1, with precision (1/variance) precA
A ~ dnorm(meanA,precA)
for (k in 1:nt) { logit(T[k]) <- A + d[k] }
# Provide estimates of number needed to treat NNT[k], Risk Difference RD[k],
# and Relative Risk RR[k], for each treatment, relative to treatment 1
for (k in 2:nt) {
NNT[k] <- 1/(T[k] - T[1]) # assumes events are "good"
# NNT[k] <- 1/(T[1]- T[k]) # assumes events are "bad"
RD[k] <- T[k] - T[1]
RR[k] <- T[k]/T[1]
}
```

2. 连续变量参数

```
for (c in 1:(nt-1)) { for (k in (c+1):nt) { diff[c,k] <- (d[c] - d[k] )}}
```

该命令主要是生成两组均数差，即“diff”。但该组命令并不适合均数差的数据。对于均数差的数据，要采用命令：for (k in 1:nt) { T[k] <– A + d[k] }，但需知道对照组均数差的均数和精确度。

3. 结果排序

```
# ranking on relative scale
for (k in 1:nt) {
rk[k] <- nt+1-rank(d[],k) # assumes events are "good"
# rk[k] <- rank(d[],k) # assumes events are "bad"
best[k] <- equals(rk[k],1) #calculate probability that treat k is best}
```

通常采用上述命令计算排序、最佳干预措施的概率。对于不利的结果指标，需要用“rk[k]< – rank（d[],k）”命令；对于有利的结果指标，需要用“rk[k]< –nt+1 –rank（d[],k）”。

当前关于网状Meta分析的编码众多，可在英国国家卫生与临床优化研究所（National Institute for Health and Clinical Excellence，NICE）（http://www.nicedsu.org.uk/Evidence-Synthesis-TSD-series（2391675）.htm）和布里斯托大学（http://www.bristol.ac.uk/socialcommunity-medicine/projects/mpes/mtc/）等的官方网站下载。

四、数据录入

录入数据可通过矩阵格式和 R/S-PLUS 格式，无论采用何种录入，必须指定数据的维度层次。最常用和最简单数据录入可采用矩阵格式，它基于 Excel 进行数据排列，粘贴至文本文档，然后粘贴至 WinBUGS 软件，数据排列结束必须用 End 结尾，缺失数据以“NA”表示，同时必须以 list（nt=**, ns=**）格式排列干预措施数目和研究数目。其他数据录入格式可采用 ADDIS、GeMTC、Netmeta XL 等产生。表 4-3 呈现了拟分析案例的数据录入格式。

表 4-3　WinBUGS 数据录入矩阵格式

r[, 1]	n[, 1]	r[, 2]	n[, 2]	r[, 3]	n[, 3]	t[, 1]	t[, 2]	t[, 3]	na[]
154	404	101	409	NA	1	1	2	NA	2
77	308	131	617	105	595	1	2	4	3
16	225	12	228	NA	1	1	2	NA	2
0	29	1	29	NA	1	1	2	NA	2
244	847	182	829	240	845	1	3	5	3
97	490	105	742	NA	1	1	3	NA	2
40	229	28	229	NA	1	1	3	NA	2
17	54	13	50	NA	1	1	3	NA	2
5	182	4	187	NA	1	3	4	NA	2
2	101	2	85	NA	1	3	4	NA	2
16	245	11	245	NA	1	3	4	NA	2
6	51	7	52	NA	1	3	5	NA	2
END									

五、数据分析

（一）准备模型和数据

以 NICE 提供的二分类变量的随机效应模型为例。

1. 模型

```
model{ # *** PROGRAM STARTS
for(i in 1:ns){w[i,1] <- 0 # adjustment for multi-arm trials is zero for control arm
delta[i,1] <- 0 # treatment effect is zero for control arm
mu[i] ~ dnorm(0,.0001) # vague priors for all trial baselines
```

```
for (k in 1:na[i]) { # LOOP THROUGH ARMS
r[i,k] ~ dbin(p[i,k],n[i,k]) # binomial likelihood
logit(p[i,k]) <- mu[i] + delta[i,k] # model for linear predictor
rhat[i,k] <- p[i,k] * n[i,k] # expected value of the numerators
#Deviance contribution
dev[i,k] <- 2 * (r[i,k] * (log(r[i,k])-log(rhat[i,k]))
+ (n[i,k]-r[i,k]) * (log(n[i,k]-r[i,k]) - log(n[i,k]-rhat[i,k]))) }
# summed residual deviance contribution for this trial
resdev[i] <- sum(dev[i,1:na[i]])
for (k in 2:na[i]) { # LOOP THROUGH ARMS
# trial-specific LOR distributions
delta[i,k] ~ dnorm(md[i,k],taud[i,k])
# mean of LOR distributions (with multi-arm trial correction)
md[i,k] <- d[t[i,k]] - d[t[i,1]] + sw[i,k]
# precision of LOR distributions (with multi-arm trial correction)
taud[i,k] <- tau *2*(k-1)/k
# adjustment for multi-arm RCTs
w[i,k] <- (delta[i,k] - d[t[i,k]] + d[t[i,1]])
# cumulative adjustment for multi-arm trials
sw[i,k] <- sum(w[i,1:k-1])/(k-1)}}
totresdev <- sum(resdev[]) # Total Residual Deviance
d[1]<-0 # treatment effect is zero for reference treatment
# vague priors for treatment effects
for (k in 2:nt){ d[k] ~ dnorm(0,.0001) }
sd ~ dunif(0,5) # vague prior for between-trial SD
tau <- pow(sd,-2) # between-trial precision = (1/between-trial variance)
# pairwise ORs and LORs for all possible pair-wise comparisons, if nt>2
for (c in 1:(nt-1)) {
for (k in (c+1):nt) {
or[c,k] <- exp(d[k] - d[c])
lor[c,k] <- (d[k]-d[c])}}
# ranking on relative scale
for (k in 1:nt) {
rk[k] <- nt+1-rank(d[],k) # assumes events are "good"
# rk[k] <- rank(d[],k) # assumes events are "bad"
```

best[k] <- equals(rk[k],1) #calculate probability that treat k is best}}

*** PROGRAM ENDS

2. 数据

#ns = Number of studies

#nt = Number of treatments (including placebo)

#t[,x] = Treatment indicator

#r[,x] = Number achieving response on HAM-D (50% improvement of scores from baseline)

#n[,x]= Number of all randomized patients (ITT)

#na[] = Number of arms in study

list(ns=12, nt=5)

r[,1]	n[,1]	r[,2]	n[,2]	r[,3]	n[,3]	t[,1]	t[,2]	t[,3]	na[]
154	404	101	409	NA	1	1	2	NA	2
77	308	131	617	105	595	1	2	4	3
16	225	12	228	NA	1	1	2	NA	2
0	29	1	29	NA	1	1	2	NA	2
244	847	182	829	240	845	1	3	5	3
97	490	105	742	NA	1	1	3	NA	2
40	229	28	229	NA	1	1	3	NA	2
17	54	13	50	NA	1	1	3	NA	2
5	182	4	187	NA	1	3	4	NA	2
2	101	2	85	NA	1	3	4	NA	2
16	245	11	245	NA	1	3	4	NA	2
6	51	7	52	NA	1	3	5	NA	2

END

3. 初始值

#Set Initial Values

#chain 1

list(d=c(NA, 0, 0, 0, 0), sd=1, mu=c(0, 0, 0, 0, 0, 0, 0, 0, 0, 0,0, 0))

#chain 2

list(d=c(NA,-1,-1,-1,-1),sd=4,mu=c(-3,-3,-3,-3,-3,-3,-3,-3,-3,-3,-3,-3))

#chain 3

list(d=c(NA,2,2,2,2),sd=2,mu=c(-4,-4,-4,-4,-4,-4,-4,-4,-4,-4,-4,-4))

在初始值的设定上，d 依据干预措施的数目进行设定，mu 依据研究数目进行设定，也就是说干预措施有多少个，d 值就有多少个；研究数目有多少个，mu 值就有多少个。

（二）软件操作

1. 检查模型（check model）

点击“Model”（图 4–4A）菜单栏中的“Specification”（图 4–4B），就会弹出“Specification Tool”对话框。用鼠标左键选择模型语句中的 model（图 4–4C），点击“check model”（图 4–4D），如果模型正确，软件的左下角会出现“model is syntactically correct”（图 4–4E）。

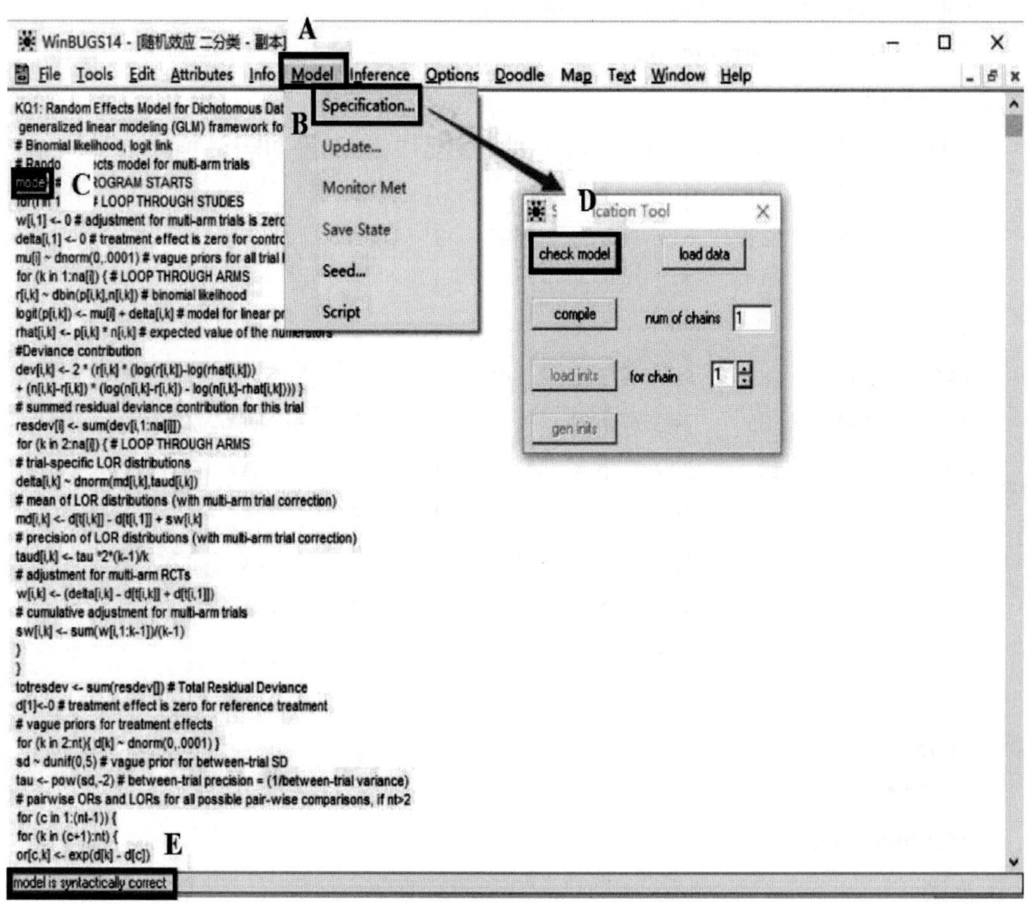

图 4–4　模型检查

2. 加载数据（load data）

用鼠标左键选择数据标识语“list”（图 4−5A），然后在“Specification Tool”窗口点击“load data”（图 4−5B），若数据加载合适，软件会在左下角出现“data loaded”（图 4−5C）。网状 Meta 分析的数据包含研究基本信息和研究具体数值，要分别进行数据加载。研究基本信息以 list（ns=数字, nt=数字）的形式出现，其中 ns 是纳入研究的数目，nt 是网状 Meta 分析中干预措施的数目。在使用“A～dnorm（meanA, precA）for（k in 1:nt）{ logit（T[k]）< − A + d[k] }”统计时，需要同时提供 meanA 和 precA 值，其中 meanA 和 precA 分别指 A 的平均值和精确度。研究具体数值是罗列研究的具体数值，最后以“END”结束。

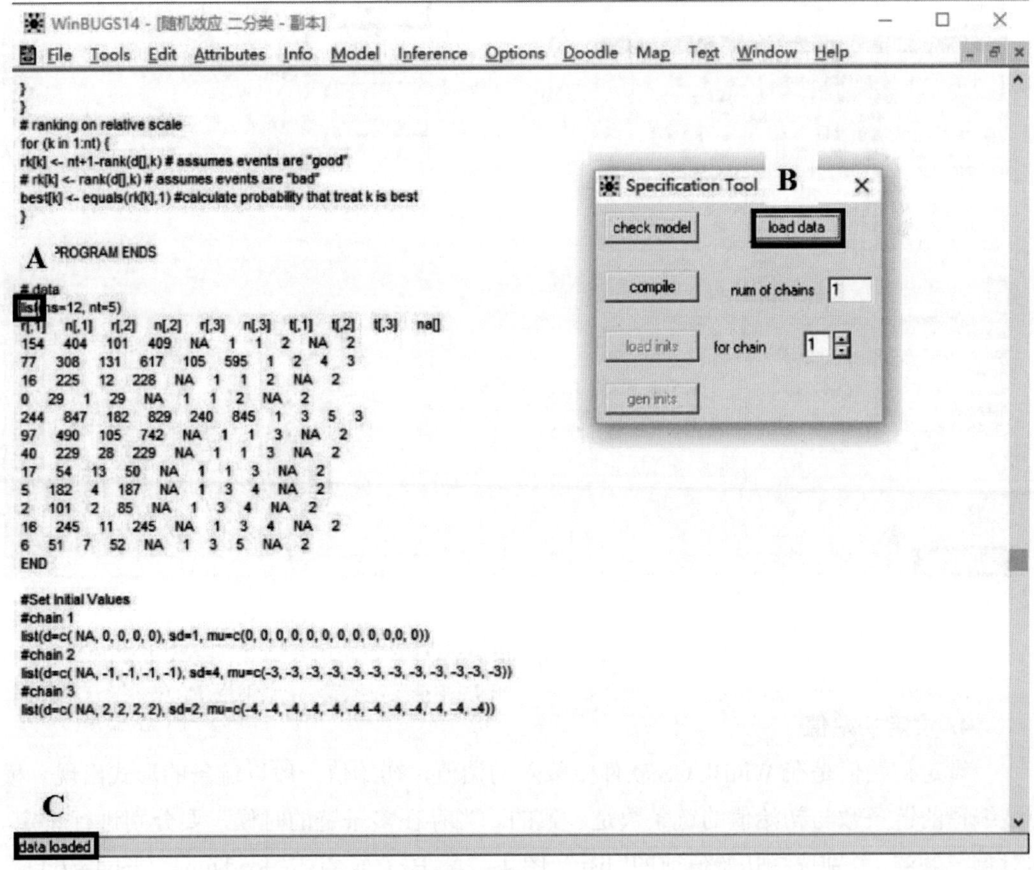

图 4−5　数据加载

3. 编译模型

在编译模型之前，首先需输入链条数目“num of chains”，默认为1，然后点击“compile”（图 4–6A）。如果模型编译成功，软件会在左下角出现“model compiled”（图 4–6B）。

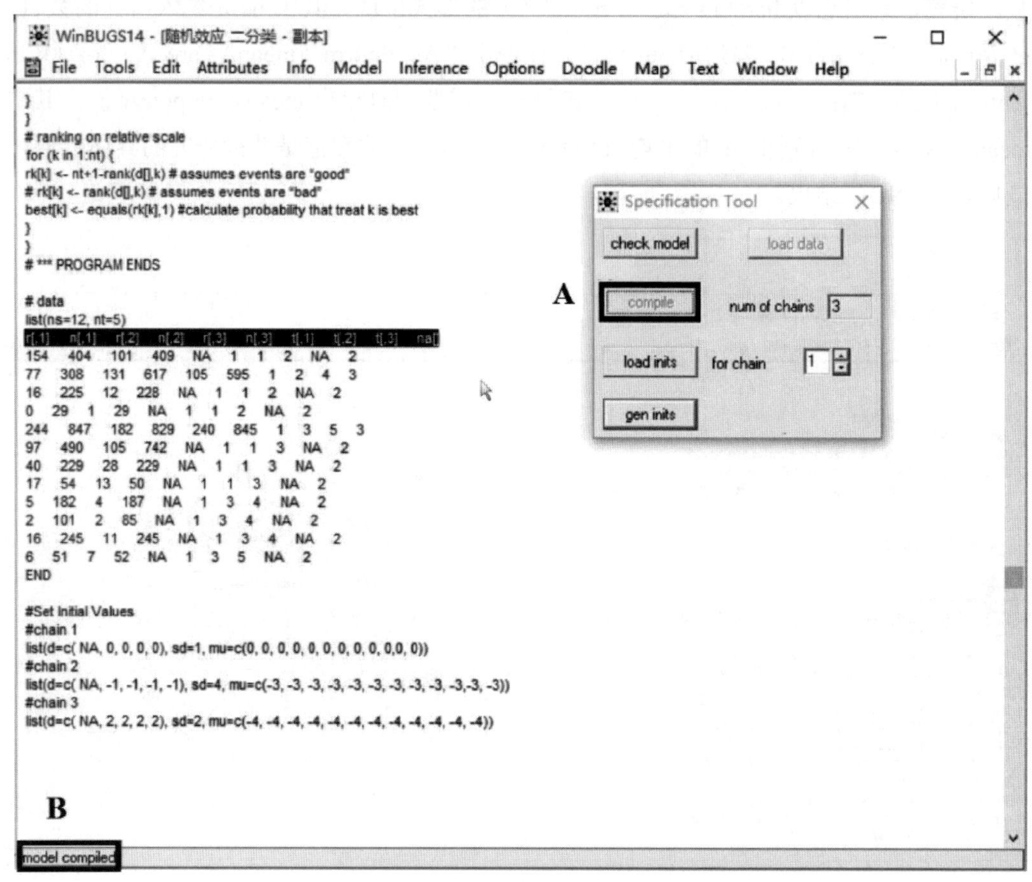

图 4–6　模型编译

4. 设定初始值

设定初始值是在WinBUGS软件中载入初始值，初始值一般以链条的形式出现，模型编译的链条数与初始值的链条数是一致的。当存在多条链的时候，要分别进行设定。对每一条链，分别选择初始值前的“list”（图4–7A、B、C），点击“load inits”（图4–7D），软件左下角（图4–7E）会出现“chain initialized”，这意味着每条链的初始值设定成功，最后一条链设定完成后，会出现“model initialized”。如果“gen inits”（图4–7F）呈灰色，则初始值设定就成功。如果在设定的时候，软件左下角出现含有“uninitialized variables”提醒时，在所有链条的初始值设定完成后，可点击“gen inits”生成初始值，此时软件左下角出现“initial value generated, model initialized”（图4–7E）。

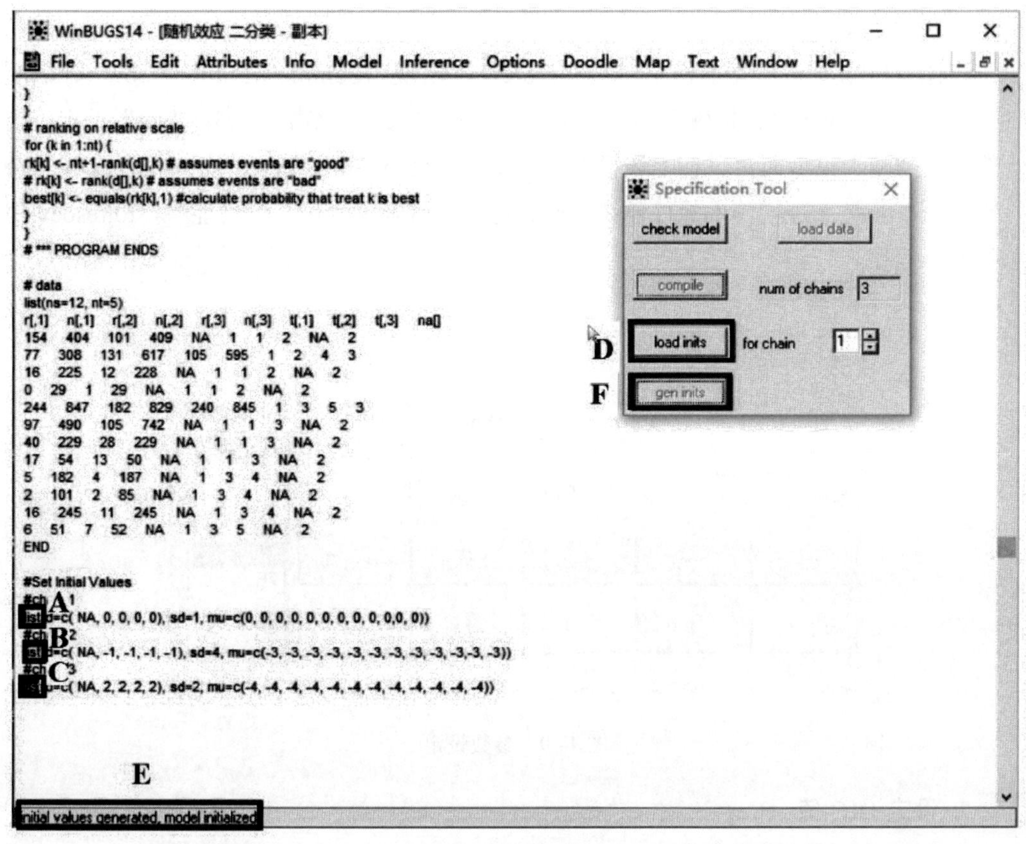

图 4-7 设定初始值

5. 更新初始

选择“Model”菜单栏中的“Update”，出现“Update tool”对话框（图 4-8）：updates 框中需要输入初始更新的次数，如果输入 1000，即意味着初始更新次数为 1000 次；refresh 框中输入 update 进度显示的步长，如果输入 100，则表示在 iteration 方块中，将会以 100 为单位，显示正在 update 的进度，refresh 值越小，update 速度会越慢；thin 框中输入的是收集资料的步长，若 thin 数值改为 5，表示每隔 5 笔收一笔资料；iteration 框显示模拟进程。

设定采样规则，点击“update”就开始采样模拟，iteration 框会从 0 一直运行至 1000，最终停止，WinBUGS 左下角的状态列将会显示所需时间。

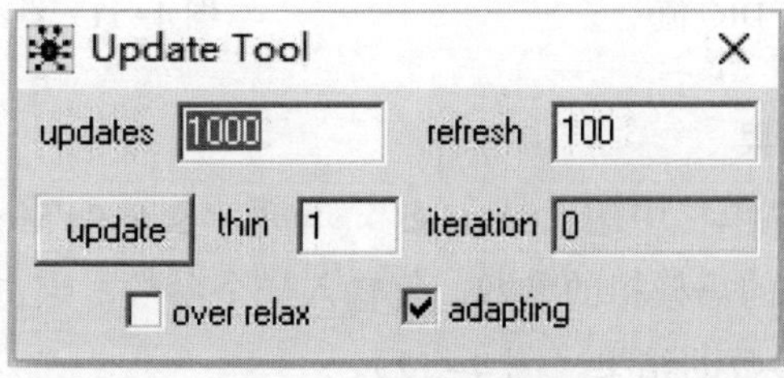

图 4-8 更新初始

6. 设定参数

选择“Inference”菜单栏中的“Samples”，出现“Sample Monitor Tool”对话框（图 4–9）。在 node 对话框输入需模拟的参数。每输入一个参数，点击“set”设定。设定的参数需基于模型而定。在上述模型中，主要关注 or、rk、best、totresdev、DIC。or 是比值比，rk 是干预措施的排序结果，best 是干预措施成为第一的可能性，totresdev 是总的方差残存。

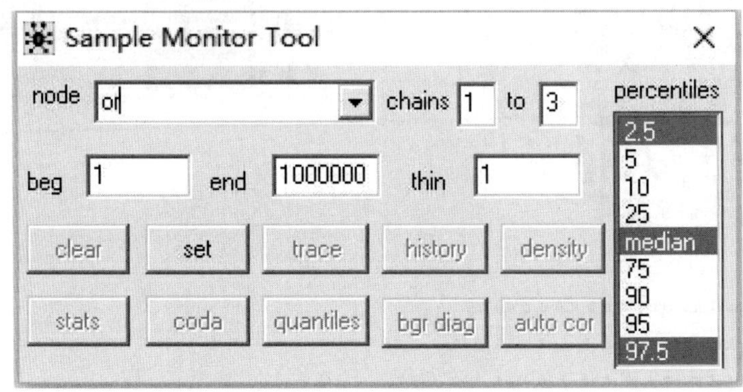

图 4–9　参数设定

7. 设定 DIC 值

选择“Inference”菜单栏中的“DIC”，出现 DIC 对话框，点击“set”设定（图 4–10）。

8. 继续更新，生成后验参数

在“Model”菜单栏中选择“Update”，出现“Update tool”对话框（图 4–11），设定采样规则，开始采样模拟。采样规则的设定类同于初始更新。

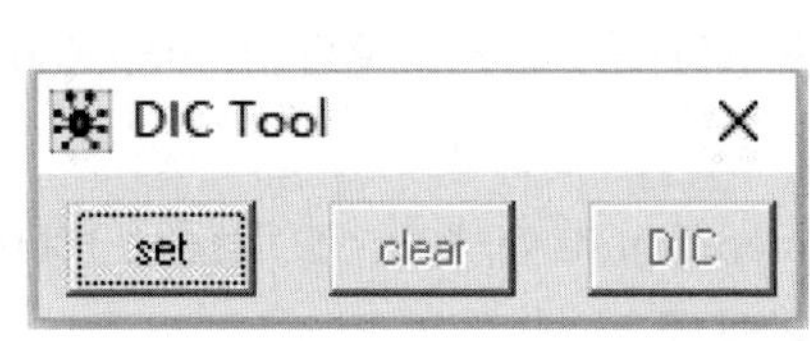

图 4–10　设定 DIC 值

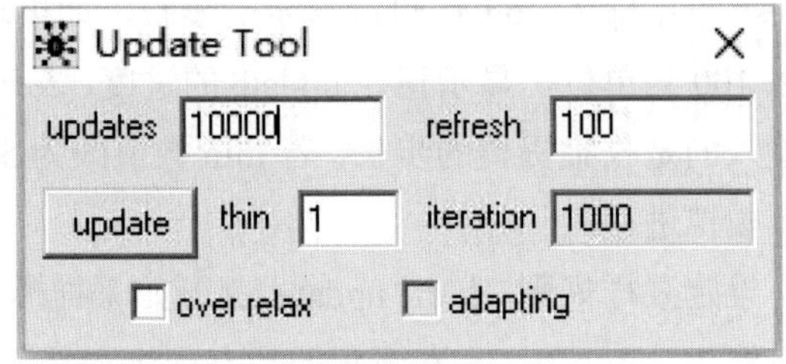

图 4–11　继续更新

9. 呈现后验参数结果

选择“Inference”菜单栏中的“Samples”，出现“Sample Monitor Tool”对话框。在 node 对话框输入感兴趣的需模拟的参数。每输入一个参数，点击“stats”呈现结果。也可输入“*”呈现所有参数的结果（图 4–12）。

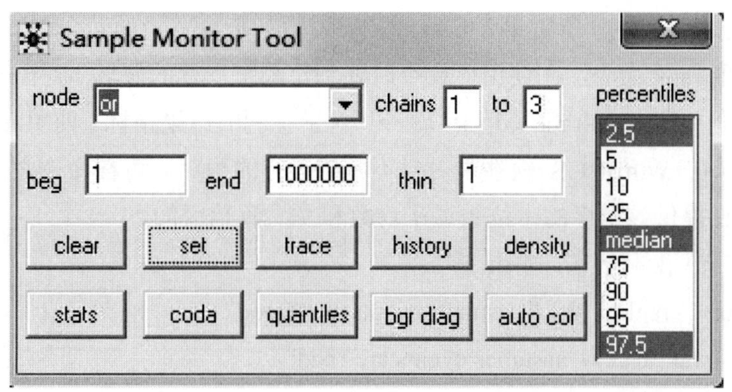

图 4-12　呈现所有参数的结果

10. 呈现 DIC 结果

选择"Inference"菜单栏中的"DIC"，出现 DIC 对话框，点击"DIC"呈现结果（图 4-13）。

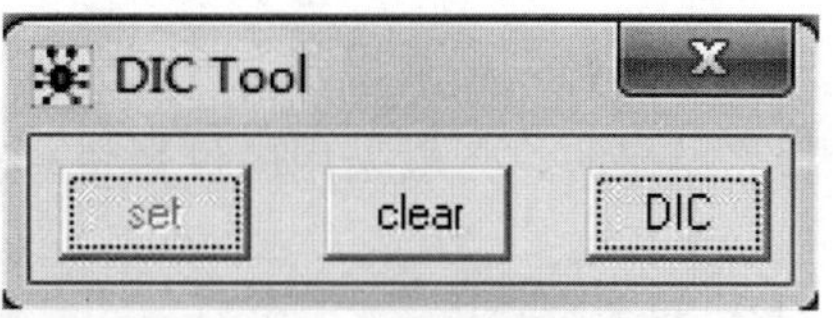

图 4-13　呈现 DIC 结果

六、结果解释

（一）基本参数的解读

在本案例中，主要关注 or、rk、best、totresdev、DIC。但要注意在模型中 or 的表示方法。

```
for (c in 1:(nt-1)) {c 代表的是干预措施 c
for (k in (c+1):nt) {k 代表的是干预措施 k
or[c,k] <- exp(d[k] - d[c])
lor[c,k] <- (d[k]-d[c])}}
```

从公式 or[c,k] ＜－ exp（d[k] － d[c]）中可看出 or[c,k]代表的是 k 与 c 的比值比。值得注意 WinBUGS 中可同时提供 or 值的中位数和平均数及其对应的 95%置信区间（95% credibility interval）。置信区间是由样本统计量所代表总体的参数估计区间，是对样本所代表总体参数的区间估计，呈现的是总体参数真实值与测量值之间的关系。以 0.95 作为置信水平，那么 95%置信区间就意味着总体的真实值落在测量值 2.5%和 97.5%之间。

1. or

在图 4-14 中，or[1,2]是指干预措施 2 与干预措施 1 or 的平均数为 0.6724，标准差为 0.1019，标准误 0.00157，中位数为 0.6628，95%置信区间的下限为 0.5034，上限为 0.8974。报告结果时，一般选择均数和 95%置信区间进行报告，也可报告中位数和 95%置信区间。

2. rk

rk 是干预措施的排序结果，best 是干预措施成为第一的可能性。排序是基于 WinBUGS 中的 rank 命令，在使用此命令时要判定测量指标的好坏。对于有利的测量指标，使用 rk[k] ＜－nt+1－rank（d[],k）命令；对于不利的结果指标，使用 rk[k] ＜－rank（d[],k）命令。在 WinBUGS 软件中对于不希望运行的程序，可在命令之前输入“#”。WinBUGS 软件提供该指标的中位数、平均数和 95%置信区间。

```
for (k in 1:nt) {k 代表着干预措施 k
rk[k] <- nt+1-rank(d[],k) # assumes events are “good”
# rk[k] <- rank(d[],k) # assumes events are “bad”
best[k] <- equals(rk[k],1) #calculate probability that treat k is best}}
```

在图 4－15 中，rk[1]指干预措施 1 成为最佳干预措施的概率，其均数为 1.424，标准差为 0.5141，标准误差为 0.007122，中位数为 1，95%置信区间的下限为 1，上限为 2。报告结果时，一般采用中位数进行报告。

Node statistics

node	mean	sd	MC error	2.5%	median	97.5%	start	sample
or[1,2]	0.6724	0.1019	0.00157	0.5034	0.6628	0.8974	1001	60000
or[1,3]	0.6984	0.0849	0.001235	0.5496	0.6937	0.8812	1001	60000
or[1,4]	0.5653	0.1075	0.001938	0.3944	0.5541	0.8006	1001	60000
or[1,5]	0.981	0.1806	0.002205	0.682	0.9661	1.362	1001	60000
or[2,3]	1.06	0.1943	0.00294	0.7244	1.046	1.482	1001	60000
or[2,4]	0.8509	0.1689	0.002439	0.5763	0.8345	1.211	1001	60000
or[2,5]	1.489	0.3689	0.004585	0.924	1.459	2.238	1001	60000
or[3,4]	0.8176	0.1662	0.003299	0.5445	0.7994	1.202	1001	60000
or[3,5]	1.414	0.2542	0.002983	0.9803	1.396	1.945	1001	60000
or[4,5]	1.791	0.4886	0.007164	1.057	1.745	2.787	1001	60000

图 4－14　呈现 or 结果

Node statistics

node	mean	sd	MC error	2.5%	median	97.5%	start	sample
rk[1]	1.424	0.5141	0.007122	1.0	1.0	2.0	1001	60000
rk[2]	3.708	0.7386	0.00926	2.0	4.0	5.0	1001	60000
rk[3]	3.478	0.6909	0.0122	3.0	3.0	5.0	1001	60000
rk[4]	4.708	0.6207	0.01014	3.0	5.0	5.0	1001	60000
rk[5]	1.682	0.6759	0.008084	1.0	2.0	3.0	1001	60000

图 4－15　呈现 rk 结果

3. best

best 命令计算的是某一干预措施成为最佳干预措施的概率，在图 4－16 中，best[1]指干预措施 1 成为最佳干预措施的概率，其均数为 58.52%，标准差为 0.4927，标准误差为 0.007007，中位数为 1，95%置信区间的下限为 0，上限为 1。报告结果时，一般选择均数和 95%置信区间进行报告。

Node statistics

node	mean	sd	MC error	2.5%	median	97.5%	start	sample
best[1]	0.5852	0.4927	0.007007	0.0	1.0	1.0	1001	60000
best[2]	0.00545	0.07362	4.847E-4	0.0	0.0	0.0	1001	60000
best[3]	0.0013	0.03603	1.747E-4	0.0	0.0	0.0	1001	60000
best[4]	0.00165	0.04059	2.261E-4	0.0	0.0	0.0	1001	60000
best[5]	0.4064	0.4912	0.006993	0.0	0.0	1.0	1001	60000

图 4-16　呈现 best 结果

4. totresdev

totresdev 是贝叶斯模型中检验模型拟合的偏差，是后验总体残存偏差的平均数，当其小于总体数据点时，模型就能达到很好的拟合程度；当其大于总体数据点的时候，模型的拟合程度就不太好。数据点就是纳入所有研究的总臂数，在本案例中有 10 个两臂研究共 20 个数据点，2 个三臂研究共 6 个数据点，所有纳入研究共 26 个数据点。图 4-17 提示本案例 totresdev 的均数为 22.02，中位数 21.37，小于 26，说明该模型已经达到很好拟合度，可有效分析所有研究的数据。

Node statistics

node	mean	sd	MC error	2.5%	median	97.5%	start	sample
totresdev	22.02	5.99	0.05065	12.18	21.37	35.38	1001	60000

图 4-17　呈现 totresdev 结果

5. DIC 值

可以依靠偏差信息准则（DIC）选择模型，DIC 由 D（θ）和 pD 两部分组成，D（θ）（totresdev）是贝叶斯模型中检验模型拟合的偏差，是后验总体残存偏差的平均数，pD 是参数的有效数目，可展示模型的复杂程度。对于不同模型之间的选择，可采取 DIC 的差值进行评价。一般认为 DIC 越小，模型越好，可有效地预测数据；但目前并没有严格的定义说 DIC 的差值是多少才合适。目前建议 DIC 的差值大于 10 才能说明 DIC 值较高，差值在 5 和 10 之间说明两个模型之间的差异值得考虑，差值小于 5 可认为两个模型的拟合程度是一致的。对于该模型而言，其 DIC 值为 161.854（图 4-18）。

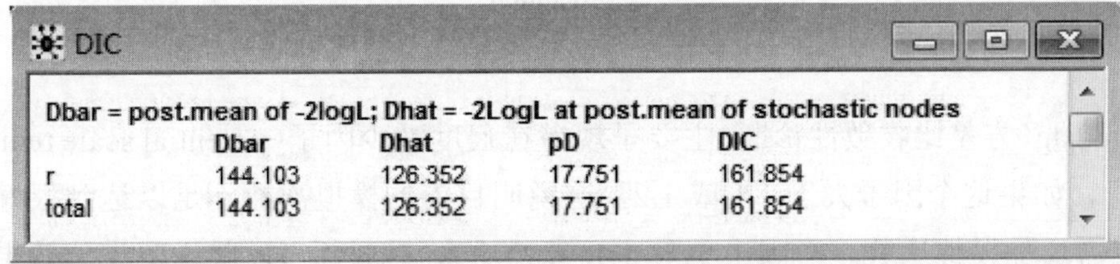
DIC

Dbar = post.mean of -2logL; Dhat = -2LogL at post.mean of stochastic nodes

	Dbar	Dhat	pD	DIC
r	144.103	126.352	17.751	161.854
total	144.103	126.352	17.751	161.854

图 4-18　呈现 DIC 结果

（二）模型模拟次数的评估

使用 WinBUGS 进行网状 Meta 分析时，除了评估模型的拟合程度，还要评估模拟运行的次数是否足够，以便能达到稳定的结果预测功能，这就是收敛性的评估。

1. 图示法

在图 4–12 中输入相应的参数，如“or”，点击 trace（迭代轨迹）、history（迭代历史）或 auto corr（自相关函数），可呈现相应的判断收敛性的图，当迭代轨迹和迭代历史趋于稳定，自相关函数接近 0，就可认为迭代过程已经收敛，就不需要额外的更新次数。

trace（迭代轨迹）显示模拟采样次数与结果之间的关系，可通过判断迭代轨迹是否稳定来判断模型是否达到收敛（图 4–19）。

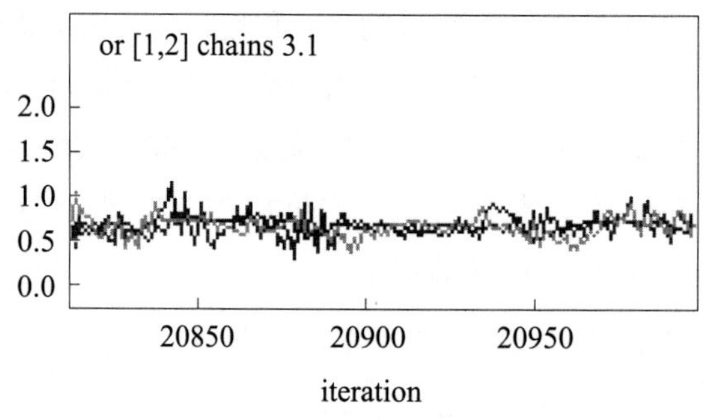

图 4–19 迭代轨迹

history（迭代历史）显示模拟采样次数与结果之间的关系，主要呈现初始更新之后后验参数生成的迭代，可通过判断迭代历史是否稳定来判断模型是否达到收敛（图 4–20）。

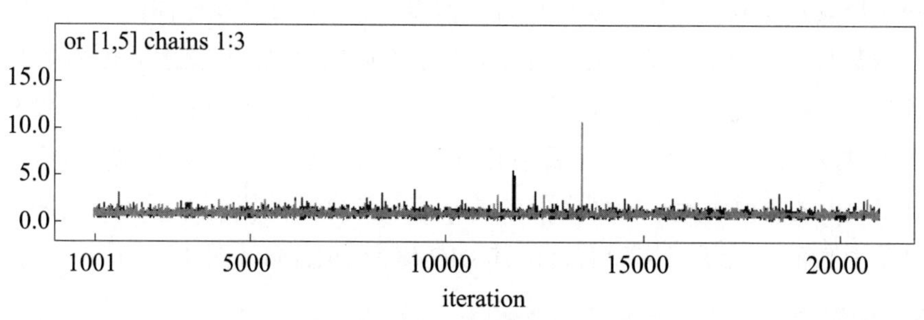

图 4–20 迭代历史

bgr diag（方差比收敛性诊断）主要呈现潜在尺度减少因子（potential scale reduction factors），如果这个因子大于 1.1 或 1.2，这说明目前的模拟次数不足以达到很好的收敛，就需增加模拟次数。当因子小于 1.1 或者 1.2，越接近 1，就说明收敛效果越好（图 4–21）。

auto corr（自相关函数）接近 0，就可认为迭代过程已经收敛，不需额外的更新次数（图 4–22）。

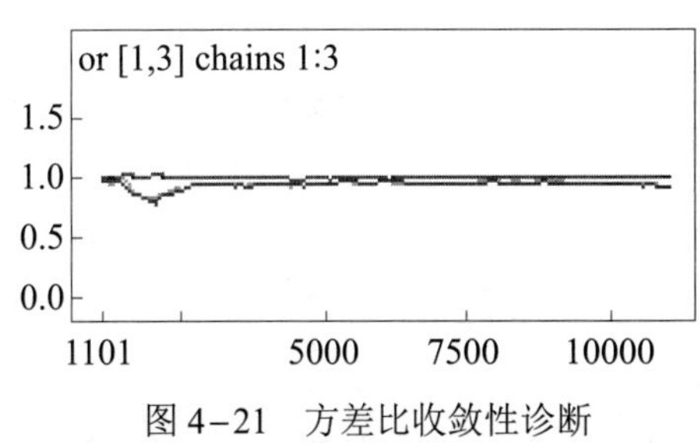

图 4-21 方差比收敛性诊断

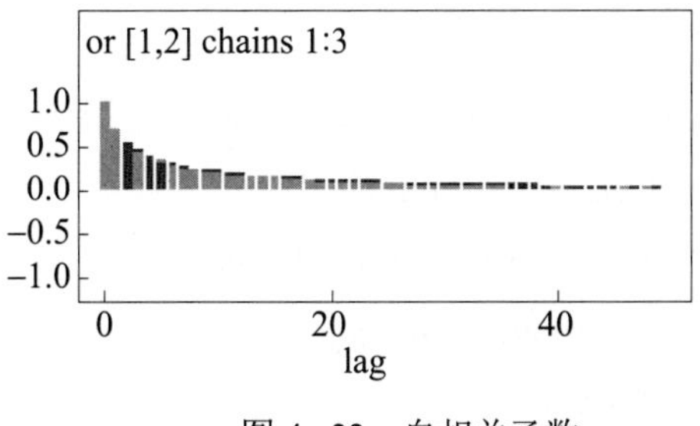

图 4-22 自相关函数

2. 数学计算法

目前，数学计算法常用的是 R 软件的“coda”和“boa”加载程序包，下面以 R 软件上的“coda”程序包为例，介绍收敛性评估的几种方法。

（1）下载 coda 输出文件和索引文件　在 WinBUGS 的“Sample Monitor Tool”界面（图 4-12），可看到“coda”，点击“coda”之后就会弹出 WinBUGS 软件下 coda 的结果界面，主要有输出文件和索引文件两类，输出文件的数目和模拟链条数目一致，要保存为后缀为.out 的 txt 文本，索引文件是对测量指标的索引，需要保存为后缀为.ind 的 txt 文本。

（2）安装 R 软件，加载“coda”程序包　R 软件的安装步骤详见第四章第七节，“coda”程序包的加载过程为：选择“Packages”（图 4-23A）下的“Install package（s）”（图 4-23B）→选择 CRAN 镜像→“coda”（图 4-23C），点击“OK”。

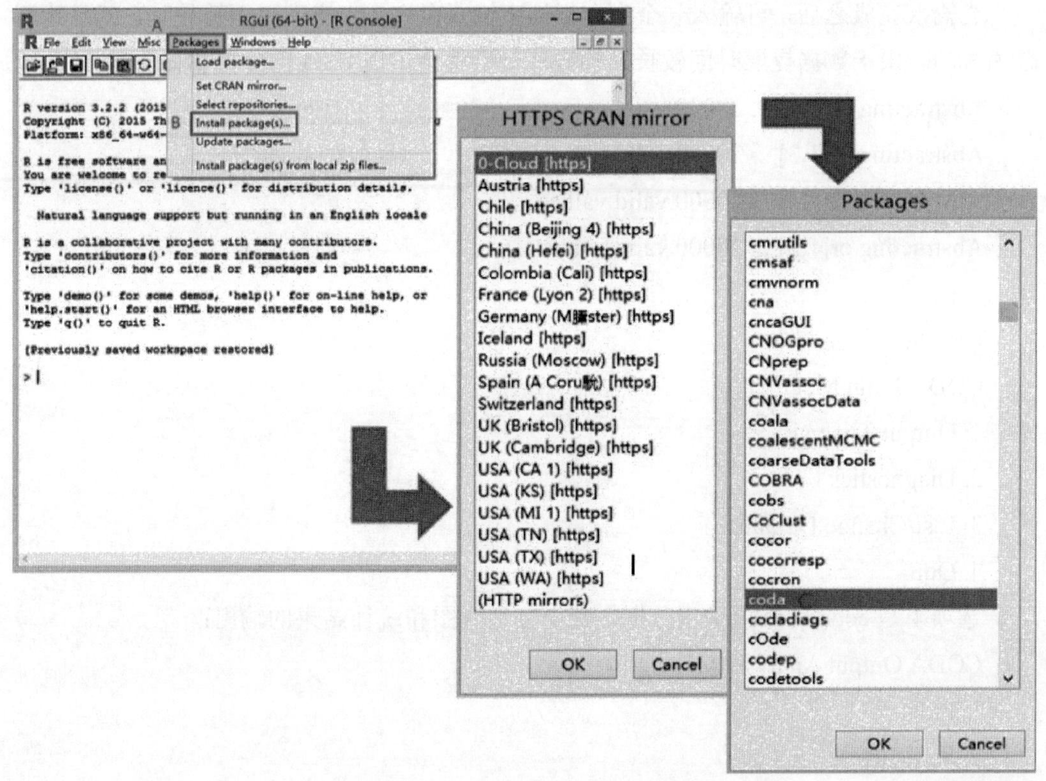

图 4-23 R 软件 code 程序包加载

（3）评估收敛性　安装完成后，可在R软件的交互窗口输入“library（coda）”调用coda程序，输入“codamenu()”使用coda的菜单功能，出现如下提示：

CODA startup menu

1: Read BUGS output files

2: Use an mcmc object

3: Quit

选项1是针对WinBUGS的coda输出文件，选项2是针对R软件coda程序下保存的文件。选择1之后，需分别输入索引文件和输出文件保存位置的名称，在这里我们保存的位置为“C:\Users\L\Desktop\code”。

Enter CODA index file name

（or a blank line to exit）

1: C:\Users\L\Desktop\code\line.ind.txt

Enter CODA output file names, separated by return key

（leave a blank line when you have finished）

1: C:\Users\L\Desktop\code\line1.out.txt

2: C:\Users\L\Desktop\code\line2.out.txt

3: C:\Users\L\Desktop\code\line3.out.txt

当输入完成之后，可输入一个空白行结束输入命令。当出现以下符号时，就意味着输入成功。由于数据提取时间较长，等待片刻后就会出现coda的分析主界面。

Abstracting or[1,2] ... 20000 valid values

Abstracting or[1,3] ... 20000 valid values

Abstracting or[1,4] ... 20000 valid values

Abstracting or[1,5] ... 20000 valid values

…………………………………………

coda 的分析主界面

CODA Main Menu

1: Output Analysis

2: Diagnostics

3: List/Change Defaults

4: Quit

选项1是coda的结果输出分析，其中分别有图和统计结果的输出：

CODA Output Analysis Menu

1: Plots

2: Statistics

3: List/Change Defaults

4: Return to Main Menu

选项 2 是收敛性诊断的具体方法，主要提供以下几种方法：

Diagnostics Menu

1: Geweke

2: Gelman and Rubin

3: Raftery and Lewis

4: Heidelberger and Welch

5: Autocorrelations

6: Cross-Correlations

7: List/Change Options

8: Return to Main Menu

方法 1：Geweke 于 1992 年提出基于标准时间序列的收敛性诊断方法，但基于单一模拟链条，链条分为前 10%和后 50%两部分，如果整个链条的收敛性很好，则前后两部分的均值应该非常相似，通常采用 Z 检验比较前后两部分的均值。以假设检验水平 0.05 为例，Z 检验的值应该在 –1.96 和 1.96 之间，若链条所有的 Z 值在该区间内，则说明收敛性良好。

方法 2：Gelman and Rubin 等提出了计算潜在尺度减少因子（potential scale reduction factors），如果该因子大于 1.1 或 1.2，说明目前模拟次数不足以达到很好的收敛，就需增加模拟次数。当因子小于 1.1 或 1.2，越接近 1，就说明收敛效果越好。

方法 3：Raftery and Lewis 等提出的方法可有效地计算预模拟（burn-in）和更新（update）的次数，该计算方法提供 Burn-in（M）、Total（N）、Lower bound（Nmin）、Dependencefactor（Ⅰ）等 4 个参数，其中 N=I*Nmin。一般 Dependencefactor（Ⅰ）的最大值可以作为 thinning interval（间伐间隔），M 和 N–M 可分别作为预模拟和更新的次数，Lower bound （Nmin）是要达到预期收敛效果最小的模拟次数。一般来讲，当 I 大于 5 时，说明收敛效果不好。

方法 4：Heidelberger and Welch 采取假设检验的方法检验收敛性是否达到，当假设检验不成立的情况下，该方法就会去掉前 10%的模拟进行检验，如果假设检验依旧不成立，那么就继续去掉 10%的模拟。当 50%的模拟被去掉之后，假设检验仍然不成立，就说明目前的模拟次数不够。

收敛性评估可同时结合图示法和数字法展示模型的收敛性，只有模型达到很好的收敛性，统计结果才可靠。

（李 伦 葛 龙）

第三节 Stata软件

一、简介

Stata软件是Stata公司推出的一版商业款软件，可提供多种分析方法。应用Stata软件进行网状Meta分析，除了调用WinBUGS程序编码实现贝叶斯模型外，还可使用频率方法进行网状Meta分析。本节主要介绍Stata软件在进行网状Meta分析中的独有功能。

二、下载与安装

购买Stata软件，并按照安装向导进行安装，完成Stata安装之后，需安装与网状Meta分析相关的命令。① 需安装Meta分析的metan命令，电脑联网的状态下，在Stata命令框中输入“net install sbe24_3,from（http://www.stata-journal.com/software/sj9-2）”，即完成metan命令安装；② 安装Meta回归的metareg命令，在Stata命令框中输入“net install sbe23_1,from（http://www.stata-journal.com/software/sj8-4）”，即完成metareg命令的安装；③ 安装网状Meta分析的主要命令mvmeta，在Stata命令框中输入“net install mvmeta,from（http://www.mrc-bsu.cam.ac.uk/IW_Stata/meta）”；④ 安装网状Meta分析图形展示的命令，“net install network_graphs, from（http://www.mtm.uoi.gr）”；⑤ 输入“help mvmeta”，若出现帮助界面就表示安装成功。

mvmeta程序包由White等开发，Chaimani等在此基础上进行了完善。该命令可提供证据关系图、证据贡献图、不一致性检测图、网状Meta分析结果、发表偏倚或者小样本效应、预测区间图和结果排序。

三、数据准备

利用mvmeta程序包进行网状Meta分析，需准备好数据。以Li等发表的网状Meta分析中术后麻醉剂使用为例，该网状Meta分析比较了单孔、三孔、四孔和四孔小切口腹腔镜胆囊切除术后麻醉剂的应用，数据见表4-4。

表4-4 原始数据

研究	A1		B3		C4		D4min	
	r1	n1	r2	n2	r3	n3	r4	n4
Ainslie 2003					1	21	6	19
Bucher 2011	49	75			69	75		
Cao 2011	13	57	11	51				
Chang 2013	2	24			4	26		

续表

研究	A1		B3		C4		D4min	
	r1	n1	r2	n2	r3	n3	r4	n4
Huang 2003					18	54	5	30
Khorgami 2013	2	30	6	30	4	30		
Look 2001					16	28	18	36
Luna 2013	6	20			5	20		
Rasić 2010	1	48	3	50				
Saad 2013	8	35			9	35	7	35
Schmidt 2002					13	20	12	20

说明：r. 各组事件发生数；n. 接受干预措施的总人数；A. 单孔腹腔镜胆囊切除术；B. 三孔腹腔镜胆囊切除术；C. 四孔腹腔镜胆囊切除术；D. 四孔小切口腹腔镜胆囊切除术

数据需准备成直接比较格式和网状 Meta 分析格式。

1. 直接比较格式

直接比较格式即将所有的研究拆分成两两对比的形式，如存在三臂研究就应该拆成三组数据，四臂研究就应该拆分成六组数据。t、r、n 分别表示治疗组、治疗组事件数和治疗组随机分配的患者数，1 和 2 分别表示干预措施 1 和干预措施 2（表 4–5）。这样可采用 metan 命令计算不同对照之间的结果（以 OR 为例），具体命令如下：

```
gen ne1=n1–r1
gen ne2=n2–r2
metan r2 ne2 r1 ne1, fixed or
gen logOR=log（_ES）
rename _selogES SelogOR
drop _SS _ES _LCI _UCI _WT
```

表 4–5 直接比较格式数据

Study	t1	t2	r1	n1	r2	n2	logOR	SelogOR
Ainslie 2003	C	D	1	21	6	19	2.222542	1.137361
Bucher 2011	A	C	49	75	69	75	1.808623	0.489928
Cao 2011	A	B	13	57	11	51	–0.07174	0.464284
Chang 2013	A	C	2	24	4	26	0.693147	0.917011
Huang 2003	C	D	18	54	5	30	–0.91629	0.568624
Khorgami 2013	A	B	2	30	6	30	1.252763	0.862582
Khorgami 2013	A	C	2	30	4	30	0.767255	0.907841
Khorgami 2013	B	C	6	30	4	30	–0.48551	0.704837
Look 2001	C	D	16	28	18	36	–0.28768	0.506897

续表

Study	t1	t2	r1	n1	r2	n2	logOR	SelogOR
Luna 2013	A	C	6	20	5	20	–0.25131	0.710466
Rasić 2010	A	B	1	48	3	50	1.098612	1.172982
Saad 2013	A	C	8	35	9	35	0.155523	0.55822
Saad 2013	A	D	8	35	7	35	–0.1699	0.583617
Saad 2013	C	D	9	35	7	35	–0.32542	0.572839
Schmidt 2002	C	D	13	20	12	20	–0.21357	0.654304

说明：r. 各组事件发生数；n. 接受干预措施的总人数；A. 单孔腹腔镜胆囊切除术；B. 三孔腹腔镜胆囊切除术；C. 四孔腹腔镜胆囊切除术；D. 四孔小切口腹腔镜胆囊切除术；logOR. OR 的对数；SelogOR. logOR 的标准误差

2. 网状 Meta 分析格式

网状 Meta 分析格式的数据主要呈现 y 和 S 两个变量（表 4–6），y 指相对于共同对照结果的对数。在频率统计法网状 Meta 分析中，需要设立一个共同对照，然后基于共同对照计算其余干预措施的效果，在本案例中，由于四孔腹腔镜胆囊切除术为传统腹腔镜胆囊切除术，因此本案例设为 A 共同对照。但对于一些研究不存在共同对照，就需要赋予一个共同对照，使其总样本数和反应数较小，如分别为 0.01、0.001，这样所有的研究就会具有共同对照，进而计算其余所有干预措施的结果。S 是方差，对于双臂研究，S 即指相对于共同对照结果对数的方差；对于三臂研究或四臂研究，除了共同对照外的干预措施之间还存在协方差。以三臂研究为例，分别存在三个干预措施 A、B、C，以 VarAB、VarAC、VarBC 分别表示三者两两对比时的方差，那么三者之间的关系如下：

VarBC=（VarAB+VarAC－ 2*协方差），即协方差=（VarAB+VarAC-VarBC）/2。

如果网状 Meta 分析中存在四个干预措施，其中一个为共同对照，那么就存在三个方差和三个协方差。对于不存在三臂或四臂研究，那么协方差就为 0，在 Stata 软件中以“.”表示，如是存在协方差，就必须计算其协方差。

表 4–6　网状 Meta 分析格式的数据

Study	yA	SAA	yB	SBB	yD	SDD	SAB	SAD	SBD
Ainslie 2003					2.22	1.29			
Bucher 2011	–1.81	0.24							
Cao 2011	–0.52	4513.16	–0.59	4513.17			4513.06		
Chang 2013	–0.69	0.84							
Huang 2003					–0.92	0.32			
Khorgami 2013	–0.77	0.82	0.49	0.50			0.29		

续表

Study	yA	SAA	yB	SBB	yD	SDD	SAB	SAD	SBD
Look 2001					−0.29	0.26			
Luna 2013	0.25	0.50							
Rasić 2010	−3.15	4514.08	−2.05	4513.41			4513.06		
Saad 2013	−0.16	0.31			−0.33	0.33		0.15	
Schmidt 2002					−0.21	0.43			

说明：yA、yB、yD 分别为单孔腹腔镜胆囊切除术、三孔腹腔镜胆囊切除术、四孔小切口腹腔镜胆囊切除术相对于四孔腹腔镜胆囊切除术术后麻醉剂的应用结果 OR 的对数，本研究赋予共同对照时，反应数赋予 0.000331，总样本数赋予 0.001

四、数据分析与结果解释

（一）采用 mvmeta 程序进行网状 Meta 分析

1. 证据网络图的绘制

（1）数据格式　直接比较格式。

（2）意义　基于直接比较数据，形成所有干预措施之间的关系。

（3）命令　networkplot t1 t2

命令也可通过“db networkplot”实现，在变量“variables”框里面选择对应的干预措施，即 t1 t2，可在干预措施标签“Treatment Labels”框里面输入对应的干预措施名称，不同干预措施之间用空格隔开（图 4–24）。如果要对证据网络图中点和线的大小、颜色进行调整，可在此界面进行选择。

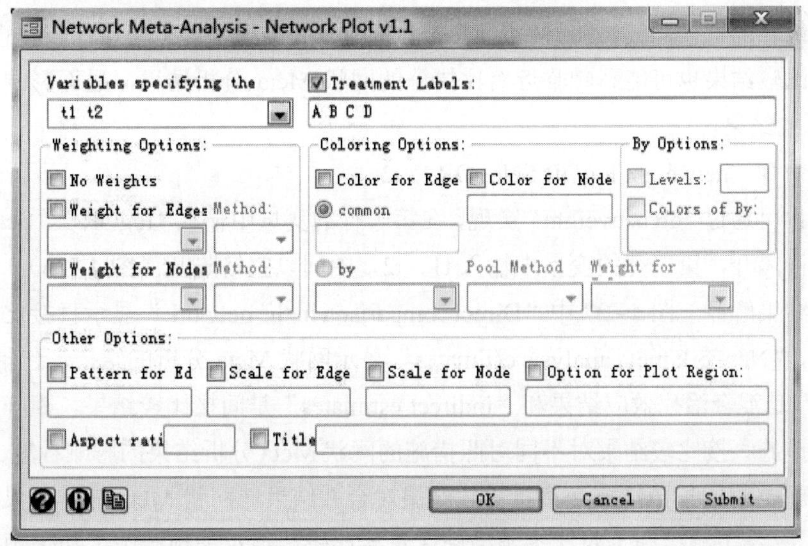

图 4–24　networkplot 界面

（4）结果解释　本案例的证据网络图见图 4-25，网络图中点与线的大小与研究数成正比，也就是说线条越粗，比较这两个干预措施的研究数目越多。

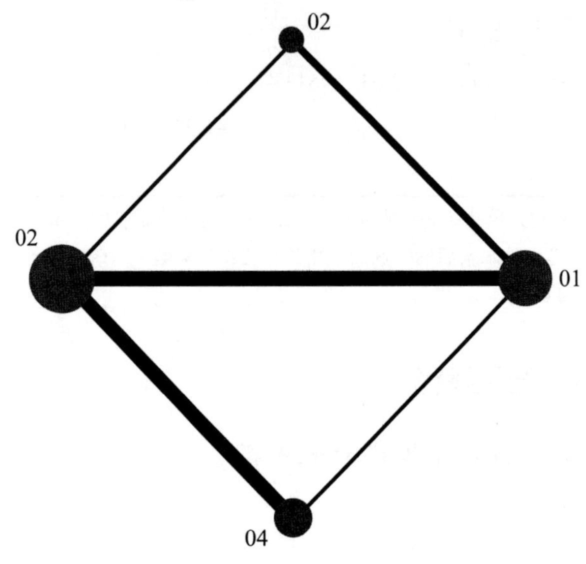

图 4-25　证据网络图

2. 证据贡献图

（1）数据格式　直接比较格式。

（2）意义　基于直接比较数据，形成证据贡献图，即直接比较证据在网状 Meta 分析证据中所占的比例。网状 Meta 分析中的不同直接比较对网状 Meta 分析结果的影响不同，因此需评估不同直接比较对网状 Meta 分析结果的影响，并找出影响网状 Meta 分析合并结果最多的直接比较。由于网状 Meta 分析的合并结果来自于间接比较和直接比较，那么直接比较结果也可能影响临近对比措施的网状 Meta 分析结果，进而影响整个网状 Meta 分析的结果。

（3）命令　netweight logOR SelogOR t1 t2

命令也可通过“db netweight”实现，在第一行的变量中输入“logOR”、“SelogOR”，中间以空格隔开，第二行的变量中输入 t1、t2，中间以空格隔开（图 4-26）。

（4）结果解释　图 4-27 中“Direct comparison in the network”显示直接比较的不同对照措施，“Network meta analysis estimates”显示网状 Meta 分析的结果，包括“Mixed estimates”是混合治疗效应结果和“indirect estimates”是间接比较结果。矩阵形成的是不同对照措施直接比较结果对不同对照措施的网状 Meta 分析结果的影响程度。如 57.9% 指干预措施 1 对比干预措施 2 直接比较结果对合并结果（网状 Meta 分析结果）的影响程度，13.3%指干预措施 1 对比干预措施 3 直接比较结果对干预措施 1 和干预措施 2 合并结果的影响程度，28.3%指干预措施 1 对比干预措施 2 直接比较结果对干预措施 2 和干预措施 4 间接结果的影响程度，24%指干预措施 1 对比干预措施 2 的直接比较结果对整个网络网状 Meta 分析结果的影响程度。

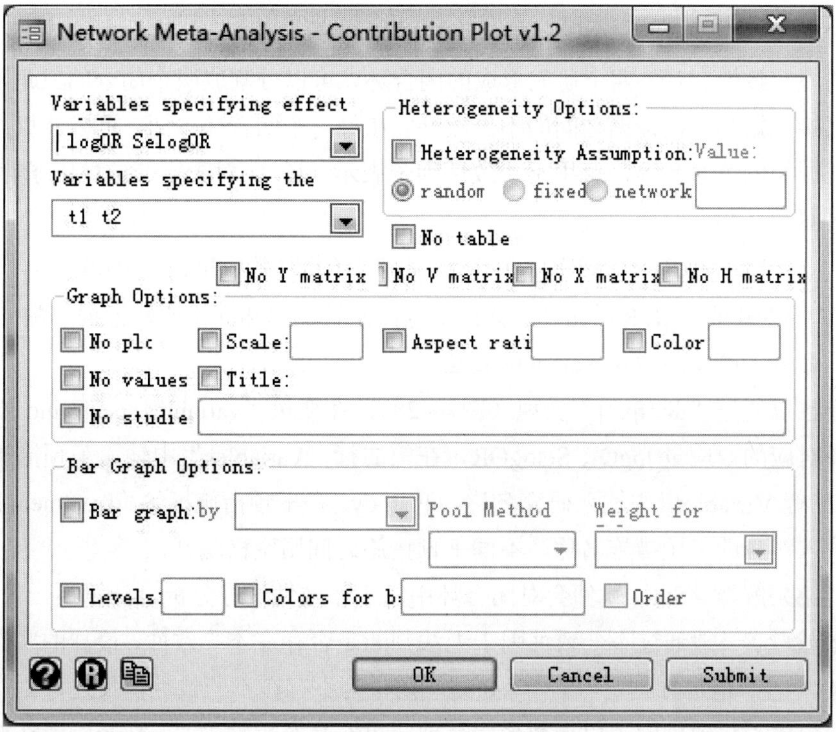

图 4-26　netweight 界面

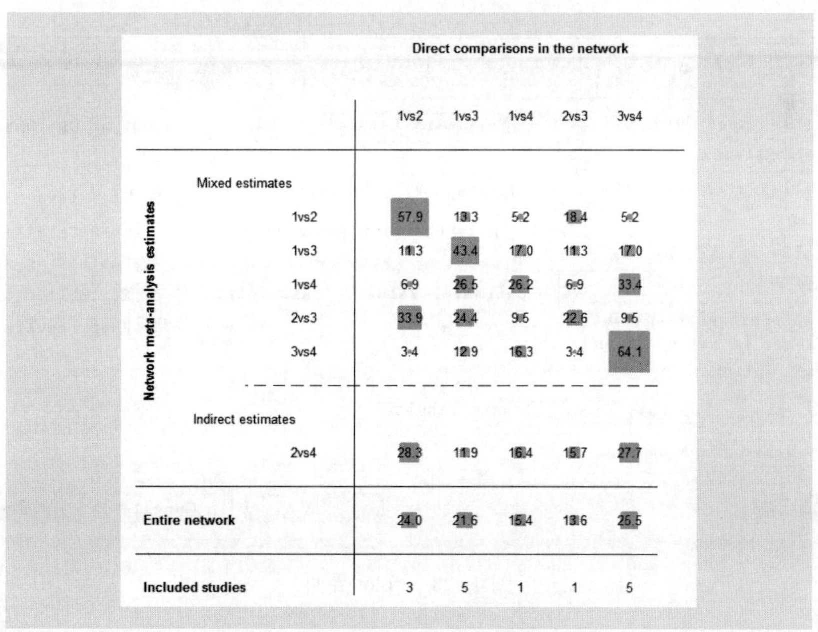

图 4-27　证据贡献图

3. 不一致性检测图

（1）数据格式　直接比较格式。

（2）意义　基于直接比较数据，计算直接结果和间接结果之间的差异，并进行 Z 检验，检测不一致性。对于三个干预措施形成的闭合环，可以直接比较直接证据和间接证据之间的不一致性。对于四个研究形成的闭合环，可以分割成两个闭合的三角形环，进而分析直接证据和间接证据之间的不一致性。在每一个闭合环里面，可以计算直接证据与间接证据间的绝对差异，可用不一致性因子表示（IF），对于不一致性因子存在 95% 的可信区间和 Z 检验。

$$IF=\log(RR_{直接}-RR_{间接})=\log(RoR)$$（此时效应量使用 RR）

若 IF 接近 0 或者 RoR 接近 1，就说明直接比较证据和间接比较证据非常一致。

（3）命令　ifplot logOR SelogOR t1 t2

命令也以通过“db ifplot”实现（图 4–28），在变量“variables specifying effetc”框里面选择对应的效应量 logOR SelogOR，在第二行“Variables”中输入干预措施，即 t1 t2，在第三行 Variables”中输入研究名称，即 study，在干预措施标签“Treatment Labels”框里面输入对应的干预措施名称，不同干预措施之间用空格隔开。

（4）结果解释　Stata 软件会对闭合环中的不一致性进行分析，计算不一致性因子，并进行 Z 检验。一般通过不一致性因子无法判断是否存在不一致性，最佳的判断方法是通过 Z 检验的 P 值进行判定。若 P>0.05，则认为不存在不一致性；反之，则存在不一致性。如果将不一致性因子以指数形式呈现，可在命令后输入“, eform”或在对话框中选中 eform。本案例的不一致性检测结果见图 4–29 和图 4–30。

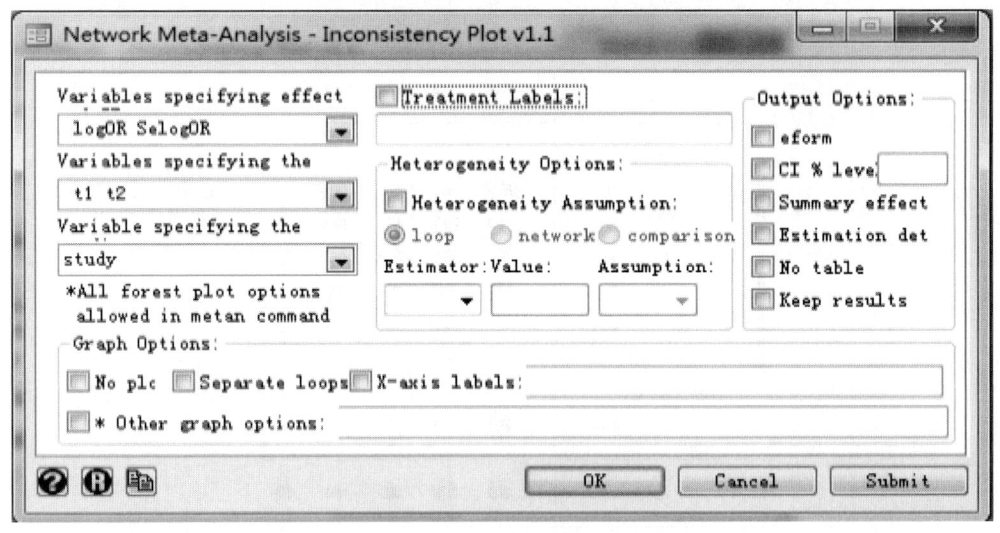

图 4–28　ifplot 界面

Loop	IF	seIF	z_value	p_value	CI_95	Loop_Heterog_tau2
A–C–D	0.730	1.105	0.661	0.509	(0.00, 2.90)	0.433
A–B–C	0.617	1.251	0.493	0.622	(0.00, 3.07)	0.482

图 4–29 不一致性检测表格结果

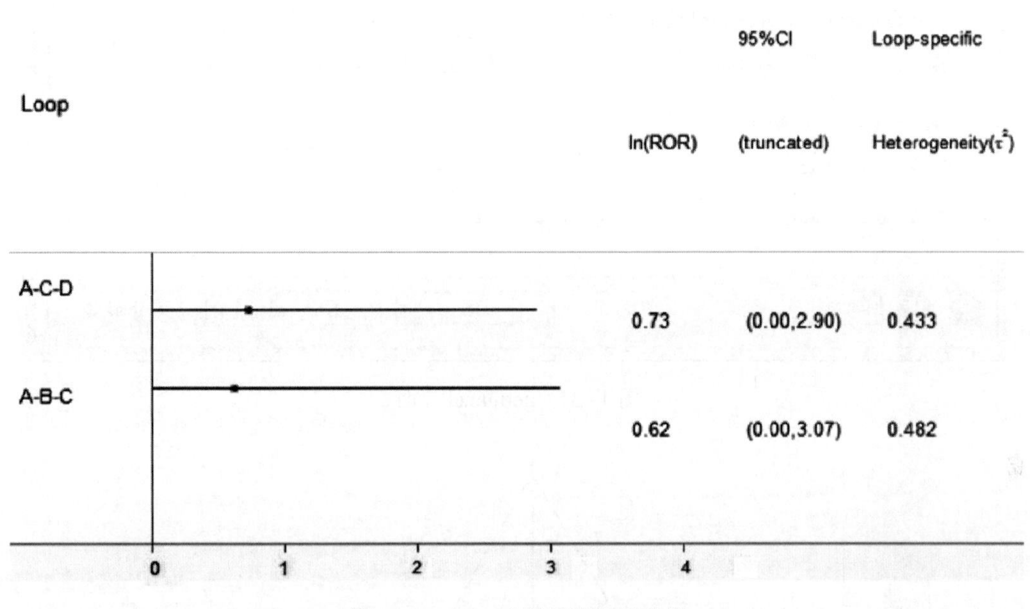

图 4–30 不一致性检测图示结果

4. 发表偏倚或小样本效应

（1）数据格式 直接比较格式。

（2）意义 基于直接比较数据，分组展示发表偏倚或者小样本效应。在直接比较Meta分析中常用漏斗图来显示发表偏倚，漏斗图常用各个研究的效应量和精确性（标准误的倒数），如果该图对称，说明直接比较Meta分析可能不存在发表偏倚或小样本效应，如果不对称，说明直接比较的Meta分析可能存在发表偏倚或小样本效应。网状Meta分析中，由于存在多个不同对照直接比较的Meta分析，因此在进行发表偏倚检测时需对发表偏倚按照不同的对照组进行调整。

（3）命令 netfunnel logOR SelogOR t1 t2

命令也可通过“db netfunnel”实现（图4–31），在变量“variables specifying effetc”框里面选择对应的效应量logOR SelogOR，在第二行“Variables”中输入干预措施，即t1 t2。

如果分析不同对照的研究是否存在发表偏倚或小样本效应，则可在命令后加上“, bycomparison”或在命令框上选择“by comparison”。

（4）结果解释 漏斗图不对称，说明当前研究可能存在发表偏倚或小样本效应（图4–32）。

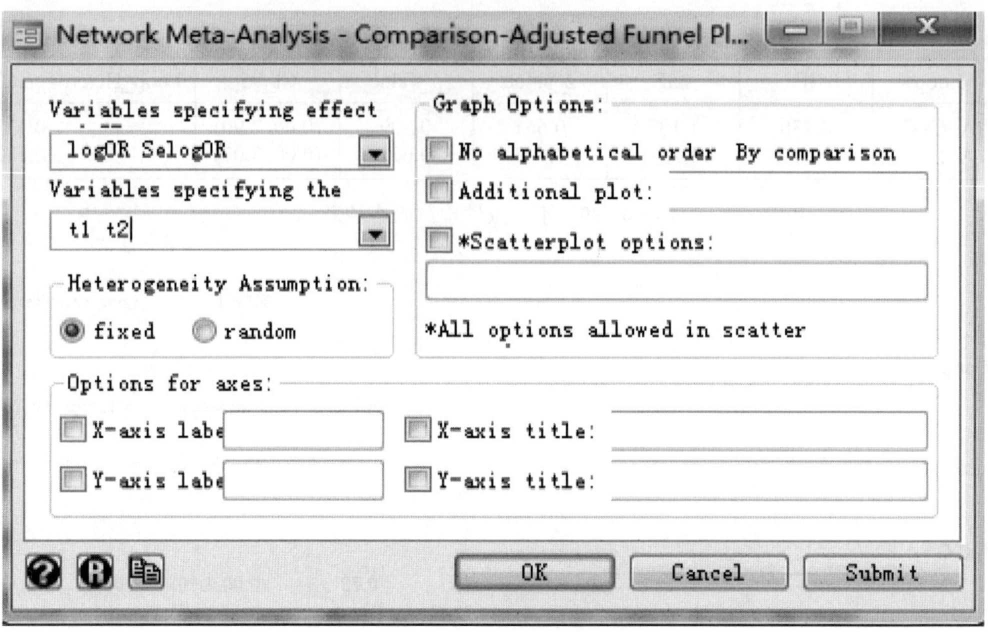

图 4-31　netfunnel 界面

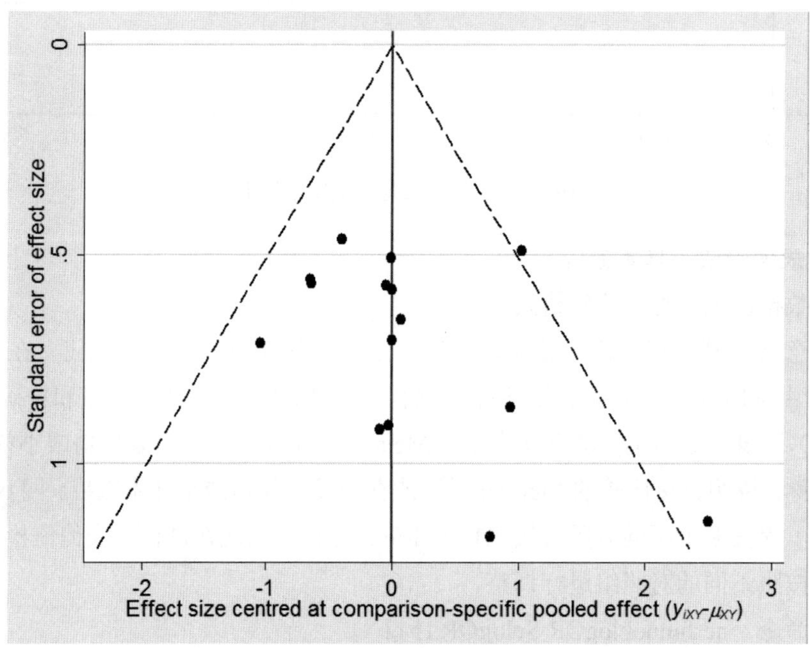

图 4-32　漏斗图结果

5. 网状 Meta 分析

（1）数据格式　网状 Meta 分析格式。

（2）意义　基于网状 Meta 分析数据格式实现网状 Meta 分析结果统计分析。

（3）命令　mat P = I(3) + J(3, 3,1)

mvmeta y S, bscov(prop P)

注意：首先要生成方差与协方差的矩阵，以 P 表示，采取 mat 命令。其中自由度为干预措施数目 –1，bscov（prop P）是假设不同对照之间异质性相同。

（4）结果解释　目前案例 mvmeta 主要生成相对于共同对照措施 C 的网状 Meta 分析结果的对数值，也可在命令后面输入“eform”生成网状 Meta 分析结果的指数形式（图 4–33）。

6. 预测区间图

（1）数据格式　网状 Meta 分析格式。

（2）意义　在直接比较的 Meta 分析中，森林图可呈现各个研究的结果及合并结果。在网状 Meta 分析中也需以图的形式呈现各组比较的结果，这个功能可通过 Stata 的 intervalplot 命令来实现，但要在网状 Meta 分析结果分析完成之后方可进行。该功能可呈现当前所有的网状 Meta 分析结果。

（3）命令　intervalplot, mvmetaresults。

```
. mvmeta y S, bscov(prop P)
Note: using method reml
Note: using variables yA yB yD
Note: 11 observations on 3 variables
Warning: method of moments failed - I2 statistic not available
Note: variance-covariance matrix is proportional to P

initial:       log likelihood = -27.895829
rescale:       log likelihood = -26.071859
rescale eq:    log likelihood =   -25.7757
Iteration 0:   log likelihood =   -25.7757
Iteration 1:   log likelihood = -25.603693
Iteration 2:   log likelihood = -25.585892
Iteration 3:   log likelihood = -25.585842
Iteration 4:   log likelihood = -25.585842

Multivariate meta-analysis
Variance-covariance matrix = proportional P
Method = reml                                   Number of dimensions    =      3
Restricted log likelihood = -25.585842          Number of observations  =     11

------------------------------------------------------------------------------
             |      Coef.   Std. Err.      z    P>|z|     [95% Conf. Interval]
-------------+----------------------------------------------------------------
Overall_mean |
          yA |   -.577605   .3739191    -1.54   0.122    -1.310473    .1552631
          yB |  -.0130352   .5801335    -0.02   0.982    -1.150076    1.124005
          yD |   -.267852   .3764967    -0.71   0.477    -1.005772    .4700681
------------------------------------------------------------------------------

Estimated between-studies SDs and correlation matrix:
           SD          yA          yB          yD
yA  .54890633           1           .           .
yB  .54890633          .5           1           .
yD  .54890633          .5          .5           1
```

图 4–33　网状 Meta 分析结果

（4）结果解释　图 4-34 中直接呈现干预措施相对于共同对照措施网状 Meta 分析结果的对数形式，如 yA、yB；同时呈现不同干预措施之间比较网状 Meta 分析结果的对数形式，如 yB-yA 指干预措施 B 与干预措施 A 比较结果的对数形式。

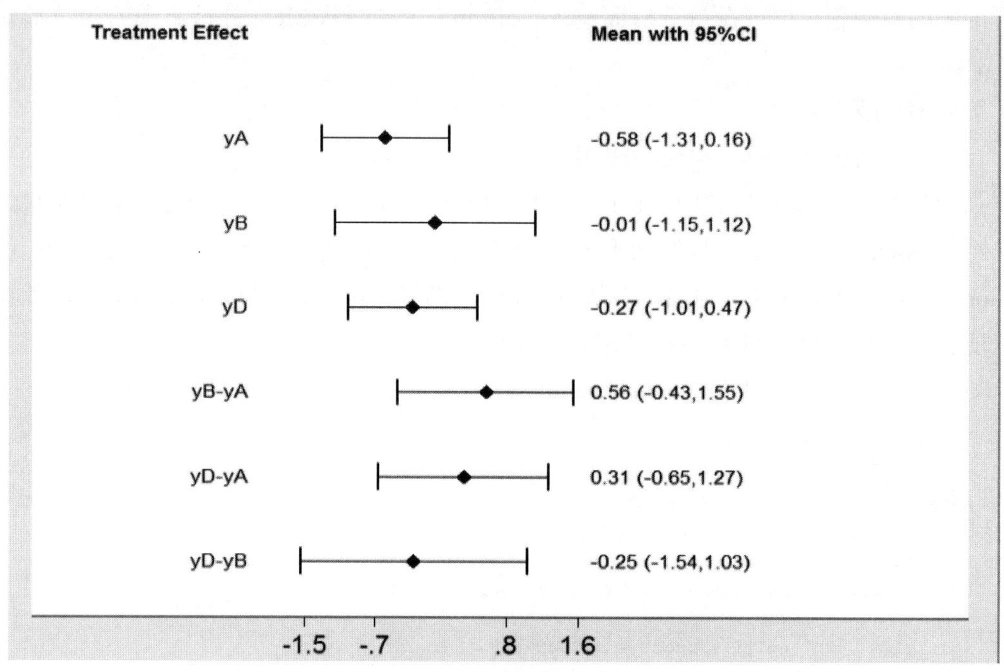

图 4-34　预测区间图

对于二分类变量，图形可用指数形式，即 OR 或 RR 来展示，intervalplot, mvmetaresults eform。也可采用 lab()功能实现对干预措施的命名，null()实现添加中轴线。同时也可利用 pred 功能预测未来研究的可信区间，即 intervalplot,mvmeta pred eform lab（a b c d）null（1）。对于连续变量，yA、yB-yA 即为网状 Meta 分析最终结果。

7. 结果排序

（1）数据格式　网状 Meta 分析格式。

（2）意义　通过 pbest() 命令实现结果排序，但要设定两个参数，min/max 定义效应量大小与临床结局的关系，all zero 定义将对照干预措施也纳入进行排序。这个命令的实施必须是建立在网状 Meta 分析结果的基础上，方可产生排序结果和排序图。若要想显示干预措施名称，可以以 lab() 命令添加。但要注意：第一个必须是共同对照，其余按照顺序即可。在本案例中，共同对照为 C，其余的为 A、B、D，就可添加 lab（C A B D）。

（3）命令　mat P = I(3) + J(3, 3,1)

mvmeta y S, bscov(prop P) pbest(min, all zero gen(prob))

sucra prob*,mvmeta

（4）结果解释　在图 4-35 中，SUCRA 值的范围为 0～100，越接近 100，说明该干预措施越好。干预措施 A 的 SUCRA 值为 84.3，也就是说干预措施 A 可能最好；PrBest 值的范围为 0～100，越接近 100，说明该干预措施成为最好干预措施的可能性越大，干预措施 A 的 PrBest 值为 63.8，即干预措施 A 成为最佳干预措施的可能性为 63.8%；MeanRank 值表示排序结果，其中干预措施 A 的排序值为 1.5，是最小的，即干预措施 A 排在第一位，可能是当前最好的干预措施。

在图 4–36 中，针对 4 种干预措施分别有 4 种排序，在排序 4 时，所有干预措施成为最佳干预措施的可能性达到最好，其中干预措施 A 成为最佳干预措施的可能性最大。

Treatm～t	SUCRA	PrBest	MeanRank
C	27.7	2.1	3.2
A	84.3	63.8	1.5
B	30.9	9.2	3.1
D	57.1	24.9	2.3

图 4–35　结果排序

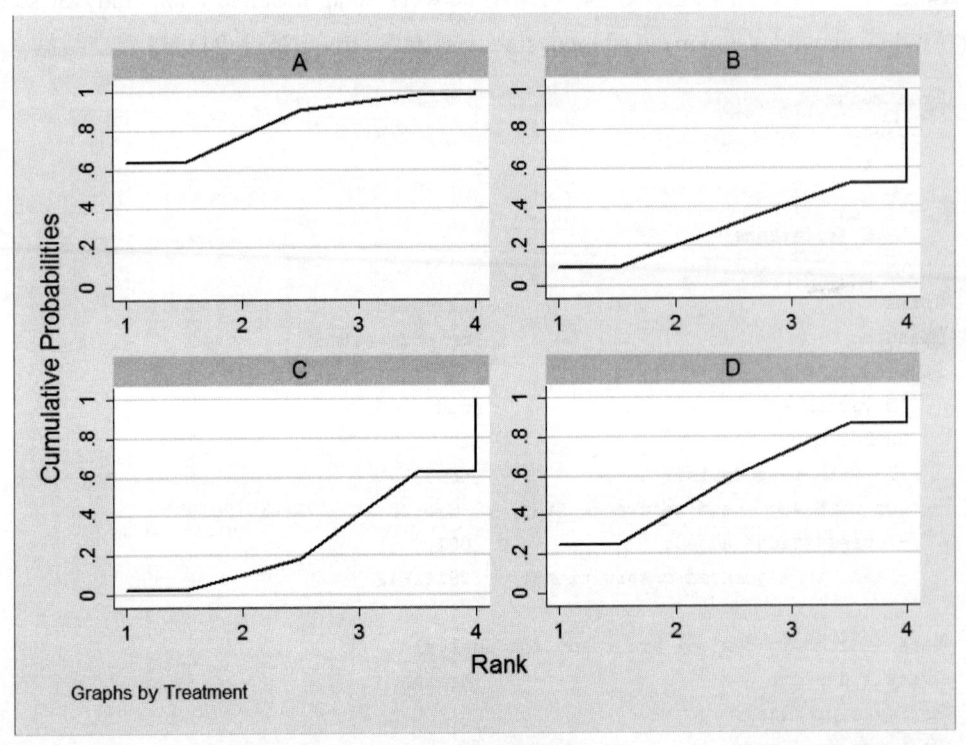

图 4–36　结果排序

（二）采用 Network 编码进行网状 Meta 分析

White 等开发的 Network 编码也是基于 mvmeta 进行网状 Meta 分析，该程序包置入 Dias 等点分法，可对网状 Meta 分析的不一致性进行分析。能够一步实现网状 Meta 分析数据的准备，从而得到一致性和不一致性模型的网状 Meta 分析结果，并以森林图的形式呈现，但 network 命令无法制作证据贡献图，提供的森林图不显示比较结果。

1. 安装相关程序

需要安装 network 的相关程序，其网址为 net from http://www.mrc-bsu.cam.ac.uk/IW_Stata/。

2. 建立数据格式

命令：network setup

以表 4–5 数据为例，只需要输入 network setup r n, studyvar(study) ref(3) or，就可使上述数据转换成网状 Meta 分析数据格式（图 4–37），在这个命令中，需要定义事件发生数 r 和总人数 n，研究变量名称 study 和共同对照（ref），这个命令针对每行代表 1 个研究及其所有的干预措施的事件数和总人数。对于 1 个研究中的所有干预措施的事件数和总人数以及干预措施采用不同的列来表示，就可采用命令：network setup r n, studyvar(study) trtvar(trt) ref(1) or。其中 trt 是不同干预措施的变量名称。本命令中效应量为 or，也可使用 rr。对于连续变量，可采用 network setup mean sd total, studyvar(study) ref(1) md 或 network setup mean sd total, studyvar(study) trtvar(trt) ref(1) md 建立数据。

```
Treatments
   Used:
      A                                  1
      B                                  2
      C (reference)                      3
      D                                  4
Format:                                  augmented
Measure:                                 Log odds ratio
Studies
   ID variable:                          study
   Number used:                          11
   IDs with zero cells:                  [none]
   IDs with augmented reference arm:     `"Cao 2011"' `"Rasi? 2010"'
   - observations added:                 .001
   - mean in augmented observations:     .33141542

Data (sorted by design) are ready for analysis
Overall design:                          _design
Estimate prefixes:                       _y
Variance prefixes:                       _S
Command to list the data:                list study _y* _S*, noo sepby(_design)
```

图 4–37　网状 Meta 分析数据转换

点击图 4–37 中的“list study _y* _S*, noo sepby（_design)”呈现最终形成的网状 Meta 分析数据格式（图 4–38)。

study	_y_A	_y_B	_y_D	_S_A_A	_S_A_B	_S_A_D	_S_B_B	_S_B_D	_S_D_D
Ainslie 2003	.	.	2.2225424	.	.	.	.	.	1.2936897
Bucher 2011	-1.8086233	.	.	.24002912	.	.	.	.	.
Cao 2011	-.51744991	-.58919382	.	4513.1578	4513.0681	.	4513.174	.	.
Chang 2013	-.69314718	.	.	.84090909	.	.	.	.	.
Huang 2003	.	.	-.91629073	.	.	.	.	.	.32333333
Khorgami 2013	-.76725515	.48550782	.	.82417582	.28846154	.	.49679487	.	.
Look 2001	.	.	-.28768207	.	.	.	.	.	.25694444
Luna 2013	.25131443	.	.	.5047619	.	.	.	.	.
Rasi? 2010	-3.1483572	-2.0497449	.	4514.0794	4513.0681	.	4513.4127	.	.
Saad 2013	-.15552336	.	-.3254224	.31160969	.	.14957265	.	.	.32814408
Schmidt 2002	.	.	-.2135741	.	.	.	.	.	.42811355

图 4–38 转换后的网状 Meta 分析格式

3. 呈现网状 Meta 分析结果

（1）命令 数据分析命令主要有两种，分别为一致性模型，其命令为 network meta consistency 或 network meta consistency, bscov（unstructured)（此时认为研究间的协方差一样)；不一致性模型，其命令为 network meta inconsistency。

（2）结果解释 图 4–39 为一致性分析结果，图中直接呈现干预措施相对于共同对照措施网状 Meta 分析结果的对数形式，如_y_A _cons 代表 A 相对于 C 的对数值。

图 4–40 为不一致性分析结果，图中直接呈现干预措施相对于共同对照措施网状 Meta 分析结果的对数形式，如_y_A_cons、_y_B_cons。对于_y_A_cons 而言，按照研究设计（AC、ACD）进行亚组分析，判断不同研究设计是否会影响最终的分析结果。

```
. mvmeta _y _S  , bscov(exch 0.5) longparm
Note: using method reml
Note: using variables _y_A _y_B _y_D
Note: 11 observations on 3 variables
Warning: method of moments failed - I2 statistic not available
Note: variance-covariance matrix is proportional to .5*I(3)+.5*J(3,3,1)

initial:       log likelihood = -26.435507
rescale:       log likelihood = -26.113321
rescale eq:    log likelihood = -25.611094
Iteration 0:   log likelihood = -25.611094
Iteration 1:   log likelihood = -25.576359
Iteration 2:   log likelihood =  -25.57631
Iteration 3:   log likelihood =  -25.57631

Multivariate meta-analysis
Variance-covariance matrix = proportional .5*I(3)+.5*J(3,3,1)
Method = reml                                Number of dimensions    =     3
Restricted log likelihood = -25.57631        Number of observations  =    11
```

	Coef.	Std. Err.	z	P>|z|	[95% Conf. Interval]	
_y_A						
_cons	-.5779923	.3734916	-1.55	0.122	-1.310022	.1540378
_y_B						
_cons	-.0141594	.579123	-0.02	0.980	-1.14922	1.120901
_y_D						
_cons	-.2666762	.3752802	-0.71	0.477	-1.002212	.4688594

图 4-39　网状 Meta 分析结果（一致性模型）

```
Multivariate meta-analysis
Variance-covariance matrix = proportional .5*I(3)+.5*J(3,3,1)
Method = reml                                Number of dimensions    =     3
Restricted log likelihood = -20.972207       Number of observations  =    11
```

	Coef.	Std. Err.	z	P>|z|	[95% Conf. Interval]	
_y_A						
des_AC	-.1040336	1.303474	-0.08	0.936	-2.658795	2.450728
des_ACD	.6122498	1.482921	0.41	0.680	-2.294222	3.518721
_cons	-.7677731	1.164218	-0.66	0.510	-3.049598	1.514052
_y_B						
des_AB	-.9954675	1.352194	-0.74	0.462	-3.645719	1.654783
_cons	.485296	1.014249	0.48	0.632	-1.502595	2.473187
_y_D						
des_CD	.2159121	1.060906	0.20	0.839	-1.863426	2.29525
_cons	-.3254224	.927462	-0.35	0.726	-2.143214	1.49237

图 4-40　网状 Meta 分析结果（不一致性模型）

4. 排序结果

（1）命令　在实施网状 Meta 分析之后，可对干预措施进行排序，具体命令为 network rank min/max，其中 min 是指结果效应量越小越好，max 是指结果效应量越大越好。

（2）结果解释　图 4–41 为一致性模型下的排序结果，结果显示不同干预措施成为最佳干预措施的可能性，如干预措施 A 成为最佳干预措施的可能性为 67.0%。图 4–42 为不一致性模型下的排序结果，结果显示每个研究中干预措施的排序。

```
. network rank min
Command is: mvmeta, noest pbest(min  in 1, zero id(study)  stripprefix(_y_) zeroname(C) rename(A = 1, B = 2, C = 3, D = 4))

Estimated probabilities (%) of each treatment being the best
- assuming the minimum parameter is the best
- using 1000 reps
- allowing for parameter uncertainty
```

study	Treatment 3	1	2	4
all	1.5	67.0	9.7	21.8

图 4–41　网状 Meta 分析排序结果（一致性模型）

study	Treatment			
	3	1	2	4
Ainglie 2003	8.6	62.7	6.2	22.5
Bucher 2011	1.7	60.4	7.4	30.5
Cao 2011	7.7	36.5	24.0	31.8
Chang 2013	1.7	60.4	7.4	30.5
Huang 2003	8.6	62.7	6.2	22.5
Khorgami 2013	8.5	53.2	5.4	32.9
Look 2001	8.6	62.7	6.2	22.5
Luna 2013	1.7	60.4	7.4	30.5
Saad 2013	17.0	28.1	15.1	39.8
Schmidt 2002	8.6	62.7	6.2	22.5

图 4–42　网状 Meta 分析排序结果（不一致性模型）

5. 点分法检测不一致性

（1）命令　提供点分法（node-split）的不一致性检测方法，具体编码为“network sidesplit A B”或“network sidesplit all”，前者是对干预措施 A 和干预措施 B 的研究进行拆分为直接证据和间接证据，后者是对所有闭合环的干预措施的直接证据和间接证据进行拆分。

（2）结果解释　在图4–43中，对于闭合环中任一组干预措施，如干预措施C对比干预措施D，结果将拆分为直接比较结果（Direct）和间接比较结果（Indirect），同时计算直接比较和间接比较结果的差异（Differences），并对差异进行统计学检验。如果P>0.05，就认为直接比较和间接比较结果一致；反之，直接和间接结果不一致。

```
. network sidesplit all
Side        Direct                    Indirect                   Difference
            Coef.       Std. Err.     Coef.       Std. Err.      Coef.       Std. Err.    P>|z|
C D         -.1951874   .3930984      -1.523884   1.660579       1.328696    1.69766      0.434
A C          .6983975   .3955518      -.6139957   1.275066       1.312393    1.341845     0.328
A B          .5030493   .5612423       1.217742   1.897148       -.7146925   2.03815      0.726
A D         -.1728547   .8287728       .6021969   .6352824       -.7750516   1.044162     0.458
B C         -.5086812    .885938       .3801552   .7589461       -.8888364   1.17172      0.448
```

图4–43　网状Meta分析不一致性检测结果

6. 森林图

（1）命令　通过命令“network forest”可以以森林图呈现单个研究结果，一致性模型结果和不一致性模型的结果。

（2）结果解释　在图4–44中，不仅提供网状Meta分析中不同对照之间所有研究的合并结果，还提供不同研究设计的亚组分析结果。按照研究设计合并的结果为不一致性模型的结果，所有研究合并的结果为一致性模型的结果。

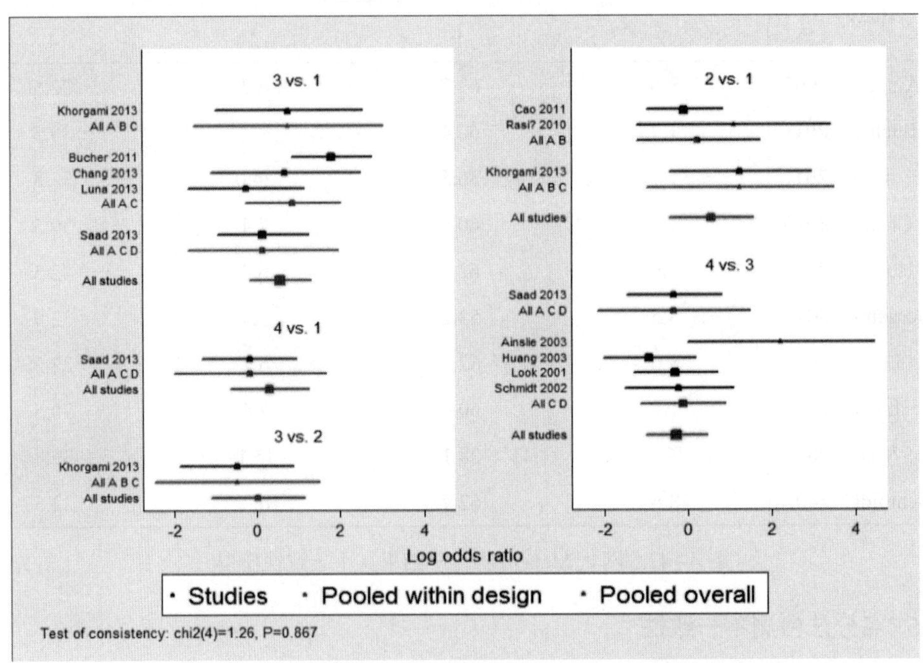

图4–44　网状Meta分析结果

（李　伦）

第四节　ADDIS 软件

一、简介

ADDIS 软件可同时实现直接比较 Meta 分析、网状 Meta 分析和风险收益评估，其界面简单，操作容易，由 7 个部分组成：① 实现整合临床试验数据的模型；② 管理试验和分析图形的用户界面；③ 从 ClinicalTrials.gov 中半自动导入研究；④ 半自动生成分析图形的用户界面向导；⑤ 统计分析的外部程序包；⑥ 结果可视化外部图形的用户界面；⑦ 外部数据库（PubMed、ATC database、drug compendium）的链接功能。该软件主要利用贝叶斯等级模型（Bayesian hierarchical model）实现网状 Meta 分析，以图表和定量分析的方法呈现结果，同时提供一致性模型、不一致性模型和点分法（node-splitting）模型的结果。

二、下载与安装

ADDIS 软件是一个开源软件，可在 http://drugis.org/addis 上免费下载"addis–1.16.5–installer"，当前可获得最新版本为 ADDIS v1.16.6。运行 ADDIS 软件前需安装 Java 程序，Java 程序的版本必须在 7 以上，按照安装向导完成安装，此时可以用 Java 程序打开 ADDIS 软件，不要以压缩包的形式打开。

双击 ADDIS 1.16.6 软件，打开图 4–45 界面，图中"Load example"表示载入案例（抑郁症和高血压），"Open file"表示打开已有的 ADDIS 数据，"New dataset"表示新建一个新的 ADDIS 文件，以便输入和分析数据（图 4–46）。

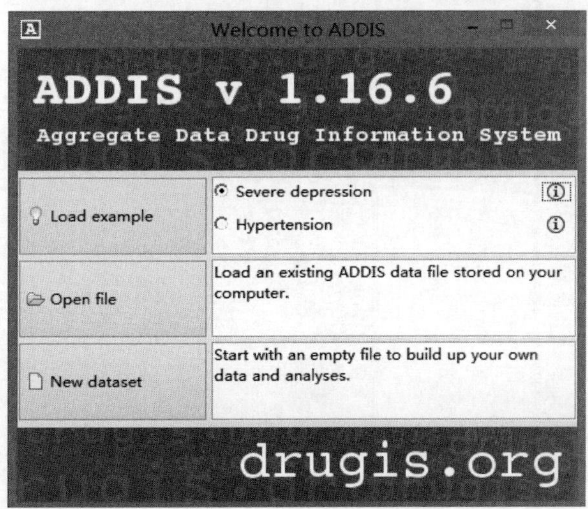

图 4–45　ADDIS 软件

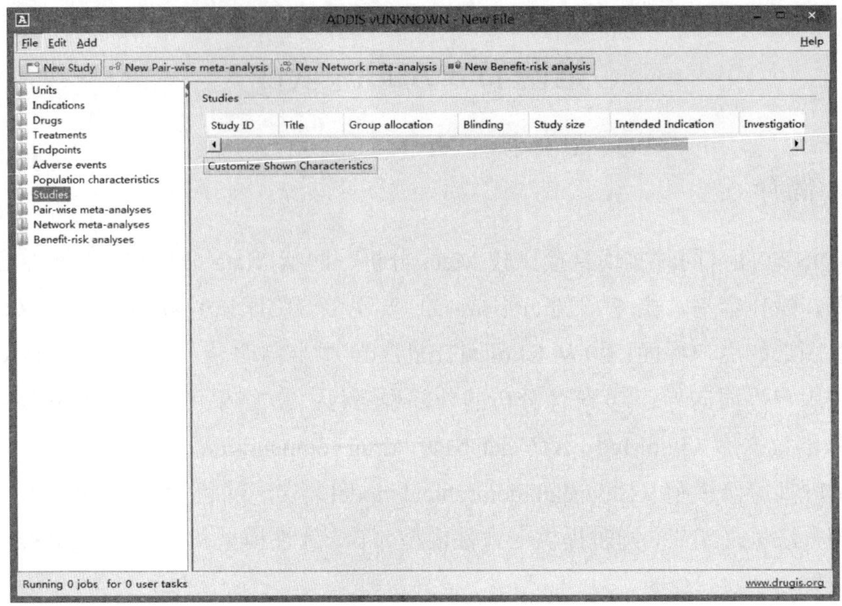

图 4-46　ADDIS 软件的操作界面

ADDIS 软件提供 3 个菜单栏，分别为 File（文件）（图 4-47A）、Edit（编辑）（图 4-47B）、Add（添加）（图 4-47C）。在 File（文件）菜单中有 New（新建）、Load

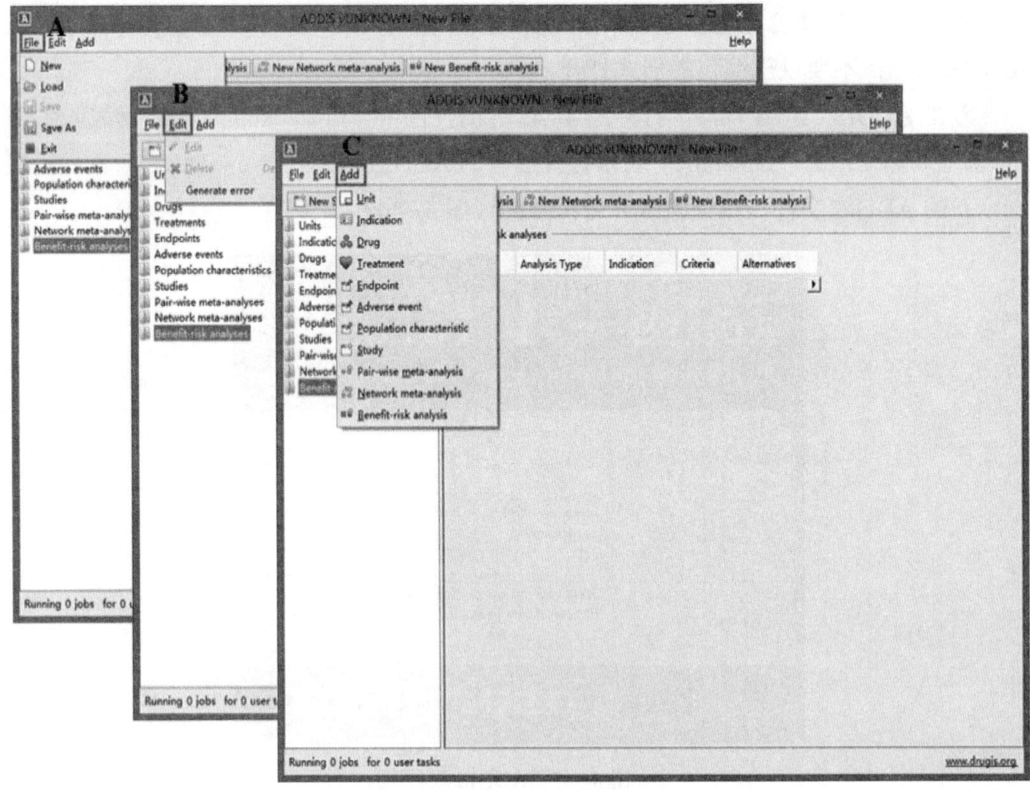

图 4-47　ADDIS 软件的菜单栏

（载入）、Save（保存）、Save as（另存为）和 Exit（退出）；在 Edit（编辑）菜单中有 Edit（编辑）、Delete（删除）；在 Add（添加）菜单中有 Units（单位）、Indications（指征）、Drugs（药物）、Treatments（干预措施）、Endpoint（结果指标）、Adverse events（不良反应）、Population characteristics（患者基本资料）、Studies（研究）、Pair-wise meta analysis（直接比较 Meta 分析）、Network meta analysis（网状 Meta 分析）和 Benefit-risk assessments（风险收益评估），可分别添加不同的单位、指征、药物、干预措施、结果指标、不良反应、患者基本资料、研究、直接比较 Meta 分析、网状 Meta 分析和风险收益评估。

三、数据录入

1. 添加研究 ID 和标题

点击“New study”（添加研究）（图 4–48）添加研究，其中 ID 为研究序号，在此处添加研究序号或临床试验注册号；Title 为研究题目。添加完成后点击“Next”进入下一步。

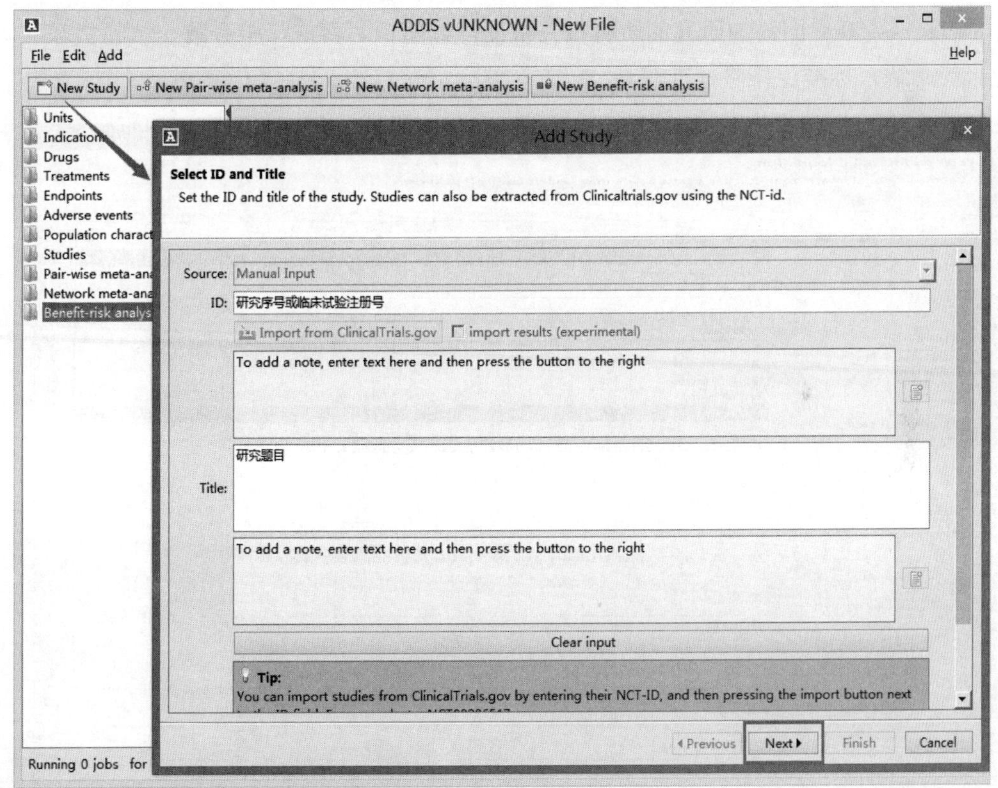

图 4–48　添加研究 ID 和标题

2. 添加研究关注的疾病（指征）

在图 4–49 界面添加该研究关注的疾病（指征），点击“+”弹出对话框，填写 SNOMED Concept ID（医学系统命名法，即临床术语）和 Fully Specified Name（全称）。

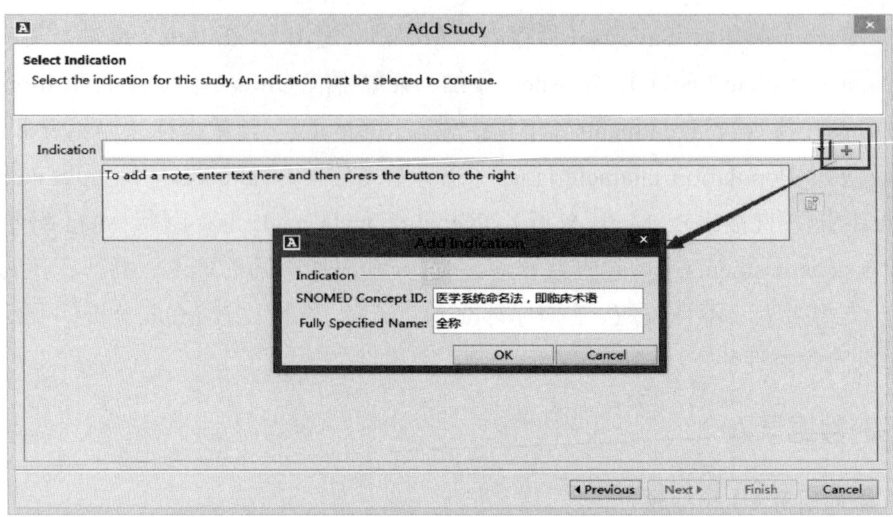

图 4-49　添加研究关注的疾病

3. 添加研究所有相关特征

在图 4-50 界面添加研究的所有相关特征，如随机、盲法、中心数、试验状态、研究目的、纳入标准、排除标准等。

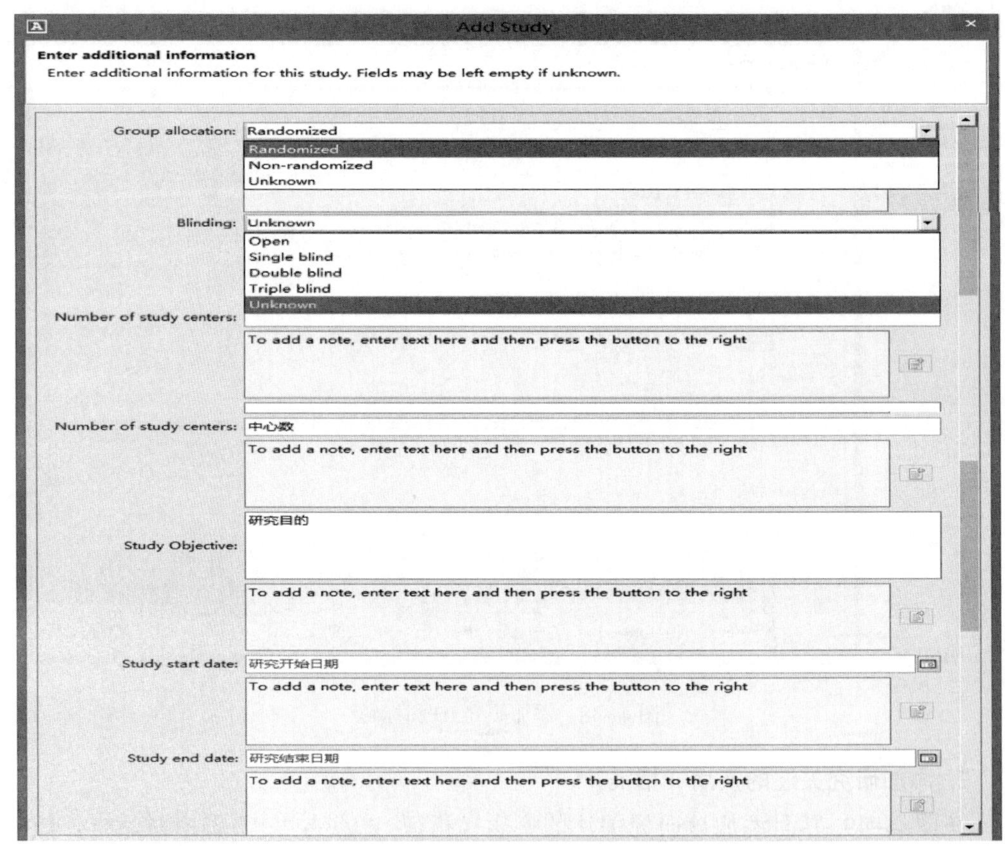

图 4-50　添加研究所有相关特征

4. 添加干预措施名称和样本量

在图 4-51 界面中，点击“Arm 1”后面编辑符号，弹出“Rename Arm”对话框，在对话框中输入干预措施 1 的名称，点击“OK”关闭对话框。在“Size”后面的对话框输入该组干预措施的样本量。同样，输入另一干预措施的名称和样本量。可根据情况添加多个干预措施（点击“Add Arm”）或删除干预措施（点击“Remove”）。

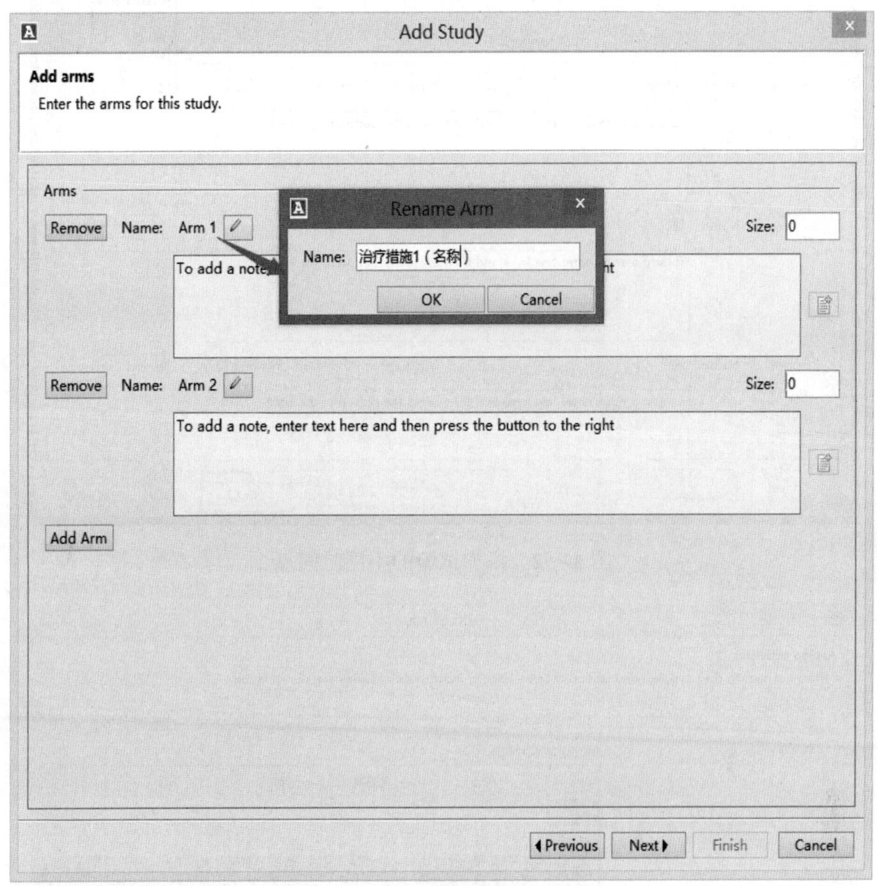

图 4-51　添加研究的干预措施

5. 添加试验的不同时间点

一般添加四个时间点：筛选、洗脱期、随机和治疗。也可根据临床试验的具体特征添加时间段：点击“Add Epoch”添加时间段或点击“Remove”删除时间段。在每一个时间段之后可添加时间，也可选择“Unknown”忽略时间段（图 4-52）。

6. 激活时间点和干预措施

首先点击“New Activity”，在弹出对话框中选择阶段类型（图 4-53），在此阶段，需添加四个不同类型的活动，要与随机对照试验的四个阶段相对应。在添加干预措施时，需添加不同的干预措施（图 4-54）。添加完成后，需把所有时间点和干预措施分别拖至不同的框里，方可激活“Next”（图 4-55）。

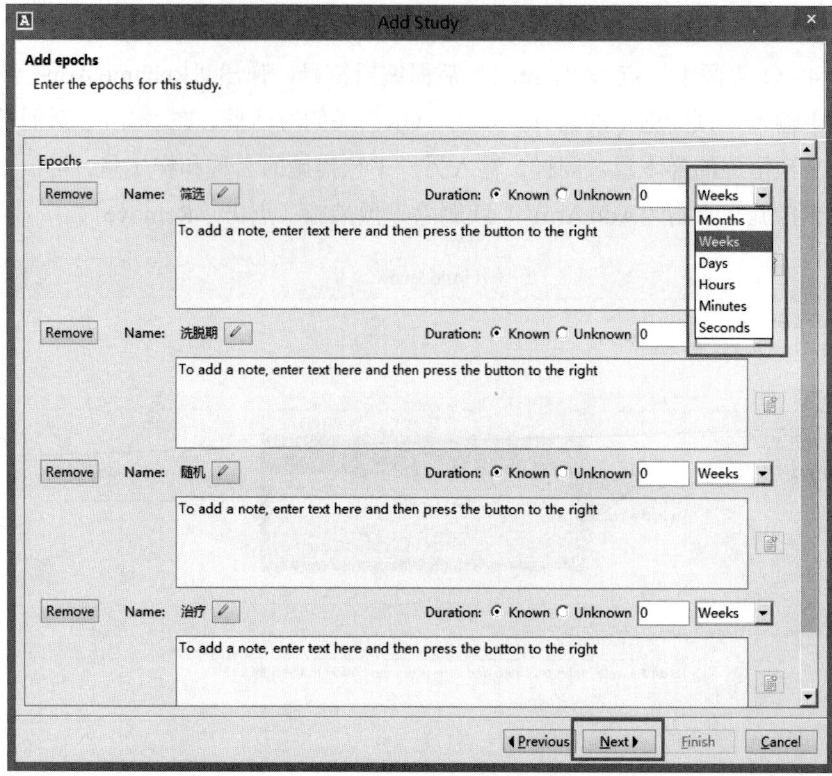

图 4-52　添加试验的不同时间点

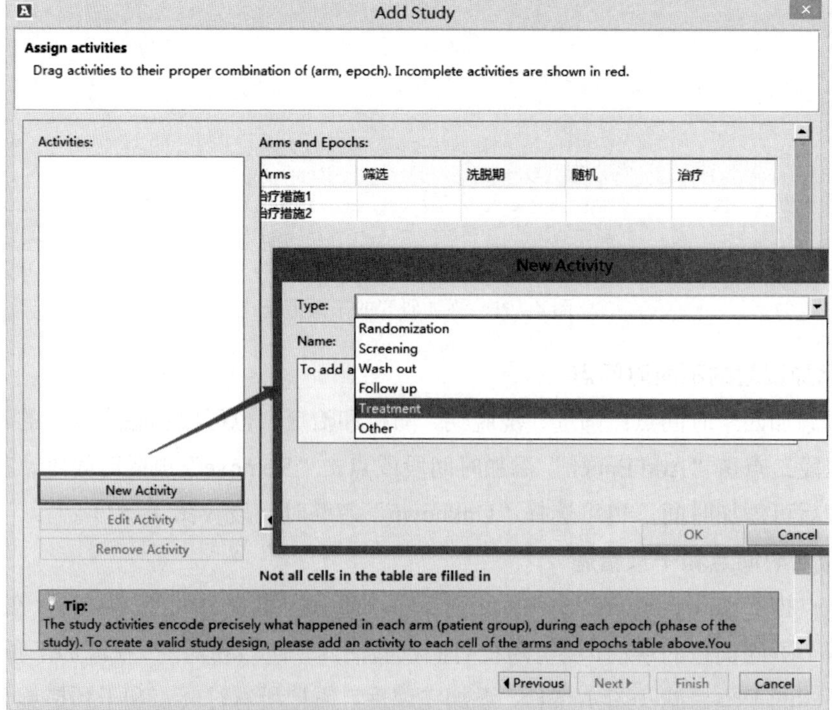

图 4-53　添加 New Activity

图 4-54　添加不同干预措施

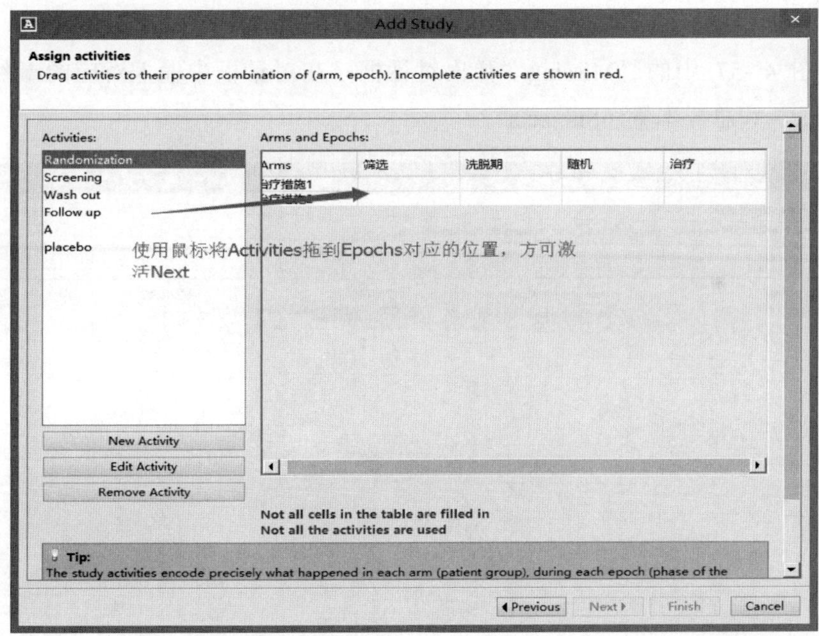

图 4-55　激活研究

7. 添加测量指标及测量时间

在图 4-56 界面中点击“Endpoint”后面的“+”弹出“Add Endpoint”对话框，需注意方向的选择（Direction）对网状 Meta 分析结果排序影响较大，同时，也要注意正确选择测量指标及测量时间（measure moment），选择“before end of treatment”。

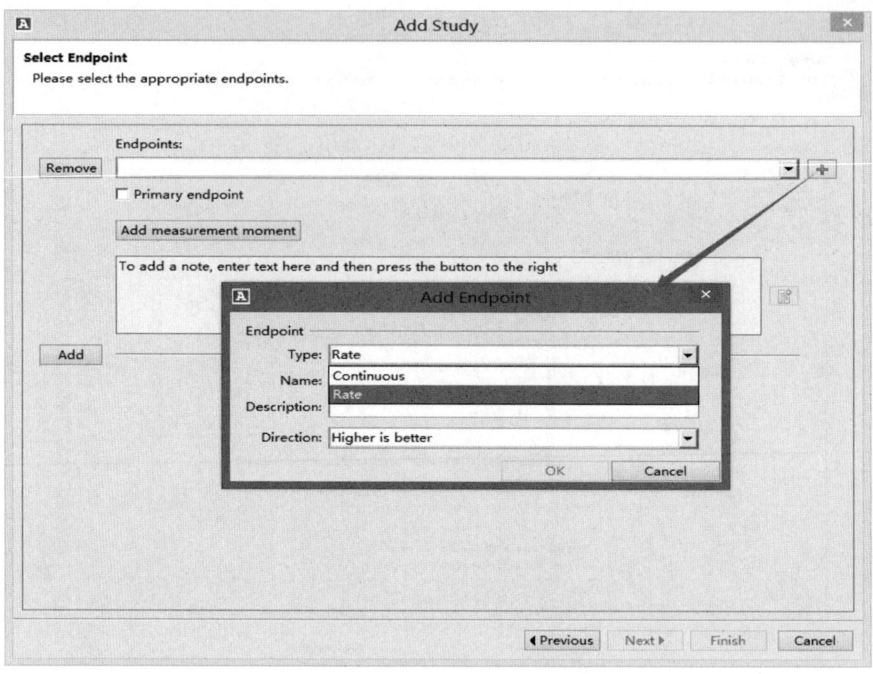

图 4-56　添加测量指标及测量时间

8. 添加测量指标的事件发生数和总样本量

点击图 4-57 中的“Missing”弹出对话框，在对话框中输入对应的事件发生数（Occurrence）和总样本量（Subjects）。

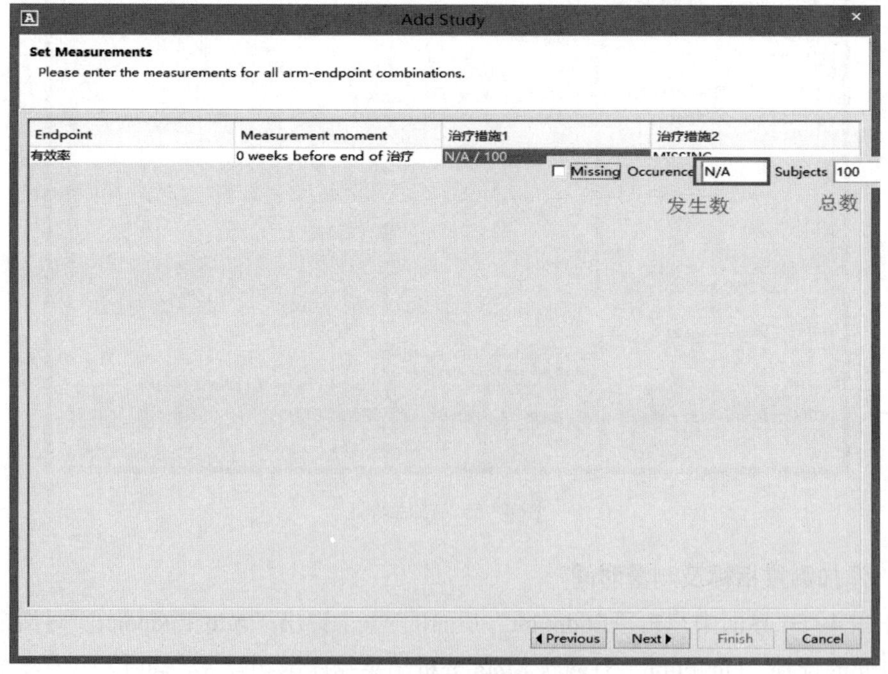

图 4-57　添加结果指标的事件发生数和总样本量

9. 添加不良反应及测量时间

在图 4-58 中添加不良反应及测量时间，具体方法同添加测量指标及测量时间。

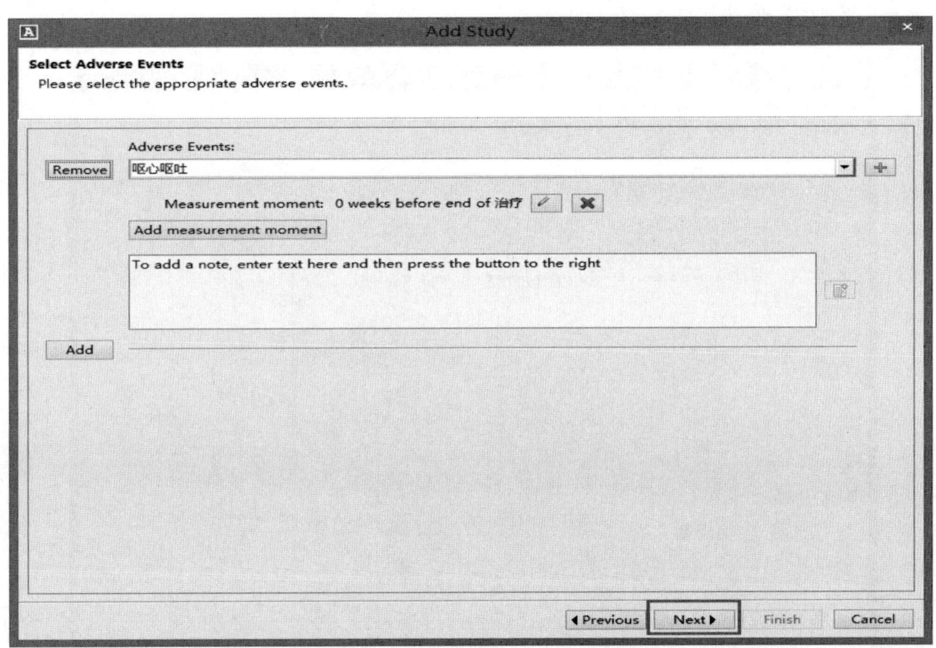

图 4-58 添加不良反应及测量时间

10. 添加不良反应的事件发生数和总样本量

在图 4-59 中添加不良反应的事件发生数和总样本量，具体方法同添加测量指标的事件发生数和总样本量。

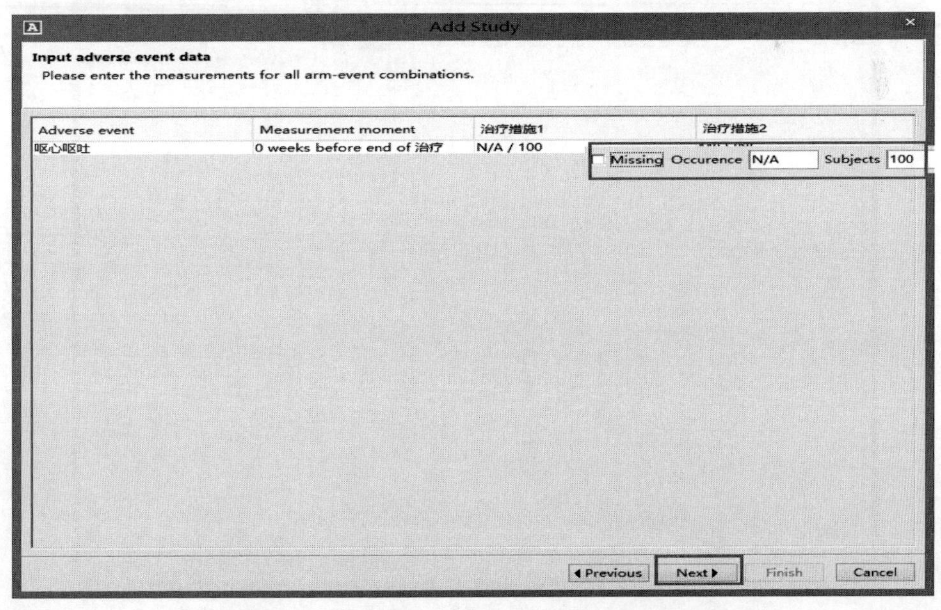

图 4-59 添加不良反应的事件发生数和总样本量

11. 添加研究纳入患者的基线特征及数据

在图 4-60 界面添加纳入研究纳入的患者基线特征，此时也需选择测量时间。图 4-61 为添加患者基线特征的数据。

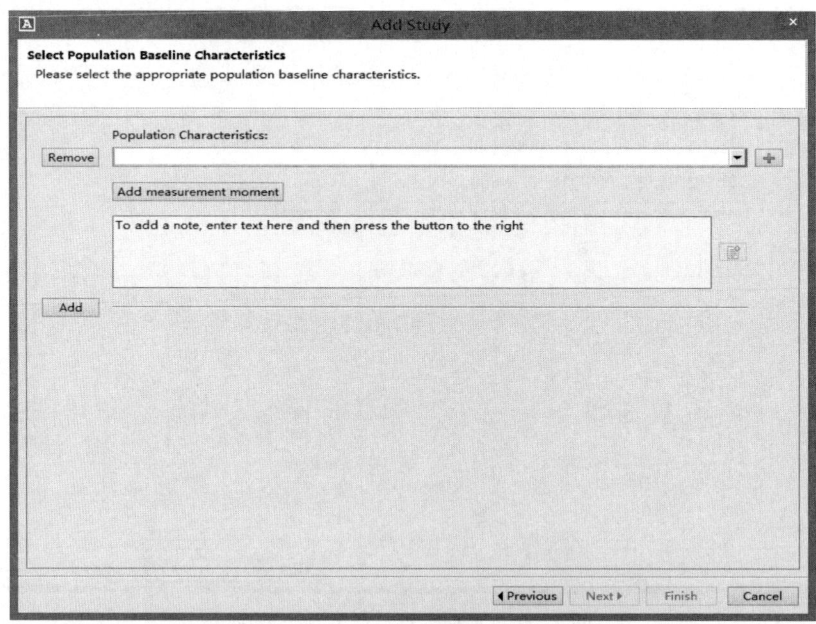

图 4-60　添加研究纳入患者的基线特征

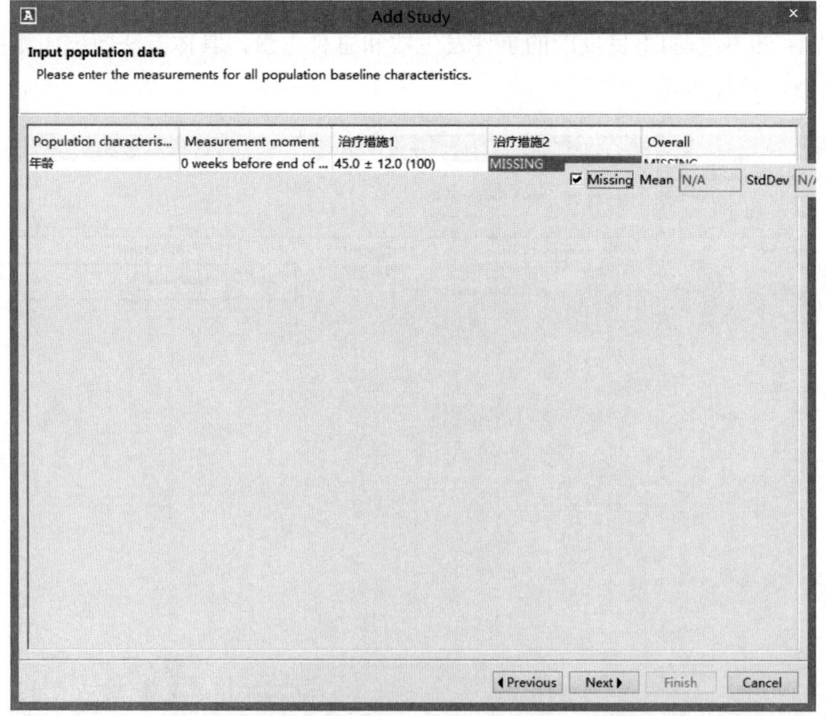

图 4-61　添加研究纳入患者的基线特征数据

12. 完成添加研究

点击图 4-62 中 “Finish”完成研究添加，随后将纳入研究逐一添加完成后，即可出现图 4-63 界面。

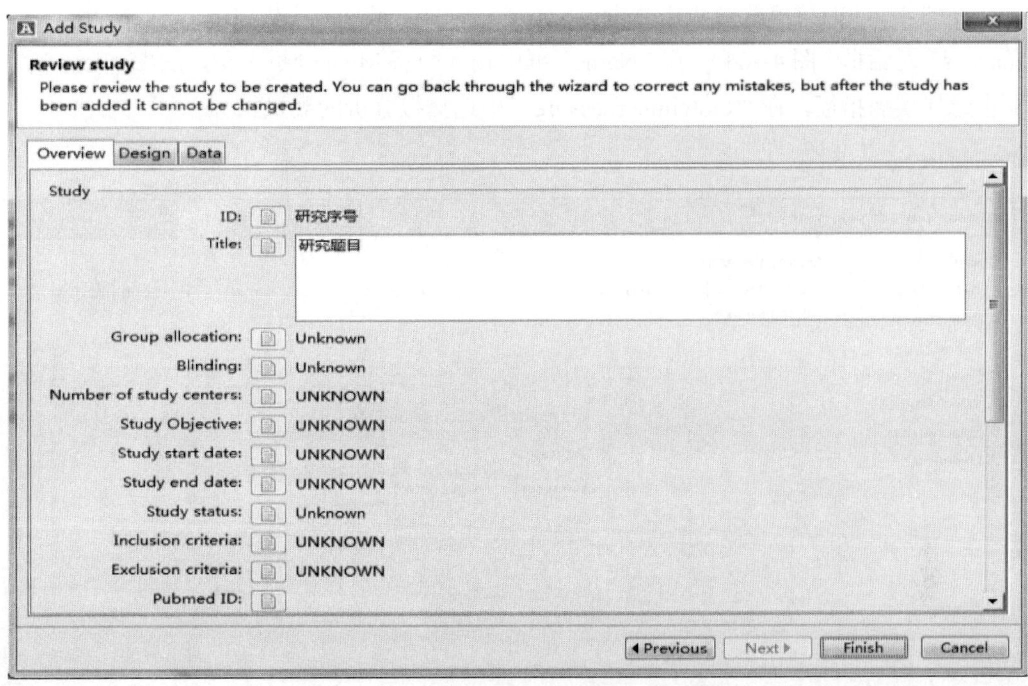

图 4-62　添加研究最终界面

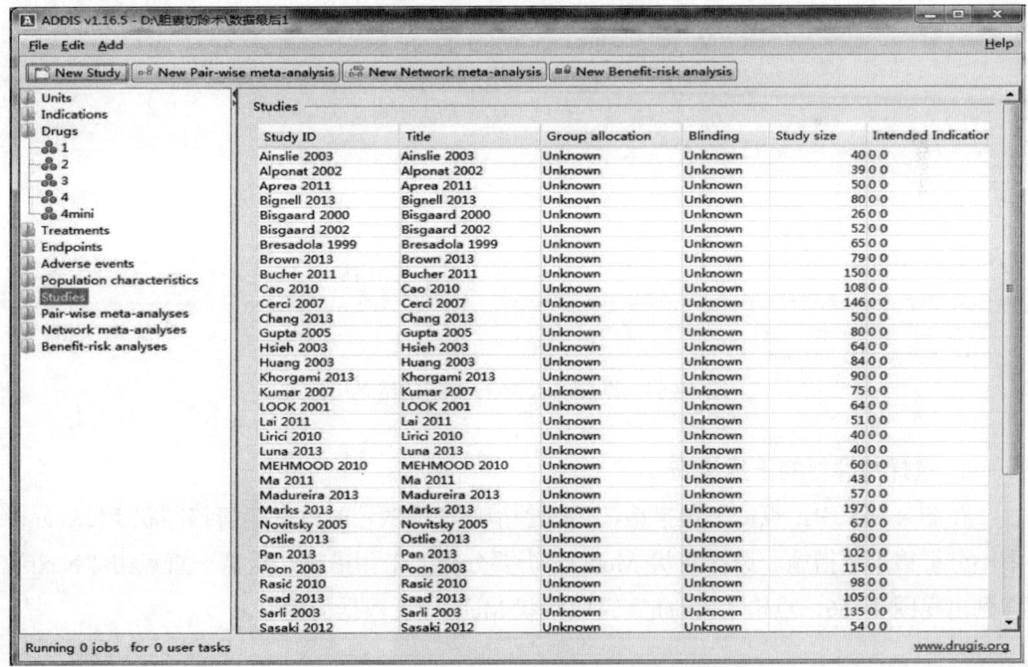

图 4-63　添加完所有的研究后的界面

四、数据分析与结果解释

1. 添加网状 Meta 分析

在图 4–63 的菜单栏处点击“New Network meta-analysis 弹出“Create Network meta-analysis”对话框（图 4–64），在“Name”框中输入网状 Meta 分析名称，在“Indication”框中选择疾病指征，在“Outcome measure”中选择拟分析的测量指标。

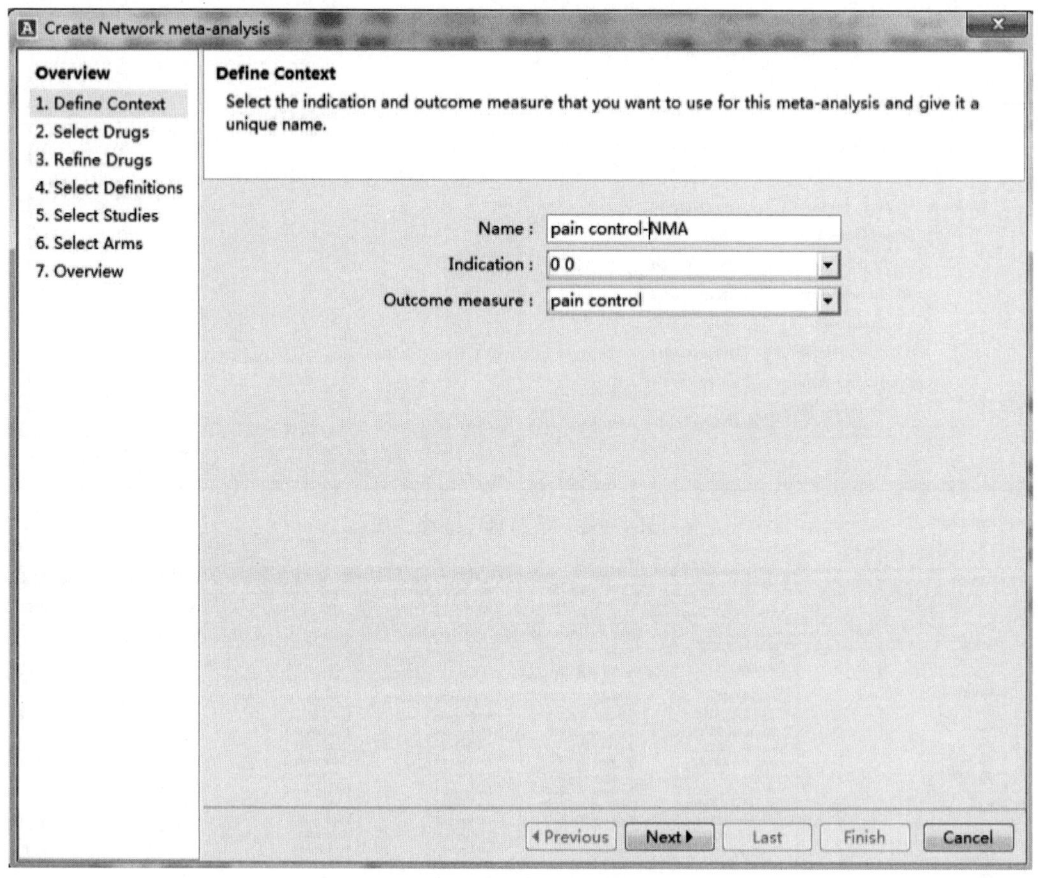

图 4–64 添加网状 Meta 分析的结果指标

2. 选择拟评估的干预措施

在图 4–65 中，点击干预措施，当干预措施变成灰色时就意味着该网状 Meta 分析中不分析该干预措施。选择网状 Meta 分析要分析的干预措施，只需一直点击“Next”，直到出现图 4–66，点击“Finish”完成网状 Meta 分析数据的建立。

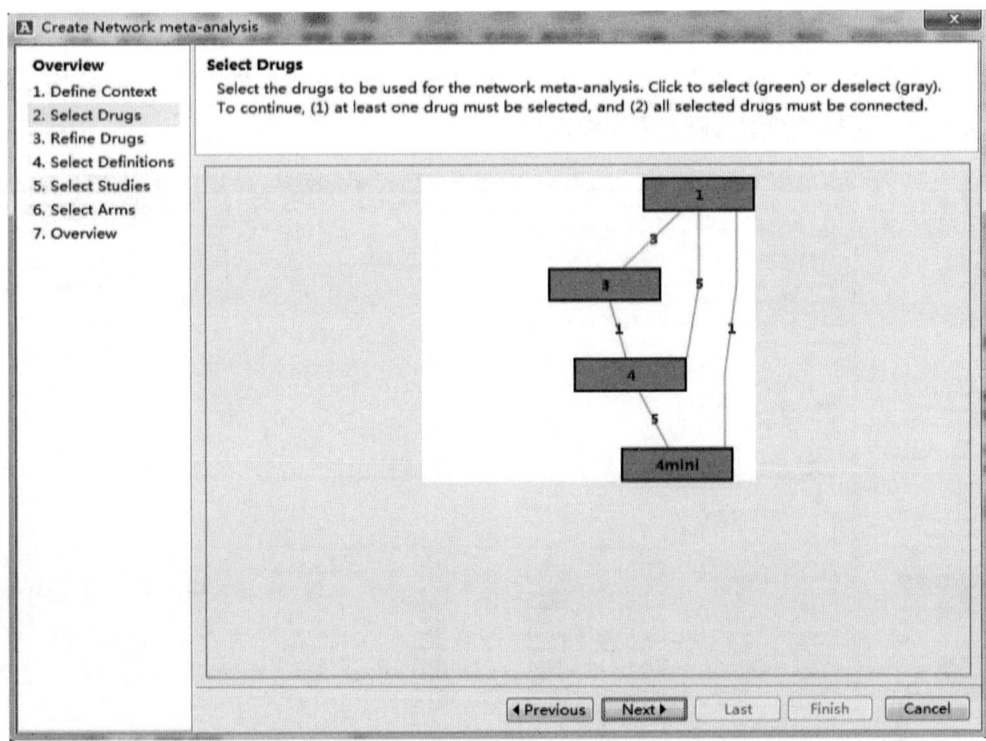

图 4-65　选择网状 Meta 分析拟评估的干预措施

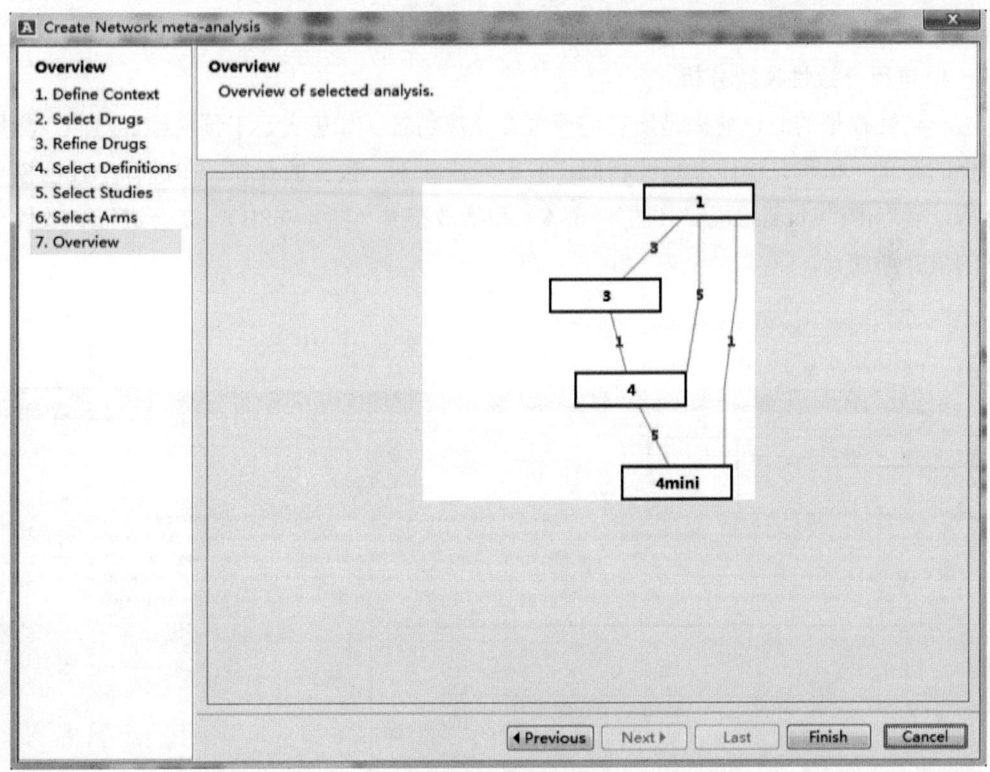

图 4-66　数据建立界面

3. 浏览纳入研究概述

点击图 4–66“Finish”之后即可出现图 4–67，该界面提供采用的统计学方法、测量指标、干预措施和纳入研究的详细信息。

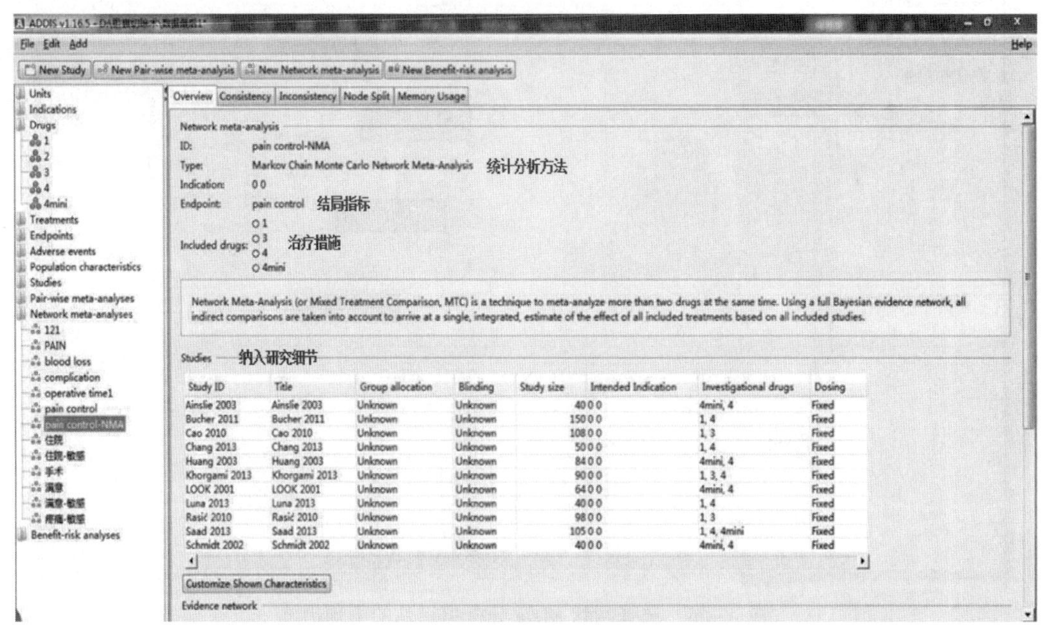

Study ID	Title	Group allocation	Blinding	Study size	Intended Indication	Investigational drugs	Dosing
Ainslie 2003	Ainslie 2003	Unknown	Unknown	40	0 0	4mini, 4	Fixed
Bucher 2011	Bucher 2011	Unknown	Unknown	150	0 0	1, 4	Fixed
Cao 2010	Cao 2010	Unknown	Unknown	108	0 0	1, 3	Fixed
Chang 2013	Chang 2013	Unknown	Unknown	50	0 0	1, 4	Fixed
Huang 2003	Huang 2003	Unknown	Unknown	84	0 0	4mini, 4	Fixed
Khorgami 2013	Khorgami 2013	Unknown	Unknown	90	0 0	1, 3, 4	Fixed
LOOK 2001	LOOK 2001	Unknown	Unknown	64	0 0	4mini, 4	Fixed
Luna 2013	Luna 2013	Unknown	Unknown	40	0 0	1, 4	Fixed
Rasić 2010	Rasić 2010	Unknown	Unknown	98	0 0	1, 3	Fixed
Saad 2013	Saad 2013	Unknown	Unknown	105	0 0	1, 4, 4mini	Fixed
Schmidt 2002	Schmidt 2002	Unknown	Unknown	40	0 0	4mini, 4	Fixed

图 4–67 纳入研究概述

4. 进行一致性模型分析

一致性模型的假设前提是所有的研究在临床特征（如患者、干预措施、对照、测量指标的测量）和研究设计上足够相似，但不能排除不一致性的存在。在进行一致性模型分析，需点击“Consistency”（图 4–68A）和播放符号（图 4–68B），就会进行一致性模型的贝叶斯统计。

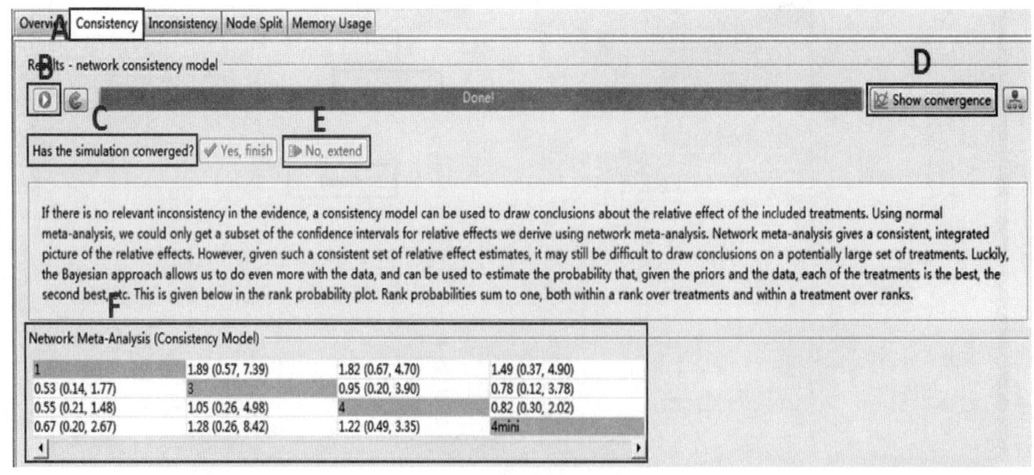

1	1.89 (0.57, 7.39)	1.82 (0.67, 4.70)	1.49 (0.37, 4.90)
0.53 (0.14, 1.77)	3	0.95 (0.20, 3.90)	0.78 (0.12, 3.78)
0.55 (0.21, 1.48)	1.05 (0.26, 4.98)	4	0.82 (0.30, 2.02)
0.67 (0.20, 2.67)	1.28 (0.26, 8.42)	1.22 (0.49, 3.35)	4mini

图 4–68 一致性模型分析

5. 收敛性评估

完成统计分析之后，ADDIS 软件会提示“Has the simulation converged?”（图 4-68C），就需点击“Show convergence”（图 4-68D）弹出图 4-69，图 4-69 显示潜在尺度减少因子（Potential scale reduction factors, PSRF），若 PSRF 大于 1.1 或 1.2，说明目前的模拟次数不足以达到很好的收敛，需增加模拟次数，此时点击“No, extend”（图 4-68E），一致性模型继续迭代。当 PSRF 小于 1.1 或 1.2，越接近 1，就说明收敛效果很好。此外，图 4-69 中还呈现了一致性模型下使用的马尔科夫链条数量（Number of Chains）、初始值（Initial values scaling）、调整迭代次数（Tuning iterations）、模拟跌代次数（Simulation iterations）和细化迭代（Thinning interval）等参数。

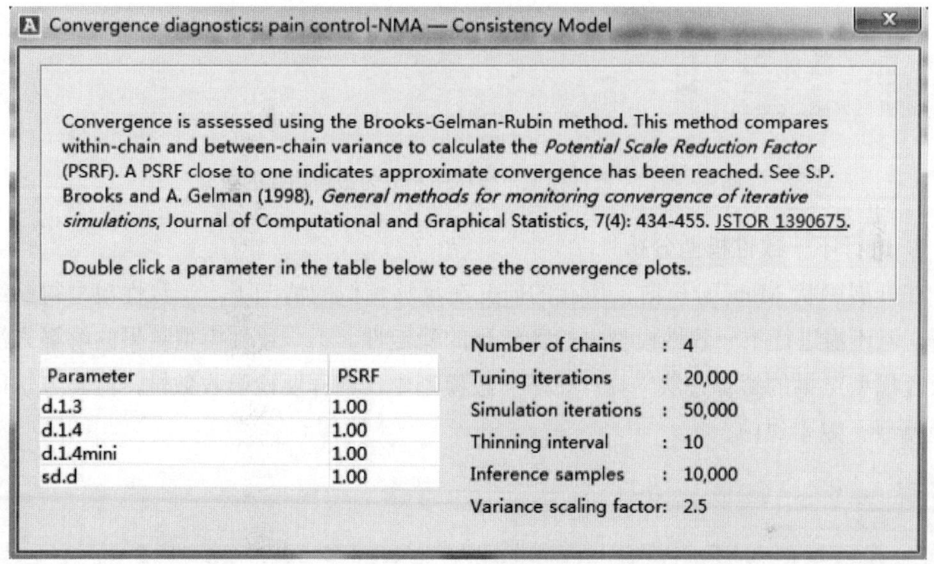

图 4-69 收敛性评估

6. 一致性模型结果

当收敛性达到要求后，可使用该模型下的相关结果。图 4-68F 是所有干预措施两两比较的结果，值得注意的是，对于二分类变量，ADDIS 软件提供的是 OR 值及其 95%置信区间（95% Credibility Interval，95%CrI），如 1 对比 3 的结果为 OR_{13}=0.53（95%CrI: 0.14～1.77）。图 4-70 为概率排序结果，只有在满足相似性和同质性的情况下，才能够进行一致性模型分析，只有完成一致性模型分析后，才能对结果进行排序。对结果的排序依据贝叶斯的统计学方法，计算出来的 P 值即为干预措施可能成为最佳治疗措施的概率。由于本结果指标是麻醉剂使用，使用次数越低越好，因此在 4 种排序中，排序最后一位的结果最好。在排序 4 中，干预措施 1 成为最佳干预措施的概率为 63%。对于越高越好的结果指标，排序结果的解读与之相反。

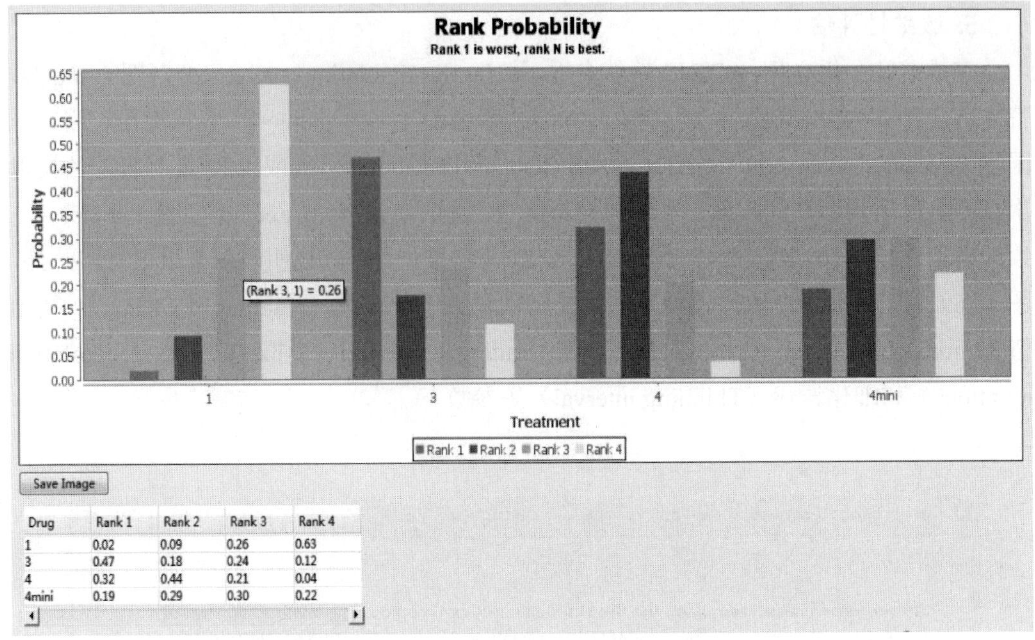

Drug	Rank 1	Rank 2	Rank 3	Rank 4
1	0.02	0.09	0.26	0.63
3	0.47	0.18	0.24	0.12
4	0.32	0.44	0.21	0.04
4mini	0.19	0.29	0.30	0.22

图 4-70　一致性模型下排序图和成为最佳治疗的概率

7. 进行不一致性模型分析

在开展网状 Meta 分析时，所有的研究在足够相似的情况下，一致性模型得到结果很好，但还需进行不一致性模型来检测结果的稳定性。不一致性模型结果的解释方法与一致性模型结果的解释方法一样。在不一致模型中，同样要检验收敛性，检验方法同一致性模型（图 4-71）。

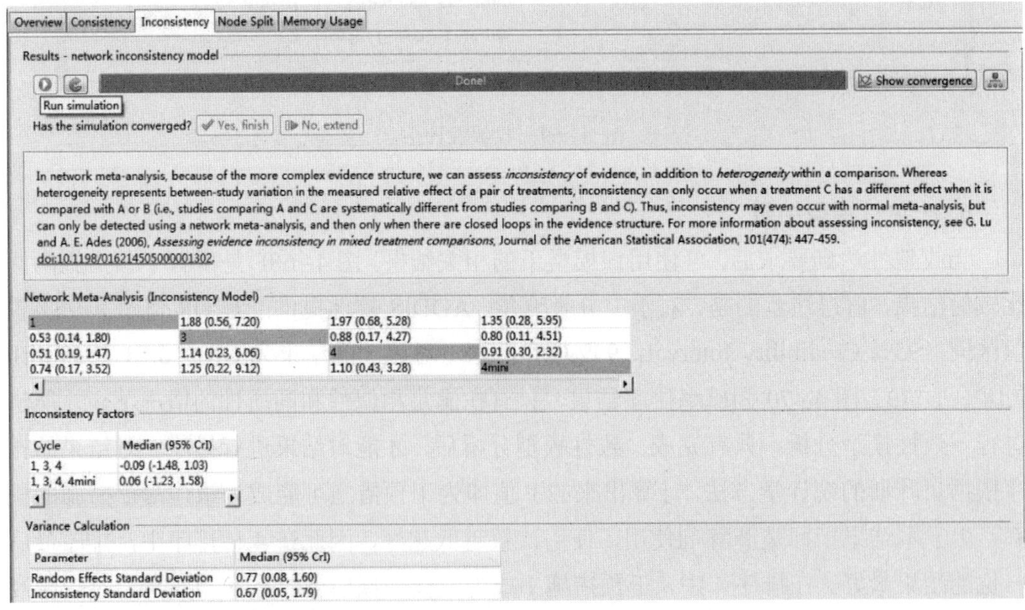

1	1.88 (0.56, 7.20)	1.97 (0.68, 5.28)	1.35 (0.28, 5.95)
0.53 (0.14, 1.80)	3	0.88 (0.17, 4.27)	0.80 (0.11, 4.51)
0.51 (0.19, 1.47)	1.14 (0.23, 6.06)	4	0.91 (0.30, 2.32)
0.74 (0.17, 3.52)	1.25 (0.22, 9.12)	1.10 (0.43, 3.28)	4mini

Inconsistency Factors

Cycle	Median (95% CrI)
1, 3, 4	-0.09 (-1.48, 1.03)
1, 3, 4, 4mini	0.06 (-1.23, 1.58)

Variance Calculation

Parameter	Median (95% CrI)
Random Effects Standard Deviation	0.77 (0.08, 1.60)
Inconsistency Standard Deviation	0.67 (0.05, 1.79)

图 4-71　不一致性模型分析

8. 节点模型分析

点分法是另外一种评估不一致性的方法，这种方法主要通过比较某一组干预措施的直接证据与间接证据之间的差异来判断是否存在一致性。P＞0.05 认为不存在统计学不一致性。图 4–72 提供直接比较、间接比较和合并结果，通过统计学检验，判断直接比较和间接比较结果之间的一致性。对于 1 和 4mini 两个干预措施而言，直接比较的结果为 –0.00（95%CrI –2.32　2.16），间接比较结果为 0.62（95%CrI –1.06　2.03），Z 检验的 P 值为 0.65，说明直接比较结果和间接比较结果一致，即不存在不一致性。注意：直接比较结果是直接比较 Meta 分析结果的对数形式。

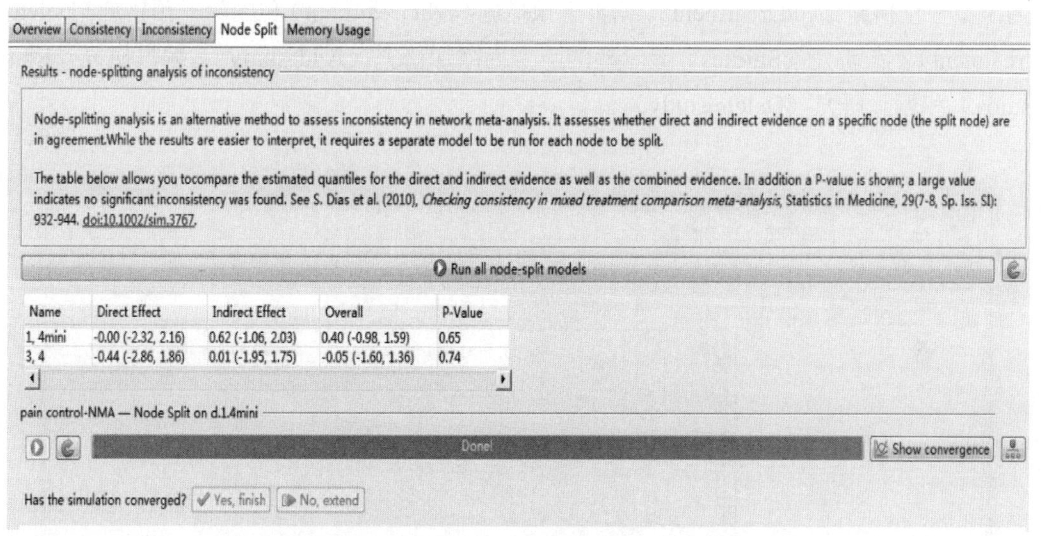

Name	Direct Effect	Indirect Effect	Overall	P-Value
1, 4mini	-0.00 (-2.32, 2.16)	0.62 (-1.06, 2.03)	0.40 (-0.98, 1.59)	0.65
3, 4	-0.44 (-2.86, 1.86)	0.01 (-1.95, 1.75)	-0.05 (-1.60, 1.36)	0.74

图 4–72　点分法模型分析

（李　伦　葛　龙）

第五节　GeMTC 软件

一、简介

GeMTC（Generate Mixed Treatment Comparisons）是由 van Valkenhoef G 等人研发，由 MTC 软件改编而来，专用于网状 Meta 分析的非编程软件，于 2010 年 5 月 7 日正式发布，目前版本为 0.14.3，发布时间为 2013 年 1 月 21 日，研发者声明不再更新，但通过 R 软件调用其他软件制作网状 Meta 分析的 gemtc 程序包仍在不断更新。在制作网状 Meta 分析时，该软件后台采用的命令与 ADDIS 软件一致，主要是利用贝叶斯等级模型（Bayesian hierarchical model），可提供一致性模型、不一致性模型和点分法（node-splitting）模型，同时还可以自动生成并导出 WinBUGS 软件和 JAGS 软件的编程代码。

二、下载与安装

GeMTC 软件是一个开源软件，可通过 http://drugis.org/gemtc-gui 免费下载。运行软件前需先解压下载到的“gemtc-gui-0.14.3”，然后以 Java 7 以上的版本打开“gemtc-gui-0.14.3”。该软件不需要安装，每次使用只需打开“gemtc-gui-0.14.3”即可出现图 4-73。图 4-73 第一行为菜单栏，主要有新建（New）、打开（Open）、保存（Save）和关于（About）。第二栏为数据（Data）和分析（Analysis），第三栏为显示栏，显示网状 Meta 分析纳入的干预措施（Treatments）和纳入研究（Studies）。在干预措施（Treatment）显示栏的下方为添加干预措施（Add treatment）、编辑干预措施（Edit treatment）和删除干预措施（Delete treatment）。在研究（Studies）显示栏的下方为添加研究（Add study）、编辑研究（Edit study）和删除研究（Delete study）。

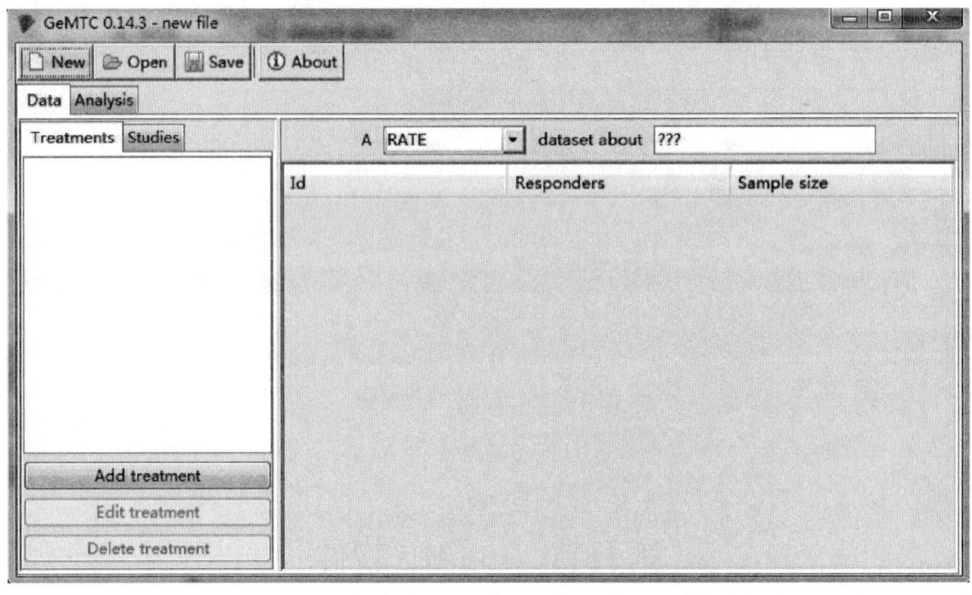

图 4-73 GeMTC 的操作界面

三、数据录入

与 ADDIS 软件相比，GeMTC 软件数据录入相对简单，可采用手工录入和 R 软件导入完成数据录入，对于大批数据，建议采用 R 软件导入更为便捷。这里仅介绍手工录入数据的方法。

1. 添加干预措施

点击图 4-73 中左下方的“Add treatment”，弹出图 4-74，在“ID”栏可输入干预措施名称，“Description”栏可输入对干预措施的描述。输入完成后点击“OK”即可。采用的案例包括 1、3、4、4mini 四种干预措施，依次添加完成即可。

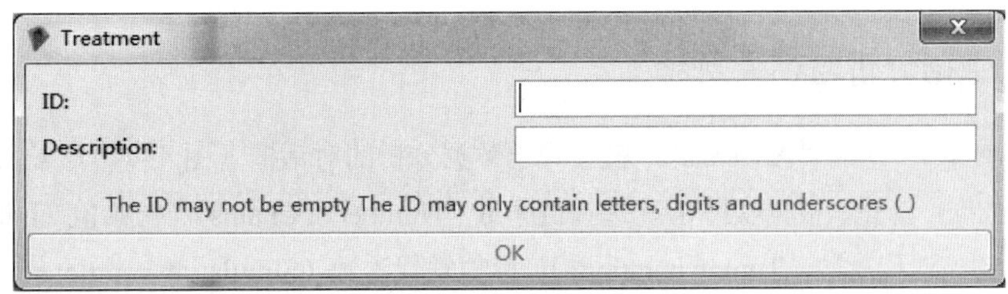

图 4-74 添加治疗措施

2. 添加研究

点击图 4-73 的“Studies”，然后点击“Studies”界面左下方的添加研究（Add study），弹出图 4-75，在“ID”栏可输入研究名称，同时选择该研究涉及的干预措施，点击“OK”完成研究的添加。采用的案例共有 11 个研究，依次添加完成即可。

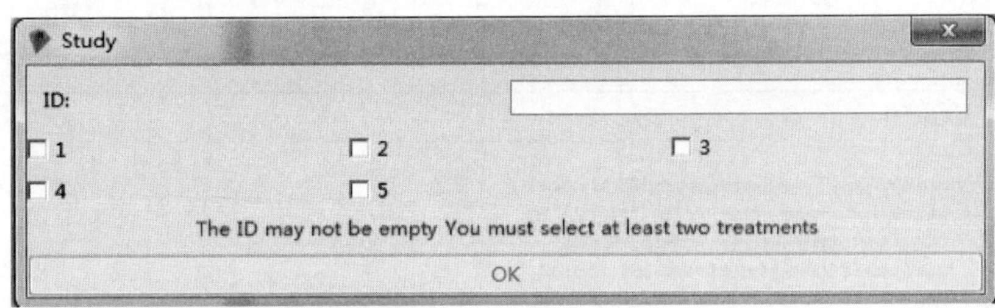

图 4-75 添加研究

3. 添加数据

完成干预措施和研究添加，在图 4-76 界面选择测量指标是二分类变量（Rate）还是连续变量（Continuous）后，依次录入各个研究相关的数据即可。

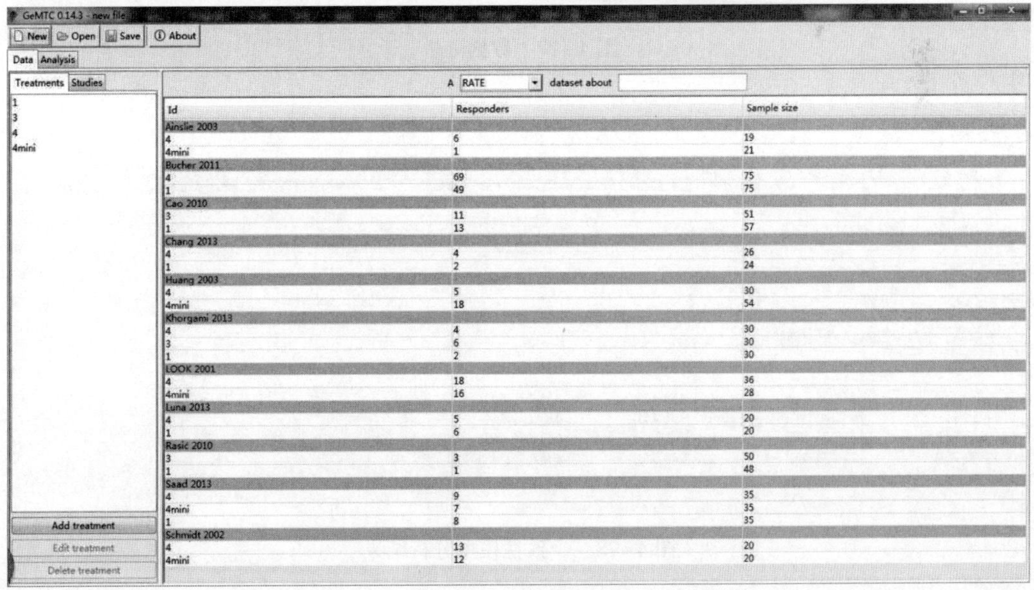

Id	Responders	Sample size
Ainslie 2003		
4	6	19
4mini	1	21
Bucher 2011		
4	69	75
1	49	75
Cao 2010		
3	11	51
1	13	57
Chang 2013		
4	4	26
1	2	24
Huang 2003		
4	5	30
4mini	18	54
Khorgami 2013		
4	4	30
3	6	30
1	2	30
LOOK 2001		
4	18	36
4mini	16	28
Luna 2013		
4	5	20
1	6	20
Rasic 2010		
3	3	50
1	1	48
Saad 2013		
4	9	35
4mini	7	35
1	8	35
Schmidt 2002		
4	13	20
4mini	12	20

图 4-76 添加数据

四、数据分析与结果解释

点击图 4–73 中的“Analysis”，就会弹出数据分析的对话框（图 4–77）。采用 GeMTC 软件分析数据，首先，根据实际情况选择链条数（Number of Chains）、初始值（Initial values scaling）、调整迭代次数（Tuning iterations）、模拟跌代次数（Simulation iterations）和细化迭代（Thinning interval）。一般情况下，选择默认即可；其次，点击生成模型（Generate models）；第三，双击模型（Models），出现一致性模型（Consistency）、不一致性模型（Inconsistency）和点分法模型（Nodesplit），运行相应的模型，分别可得图 4–78、图 4–79、图 4–80 和图 4–81。模型运行、收敛性评估和结果解释同 ADDIS 软件，本节不再赘述。

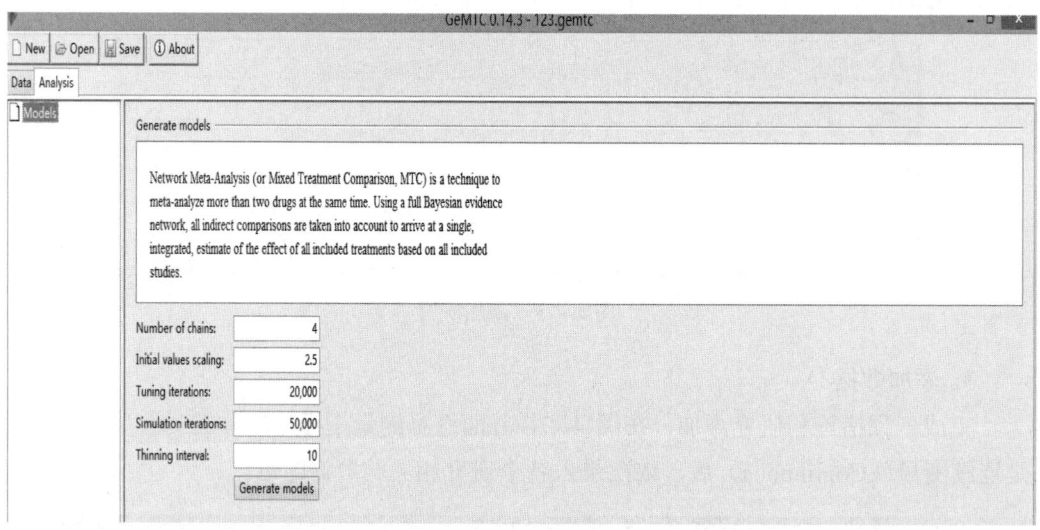

图 4–77　数据分析

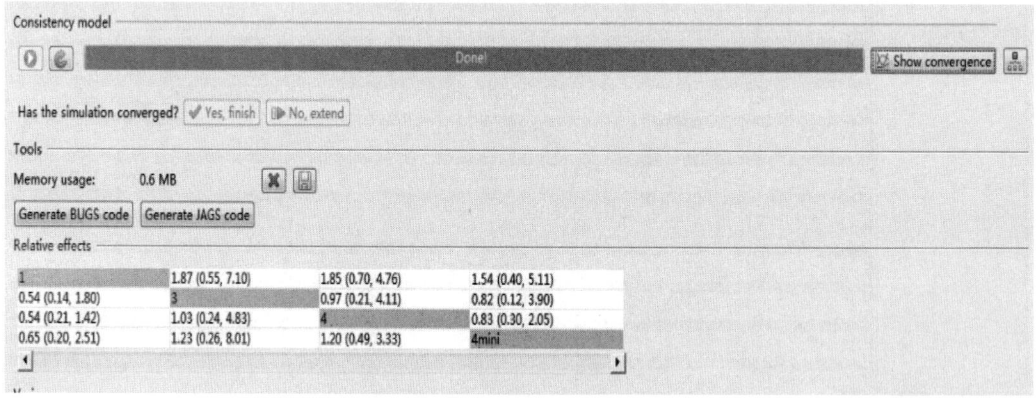

图 4–78　一致性模型分析结果

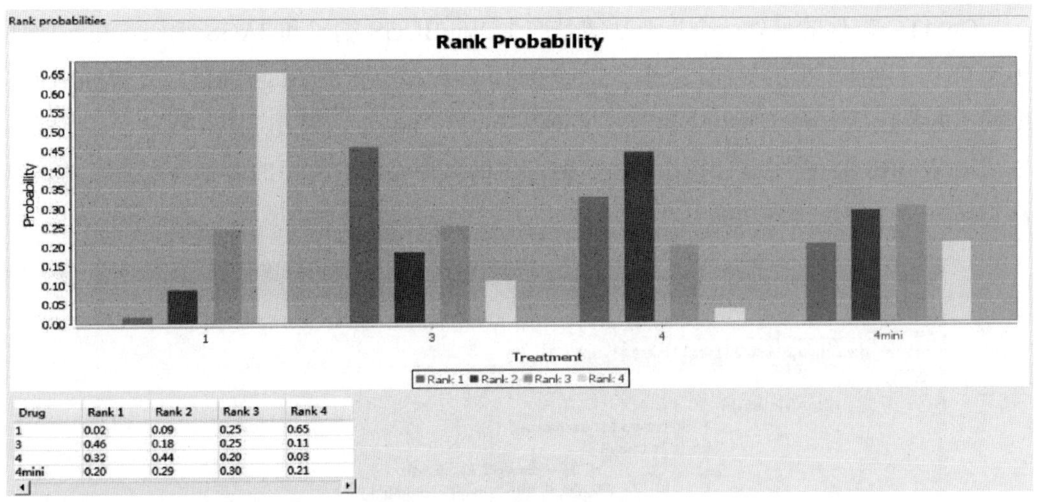

Drug	Rank 1	Rank 2	Rank 3	Rank 4
1	0.02	0.09	0.25	0.65
3	0.46	0.18	0.25	0.11
4	0.32	0.44	0.20	0.03
4mini	0.20	0.29	0.30	0.21

图 4-79　一致性模型排序结果

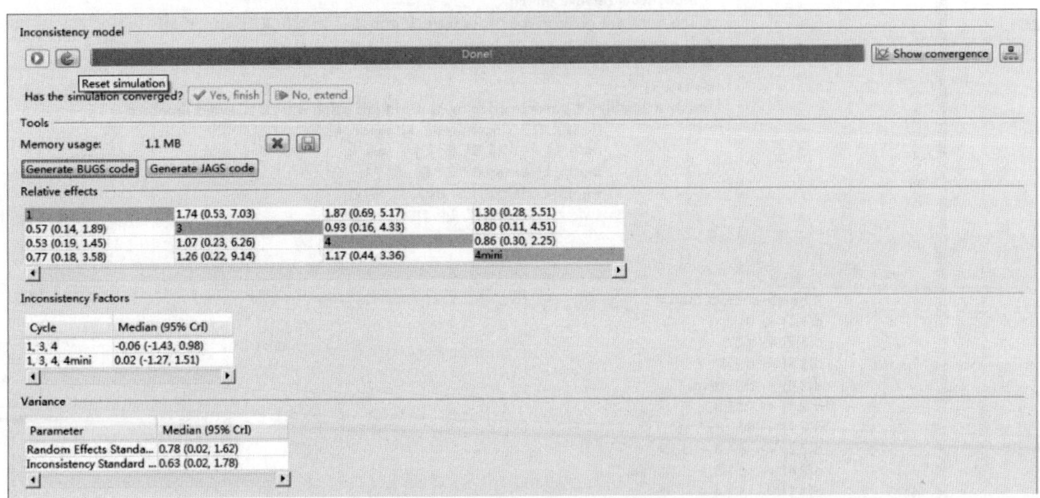

1	1.74 (0.53, 7.03)	1.87 (0.69, 5.17)	1.30 (0.28, 5.51)
0.57 (0.14, 1.89)	3	0.93 (0.16, 4.33)	0.80 (0.11, 4.51)
0.53 (0.19, 1.45)	1.07 (0.23, 6.26)	4	0.86 (0.30, 2.25)
0.77 (0.18, 3.58)	1.26 (0.22, 9.14)	1.17 (0.44, 3.36)	4mini

Cycle	Median (95% CrI)
1, 3, 4	-0.06 (-1.43, 0.98)
1, 3, 4, 4mini	0.02 (-1.27, 1.51)

Parameter	Median (95% CrI)
Random Effects Standa...	0.78 (0.02, 1.62)
Inconsistency Standard ...	0.63 (0.02, 1.78)

图 4-80　不一致性模型结果

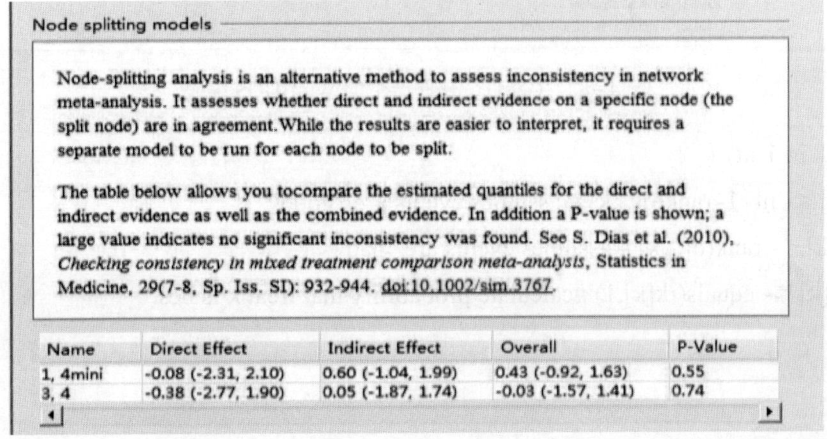
Node splitting models

Node-splitting analysis is an alternative method to assess inconsistency in network meta-analysis. It assesses whether direct and indirect evidence on a specific node (the split node) are in agreement.While the results are easier to interpret, it requires a separate model to be run for each node to be split.

The table below allows you tocompare the estimated quantiles for the direct and indirect evidence as well as the combined evidence. In addition a P-value is shown; a large value indicates no significant inconsistency was found. See S. Dias et al. (2010), *Checking consistency in mixed treatment comparison meta-analysis*, Statistics in Medicine, 29(7-8, Sp. Iss. SI): 932-944. doi:10.1002/sim.3767.

Name	Direct Effect	Indirect Effect	Overall	P-Value
1, 4mini	-0.08 (-2.31, 2.10)	0.60 (-1.04, 1.99)	0.43 (-0.92, 1.63)	0.55
3, 4	-0.38 (-2.77, 1.90)	0.05 (-1.87, 1.74)	-0.03 (-1.57, 1.41)	0.74

图 4-81　点分分析模型结果

GeMTC 软件的另外一个重要功能是产生 WinBUGS 编码和 JAGS 编码，在一致性模型和不一致性模型的界面，点击“Generate Bugs code”（产生 Bugs 编码），即 WinBUGS 编码，主要包括 model、data、inits1、inits2、inits3、inits4 六部分（图 4–82），这样就可以采用 WinBUGS 程序进行统计分析。但产生的命令不包含排序的命令，可在该编码中添加如下命令实现排序功能。

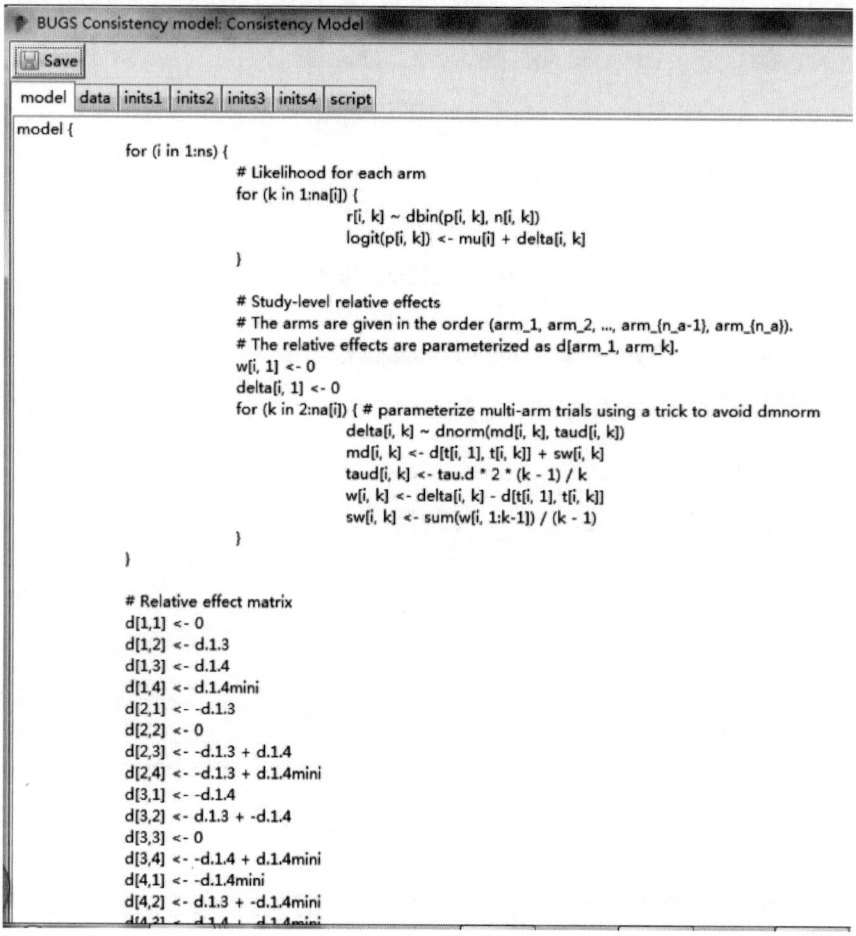

BUGS Consistency model: Consistency Model

Save

model | data | inits1 | inits2 | inits3 | inits4 | script

```
model {
	for (i in 1:ns) {
		# Likelihood for each arm
		for (k in 1:na[i]) {
			r[i, k] ~ dbin(p[i, k], n[i, k])
			logit(p[i, k]) <- mu[i] + delta[i, k]
		}

		# Study-level relative effects
		# The arms are given in the order (arm_1, arm_2, ..., arm_{n_a-1}, arm_{n_a}).
		# The relative effects are parameterized as d[arm_1, arm_k].
		w[i, 1] <- 0
		delta[i, 1] <- 0
		for (k in 2:na[i]) { # parameterize multi-arm trials using a trick to avoid dmnorm
			delta[i, k] ~ dnorm(md[i, k], taud[i, k])
			md[i, k] <- d[t[i, 1], t[i, k]] + sw[i, k]
			taud[i, k] <- tau.d * 2 * (k - 1) / k
			w[i, k] <- delta[i, k] - d[t[i, 1], t[i, k]]
			sw[i, k] <- sum(w[i, 1:k-1]) / (k - 1)
		}
	}

	# Relative effect matrix
	d[1,1] <- 0
	d[1,2] <- d.1.3
	d[1,3] <- d.1.4
	d[1,4] <- d.1.4mini
	d[2,1] <- -d.1.3
	d[2,2] <- 0
	d[2,3] <- -d.1.3 + d.1.4
	d[2,4] <- -d.1.3 + d.1.4mini
	d[3,1] <- -d.1.4
	d[3,2] <- d.1.3 + -d.1.4
	d[3,3] <- 0
	d[3,4] <- -d.1.4 + d.1.4mini
	d[4,1] <- -d.1.4mini
	d[4,2] <- d.1.3 + -d.1.4mini
```

图 4–82　GeMTC 软件产生的 WinBUGS 编码

```
for (k in 1:nt) {
rk[k] <- nt+1-rank(d[,],k) # assumes events are “good”
#rk[k] <- rank(d[,],k) # assumes events are “bad”
best[k] <- equals(rk[k],1) #calculate probability that treat k is best
}
```

（李 伦）

第六节 NetMetaXL 软件

一、简介

NetMetaXL 软件是渥太华总医院开发，基于 Microsoft Excel 软件 VB 功能调用 WinBUGS 软件进行网状 Meta 分析，该软件基于贝叶斯模型，可同时实现固定、随机、一致性和不一致性效应模型下的网状 Meta 分析，此外，可一次性地完成构建证据图、实现直接证据 Meta 分析、检验不一致性和评估模型收敛性。该软件操作简单，不需要贝叶斯模型的专业知识，且结果以图表形式展现，较为清晰。目前，该软件只能完成二分类变量数据的分析，无法实现亚组分析、Meta 回归和发表偏倚检测。

二、下载与安装

使用 NetMetaXL 软件需同时安装 Microsoft Excel 软件（2007 版本及以上）和 WinBUGS 软件，软件通过 http://www.netmetaxl.com/download.html 下载，但不需要安装，只需设置就可使用。由于该软件需要调用 WinBUGS，因此在软件的第 2 页（图 4–83）设置 WinBUGS 软件的位置以及数据和结果存放位置。在图 4–83 界面，可对初始模拟次数（Burn In Runs）和继续模拟次数（Model Runs）进行选择，以便具有很好的收敛性。

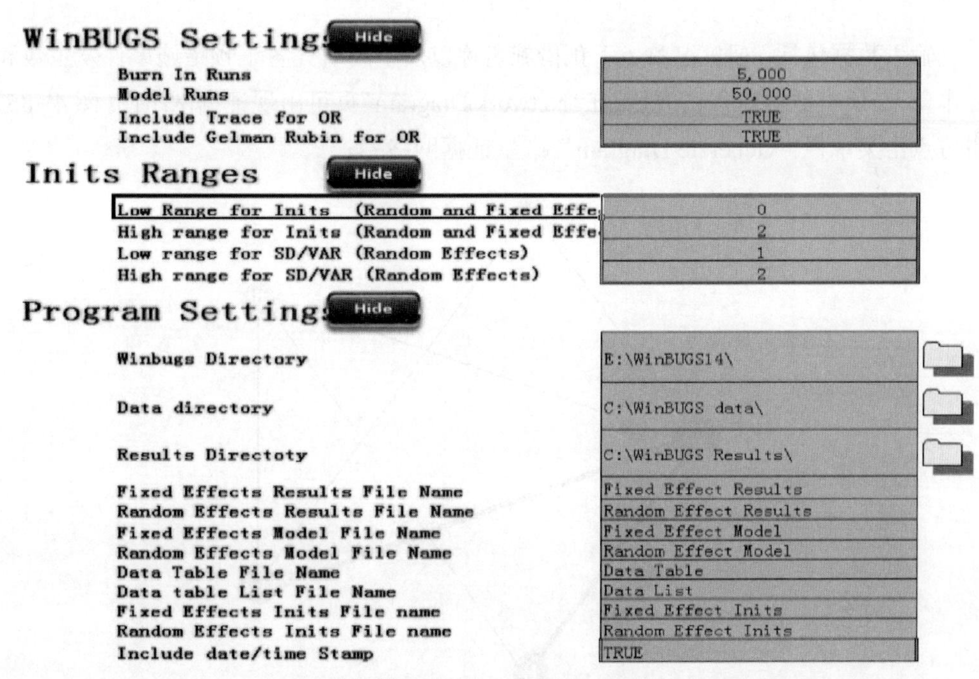

图 4–83 软件设置界面

三、数据录入

在图 4-84 界面完成数据输入，输入数据前，需先定义测量指标是有利结局还是不利结局，由于有利结局和不利结局在排序时编码不一样，这就导致排序结果不同。

NetMetaXL

Cornerstone RESEARCH GROUP　CADTH

Events are "GOOD"

Events are "BAD"

12	Number of Studies										
5	Number of Treatments										
8	Number of Treatment 1 Studi	1		2		3		4		5	
Study #	Treatment Name	Medical		ardiac Resynchronisatio		Implantable Defibrilator		Combined Resyn and Def.		Amiodarone	
	Study Name	# of Events	# of Patients	# of Events	# of Patients	# of Events	# of Patients	# of Events	# of Patients	# of Events	# of Patients
1	CARE HF-ext	154	404	101	409						
2	COMPANION	77	308	131	617			105	595		
3	MIRACLE	16	225	12	228						
4	MUSTIC-SR	0	29	1	29						
5	SCD-HeFT	244	847			182	829			240	845
6	MADIT-II	97	490			105	742				
7	DEFINITE	40	229			28	229				
8	CAT	17	54			13	50				
9	MICRACLE-ICD-I					5	182	4	187		
10	MICRACLE-ICD-II					2	101	2	85		
11	CONTAK-CD					16	245	11	245		
12	AMIOVIRT					6	51			7	52
13											
14											
15											
16											
17											
18											
19											
20											
21											

图 4-84　数据输入界面

输入数据包括：研究名称、干预措施名称以及不同研究各干预措施事件发生数和总样本量。在所有数据输入完成后，在“Network Diagram”页可出现证据网络图（图 4-85）。也可点击菜单栏“Generate Diagram”产生证据网络图。

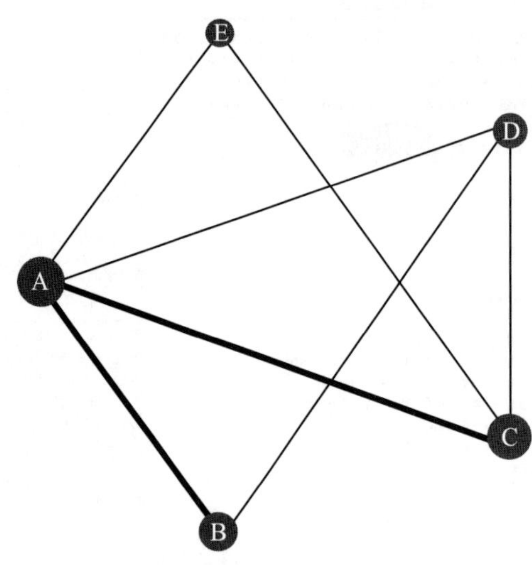

图 4-85　证据网络图构建

四、转换数据与产生初始值

点击 WinBUGS 菜单栏里的“Convert Data”按钮，可实现：删除证据图（图 4–86）、调整 0 事件（图 4–87）、产生模糊先验检验随机效应初始值（图 4–88）、产生信息先验检验随机效应初始值（图 4–89）和产生固定效应模型初始值（图 4–90）。功能 1 是删除该软件以前产生的证据图或者案例产生的证据图，功能 2 是对输入数据中的 0 事件发生率进行调整，根据样本量进行调整，对 0 事件给予 0.5 左右的数值进行校正。功能 3～5，是根据输入的数据产生不同效应模型的初始值。在完成数据转换后，该软件会自动跳转到第 3 页，即网状 Meta 分析的不同模型下的初始值（图 4–91）和数据表（图 4–92）。

图 4–86　删除证据图

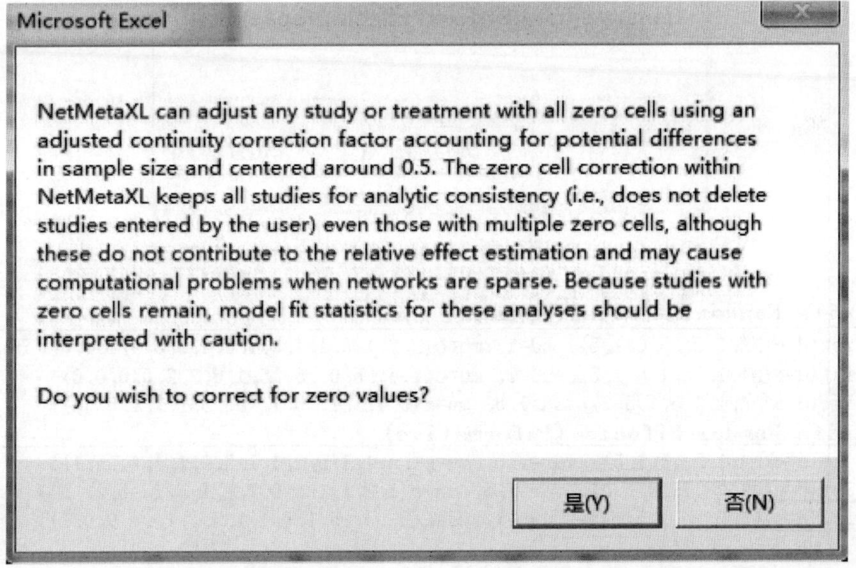

图 4–87　0 事件调整

图 4-88　产生随机效应模型（模糊先验检验）初始值

图 4-89　产生随机效应模型（信息先验检验）初始值

图 4-90　产生固定效应模型（模糊先验检验）初始值

```
Inits Random Effects (Vague)
list(d=c(NA,1.5,.5,0,1.5), sd=1, mu=c(2,2,1.5,1,1.5,1.5,2,1.5,1,1.5,0,.5))
list(d=c(NA,1,.5,1.5,1.5), sd=2, mu=c(1.5,.5,0,.5,.5,1.5,2,2,0,0,0,0))
list(d=c(NA,1,1.5,1.5,2), sd=1.5, mu=c(0,1,1,1,.5,1,.5,.5,2,1,1.5,.5))
Inits Random Effects (Informative)
list(d=c(NA,1,2,.5,1.5), var=1.5, mu=c(.5,1,1.5,2,1,1.5,0,1,1,1,.5,1))
list(d=c(NA,.5,1,.5,1.5), var=1.5, mu=c(1,2,1,1.5,0,2,1,1.5,1,.5,2,.5))
list(d=c(NA,2,.5,1.5,1.5), var=1, mu=c(0,.5,.5,1.5,1,1.5,2,1,.5,0,0,1))
Inits Fixed Effects
list(d=c(NA,.5,1.5,2,1), mu=c(1,1.5,0,.5,1.5,0,1,1.5,0,1,.5,.5))
list(d=c(NA,1,1,1.5,0), mu=c(1.5,0,0,0,1,.5,.5,2,1.5,1,0,2))
list(d=c(NA,.5,.5,1,1.5), mu=c(1,.5,.5,1,1.5,1.5,.5,1,1,.5,1,0))
```

图 4-91　网状 Meta 分析的初始值

WinBUGs Data Table and List Statement

list(NS=12, NT=5)

r[,1]	n[,1]	r[,2]	n[,2]	r[,3]	n[,3]	r[,4]	n[,4]	r[,5]	n[,5]	t[,1]	t[,2]	t[,3]	t[,4]	t[,5]	na[]
154	404	101	409	NA	1	NA	1	NA	1	1	2	NA	NA	NA	2
77	308	131	617	105	595	NA	1	NA	1	1	2	4	NA	NA	3
16	225	12	228	NA	1	NA	1	NA	1	1	2	NA	NA	NA	2
0	29	1	29	NA	1	NA	1	NA	1	1	2	NA	NA	NA	2
244	847	182	829	240	845	NA	1	NA	1	1	3	5	NA	NA	3
97	490	105	742	NA	1	NA	1	NA	1	1	3	NA	NA	NA	2
40	229	28	229	NA	1	NA	1	NA	1	1	3	NA	NA	NA	2
17	54	13	50	NA	1	NA	1	NA	1	1	3	NA	NA	NA	2
5	182	4	187	NA	1	NA	1	NA	1	3	4	NA	NA	NA	2
2	101	2	85	NA	1	NA	1	NA	1	3	4	NA	NA	NA	2
16	245	11	245	NA	1	NA	1	NA	1	3	4	NA	NA	NA	2
6	51	7	52	NA	1	NA	1	NA	1	3	5	NA	NA	NA	2

END

图 4-92 网状 Meta 分析的数据

五、数据分析

点击 WinBUGS 菜单栏里的“Run Winbugs”按钮，可实现：删除以前分析结果（图 4-93）和选择模型（图 4-94）。同时提供四种模型和五种方法进行网状 Meta 分析，四种模型分别为固定模型、随机模型、一致性模型和不一致性模型，在一致性随机模型下存在两种方法，即使用先验信息和不使用先验信息。在选择模型和方法后，软件就会调用 WinBUGS 软件进行分析。如果模拟次数可有效地分析目前研究数据，在菜单栏显示 WinBUGS 分析结果（图 4-95）。如果模拟次数不能满足模型的收敛度（图 4-96），就需在软件第 2 页修改模拟次数。模拟次数分为“burn in run”和“model run”，其中“burn in run”指初始模拟次数，也是预模拟次数，“model run”指完成预模拟次数后的模拟次数，这与使用 WinBUGS 软件有所不同。

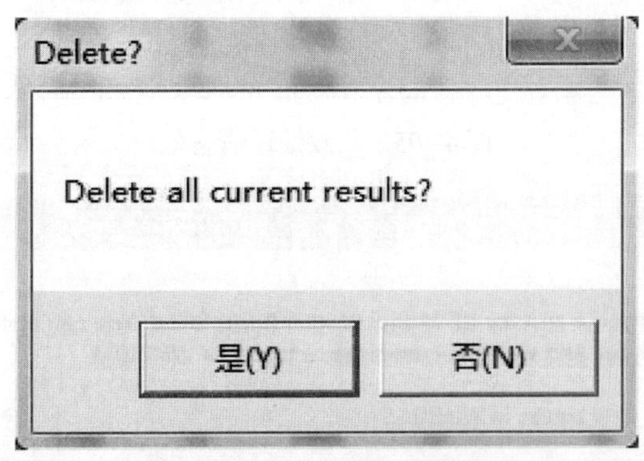

图 4-93 删除以前分析结果

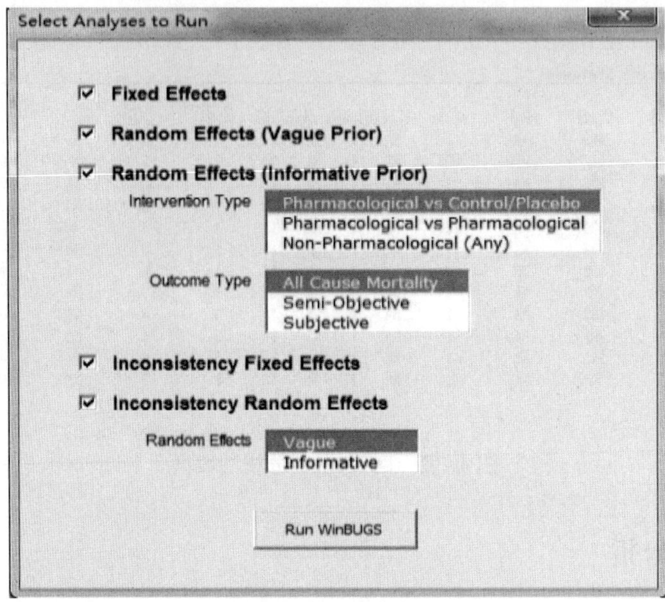

图4-94　选择模型

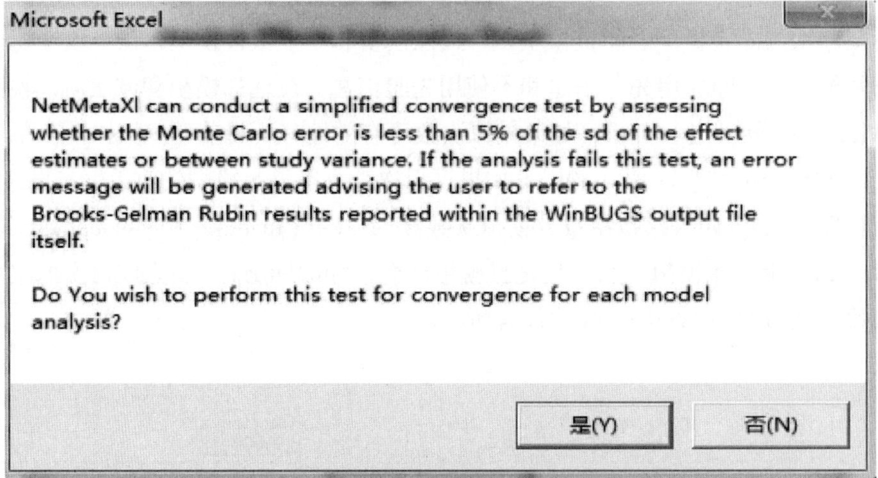

图4-95　收敛性评估满意

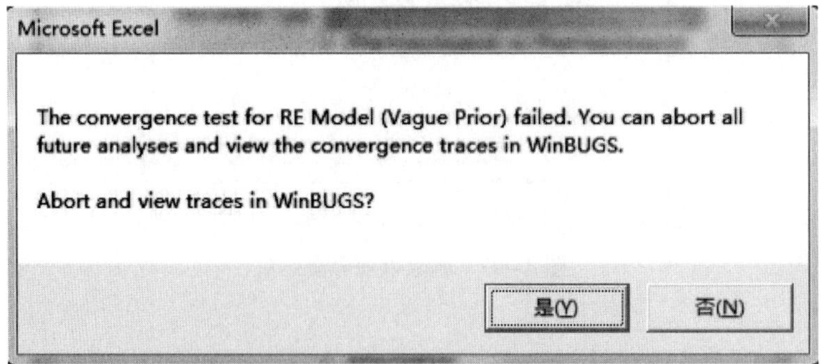

图4-96　收敛性评估不满意

六、结果呈现

可通过文本格式、森林图、对比结果和排序图呈现网状 Meta 分析结果（图 4-97），这四种结果形式可通过菜单栏四个按钮“Text Results”、“Forest Plot”、“League Table”和“Rankgram”分别实现。

图 4-97　结果呈现的功能键

1. Text Results

以文本格式呈现网状 Meta 分析结果，主要呈现结果效应量（OR）、残存方差（dev、totresdev）和结果排序（best、prob、rk）。效应量主要以 OR 形式呈现，方差主要通过 totresdev 呈现，用来评估模型对数据的利用度。若网状 Meta 分析纳入研究干预措施的总数大于 totresdev 时，说明当前的模型并不适合分析目前的数据。结果排序主要以三种结果形式来呈现，best[]指某干预措施成为最好干预措施的概率，rk[]指某干预措施的排序结果，prob[]指某干预措施的不同排序结果。同时，“Text Results”也提供 pD 和 DIC 结果。

2. Forest Plot

森林图功能可同时呈现两种方法的结果（图 4-98 和图 4-99）。

Outcome	OR
Top	Fixed Effects
Bottom	Random Effects (Vague)
Comparison Spacing	2
Marker Size	7
Plot Size	375

图 4-98　森林图的呈现选项

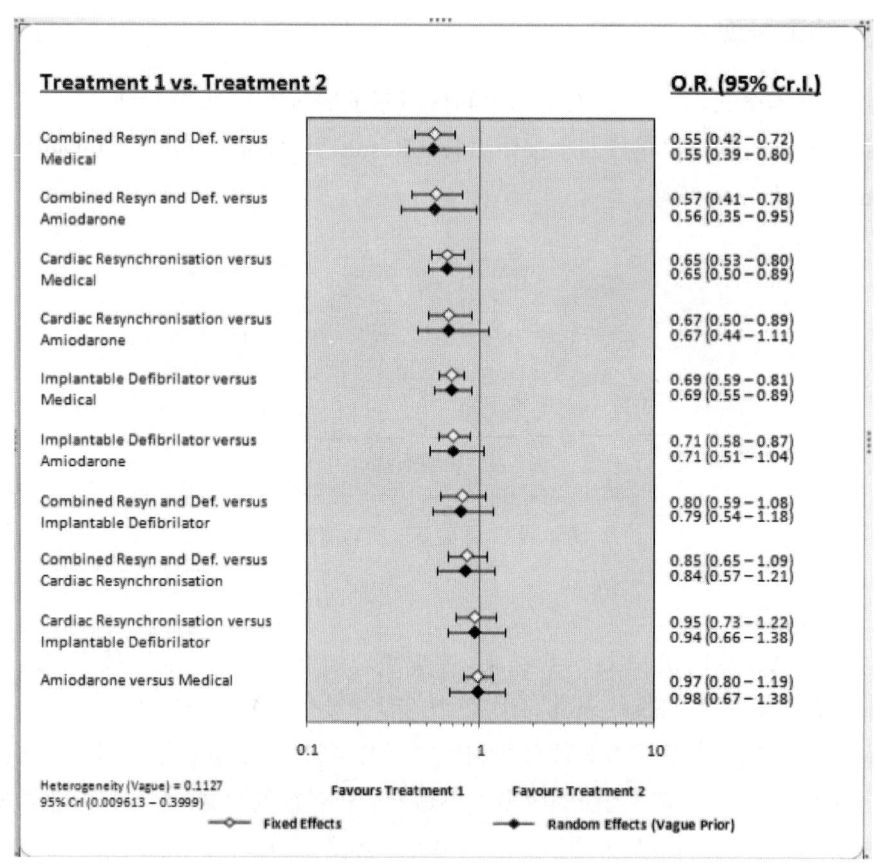

图 4–99　网状 Meta 分析的森林图结果呈现

3. League Table

将网状 Meta 分析的结果以表格的形式呈现（图 4–100）。

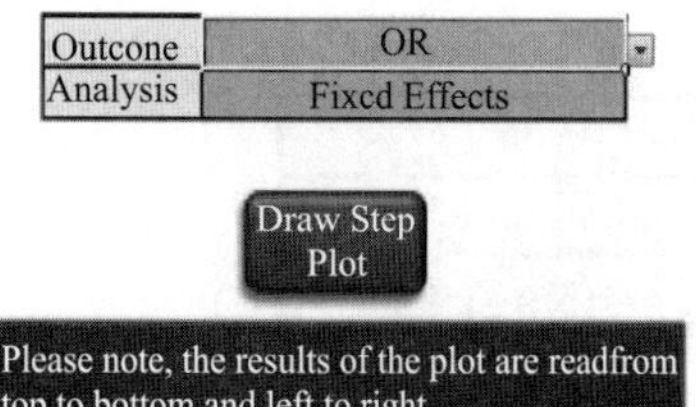

OR<1 Means the Treatment in Top Left is Better

Combined Resyn and Def.				
0.85 (0.65–1.09)	Cardiac Resynchroni-sation			
0.80 (0.59–1.08)	0.95 (0.73–1.22)	Implantable Defibrilator		
0.57 (0.41–0.78)	0.67 (0.50–0.89)	0.71 (0.58–0.87)	Amiodarone	
0.55 (0.42–0.72)	0.65 (0.53–0.80)	0.69 (0.59–0.81)	0.97 (0.80–1.19)	Medical

图 4–100　网状 Meta 分析的表格式结果呈现

4. Rankgram

提供网状 Meta 分析的排序图（图 4–101 和图 4–102），同时，该软件还提供 SUCRA

值（图 4–103），SUCRA 值的范围为 0～1，越接近 1，说明该干预措施成为最佳干预措施的可能性越大。

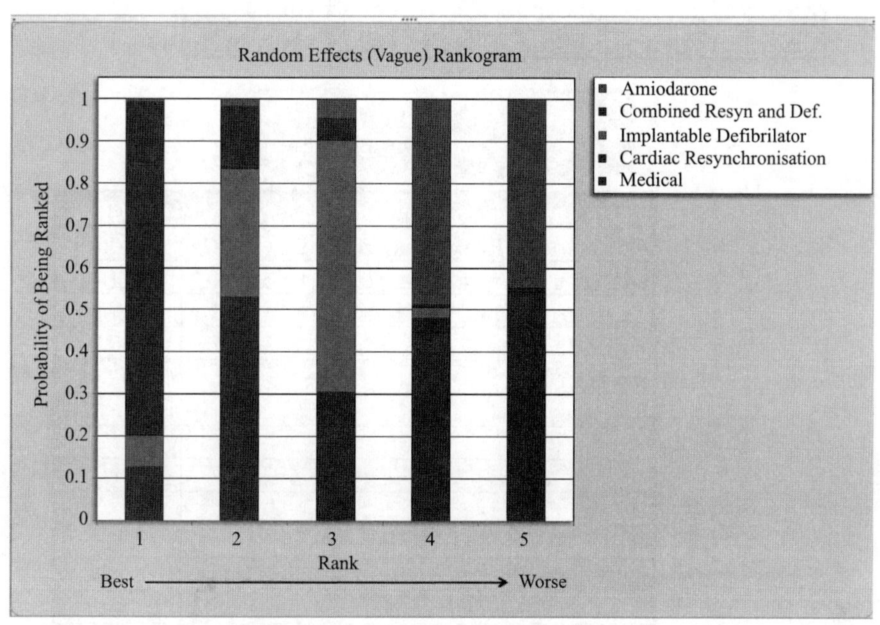

图 4–101　网状 Meta 分析的排序条形图

此外，还可提供固定效应模型和随机效应模型下一致性和不一致性模型结果的比较（图 4–104 和图 4–105），这有助于寻找不一致性产生的原因，可以局限到某个研究的某一个干预措施的结果。

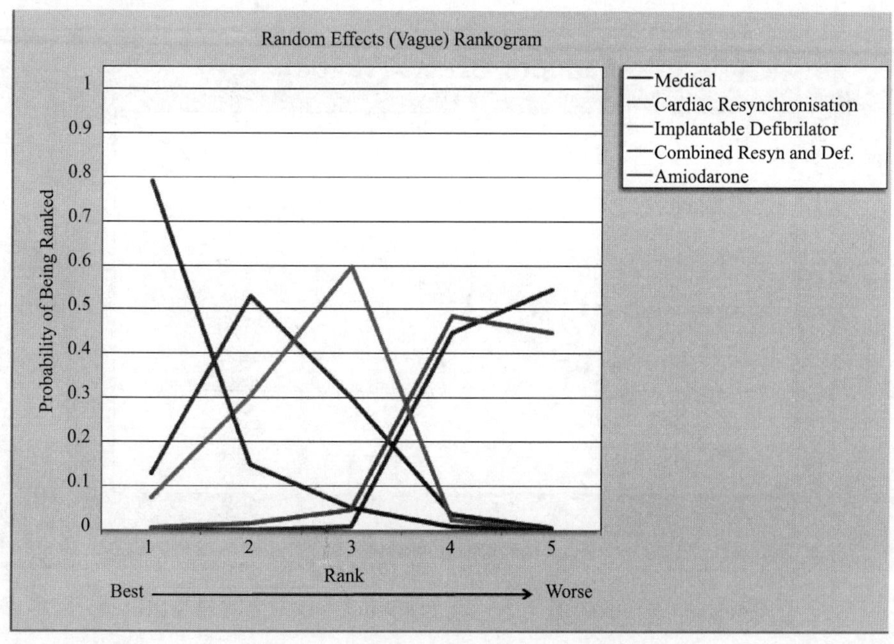

图 4–102　网状 Meta 分析的排序折线图

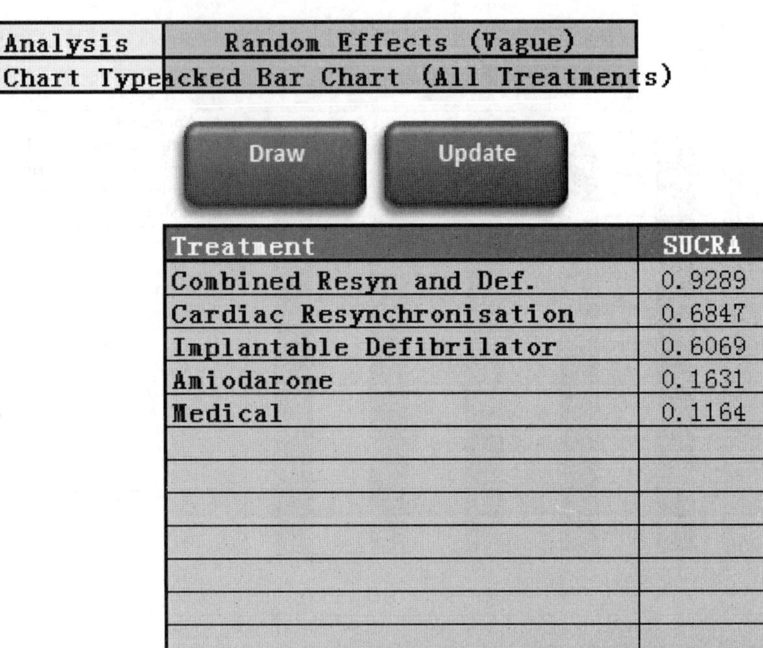

Analysis	Random Effects (Vague)
Chart Type	acked Bar Chart (All Treatments)

Treatment	SUCRA
Combined Resyn and Def.	0.9289
Cardiac Resynchronisation	0.6847
Implantable Defibrilator	0.6069
Amiodarone	0.1631
Medical	0.1164

图 4-103　网状 Meta 分析排序图的选项和 SUCRA 值

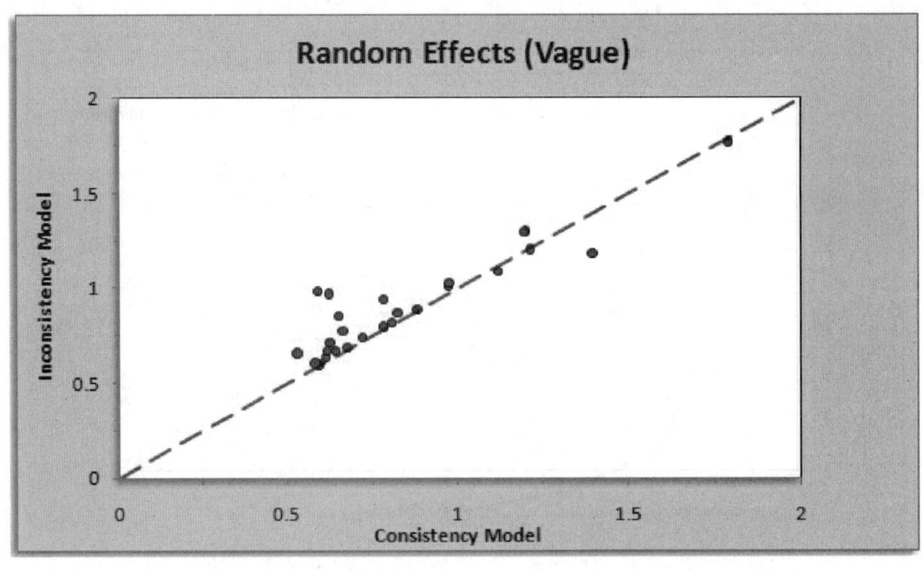

图 4-104　随机效应模型下一致性模型和不一致性模型结果比较

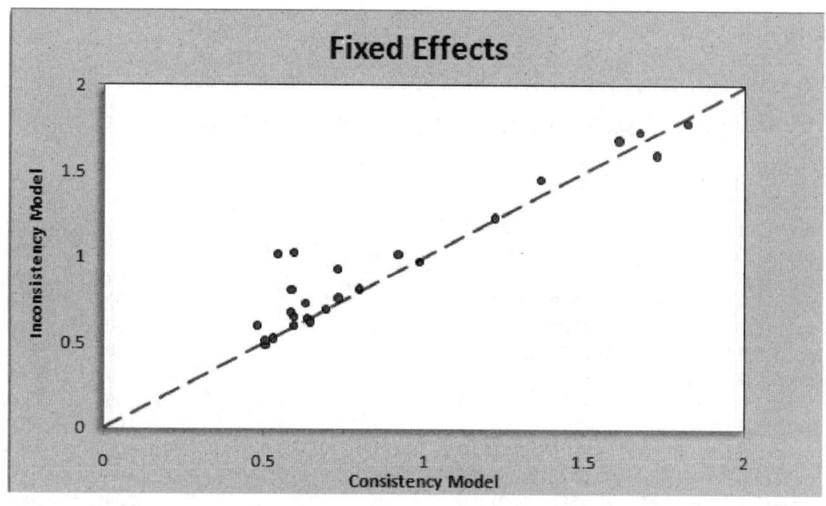

图 4-105　固定效应模型下一致性模型和不一致性模型结果比较

七、结果解释

1. OR 值、SUCRA 值和 best 值

在图 4-106 中，OR 值的解释同传统的 Meta 分析，SUCRA 值的同“Rankgram”部分，best 值表示某一干预措施成为最佳干预措施的概率，如 best[2]为 0.087，这就是说干预措施 2 成为最佳干预措施的概率为 8.7%。

2. prob 值

表示某一个干预措施成为第几的可能性，第一个数字表示干预措施，第二个数字表示该干预措施成为第几，如 prob[2,1]=0.087，说明干预措施 2 成为第一的可能性为 8.7%（图 4-107）。

Node statistics

node	mean	sd	MC error	2.50%	median	97.50%	start	sample
OR[1,2]	0.6604	0.06991	0.002634	0.5323	0.6576	0.8094	1001	3000
OR[1,3]	0.6929	0.05569	0.001895	0.5905	0.6908	0.8084	1001	3000
OR[1,4]	0.56	0.07708	0.002576	0.4298	0.554	0.7325	1001	3000
OR[1,5]	0.9771	0.09969	0.003175	0.7998	0.9718	1.19	1001	3000
OR[2,3]	1.061	0.14	0.00554	0.8136	1.049	1.354	1001	3000
OR[2,4]	0.8525	0.1147	0.002641	0.6505	0.8431	1.103	1001	3000
OR[2,5]	1.496	0.2188	0.008122	1.109	1.477	1.98	1001	3000
OR[3,4]	0.8131	0.127	0.00466	0.5986	0.8007	1.092	1001	3000
OR[3,5]	1.415	0.1504	0.003241	1.148	1.409	1.723	1001	3000
OR[4,5]	1.777	0.2997	0.01036	1.25	1.753	2.407	1001	3000
SUCRA[1]	0.09883	0.1222	0.003392	0	0	0.25	1001	3000
SUCRA[2]	0.6875	0.1522	0.004512	0.5	0.75	1	1001	3000
SUCRA[3]	0.6082	0.1544	0.005228	0.5	0.5	1	1001	3000
SUCRA[4]	0.9528	0.1179	0.00278	0.5	1	1	1001	3000
SUCRA[5]	0.1527	0.1251	0.003544	0	0.25	0.25	1001	3000
best[1]	0	0	1.05E-12	0	0	0	1001	3000
best[2]	0.08733	0.2823	0.006062	0	0	1	1001	3000
best[3]	0.067	0.25	0.006653	0	0	1	1001	3000
best[4]	0.8457	0.3613	0.008229	0	1	1	1001	3000
best[5]	0	0	1.05E-12	0	0	0	1001	3000

图 4-106　OR、SUCRA 和 best 值

3. rk 值

表示某一干预措施的排序结果，rk[1]是表示干预措施 1 的排序结果，即为 4.605，按照数值大小排列，4 的 rk 值为 1.189，成为第一的可能性最大（图 4–108）。

该软件提供的 DIC 值具体意义及解释详见第四章第二节。

prob[1,1]	0	0	1.05E-12	0	0	0	1001	3000
prob[1,2]	0	0	1.05E-12	0	0	0	1001	3000
prob[1,3]	0	0	1.05E-12	0	0	0	1001	3000
prob[1,4]	0.3953	0.4889	0.01357	0	0	1	1001	3000
prob[1,5]	0.6047	0.4889	0.01357	0	1	1	1001	3000
prob[2,1]	0.08733	0.2823	0.006062	0	0	1	1001	3000
prob[2,2]	0.5797	0.4936	0.0141	0	1	1	1001	3000
prob[2,3]	0.3287	0.4697	0.01443	0	0	1	1001	3000
prob[2,4]	0.004333	0.06569	0.001323	0	0	0	1001	3000
prob[2,5]	0	0	1.05E-12	0	0	0	1001	3000
prob[3,1]	0.067	0.25	0.006653	0	0	1	1001	3000
prob[3,2]	0.2997	0.4581	0.01245	0	0	1	1001	3000
prob[3,3]	0.6323	0.4822	0.01597	0	1	1	1001	3000
prob[3,4]	0.001	0.03161	5.74E-04	0	0	0	1001	3000
prob[3,5]	0	0	1.05E-12	0	0	0	1001	3000
prob[4,1]	0.8457	0.3613	0.008229	0	1	1	1001	3000
prob[4,2]	0.1203	0.3254	0.006644	0	0	1	1001	3000
prob[4,3]	0.03367	0.1804	0.003927	0	0	1	1001	3000
prob[4,4]	3.33E-04	0.01825	3.38E-04	0	0	0	1001	3000
prob[4,5]	0	0	1.05E-12	0	0	0	1001	3000
prob[5,1]	0	0	1.05E-12	0	0	0	1001	3000
prob[5,2]	3.33E-04	0.01825	3.28E-04	0	0	0	1001	3000
prob[5,3]	0.005333	0.07283	0.001567	0	0	0	1001	3000
prob[5,4]	0.599	0.4901	0.01317	0	1	1	1001	3000
prob[5,5]	0.3953	0.4889	0.01357	0	0	1	1001	3000

图 4–107　prob 值

rk[1]	4.605	0.4889	0.01357	4	5	5	1001	3000
rk[2]	2.25	0.609	0.01805	1	2	3	1001	3000
rk[3]	2.567	0.6176	0.02091	1	3	3	1001	3000
rk[4]	1.189	0.4716	0.01112	1	1	3	1001	3000
rk[5]	4.389	0.5004	0.01418	4	4	5	1001	3000

图 4–108　结果排序

（李　伦）

第七节　R 软 件

一、简介

R 软件是 GNU 系统的一个自由、免费、源代码开放的软件，1995 年由奥克兰大学统计学系 Ross Ihaka 和 Robert Gentlemen 及其他志愿者开发，目前由 R 核心开发小组维护。该软件每 3～5 个月更新一次，当前版本为 R–3.2.2。

与其他同类软件相比，R 软件的特色：① 有效的数据处理和保存机制；② 完整的数组和矩阵计算操作符；③ 连贯、完整的统计分析工具，大多数经典的统计方法和最新技术均可在 R 中直接得到；④ 优秀的统计绘图功能；⑤ 完善、简洁和高效的编程语言。R 软件部分的统计功能被整合在 R 环境的底层，但大多数功能则以扩展包的形式提供，大约有 25 个数据包与 R 同时发布，更多的数据包可通过网上或 CRAN 社区（http://CRAN.R-project.org）获得。

目前，R 软件广泛应用于 Meta 分析、诊断试验 Meta 分析和网状 Meta 分析等领域。在网状 Meta 分析领域常用的程序包主要有：nlme 程序包、R2WinBUGS 程序包、gemtc 程序包、netmeta 程序包和 pcnetmeta 程序包等。本节内容在比较 gemtc 程序包、netmeta 程序包和 pcnetmeta 程序包在实现网状 Meta 分析异同的基础上，重点介绍如何利用 gemtc 程序包实现网状 Meta 分析。

gemtc 程序包基于贝叶斯的广义线性模型，调用 WinBUGS、OpenBUGS、JAGS 等软件进行网状 Meta 分析，与 WinBUGS、OpenBUGS、JAGS 等相比，其省略了建立相关贝叶斯 model 的过程，操作者不会使用调用的软件也可得到相关结果。当前为 gemtc 0.6–2 版，可处理二分类变量、连续变量、计数资料和生存资料，评估网状 Meta 分析的异质性和不一致性，自行设置似然、链接函数、先验分布和马尔科夫蒙特卡洛抽样，以森林图的形式呈现相对治疗效果、概率排序、不一致性检测、异质性检测和收敛性评估。

netmeta 程序包基于经典频率学派研发，在 R 语言框架下运行的专用于网状 Meta 分析的程序包。由于 netmeta 程序包内部数据处理和图形绘制的核心代码均依赖于 meta 程序包和 grid 程序包，因此，在安装与加载 netmeta 程序包时，需安装与加载 meta 程序包和 grid 程序包。与 gemtc 程序包相似，可处理二分类变量、连续变量、计数资料和生存资料，也可评估网状 Meta 分析的异质性和不一致性，通过“netheat”功能绘制热点图（heatmap plot）检测不一致性。

pcnetmeta 程序包基于贝叶斯理论实现网状 Meta 分析的程序包，其融合了 JAGS 软件的优势计算功能与 R 软件特有的数据整合和强大的图形绘制等功能。在安装与加载 pcnetmeta 程序包的同时还需安装与加载 rjags 程序包与 JAGS 软件。在计算方面，提供 3 种不同模型供使用者选取，每种模型均给出 3 种不同效应量（RR、OR 及 RD）结果。在图形绘制方面，轨迹图与单个干预措施密度图均可在计算当中自动生成，而单个干预效应图与网状关系图则需利用代码完成。该程序包只针对二分类变量数据，且不能进行网状 Meta 分析的异质性和不一致性检测。

表 4–8、表 4–9、表 4–10 和表 4–11 呈现了 gemtc、netmeta 和 pcnetmeta 程序包在处理数据类型和网状图绘制、模型、统计假定方法、统计推断和结果报告等方面的异同。

表 4-8 gemtc、netmeta 和 pcnetmeta 程序包处理数据类型和网状图绘制

分类	条目	gemtc	pcnetmeta	netmeta
数据类型	二分类变量	√	√	√
	计数资料	√	×	√
	连续变量	√	×	√
	生存资料	√	×	√
特征描述	研究数量	√	×	√
	多臂研究数量	√	×	√
	病例数	√	×	×
	治疗措施数量	√	×	√
网状图	网状图	√	√	√
	添加节点标签	√	√	√
	节点大小反映网络特征	×	√	×
	线条粗细反映网络特征	×	√	√

表 4-9 gemtc、netmeta 和 pcnetmeta 程序包模型比较

分类	条目	gemtc	pcnetmeta	netmeta
网状 Meta 分析模型		广义线性模型	多变量方差分析	图形理论
同质性假设模型	固定效应模型	√	√	√
	共同异质性参数的随机效应模型	√	√	√
	不同异质性参数的随机效应模型	×	√	×
一致性假设模型	一致性模型	√	√	√
	不一致性模型	√	×	√
协变量	回归分析	×	×	×
网状 Meta 分析类型	频率法	×	×	√
	贝叶斯	√	√	×
贝叶斯模型				
基线和参数的先验分布	先验分布和参数值定义	√正态分布，探索性初始值	√正态分布，探索性初始值	—
	自定义	√限制为方差	√限制为正态分布	—
异质性先验分布	先验分布和参数值定义	√正态分布，探索性初始值	√倒伽马分布，指定值	—
	自定义	√正态或伽马分布，指定值	√倒伽马分布，指定值	—

续表

分类	条目	gemtc	pcnetmeta	netmeta
MCMC 抽样	WinBUGS	√	×	—
	OpenBUGS	√	×	—
	JAGS	√	√	—
后验抽样控制	总迭代	√	√	—
	适应阶段	√	√	—
	退火阶段	√	√	—
	步长	√	√	—
收敛性评估模型	多条链选择	√	√	—
	时间序列图	√	√	—
	轨迹图	√	×	—
	Brooks-Gelman-Rubin 诊断图	√	×	—

表 4-10　gemtc、netmeta 和 pcnetmeta 程序包统计假定方法比较

分类	条目	gemtc	pcnetmeta	netmeta
异质性评价	目测法（森林图）	√	×	√
	双臂统计	√	×	√
	全局统计	√	×	√
不一致性评价	目测法（直接 vs 间接比较森林图）	√	×	×
	目测法（热点图）	×	×	√
	一致性统计模型	√	×	√
	回测法	√	×	×
	节点分析法	√	×	√
模型拟合试验	DIC	√	√	—
	AIC	—	—	×

表 4-11　gemtc、netmeta 和 pcnetmeta 程序包统计推断和结果报告比较

分类	条目	gemtc	pcnetmeta	netmeta
效应量	相对危险度（RR）	×	√	√
	比值比（OR）	√	√	√
	率差（RD）	×	√	√

续表

分类	条目	gemtc	pcnetmeta	netmeta
效应量	绝对风险（AR）	×	√	×
	均数差（MD）	√	×	√
	标准化均数差（SMD）	×	×	√
	反正弦差（AD）	×	×	√
	事件率	×	√	√
效应量评估	可信区间/置信区间	√	√	—
	表格结果	—	—	×
	基于共同对照的森林图	√	×	√
	事件率及置信区间图	×	√	×
	后验抽样密度图	√	√	—
	排序概率评估	√	√（仅有排序第一的结果）	—
	排序概率图（rankogram）	√	×	—
	SUCRA	×	×	—

二、下载和安装

（一）R软件的下载与安装

R最新版本为R–3.2.2，分别提供了适用于Windows、MacOS X和Linux平台下的版本。下面以R–3.2.2的Windows操作系统为例讲解下载与安装操作。

1. 下载

R软件完全免费，在浏览器中输入https://cran.r-project.org/mirrors.html，选择任一镜像（如中国北京镜像），点击进入http://mirror.bjtu.edu.cn/cran，根据电脑操作系统选择相应的R安装程序（基本模块）（如“Download R for Windows”），单击右键“另存为”即可。下载名为“R–3.2.2–win”的应用程序，其中“R”表示软件名称，“3.2.2”为版本序号，“win”表示Windows操作系统。

2. 安装

双击“R–3.2.2–win”，按照安装向导提示即可完成安装。注意：在选择安装组件时，建议选中图4–109界面所有选项，以便获得完整的帮助文件。

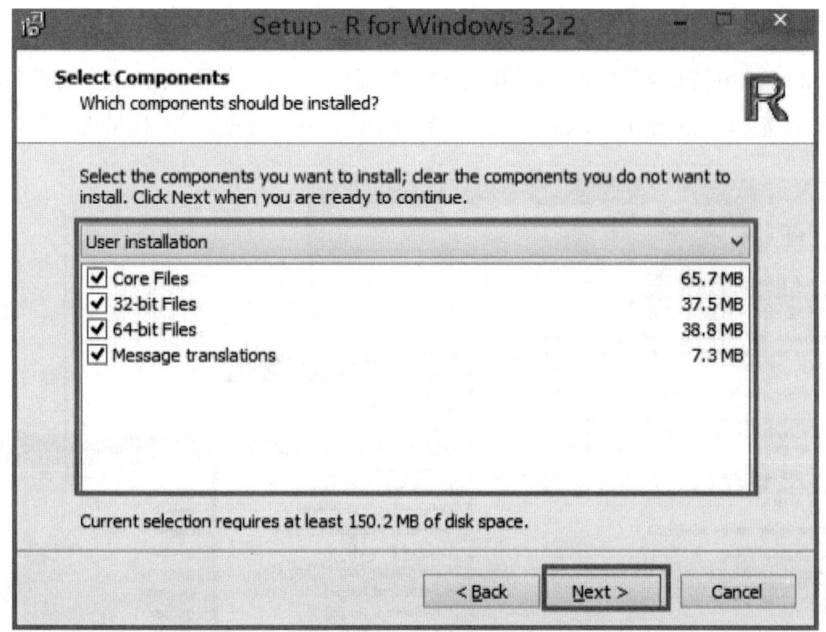

图 4-109 R 软件选择安装组件界面

（二）gemtc 程序包安装

gemtc 程序包通过相关指令调用基于 MCMC 法相关软件（如 JAGS、OpenBUGS 及 WinBUGS 软件）实现网状 Meta 分析，因此，在运行 gemtc 程序包之前，需安装相关调用软件，其安装方法可参考相关文献或书籍。

gemtc 程序包的安装：① 在联机状态下，双击桌面的 R 软件图标启动 R 的交互式窗口（R-Gui）（图 4-110），在图 4-111 的菜单栏处选择程序包下的“Install package（s）”→选择 CRAN 镜像→gemtc，安装完成后即可出现图 4-112 的提示；也可在命令提示符“>”

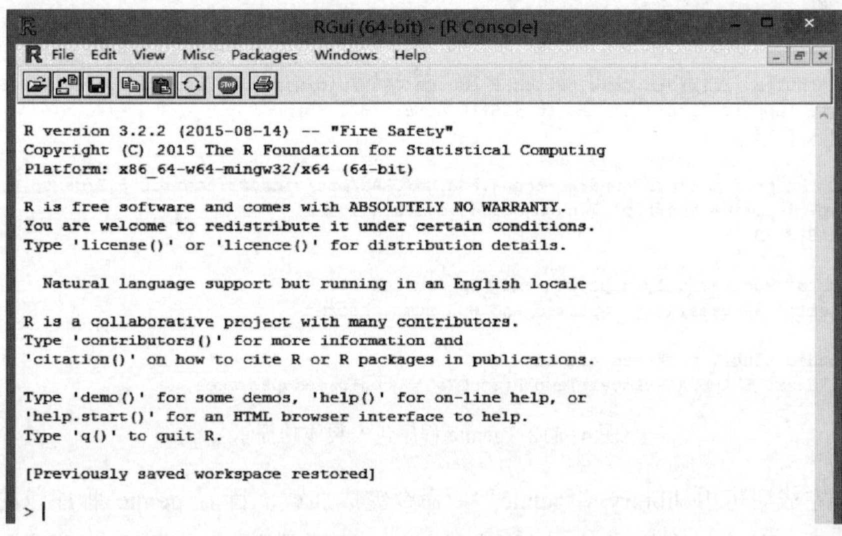

图 4-110 R 软件交互式窗口（RGui）

后输入 install.packages（“gemtc”），选择镜像安装（CRAN）。② 首先从 http://mirror.bjtu.edu.cn/cran/网页找到“gemtc”程序包，下载到本地，然后从 R 软件的“Packages”下拉菜单中选择 “install package（s） from local zip files…”，按照提示完成安装。

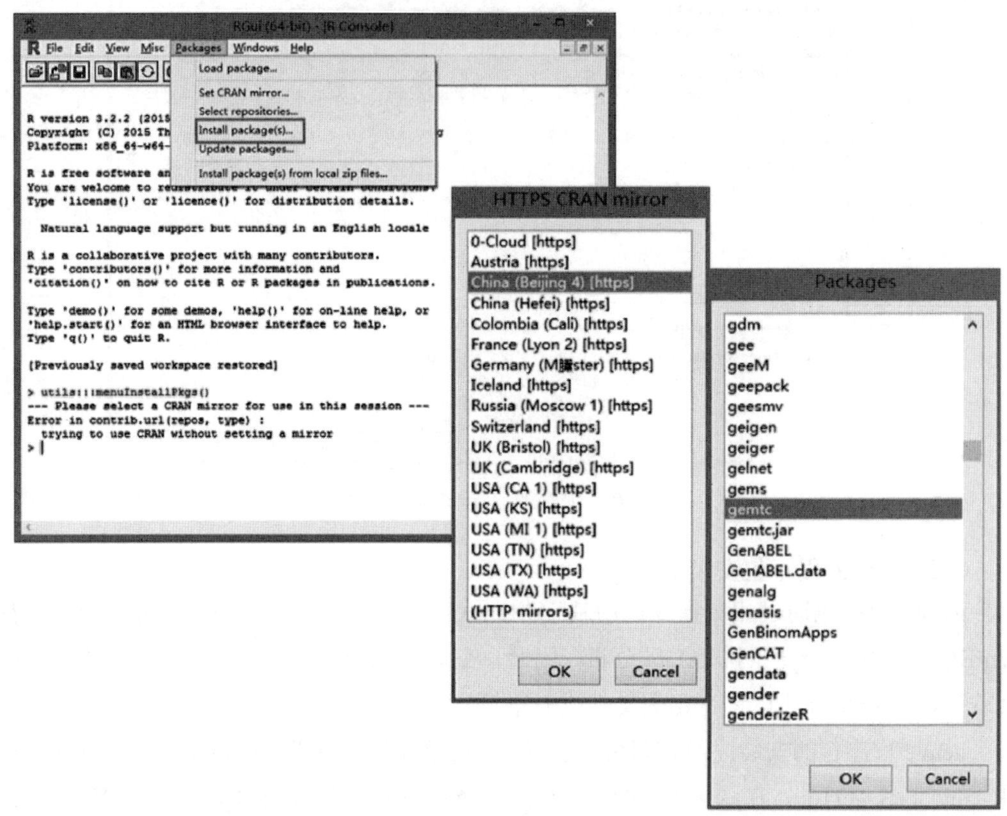

图 4–111 gemtc 程序包安装流程图

```
also installing the dependency 'meta'

trying URL 'https://mirrors.tuna.tsinghua.edu.cn/CRAN/bin/windows/contrib/3.2/meta_4.3-0.zip'
Content type 'application/zip' length 436116 bytes (425 KB)
downloaded 425 KB

trying URL 'https://mirrors.tuna.tsinghua.edu.cn/CRAN/bin/windows/contrib/3.2/gemtc_0.6-2.zip'
Content type 'application/zip' length 940364 bytes (918 KB)
downloaded 918 KB

package 'meta' successfully unpacked and MD5 sums checked
package 'gemtc' successfully unpacked and MD5 sums checked

The downloaded binary packages are in
        C:\Users\L\AppData\Local\Temp\RtmpOC7o01\downloaded_packages
```

图 4–112 gemtc 程序包安装成功提示

安装完成后可由 library（“gemtc”） 命令完成加载，目前 gemtc 程序包的版本为 gemtc 0.6–2。注意：在加载 gemtc 程序包之前，还需安装 lattice 和 coda 程序包，具体方法同上。安装完成后特别注意保存路径，方便后续查看。

三、数据录入

以表 4-4 数据呈现统计分析过程。

（一）整理数据

对数据初步整理后见表 4-11，而 gemtc 的数据录入格式见表 4-12。

表 4-11　初步分析数据

Study	t1	t2	t3	t4	r1	r2	r3	r4	n1	n2	n3	n4
1	A	B			155	63			253	131		
2	A	B	C		72	42	63		137	135	140	
3	A	B	C	D	89	72	48	50	175	172	103	102
4		B	C			49	23			130	132	
5		B		D		110		49		267		134
6			C	D			29	44			100	91
7	A		C		48		59		105		106	
8	A			D	46			60	77			78
9		B	C	D		53	82	68		161	155	125

注：Study、t、r 和 n 分别代表研究、干预措施、某事件发生数和观察总人数

表 4-12　gemtc 数据录入格式

Study	Treatment	Responders	Sample Size
1	A	155	253
1	B	63	131
2	A	72	137
2	B	42	135
2	C	63	140
3	A	89	175
3	B	72	172
3	C	48	103
3	D	50	102
4	B	49	130
4	C	23	132
5	B	110	267

续表

Study	Treatment	Responders	Sample Size
5	D	49	134
6	C	29	100
6	D	44	91
7	A	48	105
7	C	59	106
8	A	46	77
8	D	60	78
9	B	53	161
9	C	82	155
9	D	68	125

注：Study、Treatment、Responders 和 Sample Size 分别代表研究、干预措施、某事件发生数和观察总人数

（二）读取数据

常用的数据读取方式有以下 2 种。

1. 利用 GeMTC 和 ADDIS 等软件完成数据录入，录入后导出 gemtc 格式数据文件，保存到桌面的 Rdata 文件夹，启动 R 软件后，输入 network＜－read.mtc.network（"C:/Users/L/Desktop/Rdata/file.gemtc"）命令读取数据，若要查看录入的数据，输入"print（network）"命令即可。

2. 在 R 软件窗口直接录入数据的方法如下：① 对干预措施进行标记，利用"read.table()"命令和"textConnection()"选择项读取数据并进行关联。假定干预措施的对应关系为：A=treatment 1，B= treatment 2，C= treatment 3，D= treatment 4。② 启动 R 软件，输入命令 library（coda）和 library（gemtc）加载 coda 和 gemtc 程序包，其具体操作步骤如下。

第一步，录入标记命令

```
treatments <- read.table（textConnection（'
id description
A "treatment 1"
B "treatment 2"
C "treatment 3"
D "treatment 4"'
）,header=TRUE）
```

注意：textConnection（''）里面为英文的单引号，id 标识列与 description 标识列之间均用空格隔开，如 A 与 treatment 1 之间空一格，header=TRUE 选项指定第一行是标

题行，省略文件中给定的行标签。

第二步，录入数据

```
data <- read.table（textConnection（'
study treatment responders sampleSize
1 A 155 253
1 B 63 131
2 A 72 137
2 B 42 135
2 C 63 140
3 A 89 175
3 B 72 172
3 C 48 103
3 D 50 102
4 B 49 130
4 C 23 132
5 B 110 267
5 D 49 134
6 C 29 100
6 D 44 91
7 A 48 105
7 C 59 106
8 A 46 77
8 D 60 78
9 B 53 161
9 C 82 155
9 D 68 125')，header=TRUE）
```

第三步，创建 network 数据

gemtc 程序包数据的存储方式较为严格，为 GeMTC 软件的数据识别存储模式。对于创建 network 数据需要运用“mtc.network()”命令来实现，命令如下：

```
network<-mtc.network(data, description = "example",treatments=treatments)
```

其中，data 为录入研究的数据，description 为描述研究的名称，treatments 为录入干预措施的标识。

第四步，生成和保存 gemtc 格式数据

保存创建的 gemtc 格式数据，以便再次分析时使用或为 GeMTC 软件执行分析生成相关数据格式，命令如下：write.mtc.network（network,"C:/Users/L/Desktop/Rdata/ file.

gemtc"）

生成的 gemtc 格式数据被保存到桌面的 Rdata 文件夹中，文件名为“file.gemtc”（注意：记住此保存路径，为后续数据分析使用）。至此，gemtc 格式数据的录入和保存完成。

四、数据分析和结果解释

下面的数据分析接 gemtc 格式数据录入的第二种方法的第三步进行，以读取 gemtc 格式数据文件为例，具体分析步骤如下。

1. 读取 network 数据

network 数据读取可用命令“read.mtc.network()”来实现，若欲查看读取的数据可输入“print（network）”命令。注意：读取之前保存的 file.gemtc 文件的命令代码为：network ＜－read.mtc.network（"C:/Users/L/Desktop/Rdata/file.gemtc"）。

2. 设置 model

gemtc 程序包自身并没有运算程序功能，需对 mtc.model 进行相关设置，并用相关指令调用其他网状 Meta 分析软件来进行相关的迭代运算。可使用“model ＜－ mtc.model（network, type = "consistency", factor = 2.5, n.chain = 3,likelihood=NULL, link=NULL, linearModel="random",om.scale=NULL, hy.prior=mtc.hy.prior（"std.dev", "dunif", 0,"om.scale"））”命令进行设置，其中 network 为 network 类型数据，type 为选择的模型类型（如一致性模型、节点分析模型、UME 模型和 USE 模型），factor 为初始值的变异因子，n.chain 为迭代运算中链的条数（根据需要进行设置），likelihood 为似然（若未指定，软件可根据数据自行选择），link 为链接函数，linearModel 为线性模型类型（random 表示随机效应模型，fixed 表示固定效应模型），om.scale 为结局测量尺度（用于设置模糊先验分布），hy.prior 表示异质性的先验分布设置（先验的设置可使用“mtc.hy.prior（type, distr, ...）”命令，type 为异质性先验的类型，如 std.dev、var 或 prec，distr 与 BUGS/JAGS 一致，为先验分布的名称，常见有均匀分布 dunif、伽马分布 dgamma 或正态分布 dlnorm。本节使用的模型不定义似然和先验，命令为：model ＜－ mtc.model（network,type = "consistency",n.chain =3）。

3. 选取调用软件并分析数据

gemtc 程序包提供 JAGS、OpenBUGS 和 WinBUGS 软件调用方式，通过“mtc.run()”命令选取并调用。该过程中，计算机将自动完成建模、数据加载及初始化等。注意：在调用软件之前，计算机中与 R 软件所在的磁盘下已经安装了相应的软件，并在 R 软件中已安装了相关的程序包。本节以调用 OpenBUGS 3.2.3 为例，其命令为：results ＜－mtc.run（model, sampler ="BRugs", n.adapt=5000, n.iter=20000, thin=1），其中，“n.adapt”为预迭代次数，“n.iter”为迭代运算次数，“thin”为步长。命令运行过程见图 4－113。

```
> results <-mtc.run(model, sampler ="BRugs", n.adapt=5000, n.iter=20000, thin=1)
Welcome to BRugs connected to OpenBUGS version 3.2.3
model is syntactically correct
data loaded
model compiled
[1] "C:\\Users\\L\\AppData\\Local\\Temp\\Rtmp6nuet5/inits1.txt" "C:\\Users\\L\\AppData\\Local\\Temp\\Rtmp6nuet5/inits2.txt"
[3] "C:\\Users\\L\\AppData\\Local\\Temp\\Rtmp6nuet5/inits3.txt"
Initializing chain 1:
initial values loaded and chain initialized but another chain contain uninitialized variables
Initializing chain 2:
initial values loaded and chain initialized but another chain contain uninitialized variables
Initializing chain 3:
model is initialized
model is already initialized
5000 updates took 2 s
deviance set
monitor set for variable 'd.a.b'
monitor set for variable 'd.a.c'
monitor set for variable 'd.a.d'
monitor set for variable 'sd.d'
monitor set for variable 'deviance'
20000 updates took 9 s
>|
```

图 4-113 gemtc 程序包调用 OpenBUGS 行网状 Meta 分析迭代进程

4. 汇总结果

输入“summary（results）”命令后查看网状 Meta 分析结果（图 4-114）。

```
> summary(results)
$measure
[1] "Log Odds Ratio"

$summaries

Iterations = 5001:25000
Thinning interval = 1
Number of chains = 3
Sample size per chain = 20000

1. Empirical mean and standard deviation for each variable,
   plus standard error of the mean:

             Mean     SD  Naive SE Time-series SE
d.a.b     -0.2553 0.3290 0.0013429       0.002470
d.a.c     -0.1395 0.3317 0.0013540       0.002505
d.a.d      0.2163 0.3627 0.0014807       0.002725
deviance 137.7756 6.7780 0.0276711       0.038734
sd.d       0.6155 0.1617 0.0006601       0.001272

2. Quantiles for each variable:

             2.5%       25%      50%       75%    97.5%
d.a.b     -0.9092  -0.46346  -0.2577  -0.04955   0.4103
d.a.c     -0.7975  -0.35128  -0.1411   0.07049   0.5269
d.a.d     -0.4966  -0.01621   0.2126   0.44311   0.9510
deviance 126.4828 132.89993 137.1095 141.93007 152.7602
sd.d       0.3455   0.49485   0.5978   0.72236   0.9687
```

图 4-114 网状 Meta 分析结果

5. 绘制收敛性评估图

输入“gelman.plot（results）”后绘制收敛性诊断图（图 4-115）。

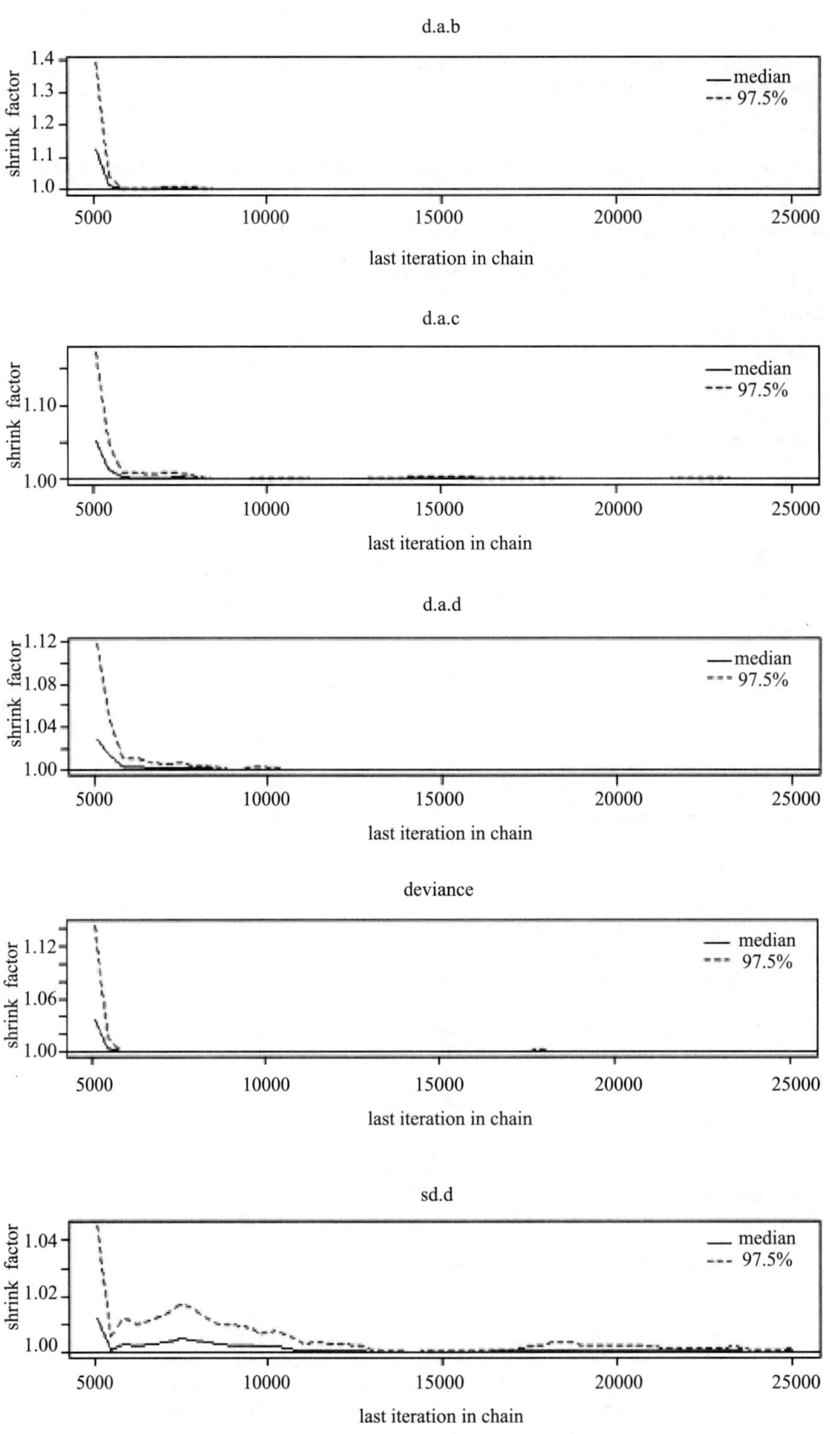

图 4-115　收敛性评估图

6. 绘制轨迹密度图

输入“plot（results）”后绘制轨迹密度图（图 4-116）。

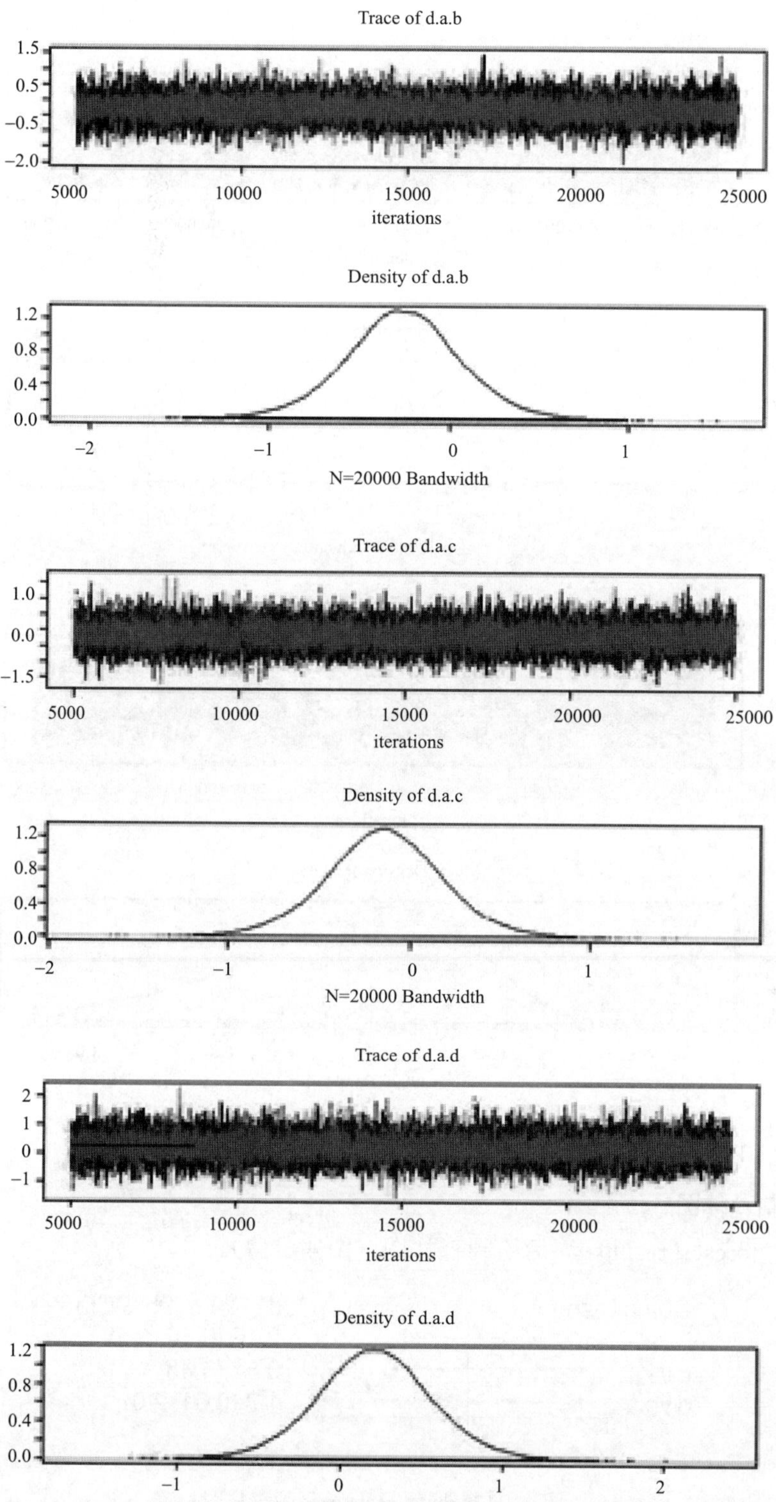

图 4−116　轨迹密度图（一）

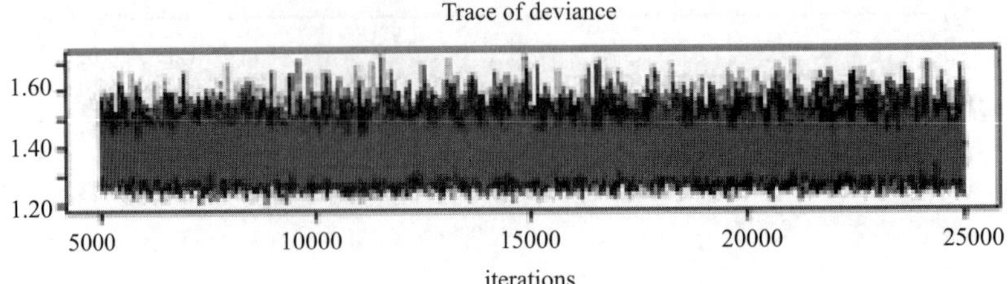

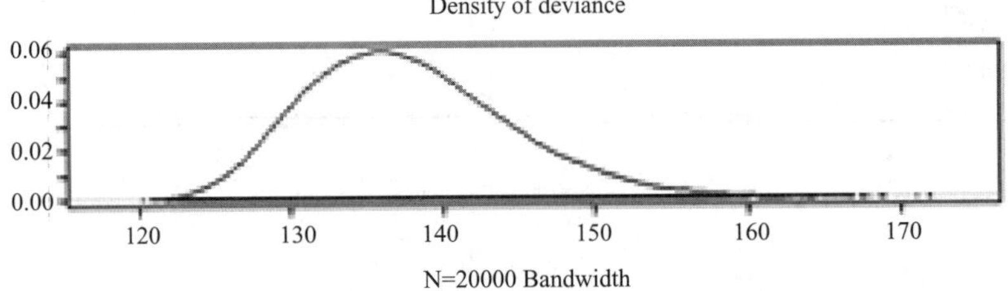

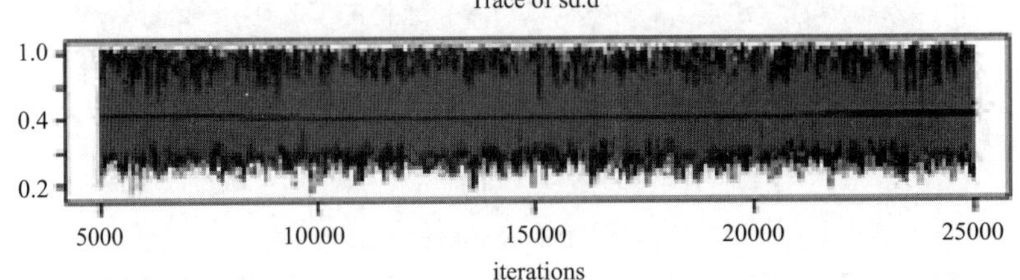

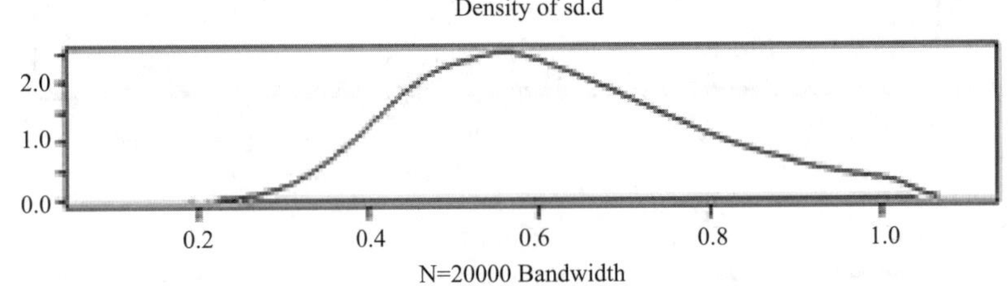

图 4-116　轨迹密度图（二）

7. 绘制森林图

输入"forest（results）"后绘制森林图（图 4-117）。

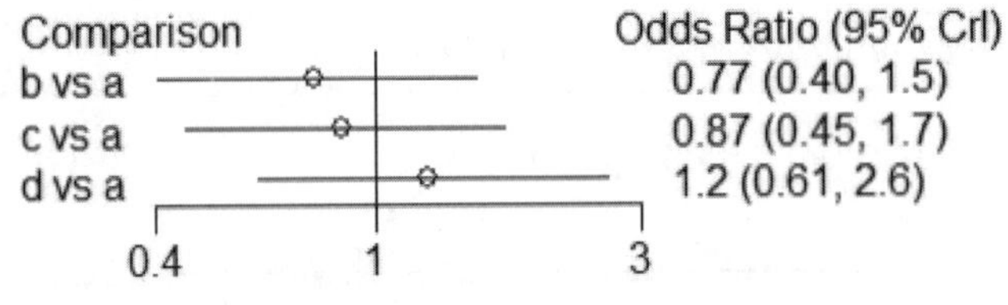

图 4-117　网状 Meta 分析的森林图

8. 排序概率结果

可通过3种命令呈现排序概率结果：① 命令为"ranks<–rank.probability（results, preferred Direction=1）"，其中preferredDirection=1表示结局指标为有利结局指标，preferredDirection=–1表示结局指标为不利结局指标，输入"print（ranks）"，结果见图4–118；② 命令为"plot（ranks）"，结果见图4–119；③ 命令为"plot（ranks, beside=TRUE）"，结果见图4–120。

9. 绘制证据关系图

输入命令"plot（network）"后绘制证据关系图（图4–121）。

```
> print(ranks)
Rank probability; preferred direction = 1
        [,1]       [,2]       [,3]        [,4]
a 0.22768333 0.4091500 0.23486667 0.12830000
b 0.03018333 0.1216500 0.28608333 0.56208333
c 0.07493333 0.2480833 0.39713333 0.27985000
d 0.66720000 0.2211167 0.08191667 0.02976667
```

图4–118　概率排序结果A

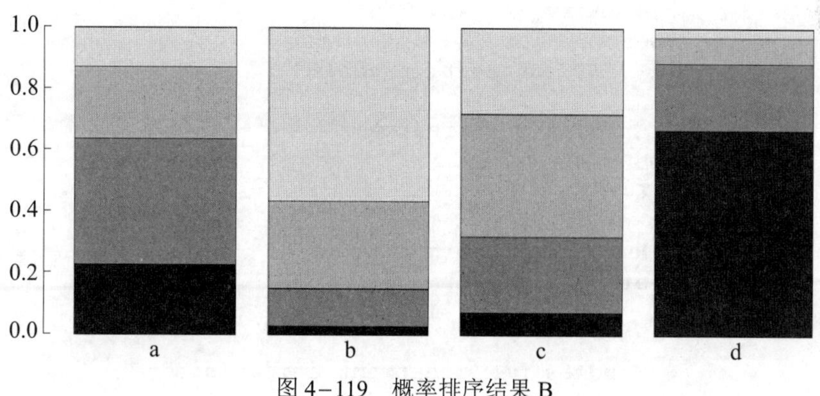

图4–119　概率排序结果B

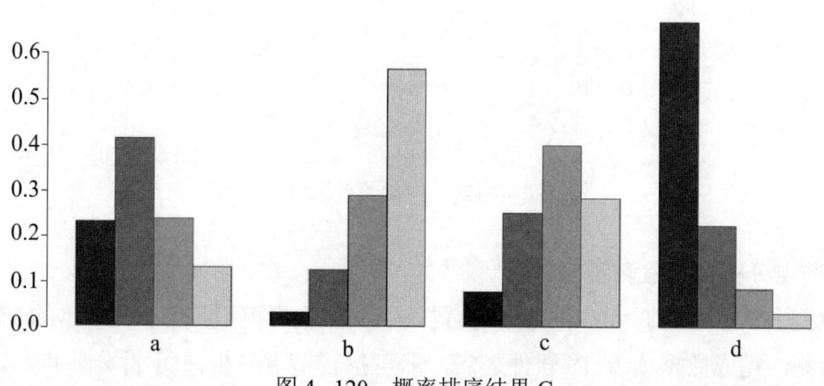

图4–120　概率排序结果C

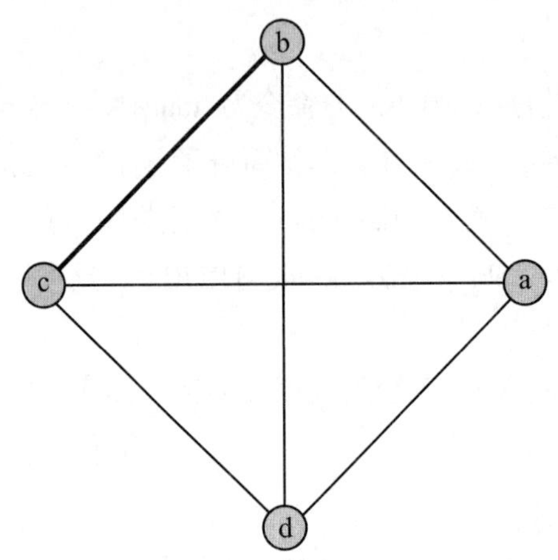

图 4-121　证据关系图

10. 绘制内部关系总结图

输入命令“summary （network)”，可查看每种干预措施的研究数量及试验臂数对应的研究数量。如图 4-122 显示：2 臂试验 6 篇，3 臂试验 2 篇，4 臂试验 1 篇。

```
> summary (network)
$Description
[1] "MTC dataset: example"

$`Studies per treatment`
a b c d
5 6 6 5

$`Number of n-arm studies`
2-arm 3-arm 4-arm
    6     2     1

$`Studies per treatment comparison`
  t1 t2 nr
1  a  b  3
2  a  c  3
3  a  d  2
4  b  c  4
5  b  d  3
6  c  d  3
```

图 4-122　内部关系总结

11. 节点分析模型检测不一致性

gemtc 程序包（当前为 0.6-2 版）内置入了节点分析模型，用于网状 Meta 分析的不一致性检测，完成数据读入 R 软件之后，即可执行节点分析：① 拆分节点，输入命令“mtc.nodesplit. comparisons（network)” 将网络中的闭合环进行拆分（图 4-123），被拆分为 6 个比较组，分别为 ab、ac、ad、bc、bd 和 cd；② 执行节点分析，输入命令 "result <– mtc.nodesplit（network）" 出现模型编译过程（图 4–124）；③ 呈现节点分析结果，输入命令 "summary（result）" 查看节点分析结果（图 4–125），给出了不一致性分析的 P 值和直接比较、间接比较和混合效应的 logOR；④ 呈现森林图，输入命令"plot（summary（result））"，以森林图形式呈现结果（图 4–126）。

```
> mtc.nodesplit.comparisons(network)
  t1 t2
1  a  b
2  a  c
3  a  d
4  b  c
5  b  d
6  c  d
```

图 4–123　节点拆分结果

```
> result <- mtc.nodesplit(network)
module dic loaded
Compiling model graph
   Resolving undeclared variables
   Allocating nodes
   Graph Size: 284

Initializing model

  |++++++++++++++++++++++++++++++++++++++++++++++++++| 100%
  |**************************************************| 100%
Compiling model graph
   Resolving undeclared variables
   Allocating nodes
   Graph Size: 284

Initializing model

  |++++++++++++++++++++++++++++++++++++++++++++++++++| 100%
  |**************************************************| 100%
Compiling model graph
   Resolving undeclared variables
   Allocating nodes
   Graph Size: 295

Initializing model

  |++++++++++++++++++++++++++++++++++++++++++++++++++| 100%
  |**************************************************| 100%
Compiling model graph
   Resolving undeclared variables
   Allocating nodes
   Graph Size: 267
```

图 4–124　节点分析命令及模型编译和初始化进程

```
> summary(result)
Node-splitting analysis of inconsistency
========================================

   comparison  p.value  CrI
1  d.a.b       0.093350
2  -> direct            -0.60 (-1.4, 0.18)
3  -> indirect          0.63 (-0.62, 1.9)
4  -> network           -0.26 (-0.92, 0.40)
5  d.a.c       0.717375
6  -> direct            -0.032 (-0.88, 0.82)
7  -> indirect          -0.29 (-1.6, 1.0)
8  -> network           -0.14 (-0.81, 0.53)
9  d.a.d       0.720425
10 -> direct            0.34 (-0.74, 1.4)
11 -> indirect          0.069 (-1.1, 1.2)
12 -> network           0.21 (-0.51, 0.95)
13 d.b.c       0.820550
14 -> direct            0.15 (-0.65, 0.95)
15 -> indirect          -0.032 (-1.6, 1.5)
16 -> network           0.12 (-0.51, 0.73)
17 d.b.d       0.357600
18 -> direct            0.32 (-0.50, 1.1)
19 -> indirect          0.99 (-0.32, 2.3)
20 -> network           0.47 (-0.19, 1.1)
21 d.c.d       0.930525
22 -> direct            0.32 (-0.55, 1.2)
23 -> indirect          0.39 (-0.93, 1.8)
24 -> network           0.35 (-0.32, 1.0)
```

图 4-125 节点拆分结果

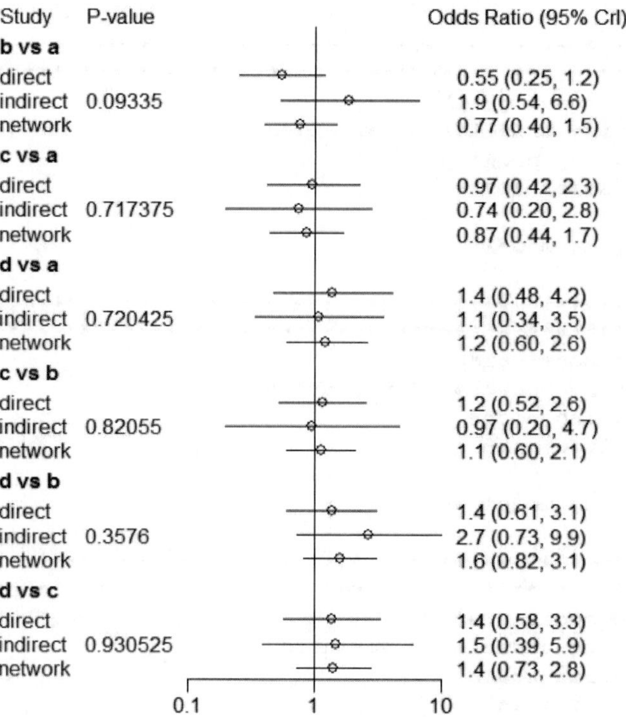

图 4-126 节点拆分结果的森林图

12. 分析异质性

使用“mtc.anohe（network, ...）”命令评估网状 Meta 分析异质性，包括一致性模型、不相关研究效应模型（unrelated study effects，USE）和不相关平均效应模型（unrelated mean effects，UME）等 3 种模型，该命令可同时得到直接比较的 I^2 值和混合治疗效应的 I^2 值。在完成数据读入 R 软件步骤之后，即可进行异质性的分析，其操作步骤如下：① 编译和初始化模型，命令为“result.anohe＜－mtc.anohe（network, n.adapt=5000, n.iter=20000, thin=1）”（图 4－127）；② 汇总结果，输入“summary（result.anohe）”命令（该命令可得到每个干预措施比较组的 I^2 值和整个治疗网络体的 I^2 值）查看异质性分析结果（图 4－128），i2.pair 为双臂 Meta 分析的异质性检验结果，i2.cons 为一致性模型下网状 Meta 分析的异质性检验结果，incons.p 为不一致性检验的 P 值；③ 评估收敛性，输入“plot（result.anohe）”可得到异质性分析时 USE 模型、UME 模型和一致性模型的轨迹密度图，判断方法同前；④ 绘制森林图，在输入“summary.anohe＜－summary（result.anohe）”命令基础上，再输入“plot（summary.anohe,xlim=log（c（0.1,14）））”命令后可得到图 4－129 和图 4－130，其中 xlim=log（c（0.1,14））＞是对森林图的 X 轴进行调整，可根据自己需要进行调整。

```
> result.anohe<-mtc.anohe(network, n.adapt=5000, n.iter=20000, thin=1)
module dic loaded
Compiling model graph
   Resolving undeclared variables
   Allocating nodes
   Graph Size: 140

Initializing model

  |++++++++++++++++++++++++++++++++++++++++++++++++++| 100%
  |**************************************************| 100%
Compiling model graph
   Resolving undeclared variables
   Allocating nodes
   Graph Size: 248

Initializing model

  |++++++++++++++++++++++++++++++++++++++++++++++++++| 100%
  |**************************************************| 100%
Compiling model graph
   Resolving undeclared variables
   Allocating nodes
   Graph Size: 239

Initializing model

  |++++++++++++++++++++++++++++++++++++++++++++++++++| 100%
  |**************************************************| 100%
```

图 4－127 异质性分析模型编译和初始化

```
> summary(result.anohe)
Analysis of heterogeneity
=========================

Per-comparison I-squared:
-------------------------

  t1 t2  i2.pair  i2.cons   incons.p
1  a  b  0.00000 55.47976 0.0500663
2  a  c 43.11481 12.04574 0.5000817
3  a  d 68.52149 19.43199 0.6075832
4  b  c 87.99944 80.02704 0.8843578
5  b  d 77.45457 67.46404 0.3219624
6  c  d 47.13118  0.00000 0.9705469

Global I-squared:
-------------------------

   i2.pair  i2.cons
1 63.12707 68.51662
```

图 4-128　异质性分析结果

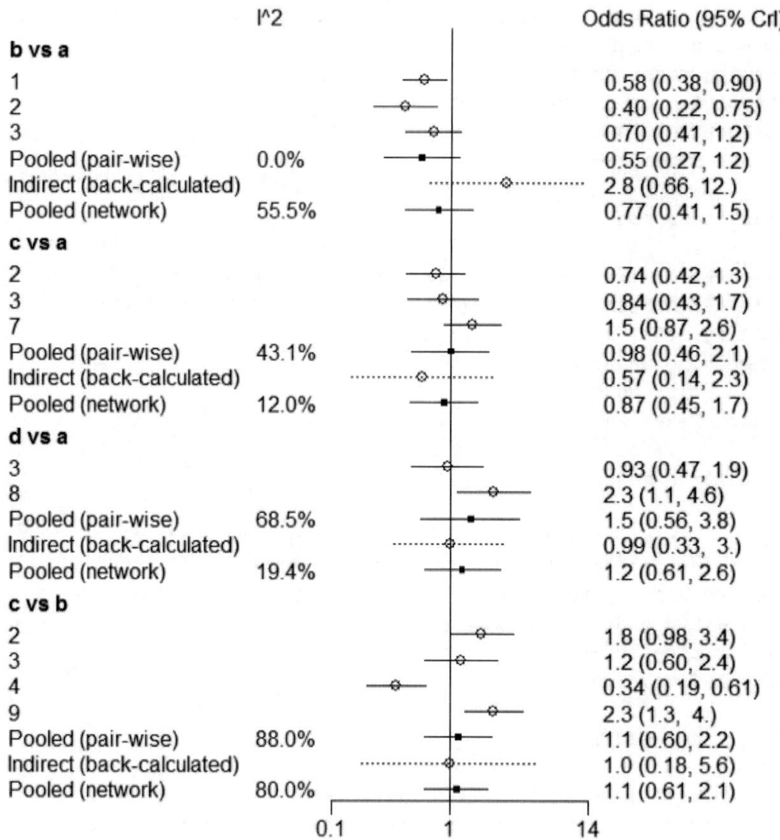

图 4-129　网状 Meta 分析和异质性检验结果

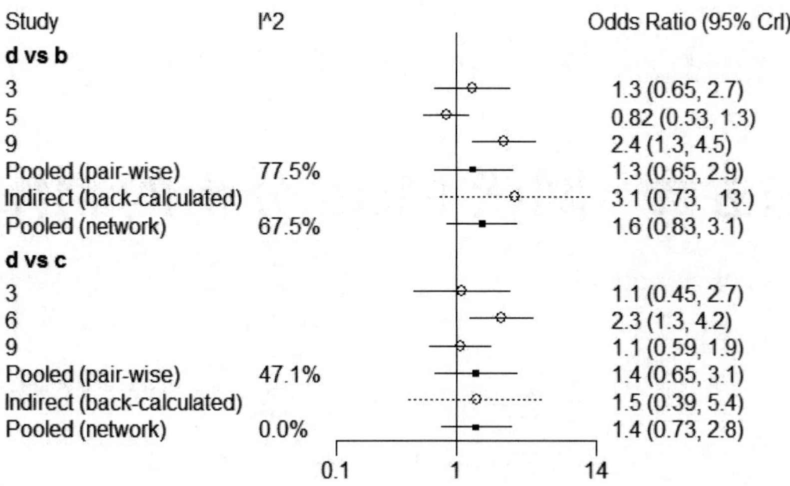

图 4-130　网状 Meta 分析和异质性检验结果

（葛　龙）

第五章　网状 Meta 分析的制作

第一节　选　　题

一、选题准备

选题准备工作对于网状 Meta 分析的制作具有重要的意义，如果网状 Meta 分析题目选好后，不具备完成的条件，再好的选题也只能是一种美好的愿望，因此，选题准备是决定选题能否成功的关键。选题准备主要包括以下内容。

1. 组建网状 Meta 分析制作团队，其团队成员至少包括网状 Meta 分析方法学人员、检索专家（可来自图书馆）、统计人员和临床医生等。

2. 保证制作网状 Meta 分析所必需的数据库、经费和时间，这是由于网状 Meta 分析的制作所需的时间和费用要多于传统 Meta 分析。

3. 熟悉文献管理软件（如 EndNote、Reference Manager 等）和数据统计分析软件（如 WinBugs、ADDIS、Stata、R 等）。

对于那些暂不具备的条件，可考虑是否通过其他途径实现，如部分数据库不可及，可联系订购该数据库的单位进行检索，部分全文无法获取，可以通过文献传递服务实现。

二、选题原则

选题来源于临床实践，又服务于临床实践，因此选题应考虑其是否具有一定的临床意义。提出问题后，应全面了解该课题背景知识，掌握国内外研究现状，考虑适合做哪种类型的研究。

网状 Meta 分析课题的来源大致有两个方面：① 基于已发表的传统 Meta 分析/系统评价（含基于一大类药物或不同术式或同一类药物不同剂量等）和单个病例数据 Meta 分析（IPD-MA）；② 采用传统 Meta 分析/系统评价的选题方法，最佳选题产生在临床需要与临床干预措施内在发展逻辑的交叉点上。选题是否恰当、清晰、明确，关系到网状 Meta 分析是否具有重要的临床意义，是否具有可行性，并影响着整个网状 Meta 分析研究方案的设计和制订。

选择网状 Meta 分析的题目之前，首先必须了解选题原则，其次是熟悉选题方法。一般来说，网状 Meta 分析选题原则主要有：① 需要性原则：网状 Meta 分析选题不但要紧密结合临床，而且要考虑其研究成果是否能直接为临床疾病的干预提供决策依据；② 价值性原则：主要指网状 Meta 分析关注的临床问题具有科学研究价值和临床实用价值；③ 科学性原则：选题必须有科学依据，确定某个选题前应该了解拟选题国内外的研究热点和发展趋势，且选题必须实事求是、符合客观规律、合乎逻辑推理，做到立论依据充分，研究目标明确，研究内容具体，研究方法及技术路线可行；④ 创新性原则：选题必须选择别人没有解决或没有完全解决的临床问题，这是选题得以成立的基本条件和价值所在，为了避免选题与别人重复，在决定对该选题进行网状 Meta 分析前，应该检索 Cochrane Library 中的 Cochrane 系统评价库（Cochrane Database of Systematic Reviews, CDSR）、疗效评价文摘库（Database of Abstracts of Reviews of Effects，DARE）和国际系统评价注册平台（International Prospective Register of Systematic Review，PROSPERO）（http://www.crd.york.ac.uk/prospero），见图 5-1，了解目前是否有发表和正在进行的网状 Meta 分析，如果有，必须考虑你的网状 Meta 分析与发表或正在进行的网状 Meta 分析的异同点和创新之处。

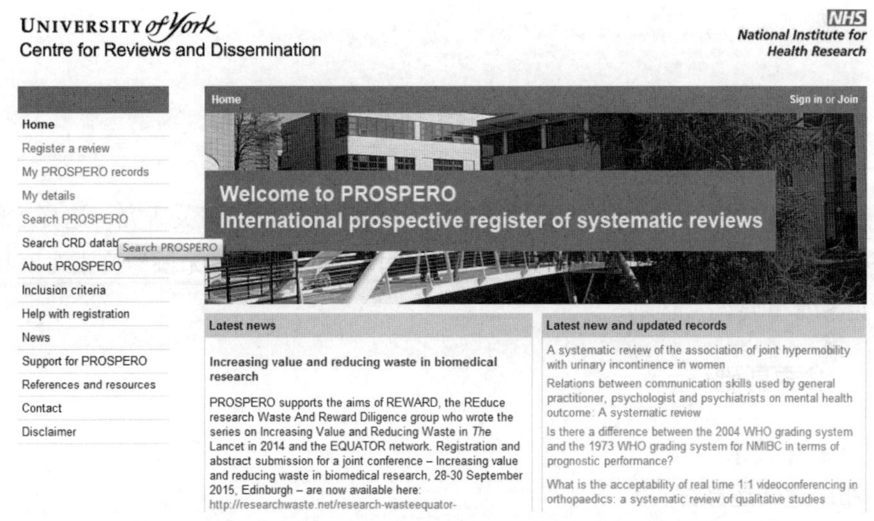

图 5-1　PROSPERO 主界面

我们也必须要注意：① 选题难易要适中，既要有"知难而进"的勇气和信心，又要做到"力所能及"。如果难度过大，超过了自己所能承担的范围，一旦盲目动笔，很可能陷入中途写不下去的被动境地，到头来迫使自己另起炉灶、重新选题，这样不仅造成了时间、精力的浪费，而且也容易使自己失去制作网状 Meta 分析的自信心。反之，选题过于简单，不但不能反映出自己的水平，而且也达不到提高自己的目的。② 选题大小要适度，应考虑所具有的资源和条件、临床意义和研究质量等问题。选题的范围太宽可能对患者的处理没有帮助。但选题的范围太窄却因所获资料较少而容易受机遇影响，增加出现假阳性和假阴性结果的机会，使结果不可靠，影响研究结果的实用性。

三、题目组成

在网状 Meta 分析的题目中应该包括：① 干预措施或暴露因素；② 目标人群或疾病名称；③ 研究类型：调整间接比较（adjusted indirect comparison）、混合治疗效应 Meta 分析（mixed treatment comparison meta analysis）或网状 Meta 分析（network meta analysis）。

如果撰写 Cochrane 系统评价，应该首先在 Cochrane 协作网工作注册，确定该题目是否已被注册；其次，专家评审后，确定是否有必要进行该题目的网状 Meta 分析；最后，如果该题目无人注册且有研究的价值，工作小组将通知你填写有关表格，确定你的注册资格。

应该考虑：开展网状 Meta 分析的立题依据，内容应该包括：① 拟研究疾病或健康问题的疾病负担（含危害）和重要性；② 目前治疗该疾病的干预措施现状和存在的问题，如果可能对这些有效干预措施的治疗效果进行综述；③ 当前关于这些干预措施已有类似的或相关的系统评价/Meta 分析的现状及存在的问题，阐述网状 Meta 分析制作的必要性。同时明确阐明网状 Meta 分析的主要目的，包括干预措施涉及的研究疾病或健康问题、患者类型以及场所等，如果可能，同时阐述一些具体目标，如不同剂量和疗程等。

（李秀霞）

第二节 资料检索

资料检索的目的是为网状 Meta 分析撰写获取此前所有的相关研究，这样才能够更好地评估不同干预措施间的疗效差异。由此可见，全面、系统、无偏倚检索对网状 Meta 分析来说非常重要。

一、检索基础

（一）检索技术

1. 布尔逻辑运算符

资料检索可能涉及简单的一个主题概念，或一个主题概念的某一侧面，也可由若干个概念组成的复合主题，或一个主题概念的若干个侧面。这些概念或其侧面，无疑都需要以一定的词汇或符号来表达，信息检索系统借助于布尔逻辑运算符来处理较为复杂的词间（或符号间）语义关系。

（1）“逻辑与” 表达式为 A AND B 或 A*B，检索结果中必须出现所有的检索词，可缩小检索范围，提高查准率。

（2）“逻辑或” 表达式为 A OR B 或 A+B，检索结果中至少出现其中某一个检索词，可扩大检索范围，提高查全率。

（3）“逻辑非” 表达式为A NOT B，检索结果中不出现含有某一检索词的文献，通过从某一检索范围中去除某一部分文献的方式达到缩小检索范围，提高查准率。

一个检索式可以同时使用多个布尔逻辑运算符构成复杂的检索策略。不同布尔逻辑运算符的组合，其运算次序为（ ）＞NOT＞AND＞OR，也可用括号改变运算次序，A OR B AND C 的检索结果与（A OR B）AND C 的检索结果完全不同。

2. 位置算符/邻近符

运用布尔逻辑运算符进行检索，由于对各个检索词之间的位置关系不能予以限制和确定，有时会产生误检，这就需要采用位置算符以弥补这一缺陷。不同数据库使用的位置算符/邻近符可能不同，常见的位置算符/邻近符主要如下。

（1）“WITH” 表示连接的两词相邻，且两词的前后顺序不固定。

（2）“NEAR/n” 表示连接的两词之间可以有 n 个以内的单词出现，且两词的前后顺序不固定。

（3）“Next/n” 表示连接的两词之间可以有 n 个以内的单词出现，且两词的前后顺序固定。

（4）“ADJ” 表示连接的两词相邻，且两词的前后顺序不固定，在 ADJ 符号后加数字限制两词之间的最大距离，数字范围可在“0～255”之间。

3. 截词检索

英文单词的构成法有一个普遍的共同特征，由词干与不同的前缀或后缀组合可派生出一系列的新词汇。这些新词由于具有相同的词干，因而其基本含义相同或相似，只是词性及语法意义有所差异。而这一语言特点，在以语言表达概念为基本特征的信息检索活动中，就可能因词汇书写形式的变化而出现漏检。为此，数据库检索系统提供一种在词汇的某一位置截断的方式以解决词汇的单复数、相同词干的词尾变化和英美拼写差异等问题，用于检索与这一词汇片段相匹配的所有相关记录，以保证较高的查全率。

截词检索可检索词根相同词尾不同的检索词，常用于检索词的单复数、词尾变化但词根相同的词、同一词的拼法变异等。不同数据库使用的截词符可能不同，常见的截词算符有星号（*）、问号（?）、美元符号（$）、百分号（%）和井字号（#），“*”和“%”表示任意数量的字符，“?”和“#”表示任意一个字符，“$”表示零或一个字符。

4. 限定检索

限定检索是指检索人员指定检索某一或几个字段以使检索结果更为准确，减少误检。限定检索会采用缩写形式的字段标识符（如 TI 表示 Title，AB 表示 Abstract 等），如中国生物医学文献服务系统（SinoMed）、EMBASE 和 PubMed 等数据库均提供限定检索。

5. 扩展检索

扩展检索是同时对多个相关检索词实施逻辑“或”检索的技术，即当检索人员输入一个检索词后，系统不仅能检出该检索词的文献，还能检出与该检索词同属于一个概念的同义词或下位词的文献，如 SinoMed、EMBASE 和 PubMed 等数据库中主题词的扩展检索。

6. 加权检索

检索时不仅查找检索词，还需考虑并估计检索词的权重，当权重之和超出阈值的记录才能在数据库中被检出。在 SinoMed、EMBASE 和 PubMed 等数据库中表现为仅检索主要概念主题词，而在中国期刊全文数据库中表现为词频检索。

7. 精确检索和模糊检索

精确检索是指检出结果与输入的检索词组完全一致的匹配检索技术，在许多数据库中用引号来表示，如检索“acute pancreatitis”。

模糊检索允许检出结果与输入的检索词组之间存在一定的差异，如输入 acute pancreatitis，可检索出 acute necrotizing pancreatitis 和 acute gallstone pancreatitis 等，只要包含 acute 和 pancreatitis 两个词的文献均能检索出来，并不要求 acute pancreatitis 一定按输入顺序相邻。

8. 智能检索

自动实现检索词、检索词对应主题词及该主题词所含下位词的同步检索。如 SinoMed 的智能检索和 PubMed 的“自动词语匹配检索”。

（二）检索途径

1. 主题词检索

主题词是经过优选和规范化处理的词汇，由主题词表控制。主题词检索是根据文献的主题内容，通过规范化的名词、词组或术语（主题词）查找文献信息，其检索标识是主题词。如肝癌的主题词是“肝肿瘤”；艾滋病的主题词是“获得性免疫缺陷综合征”。目前，支持主题词检索的数据库有 SinoMed、EMBASE、Cochrane Library 和 PubMed 等。

2. 关键词检索

从文献篇名、正文或文摘中抽出来的能表达文献主要内容的单词或词组查找文献的检索途径。关键词与主题词不同，因未经规范化处理，检索时必须同时考虑到与检索词相关的同义词、近义词等，否则，容易造成漏检。如检索“乳腺癌”时需要考虑“乳腺肿瘤”和“乳癌”等。

3. 题名检索

利用题名（篇名、标题）等作为检索入口检索文献的途径，是信息检索最常用的途径。

4. 缺省检索

是指自动在检索系统预先设定的多个字段中同时进行检索。如 SinoMed 基本检索界面直接输入检索词，系统默认在缺省字段（中文题名、关键词、主题词、文摘、刊名、特征词等）中进行检索。

5. 著者检索

根据文献上署名的著者、作者、编者的姓名查找文献的检索途径。也是目前常用的一种检索途径，当要查找某人发表的论文，而且又知道其姓名的准确书写形式（包括中文的同音字、英文的拼法等）时，利用著者索引是最快捷、准确的方式。

6. 引文检索

利用引文（即论文末尾所附参考文献）这一特征作为检索入口查找文献的途径，如 SinoMed 和 Web of Science 等。在网状 Meta 分析检索中，可通过引文检索实现对纳入研究参考文献的追踪。

7. 相关信息反馈检索

是将与已检结果存在某种程度相关的信息检索出来的检索技术，多由检索系统自动进行检索。如 Google 的“类似网页”、PubMed 的“Similar articles”，SinoMed 的“主题相关”，中文科技期刊全文数据库、中国期刊全文数据库和万方数据知识服务平台学术期刊的“相似文献”。

（三）检索步骤

网状 Meta 分析资料检索的步骤，因检索课题、检索人员的不同，以及使用检索系统的不同而略有不同。但一般来讲，均遵循如下工作程序。

1. 分析检索课题，将问题转化为 PICOS 模式

首先要分析、确定欲检课题涉及的主要概念，这些概念的内涵和外延如何，这些概念之间的联系或关系是什么。在此基础上，明确检索的内容、目的、要求，从而确定检索的学科范围、文献类型、回溯的年限等。

当检索人员面对一个具有临床意义的临床问题，但不知道怎样去检索相关研究，为了解决这一难题，首先应将临床问题的信息需求进行分析和整理，将初始的临床问题转变为可以回答的临床问题，通常这类临床问题可分解为 PICOS 5 个部分：P 表示 patient/population（患者或人群），I 表示 intervention（干预措施），C 表示 comparison（对照措施），O 表示 outcome（结果），S 表示 study（研究类型）。在实施检索时，同时满足 PICOS 的很少。

2. 选择检索资源

为全面查找所有相关临床研究，凡是可能收录了与研究问题相关的检索资源均应考虑在内，不限定语种和时间。网状 Meta 分析检索信息源主要包括以下几种。

1）综合性文献数据库资源。如 PubMed/MEDLINE、EMBASE、Cochrane Library、Web of Science、BIOSIS Previews、SciFinder Web 和 SinoMed 等，具体检索方法参见本章主要信息资源检索部分，图 5-2 显示主要外文数据库的收录的随机对照试验的关系，其中 Cochrane Library 中的随机对照试验除了来自 EMBASE 和 MEDLINE 之外，还有手工检索获得的随机对照试验，EMBASE.com 可以同时检索 EMBASE 和 MEDLINE，而 PubMed 可同时检索 MEDLINE、In Process Citations 和 Publisher Supplied Citations，BIOSIS Previews 和 Web of Science 也提供上述数据库未收录的随机对照试验。

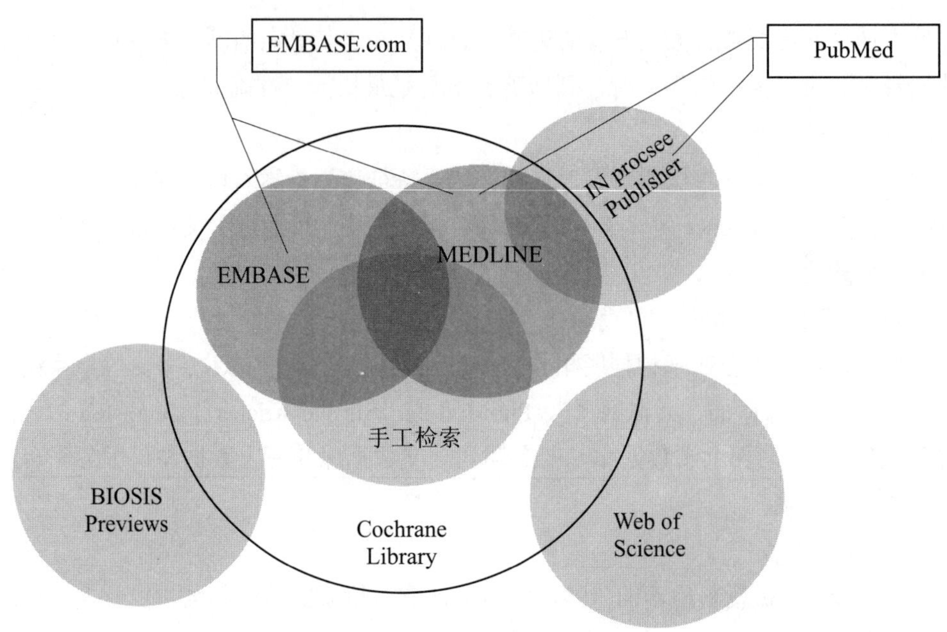

图 5-2　主要外文数据库收录文献关系图

2）与研究课题相关的专题数据库。① 社会、教育、心理与精神病学：科学索引与文摘（Applied Social Sciences Index and Abstracts，ASSIA）（http://www.csa.com/factsheets/assia-set-c.php）、社会学摘要（Sociological Abstracts）（www.csa.com/factsheets/socioabs-set-c.php）、Campbell 协作网（http://www.campbellcollaboration.org）、教育信息资源中心（Education Resources Information Center，ERIC）（http://www.eric.ed.gov）和 PsycINFO（http://www.apa.org/psycinfo）；② 护理和补充替代医学：AMED（Allied and Complementary Medicine）http://www.bl.uk/collections/health/amed.html）、BNI（British Nursing Index）（http://www.bniplus.co.uk）、CINAHL（Cumulative Index to Nursing and Allied Health literature）（http://www.cinahl.com）、MANTIS（http://www.healthindex.com）、OTseeker（http:// www.otseeker.com）、PEDro（Physiotherapy Evidence Database）（http://www.pedro.fhs. usyd.edu.au）；③ 健康促进：健康促进数据库（http://eppi.ioe.ac.uk/webdatabases/Intro.aspx? ID=7）、DoPHER（Database of Promoting Health Effectiveness Reviews）（http://eppi.ioe. ac.uk/webdatabases/Intro.aspx?ID=2）；④ 公共卫生：Global Health（http://www.cabi.org/ datapage.asp?iDocID=169）、POPLINE（http://db.jhuccp.org/ics-wpd/popweb）。

3）其他国家或地区数据库

- 非洲：African Index Medicus（http://indexmedicus.afro.who.int）
- 澳大利亚：Australasian Medical Index （http://www.nla.gov.au/ami）
- 地中海东部：Index Medicus for the Eastern Mediterranean Region（http://www.emro.who.int/information-resources/imemr/imemr.html）

- 欧洲：PASCAL（fee-based）（http://international.inist.fr/article21.html）
- 印度：IndMED（http://indmed.nic.in）
- 韩国：KoreaMed（http://www.koreamed.org/SearchBasic.php）
- 拉丁美洲和加勒比海：LILACS（in English, Spanish and Portuguese）（http://bases.bireme.br/cgibin/wxislind.exe/iah/online/?IsisScript=iah/iah.xis&base=LILACS&lang=i）
- 东南亚：Index Medicus for the South-East Asia Region （IMSEAR）（http://library.searo.who.int/modules.php?op=modload&name=websis&file=imsear）
- 乌克兰和俄罗斯联邦：Panteleimon（http://www.panteleimon.org/maine.php3）
- 西太平洋：Western Pacific Region Index Medicus（WPRIM）http://www.wprim.org）

4）在研研究检索

（1）世界卫生组织国际临床试验注册平台（http://www. who.int/trialsearch） 2001 年，世界卫生组织（World Health Organization，WHO）发起在美国纽约召开会议并发表了临床试验注册制度和分配全球统一注册号的《New York Statement》，决定成立 WHO 临床试验注册平台（World Health Organization International Clinical Trial Registration Platform，WHO ICTRP），成为全球各地区临床注册中心分配全球统一注册号的中心。主要的一级注册机构有：① 澳大利亚－新西兰临床试验注册中心（Australian New Zealand Clinical Trials Registry，ANZCTR）；② 巴西临床试验注册中心（Brazilian Clinical Trials Registry，ReBec）；③ 中国临床试验注册中心（Chinese Clinical Trial Registry，ChiCTR）；④ 韩国临床研究信息服务中心（Clinical Research Information Service，CRiS） Republic of Korea）⑤ 印度临床试验注册中心（Clinical Trials Registry–India，CTRI）；⑥ 古巴临床试验注册中心（Cuban Public Registry of Clinical Trials，RPCEC）；⑦ 德国临床试验注册中心（German Clinical Trials Register，DRKS）；⑧ 伊朗临床试验注册中心（Iranian Registry of Clinical Trials，IRCT）；⑨ 国际标准随机对照临床试验编号注册系统（International Standard Randomized Cntrolled Trial Number Register , ISRCTN）；⑩ 日本临床试验注册网络（Japan Primary Registries Network，JPRN）；⑪ 荷兰临床试验注册中心（The Netherlands National Trial Register，NTR）；⑫ 泛非临床试验注册中心（Pan African Clinical Trial Registry，PACTR）；⑬ 斯里兰卡临床试验注册中心（Sri Lanka Clinical Trials Registry，SLCTR）。主要的合作注册中心有：① 德国弗赖堡大学医学中心临床试验注册中心；② 德国体细胞基因转录临床试验数据库；③ 香港中文大学临床试验注册中心。

（2）国际制药工业协会联合会（International Federation Of Pharmaceutical Manufacturers Associations，IFPMA）临床试验门户（http://clinicaltrials.ifpma.org） 主要提供让患者和医生检索制药企业完成的临床试验结果。

（3）欧盟临床试验注册网（European Union Clinical Trials Register，EU-CTR）（https://www.clinicaltrialsregister.eu/ctr-search/search） 提供在欧盟和欧洲经济区注册的临床试验的数据。

（4）Clinical Trials（http://www.clinicaltrials.gov） 是美国国立卫生研究院（National Institutes of Health，NIH）通过美国国家医学图书馆（National Library of Medicine，NLM）提供临床研究信息的数据库。收录由NIH、美国其他联邦机构和制药公司资助的临床试验信息。

（5）Current Controlled Trials（http://www.controlled-trials.com） 是英国伦敦的一个商用网站，通过简单注册，便能免费检索相关数据，获得正在进行的临床试验信息，同时接收临床试验信息。

（6）英国制药工业协会临床试验数据中心（http://www.cmrinteract.com/clintrial） 由英国制药工业协会发起，制药企业资助。可免费检索在英国注册的Ⅲ期临床试验和正在进行的Ⅳ期临床试验。

（7）中国临床试验注册中心（http://www.chictr.org）

由中国循证医学中心/Cochrane中心、四川大学华西医院组建，是渥太华工作组的成员单位，是一个非赢利的学术和服务机构。提供临床试验注册、临床研究设计咨询、产生和隐藏中心随机分配序列、临床科研论文评审、培训临床科研和论文评审专家等服务。

（8）其他临床试验数据库

- 澳大利亚–新西兰临床试验注册中心（http://www.anzctr.org.au）
- 印度临床试验注册中心（http://www.ctri.in）
- 荷兰临床试验注册中心（http://www.trialregister.nl/trialreg/index.asp）
- 斯里兰卡临床试验注册中心（http://www.slctr.lk）
- 南非临床试验注册中心（http://www.sanctr.gov.za）
- 香港临床试验注册中心（http://www.hkclinicaltrials.com）
- 英国临床试验网站（http://www.controlled-trials.com/ukctr）
- 大学医学信息网络临床试验注册（日本）（http://www.umin.ac.jp/ctr）
- AstraZeneca临床试验网站（http://astrazenecagrouptrials.pharmacm.com）
- GlaxoSmithKline临床试验网站（http://www.gsk-clinicalstudyregister.com）
- CenterWatch临床试验网站（http://www.centerwatch.com）
- Pfizer临床试验网站（http://www.pfizer.com/research/clinical_trials）
- Roche临床试验网站（http://www.roche-trials.com）

5）会议论文检索

（1）中国知网会议论文数据库（http://www.cnki.net） 重点收录1999年以来，中国科协系统及国家二级以上的学会、协会，高校、科研院所，政府机关举办的重要会议以及在国内召开的国际会议上发表的文献。其中，国际会议文献占全部文献的20%以上，全国性会议文献超过总量的70%，部分重点会议文献回溯至1953年。

（2）万方数据会议信息（http://www.wanfangdata.com.cn） 收录1998年以来的由国际及国家级学会、协会、研究会组织召开的各种学术会议论文，每年涉及上千个重要的学术会议，是目前国内收集学科最全、数量最多的会议文献资源之一。

（3）中国医学学术会议论文数据库　收录 1994 年以来中华医学会所属专业学会、各地区分会和全军等单位组织召开的医学学术会议论文集中的文献题录和摘要。

（4）国家科技图书文献中心中外文会议论文数据库（http://www.nstl.gov.cn）　中文会议论文数据库主要收录了 1985 年以来我国国家级学会、协会、研究会以及各省、部委等组织召开的全国性学术会议论文。而外文会议论文数据库主要收录了 1985 年以来世界各主要学会和协会、出版机构出版的学术会议论文，部分文献有少量回溯。每年增加论文约 20 余万篇。

（5）Papers First 与 Proceedings First（http://www.oclc.org/firstsearch）是 OCLC FirstSearch 两个会议文献数据库，Papers First 包括在世界范围的会议、联合会、博览会、专题会、专业会、学术报告会上发表论文的索引，覆盖了从 1993 年 10 月至今由大英图书馆资料提供中心收到的已出版论文，每两周更新一次。Proceedings First 是 Papers First 的相关库，包括在世界各地举行的学术会议上发表的论文的目录表。

（6）其他会议论文数据库　① CPCI（Conference Proceeding Citation Index）（http://www.isiknowledge.com）；② NTIS（The National Technical Information Service）（http://www.ntis.gov）；③ EAGLE（the European Association for Grey Literature Exploitation）（http: //opensigle.inist.fr）；④ PsycEXTRA（http://www.apa.org/psycextra）

6）学位论文检索

（1）万方数据学位论文数据库（http://www.wanfangdata.com.cn）　收录了我国自然科学和社会科学各领域的硕士、博士及博士后研究生论文。

（2）中国知网学位论文数据库（http://www.cnki.net）　是中国知网（CNKI）系列数据库之一，收集了全国 404 家培养单位的博士学位论文和 621 家硕士培养单位从 1984 年至今的博士、硕士学位论文。

（3）CALIS 高校学位论文数据库（http://www.calis.edu.cn）　以清华大学图书馆为首建立的包括清华大学、北京大学等上百所高校 CALIS 成员馆 1995 年至今的博士、硕士学位论文信息。

（4）国家科技图书文献中心学位论文数据库（http://www.nstl.gov.cn）　主要收录了 1984 年至今我国高等院校、研究生院及研究院所发布的硕士、博士和博士后的 240 万余篇论文。还收录了国外不同专业的 30 余万篇学位论文，学科范围涉及自然科学各专业领域。

（5）ProQuest Digital Dissertations（PQDD）（http://wwwlib.umi.com/dissertations）由美国 ProQuest 公司研制开发，收录了欧美上千所大学文、理、工、农、医等领域自 1861 年以来的 320 万篇博士、硕士学位论文摘要或题录，其中 170 余万篇有纸质和缩微格式的全文，是世界上最大的、使用最广泛的学位论文数据库，是学术研究中十分重要的信息资源。

（6）Networked Digital Library of Theses and Dissertations（NDLTD）（http://www.ndltd.org）1991 年由美国弗吉尼亚科技大学发起，目前已有 215 个成员单位，包括 187

所大学，是一个国际性博士、硕士学位论文共享检索平台。

（7）其他学位论文数据库 ① Index to Theses in Great Britain and Irelando（http://www.theses.com）；② DissOnline（http://www.dissonline.de）。

7）搜索引擎

- Google Scholar（Google 学术搜索）（http://scholar.google.com）
- Microsoft Academic Search（微软学术搜索）（http://academic.research. microsoft.com）
- Online Journals Search Engine（在线期刊搜索引擎）（http://www.ojose.com）
- Medical Matrix（http://www.medmatrix.org）
- Medscape（http://www.medscape.com）
- HON（http://www.hon.ch）
- 百度学术（http://xueshu.baidu.com）

8）手工检索

手工检索是对数据库和在研研究检索的补充。主要包括：① 通常不被电子数据库收录（数据库收录时间以外）期刊，手检期刊的种类和数量视电子数据库纳入期刊数量而定，如中文期刊的手检，由于中国学术期刊网络出版总库，中国生物医学文献数据库，维普资讯网及万方数据知识服务平台的使用，几乎囊括了所有种类的中文期刊，需要手检的期刊种类已经很少了。对于选中进行手检的期刊，需要注明检索的起始时间；② 纳入研究、综述、系统评价/Meta 分析所附参考文献；③ 未被电子化会议论文汇编（说明：专业会议论文集的检索应列出会议名称、召开时间和地点）。

9）其他

- 已发表 Meta 分析/系统评价。
- 相关网站：① 国际或国家一级的医学研究机构和对国际或全国性学会/协会网站进行检索，如 WHO，International Society of Nephrology 和 Transplant Society of Australia and New Zealand 等；② 相关的政府/部门网站，如中华人民共和国国家卫生与人口计划生育委员会、美国疾病预防控制中心和英国卫生部等。
- 主要的在线书目，如 UBC Library catalog 和 BC Ministry of Health Library 等。
- 与研究主题相关的研究者、相关领域的专家或医药企业联系以获取有关研究。

以上所列检索资源并不是固定不变，由于检索资源的不断变化以及检索资源的可获得性等原因，检索者根据检索课题的要求，选择最能满足检索要求的检索资源，即在检索主要信息资源的基础上，检索其他相关专业和类型的数据库及信息资源。往往一个检索系统包括若干个数据库，进入系统后，根据 3C 原则选择数据库：① 内容，即数据库的内容、类型、学科范畴、文献质量和文献来源；② 覆盖范围，覆盖的学科或专业领域及其更新频率和周期；③ 检索成本，即所需的检索费用。

3. 收集检索词

数据库选择好后，还应针对已分解的临床问题选择恰当的检索词。列出一组与临床问题有关的词，这些词应包括关键词和主题词。由于研究内容的主题概念在数据库中的检索用词又常标引得不够完善，没有列入主题词表，在这种情况下用主题词检索就很难令人满意。关键词检索与主题词检索的结果差别较大，检索结果不仅受检索方式、检索策略的影响，也与各数据库主题标引的质量和收录范围有直接关系。为提高检索质量和检索效率，应熟悉数据库的主题词表，了解相关主题词在词表中的收录情况。在选择检索词时，既要重视对主题词的选择，充分利用主题词检索系统的优点（如主题词的树状结构，主题词和副主题词的组配，对主题词扩展或不扩展检索等），但也不能忽视关键词检索方式的应用（图 5-3）。

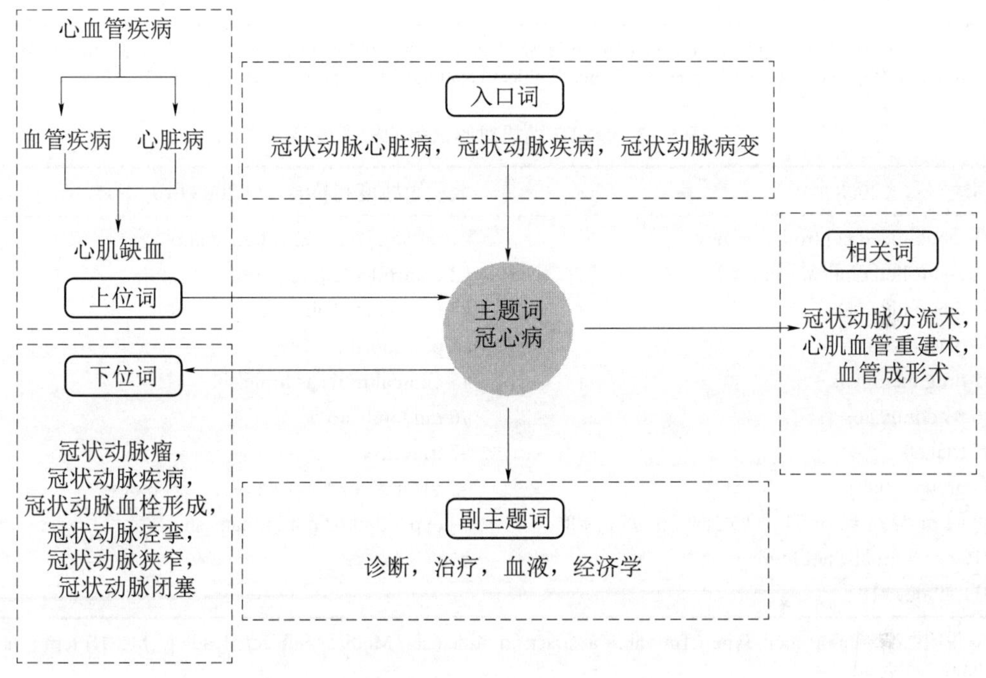

图 5-3　检索词、主题词、副主题词、上下位词和相关词关系示意图

确定检索词要考虑满足两个要求：一是课题检索要求；二是检索系统输入词的要求。

通常选择 PICOS 中的 P 与 I 或二者之一作检索词，若检索结果太多再考虑 S 和 C，PICS 同时出现在检索策略中的情况很少。首选 P 还是 I 要看问题的重心在 P 还是 I，其次选择随机对照试验相关检索词，表 5-1 和表 5-2 分别为 PubMed 和 OVID 中随机对照试验的检索策略，其他数据库的检索策略可根据具体数据库调整（表 5-3）。

表 5-1　PubMed 随机对照试验的检索策略

高敏感度（2008 版）	兼顾敏感度和特异度（2008 版）
#1 randomized controlled trial [pt]	#1 randomized controlled trial [pt]
#2 controlled clinical trial [pt]	#2 controlled clinical trial [pt]
#3 randomized [tiab]	#3 randomized [tiab]

续表

高敏感度（2008 版）	兼顾敏感度和特异度（2008 版）
#4 placebo [tiab] #5 drug therapy [sh] #6 randomly [tiab] #7 trial [tiab] #8 groups [tiab] #9 #1 OR #2 OR #3 OR #4 OR #5 OR #6 OR #7 OR #8 #10 animals [mh] NOT humans [mh] #11 #9 NOT #10	#4 placebo [tiab] #5 clinical trials as topic [mesh: noexp] #6 randomly [tiab] #7 trial [ti] #8 #1 OR #2 OR #3 OR #4 OR #5 OR #6 OR #7 #9 animals [mh] NOT humans [mh] #10 #8 NOT #9

说明：[pt]=Publication Type term; [tiab]=title or abstract; [sh]=subheading; [mh]=Medical Subject Heading (MeSH) term ('exploded'); [mesh: noexp=Medical Subject Heading (MeSH) term (not 'exploded');[ti]= title

表 5–2　OVID 随机对照试验的检索策略

高敏感度（2008 版）	兼顾敏感度和特异度（2008 版）
#1 randomized controlled trial.pt.	#1 randomized controlled trial.pt.
#2 controlled clinical trial.pt.	#2 controlled clinical trial.pt.
#3 randomized.ab.	#3 randomized.ab.
#4 placebo.ab.	#4 placebo.ab.
#5 drug therapy.fs.	#5 clinical trials as topic.sh.
#6 randomly.ab.	#6 randomly.ab.
#7 trial.ab.	#7 trial.ti.
#8 groups [tiab]	#8 #1 or #2 or #3 or #4 or #5 or #6 or #7
#9 #1 or #2 or #3 or #4 or #5 or #6 or #7 or #8	#9 exp animals/ not humans.sh.
#10 exp animals/ not humans.sh.	#10 #8 not #9
#11 #9 not #10	

说明：.pt.=Publication Type term; .ab.= abstract; .ti.=title.;.sh.=Medical Subject Heading (MeSH) term; .fs.= 'floating' subheading

表 5–3　其他主要数据库随机对照试验的检索策略

数据库名称	随机对照试验检索策略
Web of Science/BIOSIS Previews	主题：random*
中国生物医学文献数据库	"随机" [全字段:智能] OR "随机对照试验（主题）" [不加权:扩展] OR "随机对照试验" [不加权:扩展]
中国学术期刊网络出版总库	"随机" :主题 OR 全文
数字化期刊全文数据库	"随机" :全部

说明：表中"主题"、"全文"、"全部"和"全字段:智能"为检索入口

1）选词原则

① 选择规范词：选择检索词时，一般应优先选择主题词作基本检索词，但为了检索

的专指性也选用关键词配合检索；② 注意选用国外惯用的技术术语：查阅外文文献时，一些技术概念的英文词若在词表查不到，可先阅读国外的有关文献，再选择正确的检索词；③ 一般不选用动词和形容词；不使用禁用词（表 5-4）；尽量少用或不用不能表达课题实质的高频词；④ 为保证查全率，同义词尽量选全：需考虑同一概念的几种表达方式，如肾衰有 Kidney Insufficiency，Renal Insufficiency，Kidney Failure，Renal Failure 等；同一名词的单、复数、动词、动名词、过去分词等形式，如护理有 nurse，nurses，nursing 和 nursery 等，词根相同时，可用截词符解决。

表 5-4　禁用词一览表

首字母	单　词
A	a, about, again, all, almost, also, although, always, among, an, and, another, any, are, as, at
B	be, because, been, before, being, between, both, but, by
C	can, could
D	did, do, does, done, due, during
E	each, either, enough, especially, etc
F	for, found, from, further
H	had, has, have, having, here, how, however
I	i, if, in, into, is, it, its, itself
J	just
K	kg, km
M	made, mainly, make, may, mg, might, ml, mm, most, mostly, must
N	nearly, neither, no, nor
O	obtained, of, often, on, our, overall
P	perhaps, pmid
Q	quite
R	rather, really, regarding
S	seem, seen, several, should, show, showed, shown, shows, significantly, since, so, some, such
T	than, that, the, their, theirs, them, then, there, therefore, these, they, this, those, through, thus, to
U	upon, use, used, using
V	various, very
W	was, we, were, what, when, which, while, with, within, without, would

2）选词方法

① 检索已经发表、未发表和正在进行的 Meta 分析/系统评价；② 利用 PubMed 主题检索界面 Entry Terms 下面的检索词；③ 利用 EMBASE.com 主题检索界面 Synonyms 下面的同义词；④ 利用中文科技期刊全文数据库的查看同义词功能；⑤ 利用药典和药物数据库查找药物商品名及其他近义词；⑥ 选择一个较为核心的组面的主要检索词进行预检索，并仔细浏览初步的检索结果，尤其是特别符合需要的记录，从中选择更多、更合

适的检索词补充到检索式中，然后，再浏览命中的文献记录，再从中选择检索词补充到检索式中。如此反复操作。该方法具有直接、生动、灵活的特点，检索词选择的有效性和针对性大大提高，但检索过程较长，相对费时。

3）选词应注意的问题

① 要考虑上位概念词与下位概念词，如癌症，不仅要选 Neoplasms，也应选各种癌症，如 Abdominal Neoplasms，Anal Gland Neoplasms，Bone Neoplasms，Breast Neoplasms，Digestive System Neoplasms，Endocrine Gland Neoplasms，Eye Neoplasms，Head and Neck Neoplasms，Hematologic Neoplasms，Nervous System Neoplasms，Pelvic Neoplasms，Skin Neoplasms，Soft Tissue Neoplasms，Splenic Neoplasms，Thoracic Neoplasms，Urogenital Neoplasms 等，反之，如某一种具体癌症干预则应检索具体癌症名称；② 化学物质用其名称也要用其元素符号，如氮，Nitrogen 和 N；③ 植物和动物名，其英文和拉丁名均要选用；④ 对于一大类药物检索，不但要考虑类名，还需考虑具体药物名称及其主题词，如检索 β 受体阻滞剂的检索策略（PubMed）：β 受体阻滞剂的检索策略为："Adrenergic beta-Antagonists"[Mesh] OR "Adrenergic beta-Antagonists" [Pharmacological Action] OR 'Adrenergic beta Antagonists'[Title/Abstract] OR 'beta Adrenergic Receptor Blockaders'[Title/Abstract] OR 'beta Adrenergic Blockers'[Title/Abstract] OR 'beta Blockers'[Title/Abstract] OR 'Adrenergic beta Receptor Blockaders'[Title/Abstract] OR 'beta Adrenergic Blocking Agents'[Title/Abstract]，而 β 受体阻滞剂具体药物检索策略为："Acebutolol"[MeSH Term] OR "Alprenolol"[MeSH Term] OR "amosulalol "[Supplementary Concept] OR "arotinolol"[Supplementary Concept] OR "Atenolol"[MeSH Term] OR "befunolol"[Supplementary Concept] OR "Betaxolol"[MeSH Term] OR "bevantolol" [Supplementary Concept] OR "Bisoprolol"[MeSH Term] OR "bopindolol" [Supplementary Concept] OR "bromoacetylalprenololmenthane"[Supplementary Concept] OR "bucindolol" [Supplementary Concept] OR "bufetolol"[Supplementary Concept] OR "bufuralol"[Supplementary Concept] OR "Bunolol"[MeSH Term] OR "Bupranolol"[MeSH Term] OR "butofilolol" [Supplementary Concept] OR "Butoxamine"[MeSH Term] OR "carazolol" [Supplementary Concept] OR "Carteolol"[MeSH Term] OR "carvedilol"[Supplementary Concept] OR "Celiprolol"[MeSH Term] OR "CGP 12177"[Supplementary Concept] OR "CGP 20712A" [Supplementary Concept] OR "cyanopindolol"[Supplementary Concept] OR "Dihydroalprenolol" [MeSH Term] OR "epanolol"[Supplementary Concept] OR "esmolol"[Supplementary Concept] OR "exaprolol"[Supplementary Concept] OR "flestolol"[Supplementary Concept] OR "icatibant"[Supplementary Concept] OR "ICI 118551"[Supplementary Concept] OR "ICI 89406"[Supplementary Concept] OR "indenolol"[Supplementary Concept] OR "Iodocyanopindolol" [MeSH Term] OR "IPS 339"[Supplementary Concept] OR "Labetalol"[MeSH Term] OR "landiolol"[Supplementary Concept] OR "Levobunolol"[MeSH Term] OR "medroxalol" [Supplementary Concept] OR "mepindolol"[Supplementary Concept] OR "Metipranolol"

[MeSH Term] OR "Metoprolol"[MeSH Term] OR "metoprolol succinate"[Supplementary Concept] OR "Nadolol"[MeSH Term] OR "nebivolol"[Supplementary Concept] OR "nipradilol" [Supplementary Concept] OR "Oxprenolol"[MeSH Term] OR "Penbutolol"[MeSH Term] OR "Pindolol"[MeSH Term] OR "Practolol"[MeSH Term] OR "prizidilol" [Supplementary Concept] OR "Propranolol"[MeSH Term] OR "Sotalol"[MeSH Term] OR "talinolol"[Supplementary Concept] OR "tertatolol"[Supplementary Concept] OR "tilisolol" [Supplementary Concept] OR "timolol"[MeSH Term] OR "tobanum"[Supplementary Concept] OR "Acebutolol"[Title/Abstract] OR "Alprenolol"[Title/Abstract] OR "amosulalol" [Title/Abstract] OR "arotinolol"[Title/Abstract] OR "atenolol"[Title/Abstract] OR "befunolol" [Title/Abstract] OR "betaxolol"[Title/Abstract] OR "bevantolol"[Title/Abstract] OR "bisoprolol" [Title/Abstract] OR "bopindolol"[Title/Abstract] OR "bromoacetylalprenololmenthane" [Title/Abstract] OR "bucindolol"[Title/Abstract] OR "bufetolol"[Title/Abstract] OR "bufuralol" [Title/Abstract] OR "bunolol"[Title/Abstract] OR "bupranolol"[Title/Abstract] OR "butofilolol" [Title/Abstract] OR "butoxamine"[Title/Abstract] OR "carazolol"[Title/Abstract] OR "carteolol" [Title/Abstract] OR "carvedilol"[Title/Abstract] OR "celiprolol"[Title/Abstract] OR "CGP 12177"[Title/Abstract] OR "CGP 20712A"[Title/Abstract] OR "cyanopindolol" [Title/Abstract] OR "dihydroalprenolol" [Title/Abstract] OR "epanolol" [Title/Abstract] OR "esmolol"[Title/Abstract] OR "exaprolol" [Title/Abstract] OR "flestolol" [Title/Abstract] OR "icatibant"[Title/Abstract] OR "ICI 118551" [Title/Abstract] OR "ICI 89406"[Title/Abstract] OR "indenolol"[Title/Abstract] OR "iodocyanopindolol" [Title/Abstract] OR "IPS 339" [Title/Abstract] OR "labetalol"[Title/Abstract] OR "landiolol"[Title/Abstract] OR "levobunolol" [Title/Abstract] OR "medroxalol"[Title/Abstract] OR "mepindolol"[Title/Abstract] OR "metipranolol"[Title/Abstract] OR "metoprolol"[Title/Abstract] OR "metoprolol succinate" [Title/Abstract] OR "nadolol"[Title/Abstract] OR "nebivolol" [Title/Abstract] OR "nipradilol" [Title/Abstract] OR "penbutolol"[Title/Abstract] OR "pindolol" [Title/Abstract] OR "practolol" [Title/Abstract] OR "prizidilol"[Title/Abstract] OR "propranolol" [Title/Abstract] OR "sotalol" [Title/Abstract] OR "talinolol"[Title/Abstract] OR "tertatolol" [Title/Abstract] OR "tilisolol" [Title/Abstract] OR "Timolol"[Title/Abstract] OR "tobanum" [Title/Abstract]

4）利用关键词进行检索应注意的问题

（1）必须选择足够的同义词，因为关键词检索最容易产生漏检。同义词指检索意义上的同义词，包括语言学意义上的同义词、近义词甚至反义词等，不同拼写形式，全称与简称、缩写、略语，以及学名与商品名、习惯名等。

（2）若选用简称、缩写、略语等作为关键词，在检索时需要考虑加入其他的主题词或分类代码，以避免产生各种误检。

（3）如果需要选用多个关键词，还必须考虑各检索词之间的位置关系。

（4）尽量避免选用可能导致误检的多义词，若非得如此，最好与其他的相关词一起组配使用。

5）中药检索应注意的问题

（1）中药的单味药检索　① 中文检索：需要考虑中药单味药的炮制方式，如检索地黄的中文文献，就要考虑炮制前后的名称，其检索式为：地黄 OR 生地 OR 熟地；② 英文检索：需要考虑中药的汉语拼音、英文和拉丁语，如检当归的英文文献的检索式为：danggui（汉语拼音）OR Chinese angelica（英文）OR Angelicae sinensis radix（拉丁语）。

（2）中药配伍检索　① 中文检索：配伍药物之间的逻辑关系为 AND，但需考虑药物之间的配伍禁忌；② 英文检索：需要考虑配伍药物中每个药物的汉语拼音、英文和拉丁语，每个药物的汉语拼音、英文和拉丁语之间的关系为 OR，而药物之间的关系为 AND。

（3）复方制剂检索　① 中文检索：需要考虑方剂的君（主）药且之间用 AND 连接，组配检索式时，不必考虑复方制剂的剂型，如检索某一复方制剂为 A 浓缩丸，其主药分别为 B 和 C，其检索式为：A OR （B AND C）；② 外文检索：需要考虑方剂的汉语拼音及英文，同时考虑君（主）药的汉语拼音、英文和拉丁语。如检索某一复方制剂为 E 滴丸，其主药分别为 F 和 G，其检索式为：E OR（($F_{汉语拼音}$ OR $F_{英语}$ OR $F_{拉丁语}$) AND ($G_{汉语拼音}$ OR $G_{英语}$ OR $G_{拉丁语}$)）。

6）不良反应检索应注意的问题

检索之前，首先判断问题的真实性，需要检索的不良反应是什么？能否被客观检测？在哪里可能会被记录？是检索具体不良反应名称呢？还是检索不良反应的大类呢？

药物不良反应或不良反应的记录、研究的文献很多，涉及多种研究设计，加之不同研究的深度不同，有的仅仅记载了不良事件的名称，有的进行了深入研究，且证明了其因果关系，甚至描述因果关系的强弱等。因此，在进行不良反应检索时，尽量不要限制文献出版类型和时间，以免漏检。

主要外文检索词：adverse event，safety，side effect，adverse effect，adverse reaction，untoward effects，untoward reaction，secondary action，secondary effect，side reaction 等；主要中文检索词：安全性、不良反应、副作用、继发效应、继发作用、药物毒性、双重作用等。

4. 确定检索途径，编写检索策略，实施检索

根据检索课题的已知条件和检索要求，以及所选定的信息检索系统所提供的检索功能，确定适宜的检索途径，如主题途径或关键词途径等。

检索途径确定后，编写检索策略表达式，即将选择确定的作为检索标识的主题词、关键词以及各种符号等，用各种检索算符（如布尔逻辑运算符、截词符等）组合，形成既可为计算机识别又能体现检索要求的提问表达式。

若关注敏感性可扩大检索范围，提高相关文献被检出的比例，提高查全率；若关注特异性则可缩小检索范围，排除非相关文献被检出的比例，提高查准率。检索者可根据检索目的选择。而检索策略的制定原则是敏感性要高，通过提高敏感性，达到提高检出率，降低漏检率的目的。

制定针对疾病和干预措施的检索策略的一般步骤如下。

（1）针对某疾病的检索词（主题词/关键词）及其同义词和别名，还要考虑到不同语言可能有不同的后缀或前缀。将所有检索词编号，以“OR”连接，意为只要其中任一个检索词相符就命中。

（2）针对干预措施可能涉及的检索词也用“OR”连接。

（3）将涉及疾病和干预措施的两组检索词用“AND”连接。

（4）如果检索结果较多时，可考虑加入随机对照试验检索策略，与疾病和干预措施进行逻辑“AND”运算。

注意：如果网状 Meta 分析的共同比较很清楚，如安慰剂，可在检索实施过程中加入共同比较，如果共同比较尚不清楚，建议实施检索的时候，加入研究设计相关检索词，如 RCT。

构建检索策略的质量，直接影响到检索效果或结果，是检索成败与否的最关键环节。从系统论的角度来看，检索策略的编制是对多领域知识和多种技能全面、系统地综合运用。如涉及专业背景知识的主题分析、涉及检索语言知识的概念与语言转换、涉及信息检索原理与系统性能的多种检索技术，以及涉及逻辑思维规则的各种组配形式等。其中任何一个环节的微小失误或不当，都会产生东边微风西边雨的蝴蝶放大效应，而影响到检索质量。所以，这一环节是检索者信息素养、检索能力、知识水平的最集中体现。

5. 评估和导出检索结果

对检索结果进行评价主要是看检索结果是否在预期的范围之内。首先将检索结果导出，并导入文献管理软件（详见本章第五节文献筛选及偏倚风险评价），然后对检索结果进行评价，具体评价步骤：浏览检出记录的标题和摘要，评价该记录是否符合事先制定好的纳入和排除标准，纳入符合要求的文献。对潜在的有可能符合纳入标准的记录以及不能确定是否需要纳入和排除的记录，应阅读全文，以进一步判断或评估。若检索结果不能满足需要，有必要对已检索过的数据库进行再次检索或另检索其他数据库。由于不同的数据库收录范围不同，检索术语、主题词表及检索功能存在差异，因此，需在检索过程中仔细选择检索词、并且不断修改和完善检索策略，调整检索策略的敏感性或特异性，以便制定出能满足检索需求的高质量的检索策略。

二、主要信息资源检索

本节以放射治疗乳腺癌为例详细介绍主要数据库及其检索。

首先分析检索课题，确定检索词（表 5–5），构建检索表达式（图 5–4），其次在数据库中执行检索，本节只演示乳腺癌 AND 放疗的检索。

表 5-5　放射治疗乳腺癌检索词列表

主题概念		主题词	同义词
疾病	英文	breast neoplasms[MeSH] breast cancer[Emtree]	breast neoplasms, breast neoplasm,breast tumors, breast tumor, breast cancer,breast cancers, breast carcinoma, breast carcinomas,mammary neoplasm, mammary neoplasms, mammary carcinoma, mammary carcinomas, mammary cancer, mammary cancers 等
	中文	乳腺肿瘤	乳癌，乳房癌，乳房肿瘤，乳腺癌，乳腺瘤等
干预措施	英文	radiotherapy[MeSH]/[Emtree] radiotherapy[Subheading]	radiotherapies, radiotherapy, radiation therapy, radiation therapies, radio therapy,radio therapies, irradiation therapy, irradiation therapies, irradiation treatment, radio treatment,radiation treatment, radiotreatment 等
	中文	放射治疗	放射治疗，放疗等
随机对照试验	英文		见表 5-1、表 5-2 和表 5-3
	中文		见表 5-3

注：MeSH 表示该词在 PubMed 和 Cochrane Library 数据库为主题词；Emtree 表示该词在 EMBASE.com 数据库为主题词；Subheading 表示该词在 PubMed 数据库为副主题词

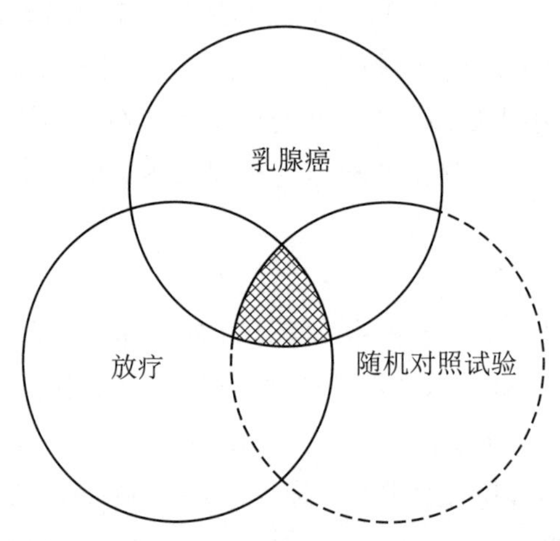

图 5-4　放射治疗乳腺癌随机对照试验检索表达式

（一）主要英文数据库

1. The Cochrane Library（http://www.thecochranelibrary.com）

1）简介

The Cochrane Library 是 Cochrane 协作网的主要产品，由 Wiley InterScience 公司出版发行，是一个提供高质量证据的数据库，也是临床研究证据的主要来源，主要内容包括：① Cochrane 系统评价库（Cochrane Database of Systematic Review，CDSR）；② 疗效评价文摘库（The Database of Abstracts of Reviews of Effects，DARE）；③ Cochrane 临床对照试验中心注册库（Cochrane Central Register of Controlled Trials，CENTRAL）；

④ Cochrane 协作网方法学文献注册数据库（The Cochrane Methodology Register）；⑤ 卫生技术评估数据库（Health Technology Assessment Database，HTA）；⑥ 英国国家卫生服务部卫生经济评价数据库（NHS Economic Evaluation Database，NHS EED）；⑦ Cochrane 协作网的其他相关信息。其是网状 Meta 分析制作必检数据库。

2）检索方法

提供简单检索、高级检索、主题检索和组配检索等检索方法，应该掌握主题检索、高级检索和组配检索方法。

（1）高级检索　点击主页左上角“Advanced Search”进入高级检索界面，选择检索字段（全文、题目、作者、文摘、关键词、表格、出版物类型、出处和 DOI 等），输入检索词，点击“Go”执行检索，在检索结果界面点击“Add to Search Manager”将本次检索添加到检索历史中，方便组配检索。也可根据检索词的数量增加和减少检索行，点击检索项前的“+”和“－”，分别增加和减少一检索行。在高级检索界面可实现对检索条件进行选择和限定，进一步提高查准率。

（2）主题检索　点击高级检索界面“Medical Terms（MeSH）”进入主题检索界面，在“Enter MeSH term”检索框内输入检索词，在检索词输入框后选择副主题词（需要时），点击“Look up”可查看输入检索词的主题词及其定义和树状结构，若想要移到 MeSH 树状结构的上位词，则只需点选位于树状结构上层的上位词即可。选好要查询的主题词后，选择“Explode all trees”选项会自动扩大检索结果。有些主题词不只一个树状结构，可选择是否包括所有的树状结构，或者只选择所需的树状词汇进行检索。点击“Add to Search Manager”将执行的主题检索添加到检索历史中，以便组配检索。

（3）组配检索　在高级检索界面点击“Search Manager”进入检索组配界面，可显示已进行检索的检索策略和结果。在检索框内，可使用逻辑运算符将多个检索结果的检索序号组合在一起进行二次检索。

（4）检索示例

① 放射治疗组面检索　首先进行主题检索，在主题检索界面输入“radiotherapy”，点击“Lookup”查看“radiotherapy”的主题词“radiotherapy”，点击“Add to Search Manager”将“radiotherapy”的主题检索添加到检索历史中（图 5–5）；其次进行高级检索，在高级检索界面输入“radiotherapy”及其同义词，点击“Go”执行检索，点击“Add to Search Manager”将“radiotherapy”的高级检索结果添加到检索历史中（图 5–6）；最后实施组配检索，在检索历史界面，将“radiotherapy”的主题检索结果与高级检索结果以 or 的形式组合（图 5–7）。

② 乳腺癌组面检索　检索操作方法与放射治疗组面检索操作方法相似，这里不再赘述。

③ 乳腺癌组面 AND 放射治疗组面检索　在检索历史界面，将乳腺癌组面与放射治疗组面以 AND 的形式组合（图 5–7）。

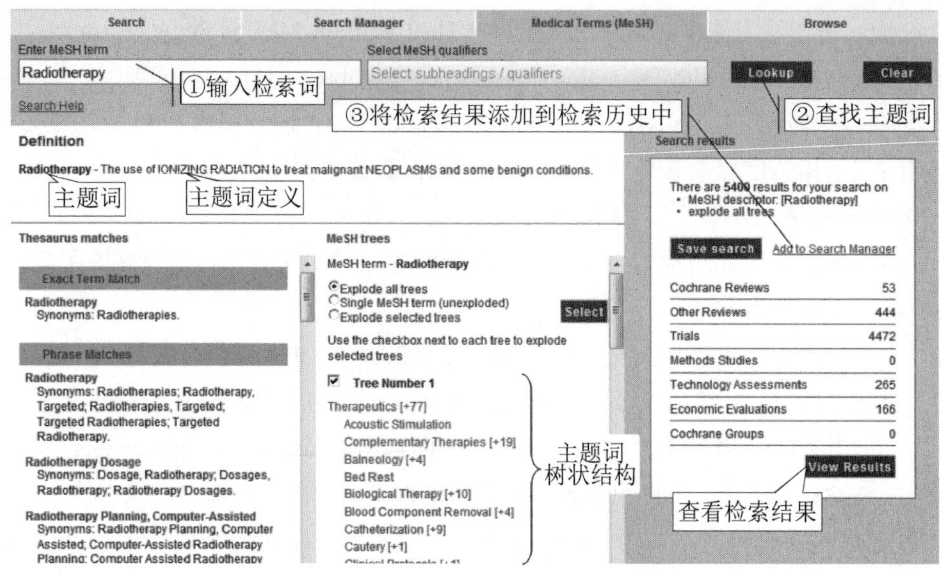

图 5-5　Cochrane Library 放射治疗主题检索

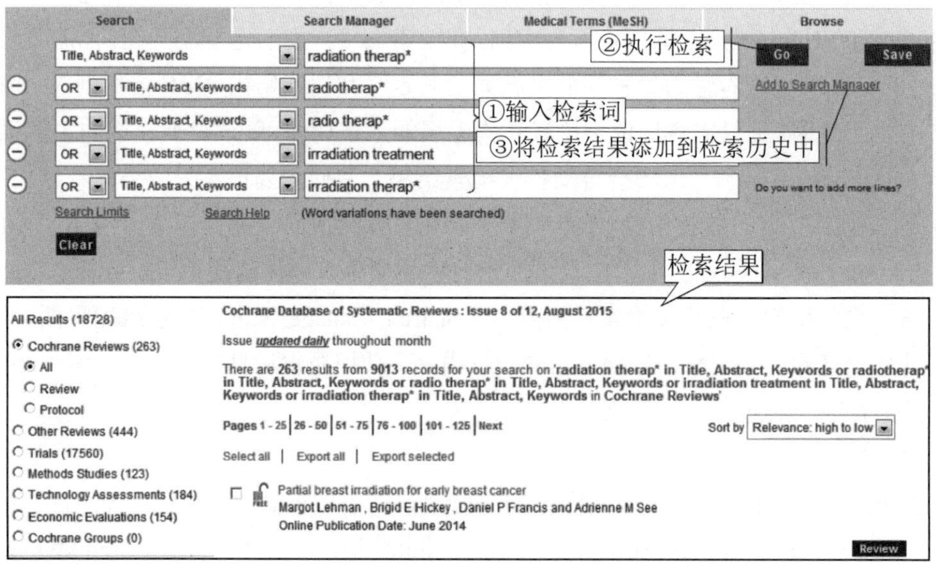

图 5-6　Cochrane Library 乳腺癌高级检索

3）检索结果输出

详见本章第五节文献筛选及偏倚风险评价部分。

2. PubMed（http://www.pubmed.gov）

1）简介

PubMed 由美国国家医学图书馆（National Library of Medicine, NLM）、国家生物技术信息中心（National Center for Biotechnology Information，NCBI）及国家卫生研究院（National Institutes of Health，NIH）开发，由 MEDLINE、In Process Citations 和 Publisher

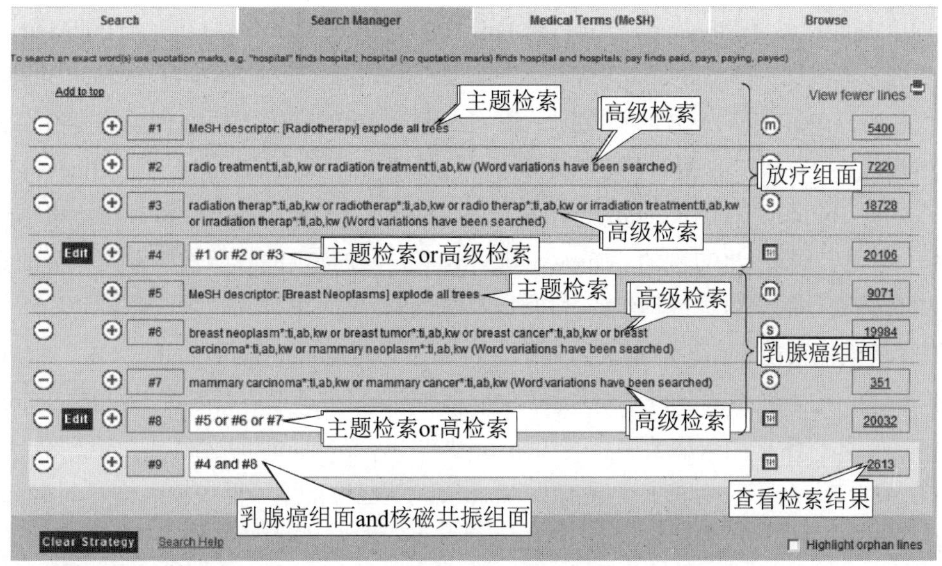

图 5-7　Cochrane Library 放射治疗乳腺癌组合检索界面

Supplied Citations 三部分组成。是网状 Meta 分析制作必检数据库。

2）检索机制与规则

（1）词汇自动转换功能（automatic term mapping）　在检索提问框中键入检索词，系统将按 MeSH 转换表（MeSH translation table）、刊名转换表（journal translation table）、短语表（phrase list）和著者索引（author index）的顺序对检索词进行转换后再检索。要查验检索词的转换情况，可点击 Details。

（2）截词检索功能　使用“*”进行截词检索。如键入 bacter*，系统会找到那些词根是 bacter 的单词（如 bacteria，bacterium，bacteriophage 等），并对其分别进行检索。如果这类词少于 600 个，会逐词检索，若超过 600 个，PubMed 将显示如下警告信息：“Wildcard search for ‘term*’ used only the first 600 variations. Lengthen the root word to search for all endings”。截词功能只限于单词，对词组无效。使用截词功能时，PubMed 系统会自动关闭词汇转换功能。

（3）强制检索功能　PubMed 的强制检索功能使用双引号（“”）来执行。强制检索功能主要用于短语检索。如在检索提问框中键入“Single cell”，系统会将其作为一个不可分割的词组在数据库的全部字段中进行检索。使用强制检索，PubMed 系统会自动关闭词汇转换功能。

3）检索方法

PubMed 主要检索方法有：基本检索（Search），主题词检索（MeSH Database），刊名检索（Journals Database），单引文匹配检索（Single Citation Matcher），批引文匹配检索（Batch Citation Matcher），高级检索（Advance Search），专业询问（Special Queries）和临床查询（Clinical Queries）等。这里只介绍高级检索和主题词检索。

（1）高级检索（Advance） 在PubMed主页，点击“Advanced”进入PubMed高级检索界面，该界面提供了Search Builder、Builder和History三种功能。① Search Builder：点击“Search Builder”下方的“Edit”，可在Search Builder输入框中直接编写检索表达式，然后点击下方的“Search”进行检索。一般情况下，Search Builder与Builder是联合使用的；② Builder：在All Fields（全部字段）下拉列表中选择检索字段，在检索框输入检索词后，可从输入框右侧的“Show index list”（系统提供的与所输检索词相关的索引表）中选择具体的索引词或词组，并自动进入检索词输入框，此时系统会自动加双引号“”进行精确短语检索。若检索词为多个，可通过布尔逻辑运算符AND、OR、NOT进行逻辑运算。检索表达式会自动添加到“Search Builder”输入框，点击其下方的“Search”执行检索。如检索标题或摘要中含有"hepatitis"或"hypertension"的文献时，先在第一个检索项的ALL Fields下拉列表中选择Title/Abstract字段，检索输入框中输入检索词hepatitis，以同样的方式在第二个检索项中选择Title/Abstract字段，输入"hypertensionr"，两个检索项由左侧的运算符OR进行逻辑或的运算。可根据检索词的数量增加和减少检索行，点击检索词输入框后的“+”和“－”，分别增加和减少一检索行；③ History：检索历史主要用于查看检索策略，也可用于查看检索结果记录数量。显示内容包括检索号、检索式、检索结果数量和检索时间。要查看检索到的记录，直接点击检索结果数即可。在该状态下，可以通过点击检索序号，选择逻辑运算符，实现检索式的逻辑运算。点击“Download history”可下载检索式，点击“Clear history”可清除检索史。

（2）主题词检索（MeSH Database） 主题检索是指通过MeSH提供的词汇进行的检索，MeSH检索可以帮助检索者查询该词表的主题词，并供检索者在检索文献时选择和使用。通过MeSH检索，可以从款目词引见到MeSH词，可看到MeSH词的定义和历史注释。点击具体的主题词进入主题词细览页面，还可组配副主题词，选择上位词或下位词检索，同时也可进行加权或非扩展等检索选择。

① 单个主题词检索 点击主页“MeSH Database”，在检索框内输入检索词，点击“Search”，返回页面中第一个词一般即为该词的主题词，其下有该词的定义。若仅对该主题词所涉及文献进行检索，可直接在该词前的复选框中打“√”，然后点击右侧的PubMed Search Builder下方的“Add to search builder”，这时，检索框中即出现检索式："Leukemia"[Mesh]，点击“Search PubMed”执行检索。

② 多主题词检索 以检索measles outbreaks为例说明涉及两个以上主题词结合检索的实现方法。首先点击“MeSH Database”，在检索框输入measles，返回页面确认该词为主题词，在该词前的复选框中打“√”，然后点击右侧的PubMed Search Builder下方的“Add to search builder”，根据该词和与其结合检索的另一主题词的逻辑关系选择AND，OR或NOT，此处选择AND。然后按照同样的步骤输入第二个主题词outbreaks，其主题词形式为Disease Outbreaks，选择AND后，点击“Add to search builder”返回包含检索式“Measles”[Mesh] AND “Disease Outbreaks”[Mesh]的检索确认框，此时可进一步

修改，若确认无误，则点击“Search PubMed”执行检索。

③ 主题词/副主题词组配检索　以查找 leukemia 的治疗（therapy）方面的文献为例来说明主题词与副主题词的组配检索的实现方式。首先点击“MeSH Database”，在检索框中输入 leukemia，返回页面后，直接点击该主题词的链接，进入该主题词的副主题词组配界面，在 therapy 前方框内打“ √”，点击“Add to search builder”后即在检索框中显示检索式："Leukemia/therapy"[Mesh]，点击“Search PubMed”执行检索。

在副主题词的组配界面中，还可通过选择“Restrict to MeSH Major Topic”限定为加权检索，即找到以输入的主题词或主题词/副主题词为主要论点的文献；通过选择 Do not included MeSH terms found below this term in the MeSH hierarchy 终止 PubMed 默认的扩展功能，扩展是指将主题词及其下位词的文献一同检出。此外，还可以根据该页面下方显示的树状结构表进一步选择更为确切的主题词进行检索。

（3）限制检索　PubMed 限制检索是对原有检索结果的进一步限定，使缩小检索范围和精确检索结果。限制条件选择位于检索结果页面的左侧，通过一系列过滤条件来实现此功能。使用限定检索后，检索新课题时需点击最终检索结果页左侧栏上方或检索结果数下方的“Clear all”，清除检索条件，否则已限定的内容会继续保留。

当点击限定检索区域上方或下方的 Show additional filters，会显示更多的过滤器种类（文献类型（Article types）、文本类型（Text availability）、PubMed 读者评论（PubMed Commons）、出版日期（Publication dates）、研究对象（Species）、语种（Languages）、性别（Sex）、主题（Subject）、期刊类别（Journal categories）、年龄（Ages）和检索字段（Search fields）)，选中所需过滤器种类，点击“Show”按钮即可。

（4）组配检索　在检索历史界面，通过布尔逻辑运算符实现对多个检索结果的组合检索。

（5）检索示例

① 放射治疗组面检索　首先进行主题检索，在主题检索界面输入“radiotherapy”，点击“Search”查看“radiotherapy”的主题词“Radiotherapy”，在“Radiotherapy”和“radiotherapy[Subheading]”前的复选框中打“ √”，接着选择右侧“PubMed Search Builder”下方“Add to search builder”后的逻辑运算符，然后点击“Add to search builder”，检索框中即出现检索式："Radiotherapy"[Mesh] OR "radiotherapy" [Subheading]，点击“Search PubMed”执行检索（图 5–8）；其次进行高级检索，在高级检索界面输入“radiotherapy”及其同义词，点击“Add to history”返回检索历史界面（图 5–9）；最后在检索历史界面进行组合检索，将“radiotherapy”的主题检索结果与高级检索结果以 OR 的形式组合（图 5－10）。

② 乳腺癌组面检索　参照放射治疗组面检索方法进行乳腺癌组面检索。

③ 放疗组面检索　在检索历史界面，将乳腺癌组面与放疗组面以 AND 的形式组合。

4）检索结果输出

详见本章第五节文献筛选及偏倚风险评价部分。

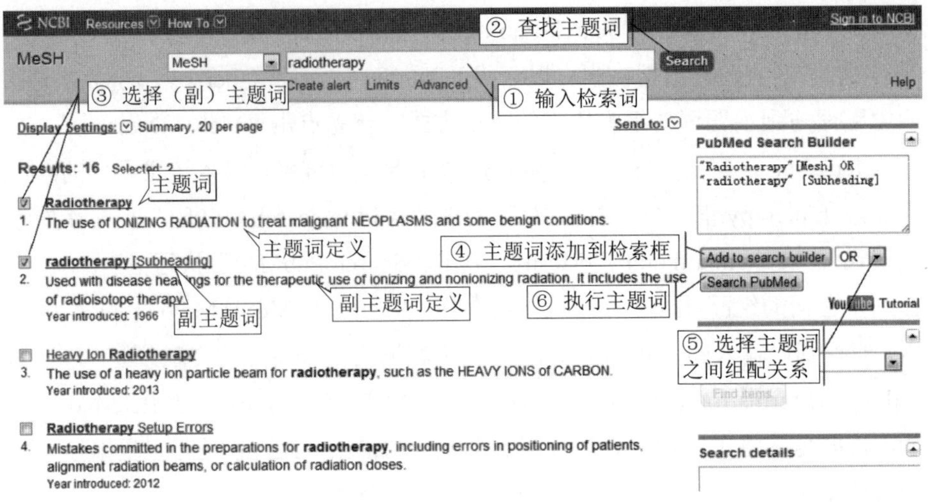

图 5-8　PubMed 放射治疗主题检索

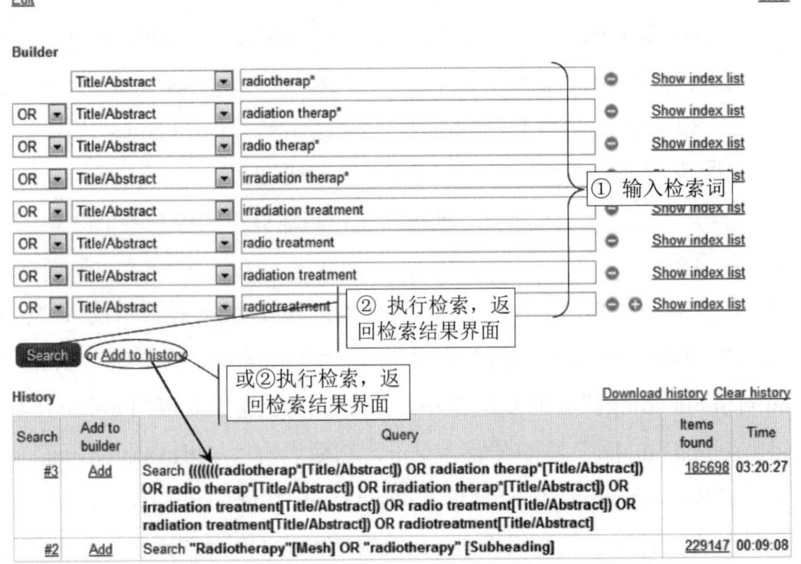

图 5-9　PubMed 放射治疗高级检索

3. EMBASE.com（http://www.embase.com）

1）简介

EMBASE.com 由 Elsevier 公司推出，是针对生物医学和药理学领域信息、基于网络的数据检索服务，囊括了 70 多个国家/地区出版的 7000 多种期刊，可同时检索 EMBASE 和 MEDLINE，覆盖各种疾病和药物信息，在资源收录方面尤其涵盖了大量欧洲和亚洲

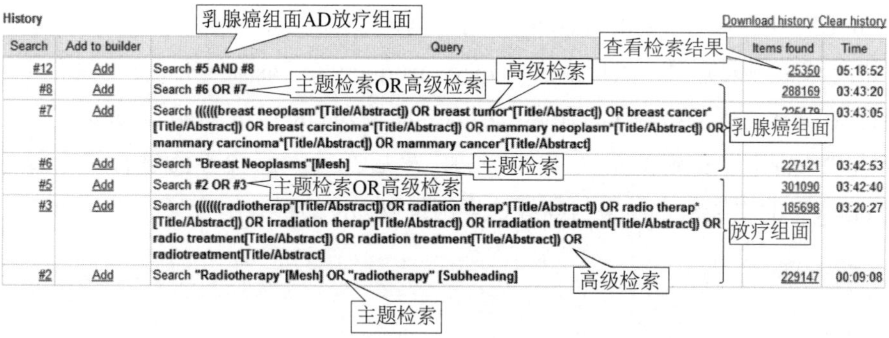
History
Download history Clear history
Search
Add to builder
Query
Items found
Time
乳腺癌组面AD放疗组面
查看检索结果
高级检索
#12 Add Search #5 AND #8 25350 05:18:52
#8 Add Search #6 OR #7 288169 03:43:20
主题检索OR高级检索
#7 Add Search (((((breast neoplasm*[Title/Abstract]) OR breast tumor*[Title/Abstract]) OR breast cancer*[Title/Abstract]) OR breast carcinoma*[Title/Abstract]) OR mammary neoplasm*[Title/Abstract]) OR mammary carcinoma*[Title/Abstract]) OR mammary cancer*[Title/Abstract] 03:43:05
乳腺癌组面
#6 Add Search "Breast Neoplasms"[Mesh] 227121 03:42:53
主题检索
#5 Add Search #2 OR #3 301090 03:42:40
主题检索OR高级检索
#3 Add Search ((((((radiotherap*[Title/Abstract]) OR radiation therap*[Title/Abstract]) OR radio therap*[Title/Abstract]) OR irradiation therap*[Title/Abstract]) OR irradiation treatment[Title/Abstract]) OR radio treatment[Title/Abstract]) OR radiation treatment[Title/Abstract]) OR radiotreatment[Title/Abstract] 185698 03:20:27
放疗组面
#2 Add Search "Radiotherapy"[Mesh] OR "radiotherapy" [Subheading] 229147 00:09:08
高级检索
主题检索

图 5-10　PubMed 放射治疗乳腺癌组合检索

医学刊物。是网状 Meta 分析制作必检数据库。

2）检索方法

提供检索和浏览两种方式，其中检索方式提供快速检索（Quick Search）、高级检索（Advanced Search）、药物检索（Drug Search）、疾病检索（Disease Search）和论文检索（Article Search）等，浏览方式提供主题词检索（Emtree）、浏览期刊（Journals）和作者检索（Authors）等，这里重点介绍高级检索和主题词检索。

（1）高级检索（Advanced）　在主页“Search”下拉菜单选择“Advanced”进入高级检索界面，在检索框输入检索词（单词、短语和检索式），点击“Search”完成检索。高级检索界面提供以下检索限制项：①“Embase mapping options”（检索式修饰）：Map to preferred term in Emtree（匹配主题词检索）；Also search as free text in all fields（可作为关键词在全部字段中进行检索）；Explode using narrower Emtree terms（可扩展检索包括被检索词及其所有下位词）；Search as broadly as possible（尽可能广泛的检索）；Limit to terms indexed in article as 'major focus'（限制检索词为主要概念主题词）；②“Date limits”（日期限定）；③“Field ladels”（字段限定）；④“Source”（数据来源：MEDLINE，EMBASE）；⑤“Quick limits”（快捷限定）；⑥“Evidence Based Medicine”（循证医学）；⑦“Publication types”（出版物类型）；⑧“Article languages”（语种）；⑨“Gender”（性别）；⑩“Age groups”（年龄）；⑪“Animal Study Types”（动物研究类型）等。

（2）主题词检索（Emtree）　在主页“Browse”下拉菜单选择“Emtree”进入主题词检索界面。Find Term：显示输入检索词的记录，将检索词与其他查询词通过布尔逻辑运算符进行组配检索；点击具体的主题词，显示该主题词在树状结构中的位置及其同义词；Browse by Facet：点击“Browse by Facet”选项后，显示出主题词词典的 14 个组成部分，再点击任意所需浏览的术语，将进一步显示该术语的下位类，可层层点击浏览。

（3）组配检索　在检索历史界面，可使用布尔逻辑运算符将多个检索结果的检索序号组合在一起进行检索。

（4）检索示例

① 放射治疗组面检索　首先进行主题检索，在主题检索界面输入“radiotherapy”，

点击“Find Term”查看“radiotherapy”的主题词“radiotherapy”，点击“radiotherapy”链接，进入该主题词界面，然后点击“Take this query to Disease Search”执行主题检索（图5-11）；其次进行高级检索，在高级检索界面输入OR连接“radiotherapy”及其同义词，点击“Search”实施检索（图5-12）；最后在检索历史界面进行组合检索，将“radiotherapy”的主题检索结果与高级检索结果以OR的形式组合（图5-13）。

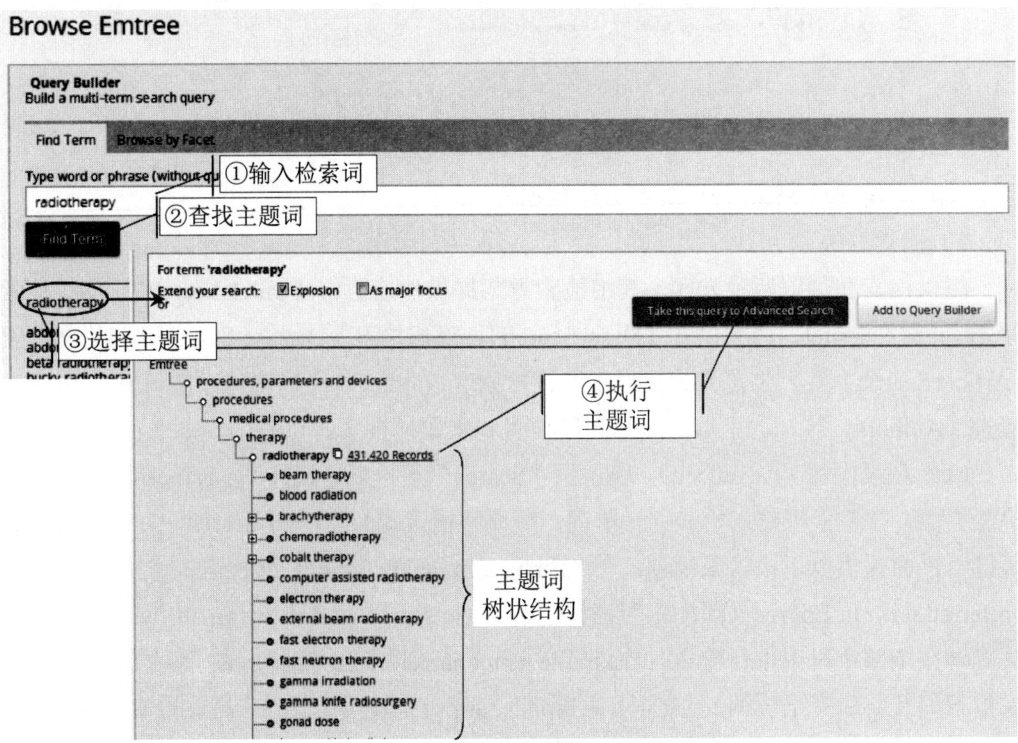

图5-11　EMBASE.com放射治疗主题检索

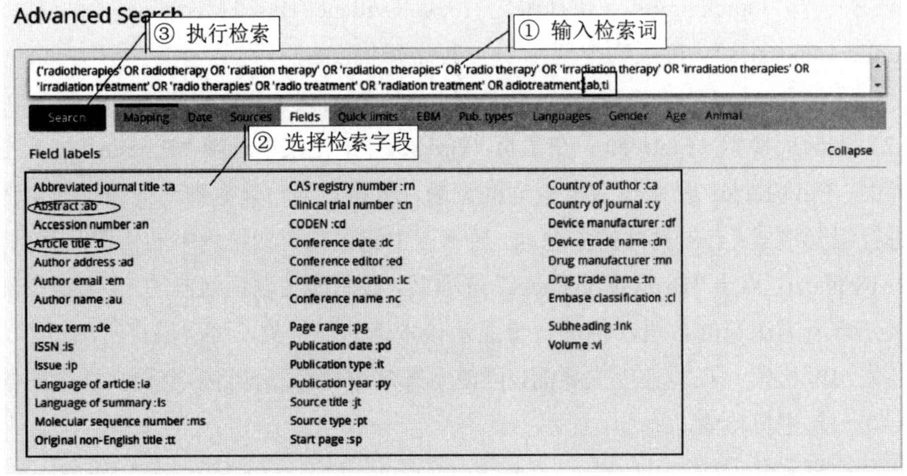

图5-12　EMBASE.com放射治疗高级检索

② 乳腺癌组面检索　参照放射治疗组面检索方法进行乳腺癌组面检索。

③ 乳腺癌组面 AND 放射治疗组面检索　在检索历史界面，将乳腺癌组面与放射治疗组面以 AND 的形式组合，排除 MEDLINE 收录的文献（图 5-13）。

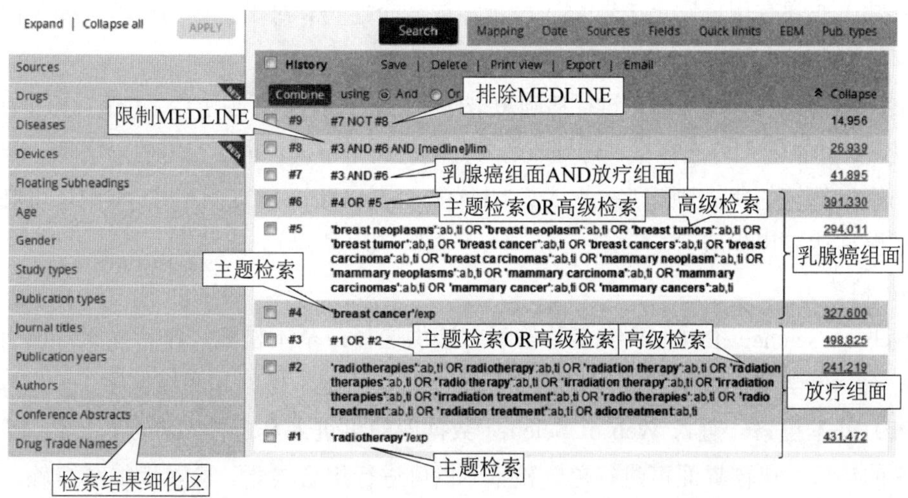

图 5-13　EMBASE.com 放射治疗乳腺癌组合检索

3）检索结果输出

详见本章第五节文献筛选及偏倚风险评价部分。

4. Web of Science

1）简介

Web of Science 收录了 12000 多种世界权威的、高影响力的学术期刊，学科范围涵盖了自然科学、工程技术、生物医学、社会科学、艺术与人文等领域。通过 Web of Science 可检索 Science Citation Index Expanded（SCIE，科学引文索引扩展版）、Social Sciences Citation Index（SSCI，社会科学引文索引）和 Arts & Humanities Citation Index（A&HCI，艺术人文引文索引）三大引文数据库和化学数据库以及会议录引文索引–科学版（Conference Proceedings Citation Index–Science，CPCI-S）和会议录引文索引–社会科学与人文科学版（Conference Proceedings Citation Index–Social Science & Humanities，CPCI-SSH）。

2）检索规则

（1）输入检索词的英文字母不区分大小写：可使用大写、小写或混合大小写进行检索。如 AIDS、Aids 以及 aids 检索结果相同。

（2）布尔逻辑运算　检索运算符（AND、OR、NOT）不区分大小写。在“主题”字段中可使用 AND，但在“出版物名称”或“来源出版物”字段中不能使用。

（3）位置运算　NEAR/x，表示由该运算符连接的检索词之间相隔指定数量的单词的记录，该规则也适用于单词处于不同字段的情况，但在“出版年”字段中不能使用；SAME：主要用于地址字段检索中，使用 SAME 可查找该运算符所分隔的检索词出现在同一地址中的记录。

（4）通配符　所有可使用单词和短语的检索字段均可使用通配符。星号（*）表示任何字符组，包括空字符；问号（?）表示任意一个字符，对于检索最后一个字符不确定的作者姓氏非常有用；美元符号（$）表示零或一个字符，对于查找同一单词的英国拼写和美国拼写非常有用。

（5）短语检索　加引号可进行精确短语检索，这一功能仅适用于“主题”和“标题”字段检索。如果输入以连字号、句号或逗号分隔的两个单词，词语也将视为精确短语。

（6）运算符的优先顺序为：（ ）>NEAR/x>SAME>NOT>AND>OR，可利用圆括号来提高运算优先级。

3）检索方法

Web of Science 主页上列有多种检索方法供选择：基本检索，作者检索，被引参考文献检索，化学结构检索和高级检索等。这里只介绍基本检索和高级检索。

（1）基本检索　进入 Web of Science 数据库即可进入基本检索界面，提供 15 个可供检索的字段，在该界面可进行单一检索，也可进行组合检索。检索步骤：① 输入检索词或检索式；② 选择检索字段：点击▾展开下拉列表，选择检索字段名。当检索条件有多个时，可以根据检索条件点击“+添加另一字段”增加检索行；③ 点击 AND ▾ 展开下拉列表，选择逻辑运算符；④ 限制检索时段；⑤ 点击 检索 进行检索。

（2）高级检索　点击 Web of Science 数据库检索界面“高级检索”，进入高级检索界面。高级检索提供更灵活的组合查询条件，使文献的检索定位更加准确。检索步骤：① 在检索框直接输入由布尔逻辑运算符、检索字段简称和检索词构成的检索表达式；② 限制检索语种、文献类型和时间跨度等；③ 点击“检索”即可。还可对检索结果进行二次检索。在检索结果界面“精炼检索结果”下面的输入框中输入检索词，点击🔍完成检索。

（3）检索示例

① 放射治疗组面检索　在基本检索界面输入 “radiotherapy” 及其同义词，点击 “Search” 实施检索（图 5-14）。

图 5-14　Web of Science 放射治疗基本检索

② 乳腺癌组面检索　参照放射治疗组面检索方法进行乳腺癌组面检索。

③ 随机对照试验组面检索　参照放射治疗组面检索方法进行随机对照试验组面检索。

④ 乳腺癌组面 AND 放射治疗组面检索 AND 随机对照试验组面检索　在检索历史界面，将乳腺癌组面、放射治疗组面和随机对照试验组面以 AND 的形式组合（图 5-15）。

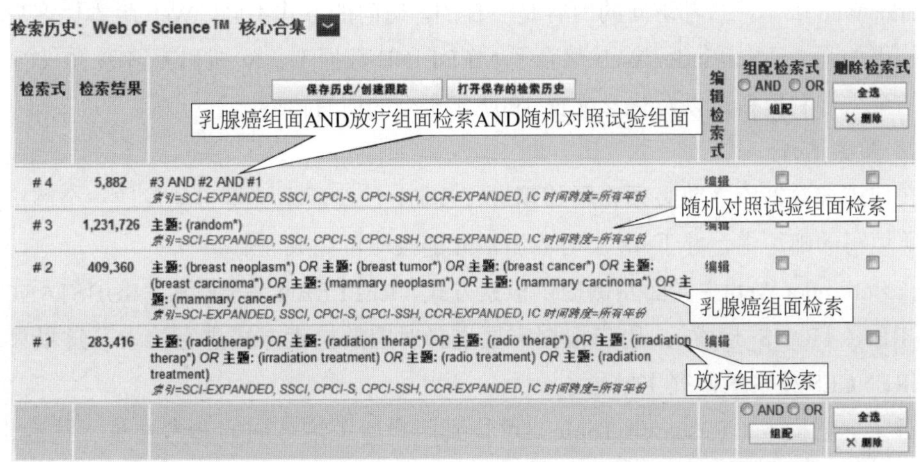

图 5-15　Web of Science 放射治疗乳腺癌随机对照试验组合检索

4）检索结果输出

详见本章第五节文献筛选及偏倚风险评价部分。

5. BIOSIS Previews

BIOSIS Previews（BP）数据库由原美国生物学文摘生命科学信息服务社（Biosciences Information Service of Biological Abstracts，BIOSIS）（现隶属于 Thomson Scientific）编辑出版的文摘、索引型数据库，是世界上规模较大、影响较深的著名生命科学信息检索工具之一。由《生物学文摘》（Biological Abstracts，BA）和《生物学文摘/报告、述评、会议资料》（Biological Abstracts/Report，Reviews and Meetings，BA/RRM）组合而成，收集了 1969 年以来世界上 100 多个国家和地区的 6000 多种生命科学方面的期刊和 1650 多个国际会议、综述、书籍和来自美国专利商标局的专利信息。内容涉及生命科学的所有领域，主要包括传统领域（分子生物学、植物学、生态与环境科学、医学、药理学、兽医学、动物学），跨学科领域（农业、生物化学、生物医学、生物技术、试验临床、兽医药学、遗传学、营养学、公共卫生学）和相关领域（仪器、试验方法等）。数据每周更新，最早回溯至 1926 年。通过 Web of Knowledge 检索平台检索 BP 数据库，其检索规则和方法与 Web of Science 相同，这里不再赘述。

6. SciFinder Web

1）简介

SciFinder 的前身是美国《化学文摘》（Chemical Abstracts，简称 CA）。CA 是世界最

大的化学文摘库，也是目前世界上应用最广泛，最为重要的化学、化工及相关学科的检索工具。CA 创刊于 1907 年，由美国化学文摘社（Chemical Abstract Service，CAS）编辑出版，被誉为“打开世界化学化工文献的钥匙”。CA 的内容几乎涉及了化学家感兴趣的所有领域。随着网络技术的发展，1995 年 CAS 推出了 SciFinder 联机检索数据库。CAS 于 2012 年 10 月 1 号起取消了 SciFinder Scholar 客户端的访问，而完全过渡到 SciFinder Web 版本，二者访问的内容是一样的，访问的方式不同，Web 版本比客户端检索功能更加强大。SciFinder Web 整合了 MEDLINE 数据库、欧洲和美国等 30 多家专利机构的全文专利资料、以及化学文摘 1907 年至今的所有内容。

2）检索方法

在使用该数据库之前必须先用邮箱进行注册，注册后系统将自动发送一个链接到注册时所填写的邮箱中，并于 48 小时内激活此链接即可完成注册。

在 SciFinder Web 主界面左侧提供检索方式（REFERENCES 检索、SUBSTANCE 检索和 REACTIONS 检索），用户根据需要选择对应的检索方式进行检索，这里只介绍 REFERENCES 检索的研究主题检索。

研究主题检索（Research Topic）可找到用户所关注方向的参考文献。检索步骤：① 在主界面左侧点击“Research Topic”进入研究主题检索界面；② 在检索对话框内输入研究主题的短语或几个词，可以使用介词和连接词等，输入的词大小写均可。③ 点击“Advanced Search”可以从出版年、文献类型、语种、著者、公司名称 5 个方面进行限制。④ 点击“Search”按钮，弹出“Topic Candidates Selected”对话框，列出与用户相关的几种不同角度检索结果并给出了相应的文献数。⑤ 选择合适主题（可多选），单击“Get References”检索全部参考文献。

3）检索结果处理

详见本章第五节文献筛选及偏倚风险评价部分。

（二）主要中文数据库

1. 中国生物医学文献数据库（http://cbmwww.imicams.ac.cn）

1）简介

中国生物医学文献数据库（China Biomedical Literature Database，CBM）是中国生物医学文献服务系统（SinoMed）数据库之一，是中国医学科学院医学信息研究所开发研制的综合性中文医学文献数据库。收录 1978 以来的 1600 多种中国期刊以及汇编资料、会议论文的文献题录。覆盖了基础医学、临床医学、预防医学、药学、中医学及中药学等生物医学的各个领域。

2）检索方法

提供基本检索、主题检索、检索式组配检索、限定检索、定题检索、分类检索、期刊检索、作者检索和索引检索等，这里主要介绍基本检索和主题检索。

（1）基本检索　为 CBM 的默认模式。选择检索入口，输入检索词或检索式，若检索词中带有括号、连字符等符号时，用半角引号标识检索词，如“N-[8-（2-羟苯基）氨基]辛酸钠和1，25-（OH）2D3”；检索词本身可使用通配符，检索词之间还可使用逻辑运算符；可选择是否进行智能检索。在已有检索结果的范围内进行二次检索时，输入新检索词，选中“二次检索”前面的复选框，点击“检索”即可。

（2）主题检索　点击“主题检索”，在“检索入口”后的下拉菜单选择中文主题词或英文主题词，输入检索词（可选用主题词的同义词、相关词、上位词、下位词），点击“查找”，显示含该检索词的主题词轮排表。在主题词轮排表中，浏览选择主题词，在主题词注释表中了解主题词注释信息和树形结构，选择是否扩展检索、加权检索以及副主题词和副主题词扩展检索选项，点击“主题检索”即可。

（3）组配检索　点击“检索历史”进入检索史界面，可显示已进行检索的检索策略和检索结果。在检索框内，使用布尔逻辑运算符将多个检索结果的检索序号组合在一起进行检索。

3）检索结果输出

详见本章第五节文献筛选及偏倚风险评价部分。

2. 中国学术期刊网络出版总库（http://www.cnki.net）

1）简介

中国学术期刊网络出版总库（China Academic Journal Network Publishing Database，简称 CAJD），是目前世界上最大的连续动态更新的中国学术期刊全文数据库，收录了1994年至今（部分刊物回溯至创刊）国内出版的8000多种学术期刊，分为10个专辑（基础科学、工程科技Ⅰ、工程科技Ⅱ、农业科技、医药卫生科技、哲学与人文科学、社会科学Ⅰ、社会科学Ⅱ、信息科技、经济与管理科学），10个专辑进一步分为168个专题和近3600个子栏目。

2）检索方法

提供检索、高级检索、专业检索、作者发文检索、科研基金检索、句子检索和来源期刊检索，这里只介绍高级检索和专业检索。

（1）高级检索　点击主页“高级检索”进入CAJD高级检索界面，检索步骤：① 选择检索字段：系统提供的检索字段有主题、篇名、关键词、作者、单位、刊名、ISSN、CN、期、基金、摘要、全文、参考文献和中图分类号；② 输入检索词：在相应检索框内输入检索词，并选择该检索词的匹配方式（精确或模糊）。当检索条件有多个时，可以根据检索条件点击“+”和“-”增加和减少检索行，最多可以增加到7行；③ 合理选择检索条件之间的逻辑关系（并且、或者和不含）进行组合检索。它们的优先级相同，即按先后顺序进行组合；④ 添加完所有检索条件后，点击“检索”执行检索。

（2）专业检索　专业检索使用布尔逻辑运算符和关键词构造检索式进行检索，用于图书情报专业人员查新、信息分析等工作。点击主页“专业检索”进入专业检索界面。检索步骤：① 选择检索范围；② 填写检索条件；③ 点击“检索”进行检索。

3）检索结果输出

详见本章第五节文献筛选及偏倚风险评价部分。

3. 维普期刊资源整合服务平台（http://www.cqvip.com）

1）简介

中文科技期刊数据库（全文版）（China Science and Technology Journal Database，CSTJ）是重庆维普资讯有限公司推出的一个功能强大的中文科技期刊检索系统。收录 1989 年至今 12000 余种期刊。涵盖社会科学、自然科学、工程技术、农业科学、医药卫生、经济管理、教育科学、图书情报和社会科学 8 大专辑 28 个专题。

2）检索方法

提供基本检索、传统检索、高级检索和期刊导航 4 种检索途径。这里只介绍高级检索。

点击主页“高级检索”按钮进入高级检索界面，有向导式检索和直接输入检索式两种检索方式。

（1）向导式检索　在检索框内输入检索词，选择检索项、布尔逻辑运算符、匹配度、限定字段扩展信息后点击“检索”即可。点击“重置”可重新设置条件。

检索规则：① 检索时严格按照由上到下的顺序进行，可根据检索需求进行检索字段的选择。② 扩展功能：高级检索界面左侧所有按钮均可实现相应的功能。只需在前面的输入框中输入需要查看的信息，再点击相应的按钮，即可得到系统给出的提示信息。③ 扩展检索条件：点击“扩展检索条件”，可根据需要限制时间、专业、期刊范围，获得符合检索需求的检索结果。

（2）直接输入式检索　在检索框中直接输入检索词及布尔逻辑运算符、字段标识符等，点击“扩展检索条件”并对相关检索条件进行限制后点击“检索”按钮即可。

在已经进行了检索操作的基础上进行再次检索，以得到理想的检索结果。

3）检索结果输出

详见本章第五节文献筛选及偏倚风险评价部分。

4. 数字化期刊全文数据库（http://www.wanfangdata.com.cn）

1）简介

数字化期刊全文数据库收录 1998 年至今的理、工、农、医、哲学、人文、社会科学、经济管理和科教文艺等 8 大类 100 多个类目的 7000 多种各学科领域核心期刊，独家收录中华医学会系列期刊 122 种，中国医师协会系列期刊 20 种。2009 年 6 月，万方数据股份有限公司面向广大医院、医学院校、科研机构、药械企业及医疗卫生从业人员推出医学信息整合服务平台——万方医学网。

2）检索方法

（1）高级检索　点击主页“高级检索”进入高级检索界面，系统默认为三个检索框，可通过单击“+”“－”来增加或减少检索框的数量，每个检索框都可通过下拉菜单选择检索字段，并可选择模糊和精确两种匹配模式，字段间可选择“与”、“或”、“非”三种逻辑关系。

（2）专业检索　点击主页“专业检索”进入专业检索界面，可按照PQ表达式的语法规则自行输入检索式，也可通过页面中的 “可检索字段”功能提供的帮助构建检索式来进行检索。

在高级检索和专业检索模式下，均可设定检索的时间范围；利用“推荐检索词”功能为用户推荐与输入与课题相关的检索用词；还可浏览和导出检索历史。

3）检索结果输出

详见本章第五节文献筛选及偏倚风险评价部分。

5. 其他数据库

1）中国科学引文数据库（http://sciencechina.cn）

（1）简介　中国科学引文数据库（Chinese Science Citation Database，CSCD），由中国科学院文献情报中心于 1989 年创建，属于中国科学文献服务系统的一个子系统，收录我国数学、物理、化学、天文学、地学、生物学、农林科学、医药卫生、工程技术、环境科学和管理科学等领域出版的中英文科技核心期刊和优秀期刊千余种。2007 年 CSCD 与美国 Thomson-Reuters 合作，中国科学引文数据库将以 ISI Web of Knowledge 为平台，实现与 Web of Science 的跨库检索。

（2）检索方法

① 简单检索　提供给用户相应的检索字段，用户可在检索框中直接输入检索词，进行快捷检索，也可根据需求进行多个检索字段的组合检索。简单检索提供来源文献检索和引文检索。

② 高级检索　可根据检索系统提供的检索点，任意组配检索式进行检索。高级检索也提供来源检索和引文检索。检索界面上半部分为检索运算式输入区域，下面部分为检索辅助区域。在检索辅助区列出了引文检索及来源检索的所有字段，各字段后有检索词输入框和布尔逻辑运算符以及“增加”按钮，只需在相应的输入框中输入检索词、选择布尔逻辑运算符（“与”或“或”），然后点击“增加”按钮，相应的检索式即可出现在上半部分的检索提问框中，点击“确定”即可。

2）国家科技图书文献中心（http://www.nstl.gov.cn）

（1）简介　国家科技图书文献中心（National Science and Technology library，NSTL）是经国务院批准，于 2000 年 6 月 12 日成立的一个基于网络环境的、公益性的科技文献信息服务机构。其订购的文献资源覆盖自然科学、工程技术、农业科技、医药卫生等领域的 100 多个学科或专业。

（2）检索方法　提供快速检索、普通检索、高级检索、期刊检索、分类检索及引文检索。这里只介绍普通检索和高级检索。

① 普通检索　点击主页的“文献检索”进入普通检索界面。首先，选择数据库，选

择特定的数据库可以提高检索的准确性。然后，在下拉菜单中选择检索字段（默认为全部字段）；在检索框中输入检索式，检索式可以是一个词、词组或是包含AND、OR、NOT等关系的逻辑表达式，也可通过在下拉菜单中选择不同逻辑关系或字段来构造相应的检索式。如果需要增加或减少检索框，可点击输入框右侧的“+”和“–”。此外，可利用页面下方“设置查询条件”来提高检索的相关性，包括文献收藏单位、查询范围、时间范围以及查询方式。

② 高级检索　在普通检索页面中点击“高级检索”进入高级检索页面。高级检索的检索步骤与普通检索的不同之处在于检索式的输入方法不同。可以利用系统提供的工具逐一添加检索词，并最终组成检索式。如检索标题中包含白血病的外文文献。则在输入框中下方的检索字段选择框中选择标题，键入leukemia，点击“添加”，系统自动将用户输入的检索词转变为可执行的检索式（TITLE=leukemia）。也可自行输入检索式，选择好数据库后，点击检索按钮则执行检索。

③ 二次检索　在检索结果显示页面，系统提供了二次检索以及重新检索。二次检索的字段默认为“全部字段”，可通过下拉菜单选择检索字段。检索式可以用检索词以及布尔逻辑运算符组成。二次检索所选用的数据库与上次检索相同。

三、已发表网状Meta分析检索情况分析

随着网状Meta分析方法学的不断发展，每年发表的网状Meta分析的数量不断增加，但网状Meta分析的检索是否全面、如何实施检索可能会影响纳入研究的数量，从而对网状Meta分析的结果产生偏倚，而全面的文献检索依赖于敏感的检索策略和多样的检索资源。鉴于此，我们对同时分析三个或者三个以上的不同干预措施的391篇网状Meta分析的文献检索现状进行系统、全面分析，针对发现的问题提出了改进建议，对今后网状Meta分析的检索提供参考。

（一）网状Meta分析检索实施情况

1. 检索信息源的选择

1）检索数据库情况

在检索数据库方面，391篇NMA中383篇检索了数据库，8篇未检索任何数据库，5篇未检索任何数据库和已发表Meta分析，在检索了数据库NMA中，检索数据库数量的中位数为3（范围1～28）；SCI收录NMA与非SCI收录NMA检索的数据库中位数分别为3（范围1～28）和3（范围1～15），且检索数据库数量在8、10和11及以上之间的差异无统计学意义；Cochrane系统评价与非Cochrane系统评价检索的数据库中位数分别为6（范围1～12）和3（范围1～28）且检索数据库数量在8和10之间的差异无统计学意义；期刊的影响因子（IF）大于10与小于10发表NMA的数据库中位数分别为3（范围1～13）和3（范围1～28）且检索数据库数量在8和10之间的差异无统计学意义（表5-6，表5-7）。

表 5-6 NMA 检索数据库和已发表 Meta 分析情况一览表

	SCI 收录情况		合计（n=391）	Cochrane 系统评价数据库收录情况		合计（n=353）	影响因子是否大于 10		合计（n=353）
	收录	未收录		收录	未收录		大于	小于	
检索数据库 NMA 数量	353	30	383	13	340	353	287	66	353
检索数据库数量范围（中位数）	1～28(3)	1～15(3)	1～28(3)	1～12(6)	1～28(3)	1～28(3)	1～13(3)	1～28(3)	1～28(3)
未检索任何数据库 NMA 数量	8	0	8	0	8	8	1	7	8

表 5-7 NMA 检索数据库数量情况一览表

数据库数量	SCI 收录情况		P	合计（n=383）	Cochrane 系统评价数据库收录情况		P	合计（n=353）	影响因子是否大于 10		P	合计（n=353）
	收录（n=353）	未收录（n=30）			收录（n=13）	未收录（n=340）			大于（n=287）	小于（n=66）		
1	17(4.82)	0(0)	<0.05	17(4.44)	2(25.38)	15(4.41)	<0.05	17(4.82)	3(0.88)	14(4.12)	<0.05	17(4.82)
2	57(16.15)	1(3.33)	<0.05	58(15.14)	0(0)	57(16.76)	<0.05	57(16.15)	12(3.53)	45(13.24)	<0.05	57(16.15)
3	130(36.83)	4(13.33)	<0.05	134(34.99)	2(16.67)	128(37.65)	<0.05	130(36.83)	23(6.76)	107(31.47)	<0.05	130(36.83)
4	69(19.55)	4(13.33)	<0.05	73(19.06)	3(23.08)	66(19.41)	<0.05	69(19.55)	14(4.12)	54(15.88)	<0.05	69(19.55)
5	27(7.65)	4(13.33)	<0.05	31(8.09)	1(7.69)	26(7.65)	<0.05	27(7.65)	5(1.47)	22(6.47)	<0.05	27(7.65)
6	20(5.67)	3(10.0)	<0.05	23(6.01)	1(7.69)	19(5.59)	<0.05	20(5.67)	2(0.59)	18(5.29)	<0.05	20(5.67)
7	9(2.55)	3(10.0)	<0.05	12(3.13)	2(16.67)	7(2.06)	<0.05	9(2.55)	2(0.59)	7(2.06)	<0.05	9(2.55)
8	4(1.13)	1(3.33)	>0.05	5(1.31)	0(0)	4(1.18)	>0.05	4(1.13)	2(0.59)	2(0.59)	>0.05	4(1.13)
9	8(2.27)	0(0)	<0.05	8(2.09)	1(7.69)	7(2.06)	<0.05	8(2.27)	1(0.29)	7(2.06)	<0.05	8(2.27)
10	2(0.57)	3(10.0)	>0.05	5(1.31)	0(0)	2(0.59)	>0.05	2(0.57)	1(0.29)	1(0.29)	>0.05	2(0.57)
≥11	10(2.83)	7(23.33)	>0.05	17(4.44)	1(7.69)	9(2.65)	<0.05	10(2.83)	1(0.29)	9(2.65)	<0.05	10(2.83)

2）检索数据库分布情况

在检索具体数据库方面，391 篇 NMA 中检索频率较高的数据库依次是 Medline/PubMed、EMBASE 和 CENTRAL。SCI 收录与非 SCI 收录、Cochrane 系统评价与非 Cochrane 系统评价、期刊的 IF 大于 10 与小于 10 发表 NMA 检索的数据库前三依然是 Medline/PubMed、EMBASE 和 CENTRAL，且在检索具体数据库方面的差异有统计学意义（表 5–8）。

3）其他检索资源检索情况

391 篇 NMA 检索的其他资源主要包括：检索已经发表的 Meta 分析、综述、期刊和图书、会议与主要官网、在研试验和 Google、联系作者与药厂，其中 14.10%追踪了综述、13.84%检索了在研试验、12.01%检索了已经发表的 Meta 分析和 10.70%追踪会议文献（表 5–8）。

4）检索数据库组合信息

在数据库组合方面，SCI 收录与非 SCI 收录、Cochrane 系统评价与非 Cochrane 系统评价、IF 大于 10 与 IF 小于 10 检索最高的组合为 PubMed（P）+CENTRAL（C），其次为 P+EMBASE（M）、C+M、P+C+M 和 P+C+M+Web of science（W），且在组合数据库检索方面的差异有统计学意义。只有 38.12%的 NMA 同时检索了数据库和已经发表的 Meta 分析，且 SCI 收录与非 SCI 收录、Cochrane 系统评价与非 Cochrane 系统评价、期刊的 IF 大于 10 与小于 10 发表 NMA 在该方面的差异有统计学意义（表 5–8）。

2. 检索报告情况

1）检索数据库报告情况

391 篇 NMA 中，383 篇（97.95%）检索了相关的数据库，且明确报告了具体检索数据库的名称，但检索数据库数量在不同 NMA 中不同，54.57%的 NMA 检索数据库数量介于 1～3 之间。

2）检索方式情况报告

在选择检索方式方面，313（81.72%）篇的 NMA 采用自由词的检索方式，207（54.05%）篇 NMA 采用主题词检索方式，192（50.13%）篇 NMA 同时结合自由词和主题词的检索方式。SCI 收录与非 SCI 收录、Cochrane 系统评价与非 Cochrane 系统评价、期刊的 IF 大于 10 与小于 10 发表 NMA 在自由词、主题词和自由词结合主题词方面的差异有统计学意义（表 5–9）。

3）检索词情况报告

301（78.59%）、298（77.81%）、18（4.70%）和 228（59.53%）篇的 NMA 分别将疾病、干预措施、结局指标和研究设计作为检索词，且 SCI 收录与非 SCI 收录、Cochrane 系统评价与非 Cochrane 系统评价、期刊的 IF 大于 10 与小于 10 发表 NMA 在上述检索词方面的差异有统计学意义（表 5–9）。

在检索词组合方面，258（67.36%）、201（52.48%）和 195（50.91%）篇 NMA 分别采用疾病结合干预措施、疾病结合研究设计和干预措施结合研究设计进行检索，且 SCI

表 5–8 NMA 检索资源一览表

检索资源	SCI 收录情况		P	合计（n=383）	Cochrane 系统评价数据库收录情况		P	合计（n=353）	影响因子是否大于 10		P	合计（n=353）
	收录（n=353）	未收录（n=30）			收录（n=13）	未收录（n=340）			大于（n=287）	小于（n=66）		
检索数据库名称												
Medline/PubMed	347(98.30)	28(93.33)	<0.05	375(97.91)	10(76.92)	337(99.12)	<0.05	347(98.30)	282(98.26)	65(98.48)	<0.05	347(98.30)
EMBASE	287(81.30)	19(63.33)	<0.05	306(79.90)	10(76.92)	277(81.47)	<0.05	287(81.30)	237(82.58)	50(75.76)	<0.05	287(81.30)
CENTRAL	194(54.96)	11(36.67)	<0.05	205(53.52)	9(69.23)	185(16.76)	<0.05	194(54.96)	147(51.22)	47(71.21)	<0.05	194(54.96)
CDSR	61(17.28)	3(10.00)	<0.05	64(16.71)	6(46.15)	55(16.18)	<0.05	61(17.28)	54(18.82)	7(10.61)	<0.05	61(17.28)
HTA	36(10.20)	1(3.33)	<0.05	37(9.66)	3(23.08)	33(9.71)	<0.05	36(10.20)	35(12.20)	1(1.52)	<0.05	36(10.20)
DARE	41(11.61)	1(3.33)	<0.05	42(10.97)	3(23.08)	38(11.18)	<0.05	41(11.61)	38(13.24)	3(4.55)	<0.05	41(11.61)
CINAL	61(17.28)	6(20.00)	<0.05	67(17.49)	3(23.08)	58(17.06)	<0.05	61(17.28)	51(17.77)	10(15.15)	<0.05	61(17.28)
Web of science	51(14.45)	2(6.67)	<0.05	53(13.84)	2(16.67)	49(14.41)	<0.05	51(14.45)	45(15.68)	6(9.09)	<0.05	51(14.45)
PsycINFO	40(11.33)	4(13.33)	<0.05	44(11.49)	0(0)	40(11.76)	<0.05	40(11.33)	28(9.76)	12(18.18)	<0.05	40(11.33)
LILACS	20(5.67)	2(6.67)	<0.05	22(5.74)	3(23.08)	17(5.00)	<0.05	20(5.67)	17(5.92)	3(4.55)	<0.05	20(5.67)
AMED	16(4.53)	2(6.67)	<0.05	18(4.70)	1(7.69)	15(4.41)	<0.05	16(4.53)	11(3.83)	5(7.58)	<0.05	16(4.53)
BIOSIS Preview	25(7.08)	3(10.00)	<0.05	28(7.31)	1(7.69)	24(7.06)	<0.05	25(7.08)	24(8.36)	1(1.52)	<0.05	25(7.08)
检索其他资源												
Meta 分析	46(13.03)	0(0)	<0.05	46(12.01)	3(23.08)	43(12.65)	<0.05	46(13.03)	38(13.24)	8(12.12)	<0.05	46(13.03)

续表

检索资源	SCI收录情况		P	合计（n=383）	Cochrane系统评价数据库收录情况		P	合计（n=353）	影响因子是否大于10		P	合计（n=353）
	收录（n=353）	未收录（n=30）			收录（n=13）	未收录（n=340）			大于（n=287）	小于（n=66）		
综述	51(14.45)	3(10.00)	＜0.05	54(14.10)	3(23.08)	48(14.12)	＜0.05	51(14.45)	40(13.94)	11(16.67)	＜0.05	51(14.45)
图书	3(0.85)	0(0)	＞0.05	3(0.78)	0(0)	3(0.88)	＞0.05	3(0.85)	3(1.05)	0(0.00)	＞0.05	3(0.85)
会议	39(11.05)	2(6.67)	＜0.05	41(10.70)	2(16.67)	37(10.88)	＜0.05	39(11.05)	32(11.15)	7(10.61)	＜0.05	39(11.05)
主要官网	18(5.10)	0(0)	＜0.05	18(4.70)	1(7.69)	17(5.00)	＜0.05	18(5.10)	15(5.23)	3(4.55)	＜0.05	18(5.10)
在研试验	48(13.60)	5(16.67)	＜0.05	53(13.84)	2(16.67)	46(13.53)	＜0.05	48(13.60)	41(14.29)	7(10.61)	＜0.05	48(13.60)
Google	12(3.40)	2(6.67)	＜0.05	14(3.66)	0(0)	12(3.53)	＜0.05	12(3.40)	9(3.14)	3(4.55)	＜0.05	12(3.40)
作者	12(3.40)	2(6.67)	＜0.05	14(3.66)	0(0)	12(3.53)	＜0.05	12(3.40)	9(3.14)	3(4.55)	＜0.05	12(3.40)
药厂	10(2.83)	1(3.33)	＜0.05	11(2.87)	0(0)	10(2.94)	＜0.05	10(2.83)	10(3.48)	0(0)	＜0.05	10(2.83)
检索信息组合												
D+Meta分析	140(39.66)	6(1.70)	＜0.05	146(38.12)	5(38.46)	135(39.71)	＜0.05	140(39.66)	115(40.07)	25(37.88	＜0.05	140(39.66)
P+C	291(82.44)	23(6.52)	＜0.05	314(81.98)	9(69.23)	282(82.94)	＜0.05	291(82.44)	233(81.18)	58(87.88)	＜0.05	291(82.44)
P+M	286(81.02)	18(5.10)	＜0.05	304(79.37)	10(76.92)	276(81.18)	＜0.05	286(81.02)	237(82.58)	49(74.24)	＜0.05	286(81.02)
C+M	250(70.82)	16(4.53)	＜0.05	266(69.45)	9(69.23)	241(70.88)	＜0.05	250(70.82)	203(70.73)	47(71.21)	＜0.05	250(70.82)
P+C+M	253(71.67)	17(56.67)	＜0.05	270(70.50)	9(69.23)	244(71.76)	＜0.05	253(71.67)	206(71.78)	47(71.21)	＜0.05	253(71.67)
P+C+M+W	7(1.983)	1(0.28)	＜0.05	8(2.09)	0(0)	7(2.06)	＜0.05	7(1.983)	7(2.439)	0(0)	＜0.05	7(1.983)

注：D. Database（数据库）；P. Medline/PubMed；C. CENTRAL；M. EMBASE；W. Web of science

收录与非 SCI 收录、Cochrane 系统评价与非 Cochrane 系统评价、期刊的 IF 大于 10 与小于 10 发表 NMA 在上述检索词组合方面的差异有统计学意义（表 5–9）。

4）检索策略报告

69（18.02）篇的 NMA 在检索前报告了检索策略，12（3.13%）和 54（14.10%）篇 NMA 分别在文中和以附件形式呈现检索策略，且 SCI 收录与非 SCI 收录、Cochrane 系统评价与非 Cochrane 系统评价、期刊的 IF 大于 10 与小于 10 发表 NMA 在检索策略报告方面的差异有统计学意义（表 5–9）。

5）检索时间和语言限制情况报告

30（7.83%）篇 NMA 报告了限制检索时间的原因，27（7.05%）篇 NMA 报告了限制检索语言的原因，且 SCI 收录与非 SCI 收录、Cochrane 系统评价与非 Cochrane 系统评价、期刊的 IF 大于 10 与小于 10 发表 NMA 在检索时间和语言限制方面的差异有统计学意义（表 5–9）。

6）检索结果报告

383 篇 NMA 中，30.29%的 NMA 报告了检索结果，只有 5.74%的 NMA 报告了其他数据库检索结果，不足 4%的 NMA 报告了各个数据库检索结果；138 篇 NMA 提供了流程图，且流程图中提供了总的检索结果，而只有 50 篇 NMA 在流程图中提供各个数据库检索结果，且 SCI 收录与非 SCI 收录、Cochrane 系统评价与非 Cochrane 系统评价、期刊的 IF 大于 10 与小于 10 发表 NMA 在检索结果报告和提供流程图方面的差异有统计学意义（表 5–9）。

（二）网状 Meta 分析检索存在问题

目前网状 Meta 分析检索存在的主要问题有：① 检索不全面，主要表现在检索数据库数量少和对其他资源和未发表数据的检索不够充分；② 检索报告也同样不充分，主要表现在检索策略的构建和呈现以及检索细节的报告；③ 只有极少 NMA 提及实施文献检索人员和数量以及是否有图书馆工作人员参与；④ 在检索过程中，未能结合检索课题和数据库的特性选择与研究课题相关的专业数据库，可能会导致漏检；⑤ 对主题词和自由词、主题检索和关键词检索的异同不太清楚，并在主题词检索时，未充分考虑上位概念词与下位概念词的隶属关系等。

（三）对网状 Meta 分析检索的建议

1. 系统、全面、多渠道的文献检索是生产高质量 NMA 的保障

（1）检索相同主题已发表的 Meta 分析/系统评价是检索的基础。

（2）检索必检数据库同时，应重视与研究课题相关的专业数据库　目前已发表网状 Meta 分析检索使用频率较高的数据库有 PubMed/MEDLINE、EMBASE 和 Cochrane Library，今后网状 Meta 分析的检索至少应包括上述 3 个数据库，同时根据课题选择专业数据库，如 PsycINFO 和 CINAHL 等。

（3）辅助检索是获取全面文献信息的必要手段　除全面检索数据库外，还应当进行手工检索、追踪参考文献和通过搜索引擎检索。

表 5-9　NMA 检索情况报告一览表

	SCI 收录情况		P	合计（n=383）	Cochrane 系统评价数据库收录情况		P	合计（n=353）	影响因子是否大于 10		P	合计（n=353）
	收录（n=353）	未收录（n=30）			未收录（n=340）	收录（n=13）			大于（n=287）	小于（n=66）		
检索方式												
自由词	287(81.3)	26(86.67)	<0.05	313(81.72)	274(80.59)	13(100.00)	<0.05	287(81.3)	234(81.53)	53(80.30)	<0.05	287(81.3)
主题词	190(53.82)	17(56.67)	<0.05	207(54.05)	178(52.35)	12(92.31)	<0.05	190(53.82)	158(55.05)	32(48.48)	<0.05	190(53.82)
自由词结合主题词	175(49.58)	17(56.67)	<0.05	192(50.13)	163(47.94)	12(92.31)	<0.05	175(49.58)	146(50.87)	29(43.94)	<0.05	175(49.58)
检索词												
疾病	277(78.47)	24(80.00)	<0.05	301(78.59)	266(78.24)	11(84.62)	<0.05	277(78.47)	230(80.14)	47(71.21)	<0.05	277(78.47)
干预措施	271(76.77)	27(90.00)	<0.05	298(77.81)	261(76.76)	10(76.92)	<0.05	271(76.77)	220(76.66)	51(77.27)	<0.05	271(76.77)
结局指标	17(4.816)	1(3.33)	<0.05	18(4.70)	16(4.706)	1(7.69)	<0.05	17(4.816)	15(5.226)	2(3.03)	<0.05	17(4.816)
研究设计	209(59.2)	19(63.33)	<0.05	228(59.53)	201(59.12)	8(61.54)	<0.05	209(59.2)	176(61.32)	33(50.00)	<0.05	209(59.2)
疾病 AND 干预措施	235(66.57)	23(76.67)	<0.05	258(67.36)	227(66.76)	8(61.54)	<0.05	235(66.57)	196(68.29)	39(59.09)	<0.05	235(66.57)
疾病 AND 研究设计	184(52.12)	17(56.67)	<0.05	201(52.48)	177(52.06)	7(53.85)	<0.05	184(52.12)	157(54.7)	27(40.91)	<0.05	184(52.12)
干预措施 AND 研究设计	177(50.14)	18(60.00)	<0.05	195(50.91)	171(50.29)	6(46.15)	<0.05	177(50.14)	150(52.26)	27(40.91)	<0.05	177(50.14)
检索限制												
时间限制	28(7.932)	2(6.67)	<0.05	30(7.83)	28(8.235)	0(0.00)	<0.05	28(7.932)	26(9.059)	2(3.03)	<0.05	28(7.932)
语言限制	26(7.365)	1(3.33)	<0.05	27(7.05)	26(7.647)	0(0.00)	<0.05	26(7.365)	23(8.014)	3(4.55)	<0.05	26(7.365)

续表

	SCI 收录情况		P	合计（n=383）	Cochrane 系统评价数据库收录情况		P	合计（n=353）	影响因子是否大于 10		P	合计（n=353）
	收录（n=353）	未收录（n=30）			未收录（n=340）	收录（n=13）			大于（n=287）	小于（n=66）		
检索策略												
检索前报告检索策略	64(18.13)	5(16.67)	<0.05	69(18.02)	59(17.35)	5(38.46)	<0.05	64(18.13)	53(18.47)	11(16.67)	<0.05	64(18.13)
检索策略在文中呈现	12(4.00)	0(0)	<0.05	12(3.13)	12(3.53)	0(0)	<0.05	12(4.00)	12(4.18)	0	<0.05	12(4.00)
检索策略以附件呈现	42(11.90)	12(40.00)	<0.05	54(14.10)	49(14.41)	5(38.46)	<0.05	42(11.90)	54(18.81)	5(7.57)	<0.05	42(11.90)
检索结果												
报告检索结果	107(30.31)	9(30.00)	<0.05	116(30.29)	103(30.29)	4(30.77)	<0.05	107(30.31)	91(31.71)	16(24.24)	<0.05	107(30.31)
报告各个数据库检索结果	12(4.00)	1(3.33)	<0.05	13(3.39)	10(2.941)	2(15.38)	<0.05	12(3.399)	11(3.833)	1(1.52)	<0.05	12(3.399)
报告其他数据库检索结果	21(5.95)	1(3.33)	<0.05	22(5.74)	20(5.882)	1(7.69)	<0.05	21(5.949)	18(6.272)	3(4.55)	<0.05	21(5.949)
提供流程图	130(36.83)	8(26.67)	<0.05	138(36.03)	125(36.76)	5(38.46)	<0.05	130(36.83)	108(37.63)	22(33.33)	<0.05	130(36.83)
流程图中提供总结果	130(36.83)	8(26.67)	<0.05	138(36.03)	125(36.76)	5(38.46)	<0.05	130(36.83)	108(37.63)	22(33.33)	<0.05	130(36.83)
流程图中提供各个数据库检索结果	49(13.88)	1(3.33)	<0.05	50(13.05)	46(13.53)	3(23.08)	<0.05	49(13.88)	39(13.59)	10(15.15)	<0.05	49(13.88)

2. 应严格制定和详细报告检索策略

合理、详细的检索策略既是提高文献查全率、查准率及确保NMA质量的前提，也是检索结果得以重现的前提。检索过程中，最好采用 PRESS 去评价检索策略和呈现检索。最好的检索方式是自由词和主题词相结合。建议NMA应该清楚报告以下信息。① 检索资源：包括检索资源名称和时间范围，如果实施了手工检索，应该详细报告手工检索的信息；② 检索词：应该包括自由词和主题词以及自由词的同义词。如果使用了检索滤器，也应该报告；③ 检索限制：说明限制类型以及原因，如果没有任何限制，也应该明确报告；④ 检索时间：除了报告检索资源的时间区间外，还应该报告检索的实施时间，如果更新了检索，还需报告更新检索实施时间；⑤ 检索实施者：检索实施者的名字和资质；⑥ 检索结果：报告检索的最终结果和各个数据库的检索结果和其他检索的结果。

3. 不要过分依靠已有的检索策略或检索过滤工具

由于NMA的检索策略目前还处于不断完善的过程，检索时不要过分依靠已有的检索策略或检索过滤工具，应注意针对不同的数据库和不同的检索平台选择检索词和制定相应检索策略。

4. 咨询信息检索专家，提高纳入研究的可信度

尽管目前已有 NMA 撰写和报告相关研究出版，但针对不同数据库，NMA 检索策略略有不同。在制定NMA检索策略时若能得到相关信息检索专家或者图书馆相关工作人员的支持和指导，将有益于提高NMA检索的全面性、准确性以及可靠性。

（田金徽　李秀霞）

第三节　纳入排除标准的确定

纳入标准和排除标准根据所研究的主题来确定。二者的关系为：用纳入标准确定研究的主体，用排除标准排除研究主体中具有影响结果的因素的个体，进一步对研究主体进行准确定义（图5–16）。

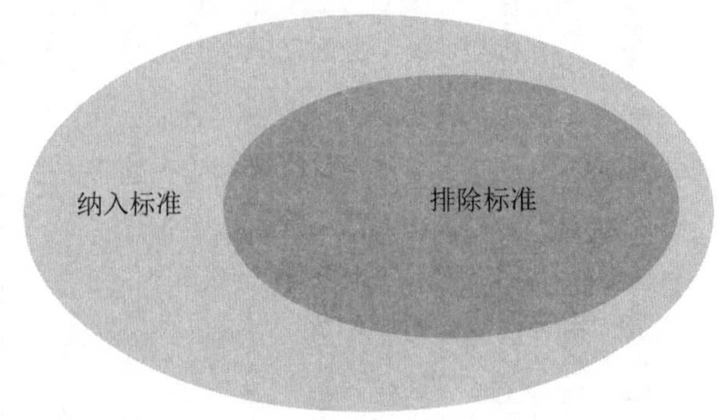

图5–16　纳入标准与排除标准的关系

纳入标准本身具有排除性，即“是此即非彼”。当规定一种疾病为研究目标疾病时，则其他疾病均被排除掉；如果患这种疾病的患者同时患有其他疾病或具有某些特征可能对研究结果造成影响，就应该按照针对这些因素及其他因素制定的排除标准将这部分患者排除；如果二者的关系处理错误，可能会因不恰当地纳入了不该纳入的患者而影响研究的准确性，或造成不必要的浪费。

如一个调查宫颈癌患病率的研究，纳入标准是女性，自然将所有男性排除在外；还应考虑女性中低于一定年龄者纳入这项研究无意义，故排除标准应为低于18岁的女性；研究对象用一句话来概括："纳入 18 岁以上的女性"，即将纳入标准和排除标准都包括在内，这是正确的纳入和排除关系。如果研究对象为"纳入标准是女性，排除男性"，这则是错误的纳入和排除标准关系，假设以此标准开展调查宫颈癌疾病，则可能因为将不应纳入的 18 岁以下的女性纳入而造成研究浪费。

网状 Meta 分析纳入和排除标准包括以下内容。

1. 研究类型（type of study）

根据网状 Meta 分析的目的确定纳入研究类型，一般只纳入 RCT。如果 RCT 太少或缺乏，为了获得一些可能有参考价值的信息，如安全性，或由于伦理和其他原因，不可能实施 RCT 的情况下，也可纳入非随机对照试验。

2. 研究对象（types of participants）

研究主体是患有某种疾病的特定人群。但某些因素会给研究造成影响：① 存在可能影响研究结果的混杂因素的患者，如同时服用了其他药物；② 除了目标疾病，还有合并症的患者；③ 危重病例，可能因病情恶化导致死亡不能完成治疗等，则排除患有这种疾病且具有这些影响因素的患者（个体）。

3. 干预措施（types of interventions）

包括规定干预方案，也可对各干预方案的各种比较组合都进行详细的规定；如果在采用规定的治疗药物和对照药物之外，给患者采用其他药物或治疗措施，则可因混杂因素影响研究结果，这样的个体需排除。

4. 结果测量指标（outcome measures）

主要指标：终点指标、特异性指标作为主要指标，通常 1～2 项，如病死率、心血管事件发生率等。还应根据研究目的选择，如生存质量对于晚期癌症患者在评估治疗效果时也许是一个最重要指标，虽然生存质量中的很多项目为主观指标或中间指标，仍应将其设为主要测量指标。

次要指标：一般采用主观指标和中间指标作为次要指标。

毒副作用或不良事件发生率：网状 Meta 分析既要关注评价干预措施的有效性，也要分析评价其不良事件发生率，权衡利弊关系，以利决策者对干预措施做出抉择。不良事件发生率可列在主要测量指标，也可单独列出。

（陈杰峰）

第四节　文献筛选及偏倚风险评价

一、文献筛选

网状 Meta 分析检索要求系统、全面，常选用敏感性较高的检索策略，因此需要将各数据库检索所得的初检文献依据纳入、排除标准进行选择，最终确定本系统评价的纳入文献。文献筛选是指根据预先制定的纳入排除标准，从检索获得的所有文献中收集能够回答临床问题的研究。

文献筛选过程需要至少两名评价员独立进行，最好是本专业和非本专业评价员同时评价，这样可大大减少相关文献的误排率，若有意见分歧可讨论解决，必要时需与第三位评价员讨论协商确定。如果可能，应对评价员培训并进行预试验，即对样本文献（约 10～20 篇，其中包括肯定合格的、肯定不合格的和不确定的）预筛选，以保证文献筛选过程的标准化和筛选结果的准确性。文献筛选步骤如下。

（一）用文献管理软件将初检文献归类、整理，排除重复文献

网状 Meta 分析需要检索多个数据库来尽可能全面的检出相关研究。但多个数据库之间存在期刊重复收录情况，如何才能快速准确地把这些重复的文献找出来呢？文献管理软件（reference management software，RMS）可以既快又准地对相关文献查重。

常用的 RMS 有 EndNote、ProCite、Reference Manager、RefViz、Qusoa、Medenley、NoteFirst、NoteExpress 和医学文献王等，这里主要讲解 EndNoteX7 在文献查重和筛选文献方面的作用。

1. EndNoteX7 软件菜单主要功能

（1）File 菜单　用于新建图书馆、打开已有数据库、关闭个人图书馆、保存数据库、另存数据库、导出数据和导入数据等。

（2）Edit 菜单　用于剪切、复制、粘贴数据（文本格式），编辑输出格式，编辑导入过滤器和定制 EndNote 等。

（3）Reference 菜单　用于新建、编辑、检索参考文献，插入对象，查找重复文献，建立文献与网页或 PDF 文件链接和打开已有的链接等。

（4）Group 菜单　用于新建、编辑、删除、重命名组，组中参考文献删除和参考文献重新入组等。

（5）Tool 菜单　用于在线文献检索，拼写检查，恢复破坏的 EndNote 数据库等。

2. 创建个人图书馆

在首次进入 EndNoteX7 软件时选择 Create a new library 创建个人图书馆，在 File 下拉菜单中选择 New，选择保存路径并输入图书馆名称。

3. 主要数据库检索结果保存及导入 EndNoteX7 软件

1）Cochrane Library

（1）检索结果保存　在选中某个数据库检索结果界面，首先，点击“Select all”按钮选择拟导出题录，其次，点击“Export all”按钮，在弹出导出格式对话框界面中 Export type 处选择“PC”，File type 处选择“Citation And Abstract”，第三，点击“Export Citation”按钮后会在默认文件夹内自动保存成文件名为“citation-export.txt”的文件，最后，点击“下载”按钮即可。

（2）检索结果导入 EndNote 软件　运行 EndNote 后，在 File 下拉菜单中选择 Import，弹出 Import 对话框，在 Import Data File 处选择 Cochrane Library 检索结果文本文件，Import Option 处选择“Cochrane Library （Wiley）”，Duplicates 处选择“Import All”，Text Translation 处选择“No Translation”，然后点击“Import”按钮即可。

2）PubMed

（1）检索结果保存　在检索结果界面，首先，在“Send to”下拉菜单中选择“File”，在弹出的对话框中，在 Format 处选择 MEDLINE，其次，点击“Creat File”按钮后会在默认文件夹内自动保存成文件名为“pubmed_result.txt”的文件，最后点击“下载”按钮即可。

（2）检索结果导入 EndNote 软件　导入步骤与 Cochrane Library 相同，只是 Import Option 处选择“PubMed （NLM）”。

3）EMBASE.com

（1）检索结果保存　在检索结果界面，首先，在“Select number of items”下拉菜单选择输出数量（最多 10000 条），其次，点击“Export”按钮，在弹出导出格式对话框界面的 Export Format 处选择“RIS format（Reference Manager, ProCite, EndNote）”，第三，点击“Export”按钮，在弹出准备保存的对话框界面点击“Download”按钮会在默认文件夹内自动保存成文件名为“record.ris”的文件，最后点击“下载”按钮即可。

注意：EMBASE.com 最多允许导出 10000 条文献。那 10000 条以后怎么办呢？可以通过翻页实现选择 10000 条后的题录，也可以通过限制年代，让检索结果小于等于 10000 条。

（2）检索结果导入 EndNote 软件　按照下载路径找到下载“record.ris”的文件，点击该文件名即可自动导入。

4）Web of Science/BIOSIS Previews

（1）检索结果保存　在检索结果界面的“保存至 EndNote Online”下拉菜单选择“保存至 EndNote”，在弹出“保存至 EndNote 界面”记录数处输入输出记录范围（最多一次输出 500），记录内容处选择“作者、标题、来源出版物、摘要”，点击“发送”按钮进入“将记录发送至 EndNote”界面，再次点击“发送”按钮后会在默认文件夹内自动保存成文件名为“savedrecs.ciw”的文件，最后点击“下载”按钮即可。

（2）检索结果导入 EndNote 软件　导入步骤与 EMBASE.com 相同。

5）SciFinder Web

（1）检索结果保存　首先，在检索结果界面点击“Export”按钮，在弹出“Export”对话框界面的 Export 处选择“All”，在 Citation Manager 处选择“Citation export format（*.ris）”，在 File Name 下面对话框输入文件名，在 Format 处选择“Summary with full abstract”或“Detail（full record）”。其次，点击“Export”按钮，在弹出准备保存的对话框界面点击“保存”按钮会在默认文件夹内自动保存成文件名为“Reference•••.ris”的文件。最后，点击“下载”按钮即可。

（2）检索结果导入 EndNote 软件　导入步骤与 EMBASE.com 相同。

6）中国生物医学文献数据库

（1）检索结果保存　在检索结果界面，显示格式处选择“文摘”，输出范围处输入预输出记录范围（最多一次输出 500），点击“保存”按钮即可。

（2）检索结果导入 EndNote 软件　首先，下载或编写中国生物医学文献数据库滤器插件，其次，导入题录，导入步骤与 Cochrane Library 相同，只是 Import Option 处选择“中国生物医学文献数据库滤器”。

7）中国期刊全文数据库

（1）检索结果保存　在检索结果界面，首先，选择题录后，点击导出/参考文献按钮进入文献管理中心–导出界面，继续选择题录，点击导出/参考文献按钮进入文献管理中心–文献输出界面，其次，点击 EndNote 后，最后，点击导出按钮即可。

注意：中国期刊全文数据库每页显示数最多为 50 条，一次最多导出 500 条文献，如果超过 500 条，需要多次导出。先选择首页 50 条，再点页面下方的页数来翻到相应的那一页，再选择第 3 页 50 条，再翻页，……直到选中了 500 条（即 10 页）。

（2）检索结果导入 EndNote 软件　导入步骤与 Cochrane Library 相同，只是 Import Option 处选择“EndNote Import”，Text Translation 处选择“Unicode（UTF–8）”。

8）中文科技期刊数据库

（1）检索结果保存　在检索结果界面，首先，点击“全选”按钮选择预导出的题录，点击“导出”按钮进入选中题录导出界面，其次，点击“EndNote”，然后，点击“导出”按钮即可。

注意：中文科技期刊数据库每页显示数最多为 50 条，一次最多导出 100 条文献，如果超过 100 条，需要多次导出。选择方法与中国期刊全文数据库相似。

（2）检索结果导入 EndNote 软件　导入步骤与中国期刊全文数据库相同。

9）万方数字化期刊

（1）检索结果保存　在检索结果界面，首先，点击“全选”按钮选择预导出的题录，其次，点击检索结果右侧导出界面，第三，点击“EndNote”，最后，点击“导出”按钮即可。

注意：万方数字化期刊每页显示数最多为 50 条，一次最多导出 100 条文献，如果超过 100 条，需要多次导出。选择方法与中国期刊全文数据库相似。

（2）检索结果导入 EndNote 软件　导入步骤与中国期刊全文数据库相同。

4. 参考文献的编辑与分析

1）编辑管理

运行 EndNote 软件，利用 EndNote 的 Reference 菜单中的“Find Duplication”功能处理重复的 Reference，利用 EndNote 的“Search”功能，可以快速从个人图书馆中查找所需的文献资料。从而可以整合、删除和备份个人图书馆。此外，还可在文献条目中插入自己特有的标识字段信息，从而方便地管理自己的文献数据。

2）排序管理

在建好的个人图书馆中，每条文献条目（Reference）包含许多字段信息（如作者、年代、题目和杂志名称等），按照个人需求，双击年代一栏，文献即可按照年代排序，按照同样的方法可对作者、题目和杂志名称等进行排序。

3）文献分析管理

EndNote 软件可以进行一些简单的分析操作，帮助选取和管理所需文献。运行 EndNote 软件，选取 Tool 下拉菜单中选择“Subject Bibliography”，可以将 Reference 信息按一定信息（如作者、年代和题目等）分类输出。

5. 参考文献输出

选择 File 下拉菜单中“Export”按钮即可。

（二）阅读每篇研究的题目和摘要，排除明显不符合纳入标准的不相关研究

（1）根据纳入排除标准建立相关 Group

运行 EndNote 软件后，点击 Group 下拉菜单中选择“Create Group”，在 EndNote 运行界面左侧 My Group 下面出现“New Group”，将“New Group”重命名为“非研究对象”，按照同样的方法建立“非干预措施”、“非研究类型”、“待定”和“初步纳入”等组。

（2）阅读每篇研究的题目和摘要，将被筛每一篇研究分别放在相应组中，对于待定组和初步纳入组的研究需调阅全文判断是否最终纳入。

（三）对于任何一篇潜在的相关研究都要求调阅全文分析

由于题目和摘要提供的有关纳入标准的信息量有限，并不能以此决定该研究是否最终纳入，这样可能会引入文献的选择偏倚，对可能符合纳入标准的文献，应下载全文并逐一阅读和分析，以确定是否合格。在此，我们为网状 Meta 分析制作者推荐获取全文相关的途径（表 5-11），供大家获取全文时参考。

表 5-11　获取全文相关的途径

主要途径	描　述
主要全文数据库	
OVID 全文期刊数据库	http://gateway.ovid.com
Wiley Online Library 数据库	http://onlinelibrary.wiley.com

续表

主要途径	描　述
Elsevier （ScienceDirect）数据库	http://www.sciencedirect.com
Springer Link 数据库	http://link.springer.com
EBSCOhost 数据库	http://www.ebscohost.com
OCLC FirstSearch 数据库	http://firstsearch.oclc.org
ProQuest Medical Library 数据库	http:/proquest.umi.com
主要开放获取资源	
HighWire Press	http://www.highwire.org
DOAJ	http://www.doaj.org
Free Medical Journals	http://www.freemedicaljournals.com
PubMed Central	http://www.pubmedcentral.nih.gov
BioMed Central	http://www.biomedcental.com
PLoS	http://www.plos.org
Open J-Gate	http://www.openj-gate.com
Journals for Free	http://www.journals4free.com
MedlinePlus	http://www.nlm.nih.gov/medlineplus
Scientific Electronic Library Online	http://www.scielo.org/php/index.php?lang=en
Bioline International	http://www.bioline.org.br
开放获取期刊集成检索系统	http://oairs.nstl.gov.cn:8080/NSTL_OAJ
主要搜索引擎	
Google Scholar	http://scholar.google.com
Medscape	http://www.medscape.com
主要期刊主办机构	
Oxford University Press	http://www.oxfordjournals.org
American Medical Association	https://www.ama.org/Pages/default.aspx
BMJ	http://www.bmj.com
WHO	http://www.who.int
The Lancet	http://www.thelancet.com
ACP Smart Medicine	http://smartmedicine.acponline.org/index.aspx
Cambridge University Press	http://www.cambridge.org/uk
Karger Online Journals	http://karger.bjmu.edu.cn
通过馆际互借和文献传递获取全文	
NSTL 文献传递服务系统	
中国高等教育文献保障系统（China Academic Library& Information System，CALIS）文献传递服务系统	
中国高校人文社会科学文献中心（China Academic Social Sciences and Humanities Library，CASHL）文献传递服务系统	
利用作者联系地址或 E-mail 获取全文	

（四）分析、判定重复发表文献

重复发表是指将同一研究的结果先后在多个杂志发表的现象。重复发表会引起内容偏倚，主要是由于将同一研究重复进行了合并分析。另外，还需注意在专业学术会议上做过口头报告、以摘要或会议壁报形式报道过的研究，会后以全文形式发表的情况；多中心研究以不同分中心为单位发表的现象较为普遍，所以对于重复发表的鉴别工作尤为关键。

判断重复发表文献可通过：① 作者姓名（大多数重复发表研究的著者姓名相同）；② 研究实施地点或参与机构（如医院名称）；③ 干预措施细节（如干预措施的用法、剂量和给药次数等）；④ 研究对象数量和基线情况；⑤ 研究时间和持续时间等。

（五）制定流程图、确定纳入研究

1. 根据纳入排除标准复核初步纳入研究，详细记录排除文献原因，以备制作文献筛选流程图使用。

2. 对于信息报告不全者，尽量联系原作者补充相关资料。

3. 最终确定纳入研究，进入数据提取阶段。

文献筛选过程应以流程图的形式呈现，列出各个数据库检索结果、根据题目和摘要排除的文献量、获取全文文献量、阅读全文后排除的文献量及原因和最终纳入研究数量等，详细要求可以参见 PRISMA 声明（Preferred Reporting Items for Systematic Reviews and Meta-Analyses）流程图（图 5–17）。

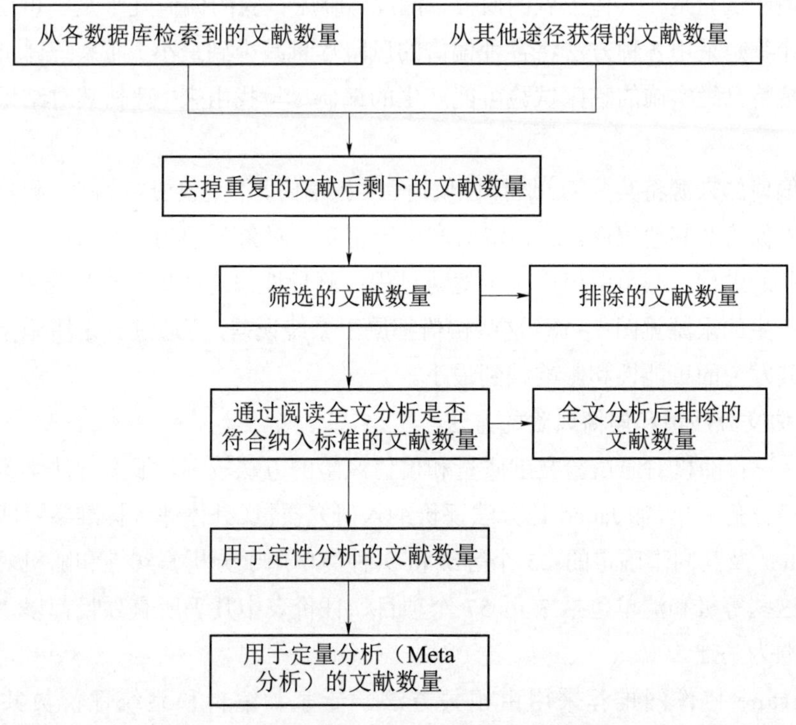

图 5–17 PRISMA 推荐的纳入研究流程图

二、偏倚风险评价

对纳入研究进行方法学质量评价，是网状 Meta 分析最重要的工作内容之一，评价纳入研究的方法学质量，是为了判断研究的真实性。研究的真实性指研究的结果与真实情况相差的程度大小，受研究设计和实施过程中所采取的控制系统误差和偏倚措施的影响，包括内部真实性（即研究结果的准确性）和外部真实性（即研究结果的外推应用价值或实用性），应注意真实性与精确性的区别，精确性用于表示由机遇引起的随机误差的大小，疗效的可信区间即反映疗效的精确性，精确性越高的研究获得越大的权重，从而对网状 Meta 分析结果的影响越大。

网状 Meta 分析中纳入研究结果的变异会影响真实性，越严格的研究其结果越趋近于“真实”。如果纳入研究普遍对疗效存在过度估计，则网状 Meta 分析结果就会出现“假阳性”；如果纳入研究对疗效估计过低，则网状 Meta 分析结果就会出现“假阴性”。因此，分析和判断纳入研究的真实性，对于网状 Meta 分析结果的真实性至关重要，是网状 Meta 分析中最重要的工作。

评价纳入研究的方法学质量，是通过评估临床试验设计和实施过程中的偏倚风险来进行的。

（一）随机对照试验

1. 偏倚来源

由于临床试验是在人体上做的研究，因此，临床试验的偏倚几乎是不可避免的。临床试验设计就是采用各种方法将各种偏倚的风险尽量减少到最小。而系统评价的偏倚风险评估就是将已经实施的临床试验可能产生的偏倚尽量找出来，评估其对结果可能产生的影响。

按照偏倚的来源将其分为：选择性偏倚、实施偏倚、不完整资料偏倚、测量性偏倚、选择性报告偏倚及其他偏倚。选择偏倚产生于将观察对象分配到各组时；实施偏倚产生于提供干预的过程；减员偏倚产生于随访过程；测量性偏倚产生于结果测量分析时。

偏倚产生的来源见图 5-18。这些偏倚都属于系统误差，可通过一定措施予以防止、消除或将其发生的可能性和影响减到最小。

2. 评估文献质量和偏倚风险的方法

目前，评价随机对照试验文献质量和偏倚风险的方法较多，很多方法学家制订了多种质量等级评价清单，如 Jadad 记分法评价纳入研究质量(具体评价标准参考相关书籍)。David Moher 及其同事确定的 25 个等级和 9 种清单用于分析真实性和随机对照试验的“质量”。这些等级和清单包括 3 至 57 个项目，评价表中几乎所有项目都以“一般可接受”的标准为基础。

Cochrane 协作网推荐采用由相关方法学专家、编辑和系统评价员共同制订的“Cochrane 偏倚风险评估工具”对纳入研究进行评价，主要包括随机序列的产生、分配

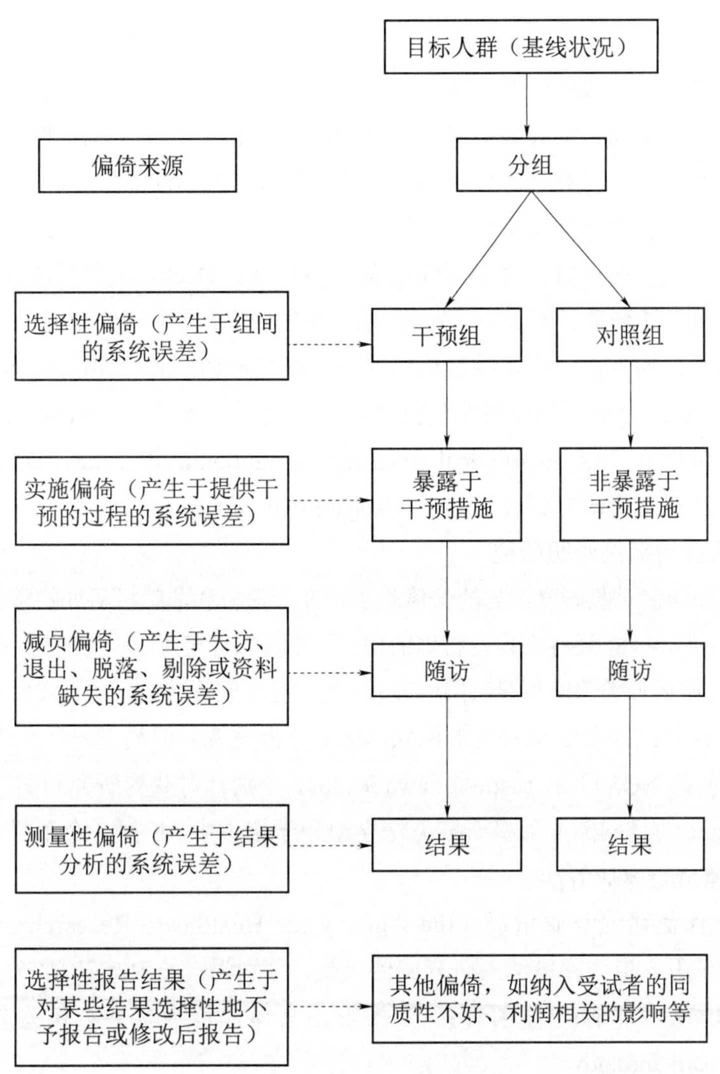

图 5-18　各类偏倚产生的来源

方案隐藏、对受试者和干预措施实施者施盲、对结果评价者施盲、结果数据的完整性、选择性报告研究结果和其他来源偏倚，具体评价标准参考相关书籍或 Cochrane 系统评价指导手册（http://www.cochrane.org/training/cochrane-handbook）。

（二）非随机研究

非随机研究的设计方案主要有非随机对照研究、队列研究和病例对照研究等，它们受偏倚影响情况也不一样。

1. 非随机对照研究

非随机对照研究是临床传统使用的一种研究设计，试验组和对照组的研究对象不是随机分配，由患者或医生根据病情及有关因素人为分到试验组和对照组，并同期进行结果观察。由于人为因素分组，会造成试验组和对照组在试验开始前处于不同的基线状态，缺乏可比性。在试验实施过程中，也难以盲法评价试验结果，使得已知或未知的偏倚影响结果观测的真实性。由此可见，其研究结果的论证强度远不及随机对照试验，但在尚无随机对照试验结果或无法开展随机对照试验时，还是有其存在的价值，尤其是大样本的非随机对照研究结果仍具有重要的临床价值。但由于选择性偏倚和测量性偏倚的影响，研究结果的真实性和论证强度也随之降低。

目前，尚无统一的质量评价工具或量表，2003 年，Deeks JJ 全面评价了 2000 年以前发表的非随机对照研究评价工具，发现共有 194 种可能用于评价非随机对照研究的质量，量表和清单大约各占一半，经过他们筛选，最佳评估工具有 14 种，但只有 6 种可用于系统评价/Meta 分析，如外科非随机对照研究的评价条目——MINORS 非随机对照试验方法学评价指标（methodological index for non-randomized studies，MINORS）和临床药物治疗非随机对照研究评价工具——Reisch 评价工具等。

2. 队列研究与病例对照研究

队列研究和病例对照研究常见的偏倚除了存在于随机和非随机研究的常见偏倚，如选择性偏倚和测量偏倚外，还存在自身特殊的偏倚，如队列研究存在失访偏倚，病例对照研究存在回忆偏倚、错误分类偏倚和混杂偏倚等，这些都可降低研究结果的真实性和论证强度。

目前，已经有纳入非随机研究的网状 Meta 分析发表，但尚无一种通用的质量评价工具，最常用的为 NOS（Newcastle-Ottawa Scale），分别针对队列研究和病例对照研究，且已被 Cochrane 协作网的非随机研究方法学组用于培训中，包括 8 个条目，简单易用。

（三）偏倚风险评估方法

美国医疗保健研究与质量局（the Agency for Healthcare Research and Quality，AHRQ）推荐采用 5 步法评价纳入研究偏倚风险，分别为：① 制定计划书；② 预试验和培训；③ 偏倚风险评估；④ 解释；⑤ 报告，具体评价步骤参考相关书籍或 http://effectivehealthcare.ahrq.gov。

注意：在对纳入研究进行偏倚风险评估的基础上，还需关注：① 利用贝叶斯方法对偏倚进行调整；② Meta 回归方法在偏倚分析中的价值；③ 小样本研究和资助偏倚对网状 Meta 分析的影响。另外，采用何种方法评估网状 Meta 分析，如何发现和调整纳入研究的偏倚，如何处理偏倚在直接比较与间接比较以及整个网络中的变化，也须特别关注。

（李秀霞　田金徽）

第五节　资料提取

资料提取是指按照纳入排除标准，将纳入研究的结果和所有有价值的信息正确地收集并记录下来。资料提取是网状 Meta 分析的一个关键步骤，直接影响结果的准确性。为了保证资料提取的准确性，要求两位评价人员各自独立地提取资料，然后互相复核，准确无误和意见统一后才输入统计软件。

资料提取表条目的设置不要过于繁杂，过于繁杂的提取表令人厌烦，且浪费时间。若过于简单，就有可能忽略了有用的信息，在录入资料进行分析时只能再重新提取原始资料，浪费时间。不同的系统评价的资料提取表虽然各有不同，但基本的项目是一致的。

一、资料提取主要内容

资料提取主要包括以下 5 方面信息。

1. 发表信息和资料提取信息

题目，第一作者，文献发表的期刊名称，发表国家，发表日期，文献发表类型，提取数据日期等。

2. 研究对象

例数，种族，性别，年龄，对象的来源（门诊、住院、社区），纳入标准，排除标准，其他分层因素基线状况及失访/退出/脱落人数。

3. 干预措施

干预措施具体内容和实施方法（剂量或剂量范围、给药途径、疗程、交叉试验的洗脱期），有无混杂因素以及依从性情况。

4. 测量指标

（1）测量指标　包括主要结局指标和次要结局指标及其测量方法和判效时间点。

（2）二分类变量　① 每组发生事件数/某组的总人数；② OR/RR/PetoOR 值及其可信区间；③ LogOR/RR/Peto RR 值及其可信区间和标准误。

（3）连续性变量　① 每组总人数/均数±标准差；② MD 值和标准误；③ MD 的可信区间。

（4）等级变量　由于方法学上某些局限性，该类资料在等级较少时一般转化为二分类变量，在等级较多时可以视为连续性变量处理。

（5）时间事件（生存）数据　① HR 值及其对应的 95%可信区间；② LogHR 值和标准误。

5. 偏倚风险评估信息

研究设计方案和质量（采用偏倚风险评估工具评价纳入研究质量，评估方法参见本章第五节）、研究地点。

二、数据转换

在提取资料时，理想的情况是对获取数据直接进行统计分析。但纳入原始研究的结果往往不能直接进行统计分析，此时则需要进行数据转换。

1. OR/RR/PetoOR 值及其可信区间与 LogOR/RR/Peto RR 值及其可信区间和标准误转换

在 RevMan 软件的计算器（图 5-19）中输入试验组和对照组某事件发生数和未发

生数，可以同时计算出 OR、RR、PetoOR 的值及其 95%可信区间，也可输入 OR、RR、Peto RR 值及其对应的 95%可信区间，可自动计算出 LogOR/RR/PetoOR 值及其可信区间和标准误，在此界面也可以实现 P 值和 Z 值的相互转换。

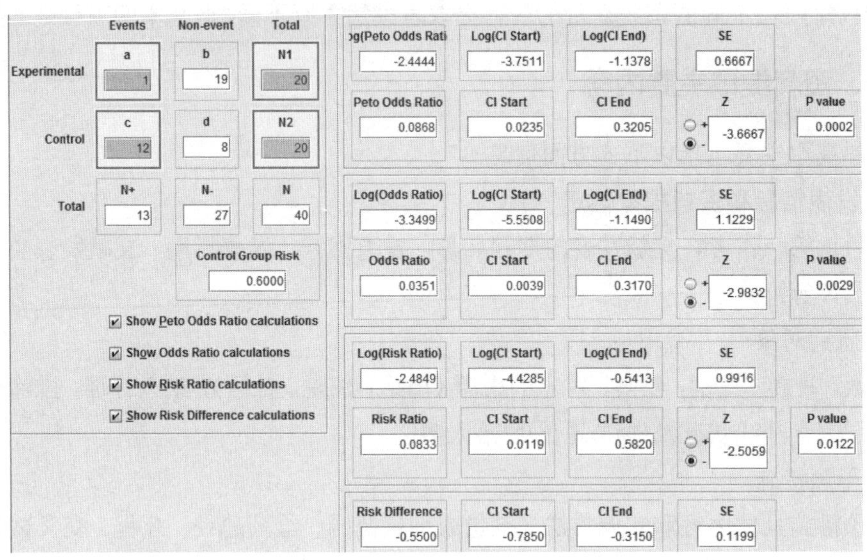

图 5-19　RevMan 软件数据转换界面（OR/RR/Peto OR）

2. HR 值及可信区间与 LogHR 值及可信区间和标准误转换

在 RevMan 软件的计算器（图 5-20）中输入 HR 值及其对应的 95%可信区间，可自动计算出 LogHR 值及其可信区间和标准误，也可实现 P 值和 Z 值的相互转换。

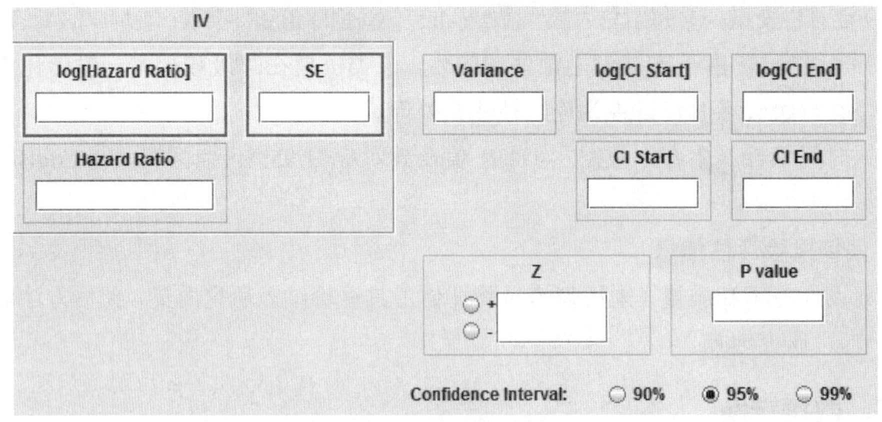

图 5-20　RevMan 软件数据转换界面（HR）

3. MD 值和标准误与 MD 的可信区间转换

在 RevMan 软件的计算器中（图 5-21）输入 MD 值和标准误可以计算出 MD 的可信区间，也可输入 MD 的可信区间计算出 MD 值和标准误，同时可以对多组（2～35 组）的 MD 和标准误进行合并。

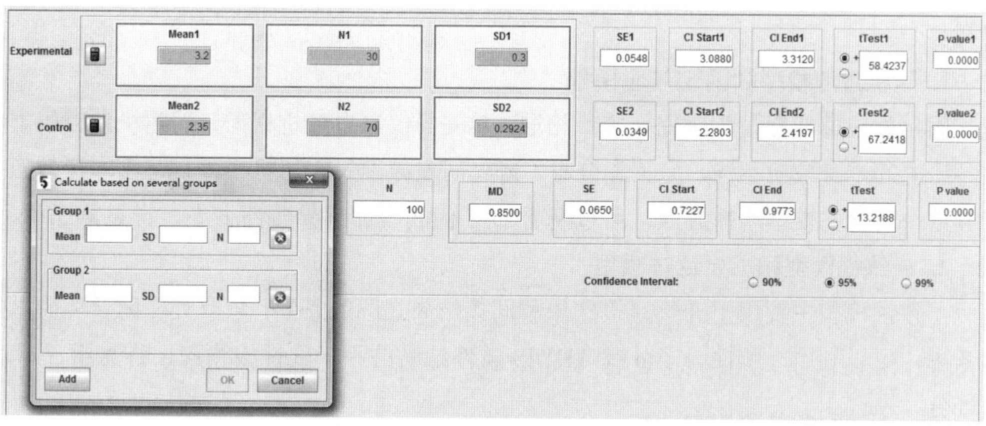

图 5-21　RevMan 软件数据转换界面（MD）

4. 二分类变量与连续变量结合转换公式

$$SMD = \frac{\sqrt{3}}{\pi} \ln OR$$

5. 效应量可信区间与标准误和标准差的转换公式（样本量足够大）

$$SE = \frac{SD}{\sqrt{n}}$$

SE=（95%可信区间上限－95%可信区间下限）/3.92

6. 连续变量前后变化数据处理公式

$$均数 = \overline{X}_{后} - \overline{X}_{前}$$

$$SD = \sqrt{SD_{前}^2 + SD_{后}^2 - 2 \times k \times SD_{前} \times SD_{后}}$$

注意：通过敏感性分析验证转换获得的数据对合并结果稳定性的影响。

（田金徽　陈杰峰）

第六节　数 据 处 理

一、常用效应量及选择

对于二分类分类变量，可以选择比值比（odds ratio, OR）、相对危险度（relative risk，RR）和危险度差值（risk difference，RD）等作为效应量表达。对于连续性变量，可以选择均数差（mean difference，MD）与加权均数差（weighted mean difference，WMD）和标准化均数差（standardized mean difference，SMD）。选择原则详见第三章第一节。

二、统计模型选择

模型选择包括随机效应模型和固定效应模型以及一致性模型和不一致性模型的

选择。

1. 随机效应模型和固定效应模型

固定效应模型假设各研究效应量相同，其差异仅来自随机误差，而随机效应模型假设各研究间本身效应不同，呈正态分布，研究间差异不仅因随机误差，还由本身效应差异导致。对合并模型选择方面，可以基于 DIC 值和统计学异质性大小，详见第三章。

2. 一致性模型和不一致性模型

一致性模型主要用于评价直接结果和间接结果之间的差异，只有存在闭合环的时候才考虑，可以利用一致性因子ω或 ADDIS 软件绘制的不一致性检测图，详见第三章。

三、异质性来源与检验

异质性，一是研究内变异，即样本内的各观察单位可能存在差异；二是研究间变异，由于研究对象来自不同的总体以及偏倚的控制等诸多方面存在差异，其实际效应也不相同。

Cochrane 系统评价指导手册将 Meta 分析的异质性分为：临床异质性、方法学异质性和统计学异质性。临床异质性主要指观察对象的差异和治疗方面的差异；方法学异质性指由于研究设计和质量方面的差异引起，如不同研究设计和盲法的应用等导致的变异；统计学异质性指不同研究间被估计效应量在数据上表现出的差异。

统计学异质性检验可以通过设定卡方检验 P 值和 I^2 值的界限来界定是否存在统计学异质性，也可以采用图形法进行判断。

常见错误：为了得到森林图，强行将同质性差的研究合并，得出不恰当的结论，对临床实践产生误导的不良后果。

四、频率法和贝叶斯法的选择

频率法与贝叶斯法最本质的区别在于二者对概率的解读方式不同。贝叶斯法有先验分布，这是贝叶斯统计最鲜明的特征；贝叶斯分析将未知参数视为随机变量，而频率统计将其视为固定但未知的数值；贝叶斯推断允许概率与某一未知参数相联系，这里的概率可以是频率法概率的解读也可以是贝叶斯法的解读。贝叶斯解读还允许研究者对特定参数设置值保留自己的理解；贝叶斯结果可以是一个从试验或研究中得到关于参数的一个后验概率分布；而频率统计结论是接受或拒绝假设检验，或是看结果是否包含在某一样本推断下的可信区间内，具体选择原则详见第三章。

五、其他分析

1. 干预措施疗效排序

对于单一测量结局的干预措施的排序可以应用排序概率和多维标图法实现，对于多变量结局（如 2 个）则可基于构建干预措施与疗效群组进行评估。可以通过 WinBUGS 软件、STATA 软件和 ADDIS 软件实现（具体详见第四章）。但必须注意要谨慎使用基于统计软件获得的干预措施排序结果，有可能出现某干预措施样本小，统计效能较低，但夸大了应用效果的情况。

2. 证据图、贡献图和发表偏倚

可以通过相关软件实现（具体详见第四章）。

3. 亚组分析、Meta 回归和敏感性分析

与传统 Meta 分析思路类似。

六、常用统计软件

目前，实现调整间接比较和网状 Meta 分析的软件有 ADDIS、GEMTC、ITC、Open Meta-Analyst、R、S-PLUS、SAS、STATA、WinBUGS、OpenBUGS 和 NetMetaXL，相关软件操作详见第四章。

（田金徽　李　伦）

第七节　结果的呈现

网状 Meta 分析结果部分包括文献检索和筛选、纳入研究基本特征、纳入研究方法学质量评价结果、证据图和网状 Meta 分析结果。

一、文献检索结果

主要内容包括：① 根据预先制定的检索策略和检索数据库所获得的检索结果以及通过其他途径检索获得的文献数量；② 利用文献管理软件去重后获得的文献数量；③ 采用文献筛选方法，依据纳入排除标准对去重文献进行筛选，初步符合纳入标准的研究，排除的研究及其原因；④ 在阅读全文基础上，符合纳入标准的研究中有多少个研究被排除及其原因，最终有多少个研究被纳入定性和定量分析。

流程图见图 5-17，文献检索结果描述为：按照预先制定的检索策略和资料收集方法，共查到相关文献×篇，利用 EndNote 软件去除重复文献×篇，通过阅读题名和摘要后排除研究对象和干预措施与本研究纳入标准不符的文献×篇，初筛后符合标准的×篇文献下载全文，再经过阅读全文按纳入标准及数据完整性进行筛选，共纳入×个研究，共×例患者。

二、纳入研究基本特征

推荐用纳入研究基本特征表呈现这部分内容，主要为资料提取表中研究对象、干预措施和测量指标部分，此外需考虑还有哪些特征是重要的、证据使用者和患者所关注，如糖尿病患者，更重要的是糖尿病患者的糖代谢特征和糖尿病家族史等。

三、纳入研究偏倚风险评价

建议通过图和（或）表格呈现采用偏倚风险评估工具评价纳入研究质量的具体结果。

四、证据图

证据图主要呈现干预措施之间关系的图形，通过此图可清晰呈现是否存在直接比较，以及干预措施之间的效果是直接比较结果、间接比较结果还是两者的合并结果。建议呈现证据图，并采用文字描述。

五、网状Meta分析结果

主要呈现直接比较结果和网状Meta分析比较结果，呈现形式可以为森林图、表格、森林图结合表格和文字。对于直接比较结果，不仅要呈现统计学结果、统计学异质性，还应该呈现其他分析（如敏感性分析、亚组分析和Meta回归等）。

对于网状Meta分析结果，主要呈现干预措施之间比较的结果、干预措施的排序结果和不一致性评估结果；如果使用了贝叶斯模型，需要呈现评估模型的拟合程度和收敛程度；当纳入研究存在联合用药时，还需要呈现对联合用药进行调整性分析的结果。另外，也可以在结果最后呈现发表偏倚评价结果等内容。

呈现结果应讲究技巧，如果描述的方法得当，则读者容易阅读，容易抓住网状Meta分析的要点。但需从统计学意义和临床意义两方面进行解释。

（陈可欣　陈杰峰）

第八节　讨论与结论

网状Meta分析的讨论和传统Meta分析没有太大的差别，讨论和结论必须基于研究的结果，细致分析在网状Meta分析过程中遇到问题的可能原因和解决方案，以及对临床实践和科研的指导意义。

在撰写讨论和结论时，应尽可能站在国际的视角，而不是局限于某一个特定的国家和地区。网状Meta分析作者应该明白：不同的证据使用者或患者面对同样的证据可能做出完全不同的决策，网状Meta分析的主要目的是客观提供此前的所有的证据信息，而不是劝导人们。讨论和结论应该帮助证据使用者充分理解证据对于决策的价值和意义，应避免在假设的措施和价值的基础上向证据使用者推荐。

一、讨论

结构式讨论有助于证据使用者或患者系统地考虑如何应用网状Meta分析的结果作出临床决策，主要包括以下内容。

1. 总结主要结果

首先针对提出的问题进行回答，其次，简单归纳整个网状 Meta 分析所有重要的测量指标，给证据使用者一个关于该网状 Meta 分析结果的轮廓。同时应该总结纳入研究的异质性大小及影响、方法学质量和完整性，直接比较结果、间接比较结果和合并结果的一致性，网状 Meta 分析是否可以解决所有目的及其不确定性。如果可能，还应利用大量的文献或数据支持研究假设。

解释统计分析结果时，在结合结果排序的基础上，应同时考虑被评价干预措施的利与弊，合并效应量及其 95%可信/置信区间，点估计主要说明合并效应量的强度和方向，而可信区间主要反映合并效应量的变动范围以及精确性，将二者结合起来进行讨论，有助于解释结果的临床价值。

注意：总结主要结果时，不要与结果重复。

2. 优势与局限性

1）优势

这部分主要考虑本网状 Meta 分析有何优势，这种优势可以来自临床问题本身和网状 Meta 分析制作过程的严谨，也可来自与其他研究和系统评价/ Meta 分析的比较等。

2）局限性

网状 Meta 分析的局限性包括纳入研究的局限性和网状 Meta 分析本身的局限性。① 纳入研究的局限性是指单个研究存在的局限性，可从纳入研究的设计、实施等方法学质量方面进行归纳总结。② 网状 Meta 分析本身的局限性是指网状 Meta 分析研究过程中存在的问题，如资料收集是否全面、数据提取和分析、纳入研究的多少、在研究过程中哪些问题没有解决等。另外，评价者还应该讨论结果中异质性的潜在来源、间接比较研究间的相似性和直接比较与间接比较的一致性等。

注意：纳入研究的局限性不要与“结果”部分方法学质量评价重复。

3. 实用性

在使用网状 Meta 分析证据前，一定要评价其是否适用于自身的环境条件。为此，首先必须决定该网状 Meta 分析所提供的关于干预措施获益或有害信息的真实性。这样，就需要决定各纳入研究中观察对象和研究地点是否与自己所在单位的患者和环境条件有足够的相似性；在评估证据的实用性时，对干预措施特点或纳入研究中附加干预措施对结果影响的考虑也很重要。

在评估网状 Meta 分析结果的实用性时，应注意不要将自己的环境条件假设成与纳入研究的环境条件相同。应分析网状 Meta 分析证据适合哪种环境条件、不适合哪种环境条件，预测不同环境下疗效将会发生什么样的变化来帮助决策。通常，证据的适用环境难以严格地符合网状 Meta 分析纳入研究对象的纳入和排除标准，有时可通过找出限制结果实用性的因素来帮助决策，如生物学和文化上的差异、依从性的差异、基线事件发生率的差异。

由于网状 Meta 分析证据往往来自于世界各地，其原始研究与自己的应用条件的差异可能数不胜数。但有些差异不一定会对该特定证据的应用产生影响，应关注可能影响应用结果的重要差异，尽量减少不重要差异可能给证据的应用造成的不确定因素。在确定证据适用性时，可从以下方面考虑差异的影响。① 生物学和文化差异：包括病理生理学的差异（如性别差异对有些干预措施会有不同的反应）、有些健康问题（如精神问题）和文化差异有时可限制结果的适用性；② 依从性差异：接受干预措施的患者和干预措施实施者依从性的差异可限制结果的适用性，如同一干预措施在发达国家与发展中国家由于经济状况的不同在依从性上可能会出现差异；③ 除网状 Meta 分析结果实用性的局限性外，还应注意适合网状 Meta 分析结果的应用条件，网状 Meta 分析讨论中应有这方面的描述，如干预的相对效果是否会产生可预期的变化？有无可导致疗效改变的因素？如患者的特征（如年龄、性别、生化指标）、干预措施的特征，（如时间或干预的强度）、疾病的特征（如激素受体的状况）等。

因此，本部分应该说明网状 Meta 分析证据的适用人群，并考虑证据在特定环境下不适用的原因（如生物学差异、文化差异、依从性差异等），并阐明如何使干预措施在患者身上获得利与弊、负担与成本的平衡。帮助读者做出关于实用性的决策。

二、结论

结论的主要目的是提供与决策相关信息和最新研究信息，而不是提供与决策相关意见和建议，要求从两方面进行总结：一是对临床实践的提示，二是对未来研究的提示。

1. 对临床实践的提示

作者并不需要对临床实践的意义给出推荐意见，推荐意见是由临床实践指南制订者做出。系统评价作者需要做的是描述证据的质量、获益与损害之间的平衡、患者价值取向和意愿、实用性等因素。另外，一些影响推荐决策的因素应特别强调，包括干预措施成本费用及其承担者以及资源的可利用性等，尤其是经济学评价，包括患者的承担能力和选择等。

2. 对未来研究的提示

主要指出对未来研究的需求，尤其是对解决相关临床问题（如当前证据情况、患者情况、干预措施情况和测量指标）最需要的研究作出描述。另外，还应考虑疾病负担、时间表（包括访视的时间、干预时间）以及研究类型等，以保证解答所提出的临床问题。

在结论撰写的准备阶段，作者需要根据研究的不同层面来进行文献分类，如依据不同的研究类型、测量指标、研究人群及研究目标等。应该注意关于对其他研究借鉴意义的论述与对未来研究应该如何做的描述的不同。这部分力求简明扼要，应避免缺乏实质信息的套话，如“未来的研究应该更好的……”或“需要更多的研究支持”等，则应当避免使用。

（田金徽　陈可欣）

第九节　GRADE在网状Meta分析中的应用

一、GRADE分级概述

证据推荐分级的评估、制订与评价（grading of recommendations assessment，development and evaluation，以下简称GRADE）方法是由GRADE工作组开发的证据质量和推荐强度分级的国际标准之一，适用于系统评价、临床实践指南和卫生技术评估。GRADE 工作组是由包括世界卫生组织在内的 19 个国家和国际组织共同创建，成立于2000年，成员由临床指南专家、循证医学专家、各个标准的主要制定者及证据研究人员构成。由于其科学合理、过程透明、适用性强，目前已被WHO、Cochrane协作网和NICE等世界上 80 多个重要组织所采纳。为了促进 GRADE 方法在全世界的传播与使用，从2011年起，GRADE工作组已先后在加拿大、中国、西班牙、德国、英国、美国分别建立了6个中心，主要目的是推广GRADE方法、开展GRADE教育培训和进行GRADE研究。GRADE 方法与以前的分级系统比较，一个重要的特点是从结局指标的角度判断偏倚对结果真实性的影响，并明确定义了证据质量和推荐强度。证据质量是指在多大程度上能够确信预测值的正确性，分为高、中、低和极低四个等级（表5–12）。推荐强度是指在多大程度上能够确信遵守推荐意见利大于弊，分为强弱两级（表5–13）。

表5–12　GRADE证据质量的描述

证据等级	具体描述	表达符号
高（A）	非常有把握观测值接近真实值	⊕⊕⊕⊕/A
中（B）	对观察值有中等把握：观察值有可能接近真实值，但也有可能差别很大	⊕⊕⊕○/B
低（C）	对观察值的把握有限：观察值可能与真实值有很大差别	⊕⊕○○/C
极低（D）	对观察值几乎没有把握：观察值与真实值极可能有很大差别	⊕○○○/D

表5–13　GRADE 推荐强度的描述

证据等级	具体描述	表达符号
强（1）	明确显示干预措施利大于弊或弊大于利	↑↑/1 ↓↓/1
弱（2）	利弊不确定或无论质量高低的证据均显示利弊相当	↑? /2 ↓? /2

二、GRADE分级原理

GRADE工作组开发了一整套科学透明的证据分级体系，目的在于评价不同干预措施对患者的重要结局（如全因死亡、心绞痛复发等）产生影响的可信程度，即证据质量。

评价的主要内容包括五个降级因素：纳入研究的方法学质量（risk of bias，偏倚风险）；研究关注的人群、干预措施以及结局指标的外推性（indirectness，不直接性）；不同研究间结果的一致程度（inconsistency，不一致性）；不同研究合并结果的精确程度（imprecision，不精确性）；对符合标准研究纳入的全面程度（publication bias，发表偏倚）。另外还有大效应量（large effect）、剂量效应关系（dose-response gradient）和相关混杂（plausible confounding）这三个升级因素。

需要注意的是在不同研究类型的系统评价中，GRADE 分级标准侧重的内容存在一定差异，如在诊断试验系统评价中对发表偏倚的判断推荐运用 Deeks 漏斗图检验，而在预后研究系统评价中则需要根据不一致性大小分别运用 Begg 或 Egger 漏斗图检验。由于网状 Meta 分析主要是基于 RCT，因此 GRADE 在网状 Meta 分析中应用的基本原则主要是考察上述五个降级因素，具体流程 GRADE 工作组已经在相关文献中做了详细阐述。但与其他类型系统评价或 Meta 分析相比，网状 Meta 分析中同时纳入直接比较和间接比较证据，因而分级过程会相对复杂一些，除了要考虑上述五个降级因素之外，还需要考虑间接比较中不同组别在人群基线特征，共同对照以及结果测量方面不可传递性（intransivity）以及直接比较和间接比较结果的不同质性（incoherence）。针对网状 Meta 分析的特殊性，GRADE 工作组建议分四步来对其进行证据质量分级：第 1 步，将直接比较和间接比较的效应量和可信区间分开呈现；第 2 步，对每一组直接比较和间接比较的证据质量分别进行分级；第 3 和 4 步，确定和呈现基于直接比较和间接比较网状 Meta 分析结果的证据质量。

三、GRADE 分级流程

为了更清楚地呈现 GRADE 对网状 Meta 分析的证据质量分级方法，本文参考 GRADE 工作组举例的一篇网状 Meta 分析来阐述 GRADE 在网状 Meta 分析应用中的具体流程。这篇网状 Meta 分析关注的是不同药物治疗对预防骨质疏松老年人或有骨质疏松风险老年人发生脆性骨折的效果。目标人群是绝经后有发生脆性骨折风险的妇女。药物治疗包括双膦酸盐类药物（包括阿仑膦酸钠、利塞膦酸钠、唑来膦酸钠和伊班膦酸钠）、特立帕肽、选择性雌激素受体调节剂（雷洛昔芬）、德尼单抗、钙剂以及维生素 D。以发生髋骨骨折发生率这一重要临床结局为例，该结局共纳入 40 个试验包括 139647 个受试对象，其中 2567（1.8%）发生了髋骨骨折。各种干预之间的网络关系见图 5–22。具体分级流程如下。

1. 第 1 步，将直接比较和间接比较的效应量和可信区间分开呈现

与直接比较相比，间接比较的统计检验效能较低，可信区间的范围也较宽，且间接比较经过的共同对照越多，分析的误差也随之增大。由此可看出直接比较和间接比较对网状 Meta 分析最终证据质量影响程度不一样。因此在对网状 Meta 分析进行证据质量分级之前，首先需要将直接比较和间接比较的效应量和可信区间的结果分开，以便分别进行证据质量分级。当前存在多种方法可以检验间接比较的效应值和可信区间，我们应用节点分析法（node splitting）来估算。如阿仑膦酸钠与雷洛昔芬预防脆性骨折的进行节点分析之后，可得出其直接比较的 OR 值为 0.49，由于二者相关研究的样本量很小，导致其 95%可信区间较宽为[0.04, 5.45]。间接比较的 OR 值为 0.53，95%可信区间为[0.03～0.90]，包括 1 个公共对照（维生素 D 联合钙剂，图 5−22 波浪线）和 3 个公共对照（包括维生素 D、钙剂和安慰剂，图 5−22 虚线）。

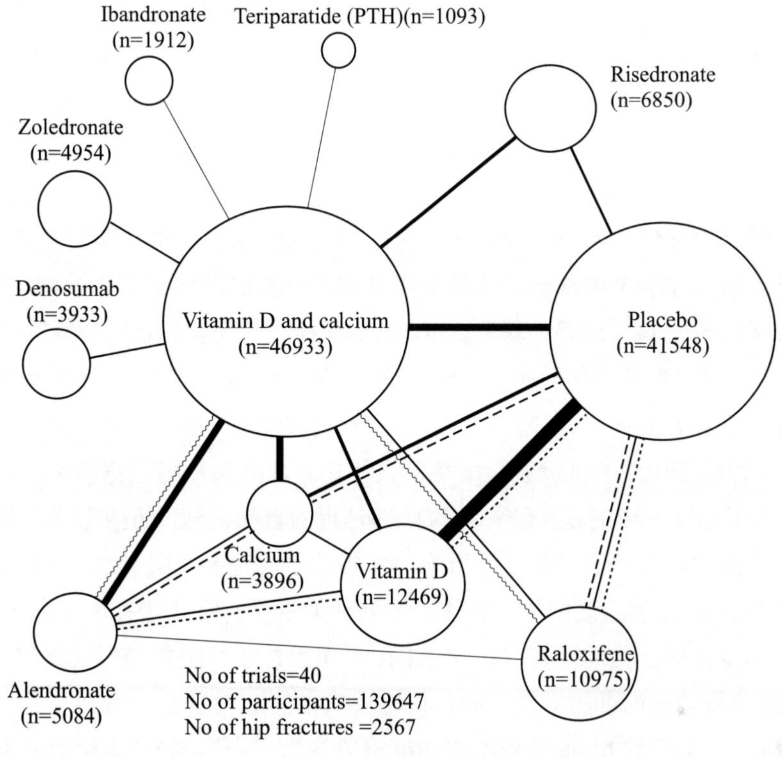

图 5−22　案例干预措施的网状关系图

2. 第 2 步，对每组直接比较和间接比较的证据质量进行分级

对于直接比较的证据质量分级可参考 GRADE 对干预性系统评价分级的基本原则和方法，具体分级过程本文不做详述。如对于上述网状 Meta 分析的案例，在预防骨质疏松性骨折的直接比较中有 7 个结果的证据质量级别是“高”和 “中”，9 个为“低”或“极低”（表 5−14）。对于间接比较的证据质量分级首先需要遴选最佳的比较路径。间接比较可包括一个公共对照（如 A vs B 通过 A vs C 和 B vs C 获得），或多个公共对照（如 A vs B 通过 A vs D，D vs E 和 B vs E），共同对照越多，则结果的可信度越差，总之，间接比较路径中公共对照的数量越少，结果的可信度随之增加。选择最佳间接比较路径之后，需要对路径中的单个组别分别进行证据质量分级，然后选择其中证据水平低的证据等级作为该间接比较的证据质量等级。如在上述案例中，对阿仑膦酸钠和雷洛昔芬的间接比较，其比较路径为阿仑膦酸钠对比维生素 D 联合钙剂以及雷洛昔芬对比维生素D联合钙剂（图5–22），参考GRADE对干预性系统评价证据质量分级的原理和方法，分别对这两组证据质量进行分级，两组的分级结果都是“中”，因此“阿仑膦酸钠和雷洛昔芬”间接比较的证据质量等级为“中”。

在处理间接比较证据质量分级的过程中，需要注意不同组别之间在人群基线特征，共同对照以及结果测量是否存在明显差异，即不可传递性，这种差异会降低间接比较结果的可信程度。例如在本案例中，关于利塞膦酸钠和维生素D联合钙剂的间接比较（图5–22），安慰剂是共同对照，有20个试验比较了利塞膦酸钠和安慰剂的疗效，其中有一半的试验纳入人群患有会影响骨代谢的慢性疾病（如炎症性肠炎）或接受糖皮质激素治疗。而在维生素D联合钙剂对比安慰剂试验中是将这部分人群排除了。也就是说利塞膦酸钠对比安慰剂和维生素 D 联合钙剂对比安慰剂这两组试验人群的基线特征存在较大差异，因此需要对这组间接比较的证据质量再降低一级。此外 GRADE 工作组建议对不直接性的降级需要谨慎，因为理论上任何两个相关的试验之间都会存在不直接性，只有存在重大不直接性才会考虑降级，并且分级者需要对降级理由给予详细的说明。

3. 第3和4步，确定和呈现基于直接比较和间接比较网状Meta分析结果的证据质量

网状Meta分析中对于任何两种干预措施效果的比较，一般有三种情况：① 只有直接比较证据；② 只有间接比较证据；③ 同时存在直接比较和间接比较证据。对于前两种情况，两种干预措施比较的证据质量取决于直接比较或间接比较证据质量。在本案例中，表5–14呈现了不同干预措施预防骨质疏松性骨折的直接比较、间接比较以及网状Meta分析结果的证据质量。对于多数干预措施，都是只存在间接证据（如阿仑膦酸钠对比唑来膦酸钠），其间接比较的证据等级就代表了的证据水平。相对复杂的是第三种情况，即直接比较和间接比较证据同时存在，GRADE 工作组建议将证据级别较高的证据等级作为网状Meta分析结果的证据质量。如直接比较结果的证据质量为“中”，间接比较的证据质量为“低”，则网状Meta分析结果的证据质量为“中”。如本案例中的维生素D联合钙剂对比利塞膦酸钠，直接比较证据的质量是“极低”，间接比较的证据质量是“低”，此时网状Meta分析结果的证据质量就为“低”。之所以这样确定的原因主要是：基于直接比较和间接比较的网状 Meta 分析结果因为样本量的增加而更加精确，一定程度上增加了结果的可信度，此外高质量证据对临床实践和决策的意义更大。

上述步骤只是对基于直接比较和间接比较网状 Meta 分析结果的证据质量的初步分级。在此基础上，还需要考虑的一个因素是直接比较和间接比较结果的不同质性。如果直接比较和间接比较的一致性较好，那么之前的分级结果就是网状 Meta 分析结果的最后证据质量，如果二者的结果存在严重不同质，则二者网状 Meta 分析结果的最终证据质量还需要再降低一级。关于同质程度的判断，当前有较多的定性和定量方法可以帮助分析，如比较RCT的基本特征、不同质性模型、回测法、析因方差分析法等，国内也有相应的文章对此进行了详细介绍。在具体分级的过程中，需要注意有时候会出现直接比较与间接比较的证据质量的差异可能很大，但是结果的一致性较好，对于这种情况可能的解释是相关的降级因素虽然存在但没有对结果产生大的影响。还有一点需要注意的是，在判断不精确性时当直接比较或间接比较结果的可信区间都跨越了临床阈值线，即结果不精确，但二者网状 Meta 分析结果的可信区间没有跨越阈值线，此时我们需要对直接比较和间接比较的证据在不精确性方面降级，但对网状 Meta 分析结果的不精确性则不需要降级。

综上所述，网状 Meta 分析的制定流程以及方法学已经比较成熟，国际药物经济学和结果研究协会已经制定了 3 部专门论述如何制定、解读和评价网状 Meta 分析的手册。此外，还有研究在关注制定关于网状 Meta 分析报告规范的 PRISMA 扩展版。但很少有研究专门介绍如何在网状 Meta 分析中应用 GRADE 对其进行证据质量分级。在 GRADE 之前，很多网状 Meta 分析仅仅是通过评价纳入研究的偏倚风险来推测总体证据质量，这种方法由于没有考虑到其他偏倚因素，因而存在很大局限性。但如果不对网状 Meta 分析进行证据质量分级，则可能对读者理解网状 Meta 结论的真实性和可靠性造成障碍，甚至会误导读者。例如在本案例中，运用网状 Meta 分析相关软件实现对多种干预措施的效果进行排序，结果显示特立帕肽预防骨质疏松性骨折的效果在 10 种干预措施的效果中排名第一（OR 值 0.42，对照组为不治疗，表 5-14）。但进行 GRADE 分级之后，发现特立帕肽对比安慰剂或者其他对照，其证据质量是“低”或“极低”（表 5-14），说明特立帕肽对比安慰剂或者其他对照对预防骨质疏松性骨折的效果非常不明确，在临床应用时应慎重。所以如果没有 GRADE 分级结果，临床医生很可能会根据其干预的效果排序将特立帕肽推荐给有骨质疏松性骨折风险的患者使用。

虽然 GRADE 工作组提出了对网状 Meta 分析进行证据质量分级的四步法，进一步完善了 GRADE 在网状 Meta 分析中运用的理论基础。但具体分级的过程中，分级人员需要对 GRADE 的基本理论和原则很熟悉，并进行预试验，以保证对分级标准理解的一致性。此外还需要考虑间接比较中不同组别间的不可传递性以及直接比较和间接比较结果的不同质性。当然 GRADE 在网状 Meta 分析中的应用也存在一些问题，如当直接比较和间接比较的结果一致性较差时，GRADE 工作组也难以权衡他们对最后网状 Meta 分析结果证据质量的影响。但 GRADE 依然是当前针对网状 Meta 分析进行证据质量分级最有价值的工具。相信随着网状 Meta 分析的文献数量越来越多，以及研究质量的逐步提高，GRADE 在网状 Meta 分析中的运用将会逐渐成熟和普及。

表 5-14　案例的效应量和证据分级

干预措施	直接比较		间接比较		网状 Meta 分析	
	OR(95%CI)	证据质量	OR(95%CI)	证据质量	OR(95%CI)	证据质量
特立帕肽 VS 安慰剂	—	—	0.42(0.10,1.82)	极低	0.42(0.10,1.82)	极低
德尼单抗 vs 安慰剂	—	—	0.50(0.27,0.86)	高	0.50(0.27,0.86)	高
雷洛昔芬 vs 安慰剂	0.84(0.63,1.13)	中	0.96(0.53,1.78)	低	0.87(0.63,1.22)	中
唑来膦酸钠 vs 安慰剂	—	—	0.50(0.33,0.74)	高	0.50(0.34,0.73)	高

续表

干预措施	直接比较		间接比较		网状 Meta 分析	
	OR(95%CI)	证据质量	OR(95%CI)	证据质量	OR(95%CI)	证据质量
利塞膦酸钠 vs 安慰剂	0.17(0.05,0.59)	低	0.54(0.36,0.75)	低	0.48(0.31,0.66)	低
伊班膦酸钠 vs 安慰剂	—	—	0.49(0.21,1.20)	极低	0.49(0.21,1.20)	极低
阿仑膦酸钠 vs 安慰剂	—	—	0.45(0.27,0.68)	中	0.45(0.27,0.68)	中
维生素 Dvs 安慰剂	1.25(0.82,1.89)	低	1.08(0.61,1.91)	低	1.13(0.94,1.34)	低
维生素 D+钙剂 vs 安慰剂	0.83(0.73,0.96)	中	0.54(0.29,0.94)	低	0.81(0.68,0.96)	中
钙剂 vs 安慰剂	—	—	1.14(0.82,1.59)	中	1.14(0.82,1.59)	中
德尼单抗 vs 特立帕肽	—	—	1.17(0.24,5.54)	低	1.17(0.24,5.54)	低
雷洛昔芬 vs 特立帕肽	—	—	2.05(0.47,9.47)	极低	2.05(0.47,9.47)	极低
唑来膦酸钠 vs 特立帕肽	—	—	1.18(0.26,5.30)	极低	1.18(0.26,5.30)	极低
利塞膦酸钠 vs 特立帕肽	—	—	1.12(0.25,4.98)	极低	1.12(0.25,4.98)	极低
伊班膦酸钠 vs 特立帕肽	—	—	1.11(0.22,6.42)	极低	1.11(0.22,6.42)	极低
阿仑膦酸钠 vs 特立帕肽	—	—	1.02(0.24,4.82)	极低	1.02(0.24,4.82)	极低
维生素 Dvs 特立帕肽	—	—	2.67(0.63,11.97)	极低	2.67(0.63,11.97)	极低
维生素 D+钙剂 vs 特立帕肽	2.00(0.50,8.33)	低	未评估↑↑	未评估↑↑	1.92(0.45,8.42)	低
钙剂 vs 特立帕肽	—	—	2.69(0.63,12.23)	极低	2.69(0.63,12.23)	极低
雷洛昔芬 vs 德尼单抗	—	—	1.76(0.95,3.41)	低	1.76(0.95,3.41)	低
唑来膦酸钠 vs 德尼单抗	—	—	1.02(0.54,1.93)	低	1.02(0.54,1.93)	低
利塞膦酸钠 vs 德尼单抗	—	—	0.96(0.50,1.78)	极低	0.96(0.50,1.78)	极低
伊班膦酸钠 vs 德尼单抗	—	—	0.98(0.36,2.79)	低	0.98(0.36,2.79)	低
阿仑膦酸钠 vs 德尼单抗	—	—	0.90(0.45,1.78)	低	0.90(0.45,1.78)	低
维生素 Dvs 德尼单抗	—	—	2.28(1.28,4.16)	中	2.28(1.28,4.16)	中
维生素 D+钙剂 vs 德尼单抗	16.7(1.02,2.70)	中	未评估↑↑	未评估↑↑	1.64(0.97,2.87)	中
钙剂 vs 德尼单抗	—	—	2.33(1.25,4.40)	中	2.33(1.25,4.40)	中
唑来膦酸钠 vs 雷洛昔芬	—	—	0.57(0.35,0.93)	低	0.57(0.35,0.93)	低
利塞膦酸钠 vs 雷洛昔芬	—	—	0.55(0.31,0.84)	极低	0.55(0.31,0.84)	极低
伊班膦酸钠 vs 雷洛昔芬	—	—	0.55(0.23,1.42)	极低	0.55(0.23,1.42)	极低
阿仑膦酸钠 vs 雷洛昔芬	0.49(0.04,5.45)	低	0.53(0.30,0.90)	中	0.51(0.29,0.87)	中
维生素 Dvs 雷洛昔芬	—	—	1.30(0.89,1.86)	低	1.30(0.89,1.86)	低
维生素 D+钙剂 vs 雷洛昔芬	0.88(0.51,1.54)	中	0.96(0.63,1.49)	低	0.94(0.66,1.31)	中

续表

干预措施	直接比较		间接比较		网状 Meta 分析	
	OR(95%CI)	证据质量	OR(95%CI)	证据质量	OR(95%CI)	证据质量
钙剂 vs 雷洛昔芬	—	—	1.31(0.83,2.06)	极低	1.31(0.83,2.06)	极低
利塞膦酸钠 vs 唑来膦酸钠	—	—	0.96(0.56,1.49)	低	0.96(0.56,1.49)	低
伊班膦酸钠 vs 唑来膦酸钠	—	—	0.97(0.39,2.55)	极低	0.97(0.39,2.55)	极低
阿仑膦酸钠 vs 唑来膦酸钠	—	—	0.90(0.51,1.51)	低	0.90(0.51,1.51)	低
维生素 Dvs 唑来膦酸钠	—	—	2.26(1.50,3.42)	低	2.26(1.50,3.42)	低
维生素 D+钙剂 vs 唑来膦酸钠	1.64(1.16,2.17)	高	未评估↑↑	未评估↑↑	1.63(1.16,2.30)	高
钙剂 vs 唑来膦酸钠	—	—	2.29(1.44,3.66)	低	2.29(1.44,3.66)	低
伊班膦酸钠 vs 利塞膦酸钠	—	—	1.02(0.43,2.66)	极低	1.02(0.43,2.66)	极低
阿仑膦酸钠 vs 利塞膦酸钠	—	—	0.93(0.54,1.62)	极低	0.93(0.54,1.62)	极低
维生素 Dvs 利塞膦酸钠	—	—	2.35(1.63,3.76)	极低	2.35(1.63,3.76)	极低
维生素 D+钙剂 vs 利塞膦酸钠	1.92(0.84,4.35)	极低	5.88(1.79,25.00)	低	1.69(1.27,2.54)	低
钙剂 vs 利塞膦酸钠	—	—	2.39(1.56,4.04)	极低	2.39(1.56,4.04)	极低
阿仑膦酸钠 vs 伊班膦酸钠	—	—	0.92(0.34,2.32)	低	0.92(0.34,2.32)	低
维生素 Dvs 伊班膦酸钠	—	—	2.32(0.92,5.54)	极低	2.32(0.92,5.54)	极低
维生素 D+钙剂 vs 伊班膦酸钠	1.72(0.76,3.85)	低	未评估↑↑	未评估↑↑	1.69(0.69,3.84)	低
钙剂 vs 伊班膦酸钠	—	—	2.36(0.92,5.87)	极低	2.36(0.92,5.87)	极低
维生素 Dvs 阿仑膦酸钠	3.70(1.20,11.11)	中	2.38(1.49,3.85)	中	2.54(1.63,4.16)	中
维生素 D+钙剂 vs 阿仑膦酸钠	1.59(1.03,2.44)	中	2.78(1.14,8.33)	中	1.82(1.24,2.90)	中
钙剂 vs 阿仑膦酸钠	4.55(0.47,50.00)	极低	2.56(1.54,4.35)	中	2.56(1.57,4.34)	中
维生素 D+钙剂 vs 维生素 D	1.03(0.68,1.54)	低	0.65(0.48,0.85)	低	0.72(0.57,0.91)	低
钙剂 vs 维生素 D	—	—	1.01(0.72,1.44)	低	1.01(0.72,1.44)	低
钙剂 vs 钙剂+维生素 D	1.21(0.89,1.66)	低	3.43(0.26,160.40)	极低	1.40(1.03,1.95)	中

注：↑↑未评估，因为该药物没有包含在证据网络中

（姚亮　陈耀龙）

第十节　网状 Meta 分析报告

近年来，网状 Meta 分析和间接比较的发表数量剧增，但网状 Meta 分析如何报告没有统一标准。不同国家和国际组织制定了各自的网状 Meta 分析报告规范或量表，本节介绍主要的网状 Meta 分析报告规范。

一、英国国家卫生医疗质量标准署制订的网状 Meta 分析报告规范

英国国家卫生医疗质量标准署制订的网状 Meta 分析报告规范分为 4 部分，第 1 部分主要关注决策问题、对比措施、目标人群和已知或未知的影响结果的因素，第 2 部分主要为数据分析方法和结果的呈现，第 3 部分包括证据的不一致性和证据关系图，第 4 部分为成本效益分析中不确定性的传播。该规范可用于间接比较和网状 Meta 分析。尽管该量表的制定者指出，此量表应用简单，已经考虑到了 Meta 分析报告中所有问题，且已经在网状 Meta 分析经过验证，但目前并没有发现任何验证该量表的文章。由于该量表可以同时满足成本效益分析研究和证据合成类研究，因此量表中的条目为这些研究类型的共性部分。此外，该量表中包含成本效应分析中不确定性的传播，因此只有前 3 部分可以用来评估网状 Meta 分析的报告（表 5-15）。

表 5-15 NICE 网状 Meta 分析报告规范

内容与主题	描　述
决策问题定义	
靶向人群定义	是否清楚定义决策问题中的人群？
对比措施	决策问题中的对比措施：是否纳入所有有关的干预措施？分析方法中对比措施：是否分析了决策问题中不关注的干预措施？
纳入和排除	① 检索策略是否充分？报告是否合适？② 是否纳入所有比较 2 个或者以上干预措施的研究？③ 是否纳入所有报告相关结果指标的研究？④ 是否纳入其他的研究？其他研究的纳入理由是否充分？
干预措施的定义	① 所有的干预措施是否限定于特定的剂量或者存在联合干预措施？是否对不同的剂量或者不同联合干预措施进行了合并？合并的理由是否充分？② 是否有其他的模型假设？
结果指标和测量单位	当存在多种结果指标的时候，结果指标的选择理由是否充分陈述？
结果指标的表现方式	RR、OR 等所包含的假设是否充分陈述？
靶向人群以外人群	① 是否存在研究纳入靶向人群以外的人群？其理由是否充分陈述？② 如果纳入靶向人群以外的人群，其假设是什么？是否会影响合并效应量？③ 如果纳入靶向人群以外的人群会影响合并效应量，那么是否对其进行了调整？调整是否有依据？是否需要敏感性分析？
靶向人群的异质性	① 是否对影响结果的因素进行排查？② 纳入研究的人群间是否存在明显的或潜在的差异？③ 如果有，那么这些因素是否被充分评估？
风险偏倚	① 是否对纳入研究的风险偏倚进行讨论？这些研究是否存在高风险偏倚？② 如果存在风险偏倚，是否做了充分说明？分析时是否进行了调整？
研究数据呈现	是否采用流程图或表呈现纳入排除的数据，特别是排除的原因？
分析方法和结果展示	
Meta 分析方法	① 统计学模型是否报告清楚？② 统计学模型的软件植入方法是否报告清楚？

续表

内容与主题	描　　述
治疗效应间的异质性	① 是否定量评估结果间的异质性？② 随机效应模型或固定效应模型的选择理由是否清楚报告？是否考虑进行敏感性分析？③ 对异质性的处理是否足够？④ 结果间无法解释的差异是否会影响结论的稳定性？⑤ 是否讨论治疗措施之间的统计学异质性？
试验结果的基线模型	① 是否在相同的模型中评估基线结果和相对治疗结果？其合理性是否进行报告？② 基线模型中研究选择的理由是否充分陈述？
研究结果的呈现	① 干预措施与对照的相对比较结果是否呈现？采用随机效应模型时，是否呈现研究间的异质性？② 是否报告单个研究的绝对治疗效应？
自然史模型	① 是否充分报道自然史模型中参数数据来源？② 治疗措施间长期效应的差异是否能用 RCT 结果的差异进行解释？
网状 Meta 分析特有的问题	
多臂研究	如果存在多臂研究，是否考虑相对结果效应之间的内在关系？
连接和未连接的网络	基于 RCT 的证据网络是否连接？
不一致性	① 证据网络中的不一致性有多少？② 是否存在不一致性的提示信息？③ 不一致性的评估是否充分？④ 如果存在不一致性，对结果是否进行任何调整？调整是否合理？

二、国际药物经济学及结果研究协会制订的网状 Meta 分析报告规范

国际药物经济学及结果研究协会制订的网状 Meta 分析报告规范分为背景、方法、结果和讨论，每部分对网状 Meta 的报告进行了最低程度的要求，但过于简单笼统，可适用于所有的 Meta 分析，因此对于网状 Meta 分析的独特之处并没有进行要求（表 5–16）。

表 5–16　ISPOR 网状 Meta 分析的报告规范

主题	描　　述
背景	研究的背景和目的是否清楚报告？
方法	① 方法学部分是否包含纳入排除标准、信息来源、检索策略、筛选过程、资料提取（效度/单个研究的质量评价）？② 是否报告结果测量指标？③ 是否报告数据分析方法/证据合成方法？所描述的方法是否包含：分析方法/模型、潜在偏倚/不一致性的处理、分析框架？④ 是否进行了敏感性分析？
结果	① 是否对纳入研究进行概括描述？② 是否描述单个研究的数据？③ 是否描述纳入研究构成的证据网络？④ 是否描述模型拟合程度？⑤ 是否比较了不同的模型？⑥ 是否清楚呈现证据合成（调整间接比较/混合治疗比较分析）的结果？⑦ 敏感性分析
讨论	① 主要研究结果的描述/总结；② 研究结果的内部真实性；③ 研究结果的外部真实性；④ 研究结果主要适用对象

三、Ohlssen 团队制订的网状 Meta 分析报告规范

由美国诺华制药公司的 Dr. Ohlssen 团队制订，主要是针对不良反应的网状 Meta 分析，主要采用贝叶斯模型进行的网状 Meta 分析，对频率学统计方法的网状 Meta 分析和调整间接比较就可能不适用（表 5–17）。

表 5–17　Ohlssen 等制定的网状 Meta 分析报告规范

内容与主题	描　　述
背景	① 干预措施和靶向人群；② 研究问题和研究目的
方法	
研究设计	评估研究的相似性，以便验证一致性假设
前瞻性贝叶斯分析	是否在数据收集和分析前构建先验信息？
结果指标	分析采用结果指标的报告
统计模型	似然比功能，后验信息是否基于模拟或者分析方法；数据缺失率和缺失协变量的输入；模型结构的层次；随机效应模型和固定效应模型的选择和选择理由
先验分布	先验分布的选择和理由（若采用等级模型，就应该采取超先验分布）；应该清楚报告是否采用其他替代信息进行敏感性分析
统计分析和软件	产生后验信息的计算方法；使用的软件以及是否验证；马尔科夫–蒙特卡罗链（MCMC）使用时收敛程度的检验应该报道
其他	进行模型的检验分析、敏感性分析、收敛性检验，分析模型的拟合程度
结果	
结果参数的描述	后验分布等结果描述和总结
模型检验和收敛性检验	分析结果和对未来的启示
讨论	
贝叶斯结果的解释	后验分布参数的中心趋势、标准差、置信区间或特定假设的后验分布预测率
先验信息对后验结果的敏感性分析	不同先验信息时的后验结果，或先验的选择对结论的影响
分析可能的局限性	分析和评估统计学方法的局限性和优势

四、Tan 制订的网状 Meta 分析统计分析报告规范

由英国 Leicester 大学制订，主要针对网状 Meta 分析的统计分析以及结果的报告，具有一定的普遍性，体现了网状 Meta 分析数据处理和呈现的共性，但也忽略了一些重要的问题，如直接比较异质性的处理和报告、直接证据和间接证据不一致性的处理和报告（表 5–18）。

表 5-18 Tan 团队制定的网状 Meta 分析报告规范

主题	描　述
数据	① 清楚报告分析中的研究和引文；② 清楚报告各个研究中对照的治疗措施；③ 纳入研究的数据、效应量和置信区间
方法	① 采用数学公式描述统计学方法；② 使用模型的出处；③ 模型中使用的编码和数据
结果	① 统计结果的报告；② 所有治疗措施的相对比较结果；③ 排序结果或者最佳治疗措施的可能性

五、Thorlund 等制订的网状 Meta 分析报告规范

由加拿大 McMaster 大学 Thorlund 等基于 13 篇网状 Meta 分析的评价制订的报告规范，主要从研究目的、研究纳入、敏感性分析等方面进行报告（表 5-19）。

表 5-19 Thorlund 等制定的网状 Meta 分析报告规范

主题	描　述
目的	① 报告靶向人群；② 报告干预措施是单一还是联合基础治疗；③ 报告研究目的中是否包含异质性分析，如异质性如何影响治疗结果；如没有计划行异质性分析，应报告纳入研究人群的同质性假设；④ 报告结果或者结果的类型
研究纳入	纳入当前全部的研究，通过以前的文献的检索词更新检索
单一和联合治疗	① 采用以下任一方法：a. 采用 Meta 回归分析联合用药的影响，b. 分别分析单一和联合治疗的效果，c. 将单一和联合治疗作为不同的干预措施进行分析；② 尽量避免在未控制基础治疗的情况下合并单一和联合治疗分析异质性和影响
结果因素	① 考虑所有影响临床决策过程以及靶向人群的重要因素；② 限制协变量和亚组分析的数量，避免多重分析
敏感性分析	① 考虑之前研究的经验；② 报告对可能引入偏倚的争议性研究的敏感性分析；③ 报告对不同研究人群的敏感性分析；④ 充分说明敏感性分析设计试验的所有问题；⑤ 报告特定人群的纳入和排除的理由

六、Hutton 等制订的网状 Meta 分析报告规范

由加拿大渥太华医院研究所 Hutton 博士团队基于对当前网状 Meta 分析的报告质量的评估总结而成，主要从方法和结果两部分对网状 Meta 分析的报告进行了要求（表 5-20）。

表 5-20 Hutton 等制定的网状 Meta 分析报告规范

内容与主题	描　述
方法	
文献检索	① 间接证据和直接证据检索的报告；② 数据库、检索词和检索策略的报告；③ 报告原始文献检索或者利用当前系统评价纳入研究；④ 如利用当前的系统评价，需要报告如何获取系统评价以及如何解决纳入标准的不一致

续表

内容与主题	描　述
纳入标准的报告	① 纳入标准的确定，主要包括患者、干预措施、对照措施、结果指标和研究设计，② 如何解决同一治疗措施不同给予方式、剂量及其理由
网状Meta分析的假设	① 同质性、相似性和一致性假设检验；② 假设检验合适性；③ 假设检验有效性相关信息
统计学分析	① 统计学细节，如等级模型、调整间接比较、Meta 回归、频率或贝叶斯模型、固定或随机效应模型、同质性或异质性方差结构；② 统计学异质性和发表偏倚评估方法；③ 直接和间接证据不一致性评估方法；④ 临床和方法学同质性统计学评估方法（根据基线特征和风险偏倚进行亚组分析、Meta 回归）
结果	
纳入研究及其特征呈现	① 采用证据关系图的方式呈现证据；② 研究的基本特征，如样本量、每组对比的研究数量和多臂研究等；③ 可评估临床异质性和方法学异质性信息，如研究间影响结果的因素，包括患者的基本特征和风险偏倚评估
网状Meta分析假设评估	① 统计学异质性评估结果；② 直接证据和间接证据之间的不一致性评估结果，以及发现不一致性时的处理办法
结果测量指标呈现	① 结果指标的报告：所有比较结果或部分与共同对照比较的结果，或关注某个治疗措施；② 传统直接比较 Meta 分析结果；③ 结果指标及其对应不确定性（置信区间）；③ 敏感性分析和亚组分析的结果；④ 表达结果的最佳图表形式；⑤ 结果排序和对应可能性
讨论和结论	① 对观察结果临床和生物学混杂因素的讨论；② 分析假设存在的重要问题和影响结论强度的重要问题

七、李伦等制订的网状 Meta 分析报告规范

兰州大学循证医学中心李伦等采用探索因子分析方法，对不同国家和国际组织制定的网状 Meta 分析报告规范或量表的条目进行分析，从而筛选最佳的网状 Meta 分析报告条目（表 5-21）。

表 5-21　李伦等制定的网状 Meta 分析报告规范

项目	条目	描　述
题目	1. 题目	题目是否含有间接比较、网状 Meta 分析或者混合治疗效应？
摘要	2. 摘要	是否报告结构式摘要？
其他信息	3. 研究注册	研究注册是否报告？
	4. 基金资助/利益冲突	是否报告基金资助和利益冲突？
背景	5. 研究背景	是否清楚阐述研究背景？
目的	6. 研究目的	是否清楚阐述研究目的？
方法	7. 纳入标准	是否根据患者、干预措施、结果指标或者研究设计报告纳入与排除标准？ 是否清楚定义网状 Meta 分析的干预措施？

续表

项目	条目	描　述
方法	8. 文献检索	是否报告检索资源以及检索时间？ 是否报告检索策略（检索词、逻辑关系）？ 是否报告系统评价的筛查？
	9. 研究筛选	是否报告研究筛选过程？
	10. 资料提取	是否报告资料提取过程？
	11. 质量评价	是否报告纳入研究的质量方法？
	12. 同质性和相似性	是否报告临床和方法学异质性的评估？ 是否报告相似性的评估？
	13. 不一致性	是否报告不一致性的检测方法和处理方法？
	14. 结果测量方式	是否报告结果测量方式？
	15. 直接比较Meta分析	是否报告直接比较 Meta 分析的统计学方法？ 是否报告统计学异质性的处理方法？
	16. 网状 Meta 分析	是否报告网状 Meta 分析的统计学方法？ 采用贝叶斯方法进行数据分析时，是否报告网状 Meta 分析模型相关评估方法？ 当纳入多臂研究时，是否报告多臂研究的调整？
	17. 其他分析	是否报告其他分析，如采取敏感性分析、亚组分析、Meta 回归对联合用药、风险偏倚以及异质性来源等进行调整？
	18. 发表偏倚	是否报告发表偏倚的检测？
	19. 证据质量评价方法	是否报告网状 Meta 分析证据质量的评估方法？
结果	20. 检索结果/流程图	是否报告检索结果、筛选结果？
	21. 纳入和排除研究	是否报告纳入和排除研究的引文和研究特征？
	22. 单个研究的结果	是否报告单个研究的结果？
	23. 质量评价结果	是否报告研究质量评价结果？
	24. 不一致性	是否报告不一致性评估结果？
	25. 相似性与同质性	是否报告相似性与同质性的评估结果？
	26. 证据网络	是否报告证据网络？
	27. 直接比较 Meta 分析	是否报告直接比较 Meta 分析的结果？ 是否报告统计学异质性的评估结果？
	28. 网状 Meta 分析	是否报告网状 Meta 分析的结果？ 采用贝叶斯方法进行数据分析时，是否报告网状 Meta 分析模型相关评估结果？ 是否报告结果排序和对应可能性？
	29. 其他分析	是否报告其他分析的结果，如采用敏感性分析、亚组分析、Meta 回归等对联合用药、风险偏倚以及其他异质性来源的分析结果？

续表

项目	条目	描　述
结果	30. 发表偏倚	是否报告发表偏倚检测的结果？
	31. 证据质量评价	是否报告网状 Meta 分析证据质量的评估结果？
讨论	32. 证据总结	是否报告证据的总结？ 是否讨论影响结果的内部真实性？ 是否讨论影响结果的外部真实性？
	33. 局限性	是否报告研究的局限性？ 是否讨论假设评估结果对结论的影响？
	34. 结论	是否报告对未来实践和研究的启示？ 是否报告网状 Meta 分析的结论？

八、PRISMA-NMA

2015 年 6 月，Hutton 等在 Annals of Internal Medicine 上发表了针对 NMA 的 PRISMA 扩展申明，用以指导和改善 NMA 的撰写和报告，NMA 的 PRISMA 扩展申明为研究人员撰写和报告高质量的 NMA 提供借鉴和参考。

1. NMA 优先报告条目——PRISMA 扩展声明

在原来 PRISMA 的基础上对原有条目进行修改和补充，且增加了 5 个额外的条目（S1－S5），共由 32 个条目组成（表 5－22）。

表 5－22　NMA 优先报告条目——PRISMA 扩展申明清单

项目	编号	条目清单
标题		
标题	1	识别报告是网状 Meta 分析（或 Meta 分析相关形式）
摘要		
结构式摘要	2	提供结构式摘要包括（适用时）： 背景：描述研究主要目的 方法：报告数据来源、研究纳入标准、研究对象、干预措施、研究评价和综合的方法（如网状 Meta 分析） 结果：报告纳入研究数和病例数，汇总效应评估及其可信/置信区间，治疗排序结果；简洁地概括纳入分析的治疗的双臂比较结果 讨论/结论：局限性、结论和研究启示 其他：报告主要经费来源、网状 Meta 分析的注册号及注册机构
前言		
理论基础	3	介绍当前已知的研究理论基础，并提及制作该网状 Meta 分析的原因和必要性
目的	4	通过对研究对象、干预措施、对照措施、结局指标和研究类型（PICOS）5 个方面提出所需要解决的清晰明确的研究问题

续表

项目	编号	条目清单
方法		
方案和注册	5	说明是否有研究方案存在和可获得该方案的途径（如网址），并提供现有的注册信息，包括注册号
纳入标准	6	将指定的研究特征（如 PICOS 和随访期限）和报告特征（如检索年限、语种和发表情况）作为纳入研究的标准，并给出合理的说明。清楚地描述网状关系图所包含的治疗措施，并说明被合并为同一节点的任何干预措施
信息来源	7	针对每次检索及最终检索的结果描述所有文献信息的来源（如资料库文献，与研究作者联系获取相应的文献）
文献检索	8	至少说明一个数据库的检索方法，包含所有检索策略的使用，使得检索结果可以重现
研究选择过程	9	说明纳入研究被筛选的过程
资料提取	10	描述资料提取的方法（如预提取表格、独立提取、重复提取）以及任何向报告作者获取或确认资料的过程
资料条目	11	列出并说明所有资料相关的条目（如 PICOS 和资金来源），以及作出的任何推断和简化形式
网状图的构建	S1	描述探索基于研究的干预措施网状关系图构建方法，及相关潜在偏倚。包括证据如何以图形方式呈现，以及哪些特征被用于向读者呈现证据
单个研究存在的偏倚评估	12	描述用于评价单个研究偏倚的方法（包括该方法是否用于研究层面或结局层面），以及在资料综合中该信息如何被利用
概括效应指标	13	说明主要的综合效应指标，如相对危险度（RR）和均数差（MD）；同时描述其他综合效应指标的使用，如治疗排序、累积排序概率曲线下面积（SUCRA），及呈现 Meta 分析综合结果的修正方法
计划分析方法	14	描述处理数据和合并每个治疗网络研究结果的方法。主要包括（但不限于）： 多臂试验的处理 方差结构的选择 贝叶斯分析中先验分布的选择以及适合模型的评估
不一致性评估	S2	描述治疗网状关系图中直接和间接证据一致性的评估方法，以及存在不一致性时的处理方法
研究偏倚	15	详细评估可能影响数据综合结果存在的偏倚（如发表偏倚和研究中的选择性报告偏倚）
其他分析	16	对研究中其他的分析方法进行描述，并说明哪些分析是预先制定的，这应该包括，但不限于： 敏感性分析和亚组分析 Meta 回归分析 治疗网状关系图构建的选择和贝叶斯分析中先验分布的使用（适用时）

续表

项目	编号	条目清单
结果		
研究选择	17	报告初筛的文献数量，评价符合纳入标准的文献数量以及最终纳入研究的文献数量，同时给出每一步排除文献的原因，最好提供流程图
网状图的呈现	S3	提供纳入研究的网状关系图，使得干预措施网状关系图的构建可视化
网状图的概述	S4	概述干预措施网状关系图的特征，包括评价不同干预措施比较和双臂比较中试验和研究对象的多样性，以及治疗网状关系图中缺少哪些证据，网状关系图结构所反映出的潜在偏倚
研究特征	18	说明每一个被提取资料的文献的特征（如样本含量、PICOS和随访时间），并提供引文出处
研究内部偏倚风险	19	说明每个研究中可能存在偏倚的相关数据，如果条件允许，还需要说明结局层面的评估
单个研究结果	20	针对所有结局指标（有效性或有害性），说明每个研究：1）各干预组结果的简单合并；2）综合效应值及其可信区间。描述处理较大网络信息的修正方法
结果的综合	21	呈现每个Meta分析的结果，包括可信/置信区间。在较大的治疗网络中，作者可能关注比较措施对照另一特定的比较措施（如安慰剂或标准治疗），并在附件中呈现所有的结果。使用表格和森林图呈现汇总的双臂比较结果，如果其他的概括效应被探索（如治疗排序）和呈现
不一致性探索	S5	描述不一致性调查的结果，包括比较一致性模型和不一致性模型适用性的方法、统计学P值及针对治疗网络的不同部分的不一致性评估结果
研究间偏倚	22	说明研究间可能存在偏倚的评价结果
其他分析	23	给出其他分析的结果（如敏感性分析或亚组分析、Meta回归分析和贝叶斯中先验分布的选择等）
讨论		
证据总结	24	总结研究的主要发现，包括每一个主要结局的证据强度；分析它们与主要利益集团的关联性（如医疗保健的提供者、使用者及政策决策者）
局限性	25	探讨研究层面和结局层面的局限性（如偏倚的风险）以及网状Meta分析的局限性（如检索不全面，报告偏倚等）；评论网状Meta分析基本假设的正确性，如传递性和一致性；评论任何关于网状关系图构建中需关注的问题（如不纳入某一比较措施）
结论	26	给出对结果的概要性的解析，并提出对未来研究的提示
资金支持		
资金	27	描述本网状Meta分析的资金来源和其他支持（如提供资料）以及资助者在完成网状Meta分析中所起的作用。包括可能影响网络中干预措施的使用的信息，如基金是否来自于本研究网络中干预措施的厂商，或者部分作者是否存在利益冲突

2. PRISMA扩展申明解读

条目1：在标题中应该能明确识别为NMA，目前NMA术语使用并不规范，常用的有调整间接比较（adjusted indirect comparison）、混合治疗效应Meta分析（mixed treatment comparison meta analysis）、多组比较 Meta 分析（multiple treatments meta analysis）和网状 Meta 分析（network meta analysis）等。

条目 2：NMA 摘要应该由背景、方法、结果、讨论和其他 5 个要素组成。在方法学部分，应该简单总结数据来源、研究纳入标准、研究对象、干预措施、研究筛选、资料提取和质量评价，且明确数据综合的方法，如网状 Meta 分析。在结果部分，应该报告纳入研究数、治疗臂数和病例数，汇总效应评估及其可信/置信区间，治疗排序结果，简洁地概括纳入分析治疗的双臂比较结果；应当避免仅仅报告具有统计学差异的结果。在结论部分，总结研究结论和局限性以及对未来研究的启示。此外，作者还应该在摘要部分报告主要经费来源、系统评价的注册号以及注册机构。

条目 3：NMA 是为了比较多个有效干预措施之间的疗效差异或者多个不存在直接比较有效治疗措施之间的差异，因此在背景中应该对这些有效干预措施的治疗效果和已知的理论基础进行综述；简洁地描述目前 NMA 的必要性、可行性和拟解决的临床问题。

条目 4：基于研究对象、干预措施、对照措施、结局指标和研究类型（PICOS）5 个方面提出研究问题，明确研究目的。

条目 5：研究方案是系统评价/Meta 分析研究设计、执行、报告和评价的基础，注册并发表前期研究设计方案，可以保证研究的前瞻性，减少选择性报告偏倚发生的可能性。过去的研究提示，前期的研究设计方案和后续发表的全文存在严重的选择性报告偏倚。因此，在撰写和报告 NMA 时，研究人员应该明确说明是否有研究方案存在和可获得该方案的途径（如网址），并提供现有的注册信息，包括注册号及其发表状态。

条目 6：纳入标准一般从研究对象、干预措施、对照措施和研究设计 4 方面确定，此外还包括随访期限、检索年限、语种和发表情况等。干预措施的定义是 NMA 特有的问题，主要涉及两个方面：联合用药和药物给药的方式、剂量等问题。联合用药是慢性疾病常见且有效的干预措施，比如类风湿关节炎。改变病情抗风湿药是类风湿关节炎常用药物，也是其基础治疗药物，如甲氨蝶呤。因此比较不同药物，尤其是生物制剂治疗类风湿关节炎时，经常联合改变病情抗风湿药。这种情况在肾内科疾病中也比较常见，如肾炎的治疗。因此在制定 NMA 纳入标准时，要对联合用药干预措施进行定义。此外，药物的给药方式和剂量是药物治疗学系统评价中常见的问题。由于不同的剂量和不同的给药方式，将会导致药物的治疗效果有所不同，但是这不会影响药物的药效动力学。因此，将不同的治疗方式或者不同的剂量当作一个干预措施还是当成不同的干预措施也是 NMA 关注的重点问题。若 NMA 的纳入标准不同，会导致 NMA 关注的药物相同，结论却不同。因此，在报告纳入排除标准的时候，不仅要报告患者、干预措施及其定义、结果指标和研究设计，还要报告干预措施的定义。

条目 7：NMA 评价人员应该针对每次检索及最终检索的结果描述所有文献信息的来源，如资料库文献、与研究作者联系获取相应的文献和通过其他渠道获得文献等。

条目 8：NMA 至少说明一个数据库的检索方法，包含所有检索策略的使用，使得检索结果可以重现。

条目 9：研究筛选过程对 NMA 非常重要，一般是 2 个作者独立筛选，讨论解决或者第 3 方介入解决不一致。这样就可以避免在筛选过程中存在研究的遗漏，尽量减少选择性偏倚。研究人员应当说明纳入研究被筛选的过程。

条目 10：详细描述资料提取的方法，如提取表格的预实验和修改过程、由独立的作者进行资料提取以及任何向研究作者获取或确认资料的过程。

条目 11：根据 PICOS 设计资料提取表，此外还应该提取研究资金资助情况，以及效应修正因子的识别和提取。NMA 的疗效是否等价于传统 Meta 分析，很大程度上取决于效应修正因子的分布。

条目 S1：网状关系图的构建对于 NMA 非常重要，它能清晰地展示 NMA 各干预措施间存在的直接和间接比较关系，从而决定 NMA 的可行性。同时可以通过观察网状关系图是否存在闭合环，决定是否需要对直接比较和间接比较间的不一致性进行评估。此外还应该说明网状图中纳入干预措施的选择（纳入所有相关治疗方案或仅纳入所关注的治疗方案）以及在治疗网络中可能存在的偏倚。比如，药厂资助的 NMA 可能只会纳入其他厂商研发的药物，从而达到占领市场的目的，在如此的治疗网络中排除的治疗方案可能会对研究结果产生影响。

条目 12：偏倚风险评估对于了解目前研究的现状非常重要，因为偏倚风险主要评价纳入研究的内部真实性，有助于把握当前研究的现状，对于未来研究的开展至关重要。研究人员应该报告单个研究偏倚风险是基于研究层面还是结局层面，以及用于评估偏倚风险的工具，如 Cochrane 偏倚风险清单。此外，还应该报告在数据分析和解释时是如何使用偏倚风险评估结果的。

条目 13：描述使用的主要的效应指标及其可信区间/置信区间，如 RR 和 WMD。针对二分类变量，目前大部分研究选择 OR 作为结果的表达形式，这是因为比值比相对于 RR 具有较好的对称性，因此不会引入统计学异质性，因此在 NMA 中建议采用 OR。同时描述其他综合效应指标的使用，如治疗排序、累积排序概率曲线下面积（SUCRA）等。

条目 14：报告 NMA 使用的模型（如随机或固定效应模型）和判别适合模型的方法（如偏差信息准则，DIC 值），NMA 可通过贝叶斯和频率学的方法实现，针对两种方法的报告大部分是一致的，如模型、软件、多臂研究的调整和不一致性检测的报告，但是贝叶斯模型还需要报告先验分布、似然比、初始值、模型拟合程度的评估和收敛性的评估等。

条目 S2：当同时存在直接证据和间接证据以及存在不同间接比较结果的情况下，需要进行一致性的评估。目前一致性的评估主要包括局部一致性和整个网络体一致性的评估。基于 Bucher 法的延伸，目前一致性鉴别与处理的方法已扩展至节点分析法、假设检验及两步法等十余种量化措施。存在不一致性时，应该对不一致性的来源进行探讨，当不一致性来源无法解释时，这就意味着直接比较和间接比较结果存在矛盾，那么间接比较的结果就是不可靠的。

条目 15：建议评估可能影响数据综合结果存在的偏倚，如发表偏倚和研究中的选择性报告偏倚。

条目 16：描述研究中拟进行的其他分析方法，如 Meta 回归分析、亚组分析和敏感性分析。通过不同类型的敏感性分析，去探讨 NMA 结果的稳定性，常用于探讨敏感性分析的因素包括治疗网络中节点的排除、贝叶斯分析中先验分布的选择、治疗方案不同剂量和给药方式的不同等。通过 Meta 回归分析或亚组分析去探讨潜在的效应修正因子对 NMA 结果的影响，根据偏倚风险（低风险 vs 中、高风险）、研究发表时间和限制治疗方案到所关注的治疗臂等进行 Meta 回归分析或亚组分析。

条目 17：根据 PRISMA 声明提供的文献筛选流程图报告研究选择的过程，包括初筛的文献数量，评价符合纳入标准的文献数以及最终纳入研究的文献数量，同时给出每一步排除文献的原因，最好以流程图形式呈现。

条目 S3：绘制纳入治疗方案的网状关系图，便于读者评价目前存在的证据体。网状关系图由两部分组成：点和线。点主要代表各个干预措施，线代表两个干预措施在同一个研究中进行了对比。采用网状关系图可清楚展示是否存在直接比较以及干预措施之间的效果是直接比较结果、间接比较结果还是两者的合并结果，同时也可清楚判断所采取的统计学方法，还可根据节点大小和连接线的粗细判断纳入研究数量和样本量的大小。

条目 S4：概述网状关系图中包含的治疗方案，说明治疗网络体中可能会产生的偏倚以及什么样的偏倚可能会影响网状图中干预措施的选择。此外，应该报告不同干预措施和双臂试验中和随机病例数的丰富性以及治疗网络中存在的证据空隙。

条目 18：报告纳入分析的试验的特征，包括 PICOS 相关的信息、患者的流行病学特征和试验相关的特征等。可以以文字概括性的描述，也可以以表格形式呈现所有纳入研究的信息，此外还应该报告收集到效应修正因子的分布情况。由于 NMA 纳入多种干预措施和较大数量的研究，研究相关的特征可以以附件的形式提交编辑部。

条目 19：报告每个纳入试验的风险偏倚评估结果，汇总的偏倚风险评估结果呈现以表格和图形最为常见。由于 NMA 纳入的研究数量较多，在文中可以概括性地描述评估结果，也可以以附件形式提交结果。为了在网状关系图中直观地呈现偏倚风险评估结果，可以提供包含有偏倚风险结果的网状关系图，如红色线代表高偏倚风险、黄色代表不清楚偏倚风险、绿色代表低偏倚风险。

条目 20：报告每个结局单个研究结果和合并结果数据，如二分类变量报告发生数和样本量，连续型变量报告平均数、标准差和样本量。最好以森林图形式呈现。然而在 NMA 中，由于纳入研究数量和干预措施数量较多，单个研究所占的篇幅会较大，因此可以选择以附件的形式提交单个研究的结果。

条目 21：报告 Meta 分析结果及其相应的异质性检验结果，双臂 Meta 分析的森林图通常包括每个纳入研究的效应量、研究合并结果和异质性定量检测结果，在 NMA 中，由于纳入研究和干预措施较多，可以以附件形式提交双臂 Meta 分析的结果。NMA 的结果可以以表格或图形形式表达，当有其他结果时，如概率排序结果，也应该被报告，最好以可视化（如表格或图形）方式进行呈现。

条目 S5：当网状关系图中存在闭合环时，描述不一致性探索的结果，最好以图表形式呈现，它应该包括一致性模型和不一致性模型适合试验、直接比较和间接比较的不一致性的统计量和 P 值、局部网络和整个网络体的不一致性结果。

条目 22：作者应该呈现纳入研究可能存在的任何偏倚风险结果，如小样本研究效应，NMA 结果的证据强度、可信度和可解释性应该结合偏倚风险结果进行判断。

条目 23：描述 NMA 中任何的其他分析结果，如亚组分析、Meta 回归分析、敏感性分析，针对贝叶斯的 NMA，还应该报告先验分布选择的依据及基于不同的先验分布的敏感性分析结果。

条目 24：针对每个主要的结局指标，总结其主要结果和发现，分析它们与医疗保健的提供者、使用者及政策决策者的关联性；此外，还应该报告研究结果和先前传统 Meta 分析或 NMA 结果的差异性，为证据使用者提供参考。

条目 25：探讨研究层面和结局层面的局限性（如偏倚的风险），以及 NMA 的局限性（如检索不全面，报告偏倚等）；对统计学假定有效性的评估，如透明性和一致性；以及关注的网络几何体的评价（如不纳入某一比较措施）。

条目 26：总结研究结果及对未来研究的提示。

条目 27：描述本网状 Meta 分析的资金来源、其他支持（如提供资料）、资助者在完成网状 Meta 分析中所起的作用，包括可能影响网络中干预措施的使用的信息，如基金是否来自于本研究网络中干预措施的厂商，或者部分作者是否存在利益冲突。

（李 伦　葛龙　田金徽）

第六章　其他类型网状 Meta 分析

第一节　单个病例数据网状 Meta 分析

一、概述

1. 单个病例数据

单个病例数据即参加研究的每一个病例的原始数据信息，如每一个受试者的性别、年龄和治疗前后某一观察指标的实际测量值。与之相对应的另一种数据形式为集合数据（aggregate data, AD）或集合病人数据（aggregate patient data, APD），指每一个研究中由所有单个病例数据平均或估计的信息，如男性患者的比例、平均年龄、疼痛强度的均数。

2. 单个病例数据 Meta 分析

IPD-Meta 分析是 Meta 分析的一种特殊类型，是直接从纳入研究的原始研究者处收集每一个研究对象的原始数据，而非从已发表的研究结果中提取数据。这些资料可重新集中分析，在适当条件下可进行 Meta 分析，但 IPD-Meta 分析通常需专职人员，需大量的时间。IPD-Meta 分析需要特殊的方法，比基于已发表或集合数据的传统 Meta 分析需更多的时间和成本。但 IPD-Meta 分析在数据质量和可进行的分析类型方面有独特优势。因此，IPD-Meta 分析被视为 Meta 分析的“金标准”。

3. 单个病例数据网状 Meta 分析

网状 Meta 分析是由传统的 Meta 分析发展而来，即从标准的两组试验 Meta 分析扩展为同时将一系列多个不同处理因素进行相互分析比较的方法。NMA 最大的优越性在于能将治疗同类疾病的不同干预措施汇总后进行定量化的统计分析比较。NMA 通常是基于集合数据进行，即 APD-NMA。单个病例数据的网状 Meta 分析（Individual Patient Data Network Meta-Analysis, IPD-NMA）是 IPD-Meta 分析和 APD-NMA 的扩展，因其可获得每一个研究对象的原始数据，可更好地探讨研究内和研究间的异质性和不一致性。IPD-Meta 分析在统计学和临床上相对传统的集合数据的 Meta 分析有较多的优势和实际价值，已被认为是 Meta 分析的“金标准”。而 IPD 在 NMA 领域的应用尚处于起步阶段。

二、基本步骤

IPD-NMA 的制作流程与 IPD-Meta 分析一样，主要包括以下步骤。

1. 选题

IPD-NMA 的选题与第五章第一节介绍的 NMA 选题基本一致，本节不再赘述。由于 IPD-Meta 分析的研究方法和过程比传统 Meta 分析复杂，用时较长、所需的资源多、研究协调和管理要求更高，加上 NMA 本身的数据量较大，因此在 IPD-NMA 选题时需评估其可行性，以及临床上感兴趣的问题是否可通过传统的 APD-NMA 解决。

2. 研究策划

开展 IPD-NMA 前需做好研究策划，包括开展 IPD-NMA 可行性的评估，建立核心研究小组和制定详细的研究方案。研究策划是 IPD-NMA 中最关键的研究步骤之一，研究方案是决定 IPD-Meta 分析质量高低的关键因素。

3. 研究背景与目的

在背景部分，应该阐明相关问题的研究现状及进行 IPD-NMA 的必要性和目的。

4. 文献检索

IPD-NMA 通常要全面搜索在研和完成的、发表和未发表的相关试验，尽可能减少发表偏倚，全面、系统搜索包括电子数据库、手工检索、灰色文献、联系相关试验研究者、临床试验注册库等。临床试验检索范围和全面性通常由 IPD-NMA 研究小组确定。不同检索范围会直接影响发表偏倚及结果可靠性。

5. 文献筛选、确定纳入排除标准和质量评价

该步骤同第五章第四节和第五节。

6. 联系试验研究者，建立 IPD-NMA 协作组

研究协作组因 IPD-NMA 的规模和需要不同，其构成略有不同。但核心团队（即秘书组）人员主要包括主持研究的临床医生和方法学家、统计学家及研究协助人员。一般情况下协作组由项目管理组或秘书组、顾问小组成员（若有）、提供数据的研究者组成。试验研究者是否同意提供数据受众多因素影响，包括试验研究者意愿、IPD-NMA 研究人员声誉和研究水平、研究本身价值和潜在影响。但最重要的原则主要有：① 建立 IPD-NMA 研究协作组，邀请试验研究者成为协作组成员；② 以研究协作组名义，与各试验研究者联系，并提供研究方案给试验研究者；③ 所需试验者提供的数据量尽量少，满足研究目的即可。联系试验研究者的另外一个目的是让其提供试验方案，以确认具体随机方法是否正确以及其他方法学信息。

7. 确定需收集的数据

计划书中应明确计划分析的病人特征和测量指标。但在开始收集资料前，最好应向原始研究者确认实际可用的数据。确定需收集的变量时，应慎重考虑需分析的数据和具体的分析方法，尽量避免收集不必要信息和遗漏必要信息。调查人员可能遇到提供不能用于分析和未报道的数据的烦恼或质疑是可以理解的。

多数情况下，是能够收集个体研究所定义的结局与病人特征变量，但同时应考虑是否存在进一步分析需收集的数据。如果研究中对测量指标的定义不同，想要以统一方式对所有研究中的每一例病人重新定义，则可能需要额外的变量。

8. 研究者提供数据

不同试验研究小组对数据管理方式不同，包括使用不同软件存储数据、不同介质保存数据（如纸质或电子版）。早期的试验通常为纸质版数据，近期的研究可能使用不同数据分析软件，保存形式有所不同。试验研究者也可能分批次发送数据。因此，秘书组应具备处理各种数据形式，增加和补充更新数据的能力。秘书组所需数据应一次性提供给各试验研究者，避免增加试验研究者的工作量，导致其不愿意提供数据。

9. 数据核查

核对数据的目的是提高数据的准确性，确认试验使用了正确的随机方法，如果可能，尽量保证数据是最新的。进行准确的数据核对取决于卫生领域需解决的问题及数据性质，主要包括缺失或重复数据核对、数据合理性核对、随机方法的核对和最新数据的核实。数据转换或修改前应备份存档，数据核对的整个过程中，对数据所做的任何修改或转换都应妥善记录。

10. 形成研究数据库

理想情况下，所有试验研究者提供单个病例数据给秘书组，在数据检查后形成研究数据库。但并非所有研究都能获得全部试验的单个病例数据。IPD-Meta 分析的数据通常随时间逐渐增大。新增数据常包括以前未获得的数据和新开展研究的数据。何时进行数据分析通常由秘书组和指导委员会共同确定。

11. 数据分析

IPD-Meta 分析的数据分析主要有“两步法”和“一步法”。“两步法”是首先在每项独立的研究中使用适合该数据类型的统计方法分析单个病例数据，得到每项研究的集合数据，如总的治疗效应估计及其标准误，然而运用传统 Meta 分析技术对集合数据进行综合，得到所有纳入研究的汇总效应。“一步法”是将来自研究的单个病例数据同时进入模型，因此需要特定的模型，对于非统计学家来讲，增加了难度，而且需要仔细区分研究内和研究间的变异性。“两步法”和“一步法”的分析方法也适用于 IPD-NMA 的数据分析，目前针对 IPD-NMA 的统计模型主要有两类，一类是仅仅合并 IPD 的模型；另外一类是可以结合 IPD 和 APD 的整合模型，该模型由 IPD 模型和 APD 模型两部分组成。实现 IPD-NMA 的常用软件有 WinBUGS 软件、R 软件和 STATA 软件等。

12. 结果解读

大多数情况下，IPD-NMA 结果由秘书组和所有试验研究者共同解释。通常，大规模研究通过网络或现场会议，由秘书组向所有试验研究者提供和演示研究结果，以及由指导委员会或秘书组形成的初步解释意见。然后，通过讨论修改解释。规模较小的研究可在小组范围内即时交流。研究结果通常以研究协作组的名义发表和公布。规模较小的研究也可直接署名。目前尚无关于 IPD-NMA 结果呈现的方法学论文发表，但 IPD-NMA 结果的呈现和解读与 NMA 基本一致。

13. 研究更新

获得新数据（如随访更新）、发现新试验是 IPD-NMA 更新的主要原因。何时进行更新根据疾病和干预不同有差异，更新时间通常由秘书组和指导委员会共同确定。

三、单个病例数据网状 Meta 分析的报告和注意事项

（一）IPD 网状 Meta 分析的报告

为了规范 IPD 系统评价/Meta 分析的报告，提高 IPD 系统评价/Meta 分析的报告质量，PRISMA-IPD 开发组在 PRISMA 声明的基础上出版了 PRISMA-IPD（Preferred Reporting Items for a Systematic Review and Meta-analysis of Individual Participant Data）声明，并于 2015 年 4 月在 JAMA 杂志发表。PRISMA– IPD 包括 1 份条目清单和 1 张流程图。该条目清单共由 31 条组成（表 6–1），在 PRISMA 的基础上多加了 4 条，这些条目涵盖了标题、摘要、前言、方法、结果、讨论、资金支持的内容，提供了关于报告 IPD 系统评价/Meta 分析的框架。目前尚无针对 IPD-NMA 的报告规范，其报告应该遵循网状 Meta 分析优先报告条目规范和 PRISMA-IPD 声明。

表 6–1　P RISMA-IPD 声明清单

项目	编号	条目清单
标题		
标题	1	明确本研究报告是 IPD 系统评价或 IPD-Meta 分析
摘要		
结构式摘要	2	提供结构式摘要
		背景：以研究对象、干预措施、对照措施和结局指标为导向明确研究问题和研究主要目的
		方法：报告纳入标准；数据来源（包括文献检索实施时间，说明查找的是 IPD）；偏倚风险评估的方法
		结果：提供纳入研究的类型、数量、病例数，单个病例的研究数量和病例数量；对主要结局（有效性和危害性）采用概括效应指标及其可信区间进行评估，并检测统计学异质性。描述对临床实践具有重要意义的合并效应量大小和方向
		讨论：阐述本研究报告主要的优势和不足，对结果的解释及重要的启示
		其他：报告主要经费来源、注册号以及 IPD 系统评价/Meta 分析的注册机构
前言		
理论基础	3	介绍当前已知的研究理论基础

续表

项目	编号	条目清单
目的	4	通过对研究对象、干预措施、对照措施、结局指标和研究设计（PICOS）5 个方面提出所需要解决的研究问题。包括任何特殊类型研究对象层面亚组分析的假定
方法		
方案和注册	5	说明是否有研究方案及其可获得该方案的途径，并提供包括注册号和注册机构等注册信息，最好能提供出版情况详情
纳入标准	6	详细说明纳入排除标准，包括关于研究对象、干预措施、对照措施、结局指标、研究设计和研究特征（如实施时间，最短随访时间）。解释这些标准是基于研究水平还是单个病例水平，如与 IPD 系统评价/Meta 分析的研究对象纳入标准相比，该研究对象纳入标准（不适合的研究对象被排除）是否较宽。应该阐述相应的理论依据
信息来源	7	描述所有检索发表或未发表研究的方法，包括：检索数据库及其时间范围，手工检索包括会议论文检索的细节；注册数据库和企业相关数据库的使用；是否与原始研究团队和该领域专家联系；公开的广告；问卷调查。提供最近的检索实施时间
文献检索	8	至少说明一个数据库的检索方法，包含所有检索策略的使用，使得检索结果可以重现
研究选择过程	9	说明纳入研究被筛选的过程
资料提取	10	描述 IPD 是怎样被收集和管理，任何向研究作者获取或确认资料的过程。如果 IPD 不能从纳入研究中获取，应陈述原因。如果可以，描述如何处理不能获取 IPD 的研究。包括若从研究报告和出版物中提取数据，如何提取以及提取什么集合数据（aggregate data）（如独立提取、重复提取），任何向研究作者获取或确认资料的过程
资料条目	11	描述怎样选择收集的信息和变量。呈现所有研究水平和单个病例水平的相关数据，包括基线和随访信息。如果可以，描述对 IPD 进行统一标化或转化变量的方法，以确保研究之间度量或测量相同
IPD 完整性	A1	描述如何核查 IPD 相关数据（如序列产生、数据一致性和完整性、基线均衡性）
单个研究的偏倚评估	12	描述评价单个研究偏倚的方法（说明评价是针对研究还是针对研究结果）。如果可以，偏倚评估是否考虑了 IPD 核查结果。报告在数据综合中如何利用偏倚风险评估结果
结局和效应指标阐述	13	阐述所有关注的治疗比较，陈述并详细定义相关结局指标以及该结局指标是否被预先设定，并定义主要结局指标或次要结局指标。给出每个结局效应测量的主要指标，如相对危险度、危险比、均数差
数据综合	14	描述合成 IPD 的 Meta 分析方法，说明选用的统计学方法和模型。主要包括（但不限于）： “一步法”或者“两步法”的使用 每个研究内和研究间（适用时）效应估计是如何产生的 说明“一步法”模型（适用时）以及研究内群效应调整方法 固定效应或随机效应模型以及其他模型的使用，如比例风险模型 生存曲线是如何产生的（适用时）

续表

项目	编号	条目清单
数据综合		定量评价统计学异质性的方法（如 I^2 和 τ^2）
		如何合并提供 IPD 与不提供 IPD 的研究（适用时）
		如何处理 IPD 中缺失数据（适用时）
效应变异探索	A2	如果可以，描述探索研究层面或病人层面效应变异的方法（如评估效应量与协变量之间的交互作用），说明所有与病人特征相关的效应修正因子，并说明这些效应修正因子是否预先设定
研究偏倚	15	报告证据集相关的偏倚，包括因某些研究、结局或变量不能获得 IPD 而带来的偏倚
其他分析	16	对研究中其他的分析方法进行描述，包括敏感性分析，并说明哪些分析是预先设定的
结果		
研究选择和 IPD 的获取	17	报告初筛的文献数量，评价符合纳入标准的文献数量以及最终纳入的文献数量，同时给出每一步排除文献的原因。对可获得 IPD 的研究和没有 IPD 但可获得集合数据的研究，应分别报告研究数量和研究对象数量，包含流程图使用
研究特征	18	说明每一个被提取资料的文献及患者特征（如干预措施的描述、病人数量、人口统计学数据不适用的结局、基金资源以及随访周期）。并提供每个研究的引文出处，如果可以，对于未提供 IPD 的研究也报告相似的研究特点
IPD 完整性	A3	报告在核查 IPD 时出现的问题或者阐述无相关问题
研究内部偏倚风险	19	呈现每个研究中可能存在偏倚的相关数据，如果适用，描述数据核查是否会影响评估的权重（加权或减权）。考虑任何潜在的偏倚是如何影响本 Meta 分析结论的稳定性
单个研究结果	20	报告每个比较组、每个主要结局（有效性和危害性）和每个研究纳入的病例数量，每个研究各干预措施的简单合并数据（如果可以，报告事件发生数）、效应值和可信区间，最好以表格或森林图形式呈现
结果的综合	21	呈现每个 Meta 分析的结果，包括可信区间和异质性检验的结果。陈述这些分析是否被预先设定，报告研究及研究对象数量，如果可以，报告事件发生数
		在探索由于研究对象或（和）研究特征引起的效应差异时，应报告每个特征所对应的交互作用评估结果，包括可信区间和统计学异质性的测量。说明该分析是否被预先设定，说明交互作用在试验间是否一致
		描述对临床实践具有重要意义的合并效应量大小和方向
研究间偏倚	22	呈现研究集相关的偏倚风险评估结果，包括任何关于研究、结局或其他变量的可及性及代表性相关的偏倚评估结果
其他分析	23	给出其他分析的结果（如敏感性分析）。如果可以，对于没有提供 IPD 的研究，应该报告总体数据的合并分析结果。如果可能，概括纳入研究或不能获取 IPD 而排除的研究的主要 Meta 分析结果

续表

项目	编号	条目清单
讨论		
证据总结	24	总结研究的主要发现，包括每一个主要结局的证据强度
优势和不足	25	讨论证据体存在的任何重要的优势和不足，包括使用 IPD 的益处及不能获取 IPD 导致的局限性
结论	26	给出对结果的概要性的解析
启示	A4	考虑与关键人群（如决策者、提供服务者、服务使用者）的关系以及对未来研究的提示
资金支持		
资金	27	描述资金来源和其他支持（如 IPD 的提供），资助者在 IPD-MA 价中扮演的角色

（二）注意事项

1. 虽然 IPD 方法有助于避免研究中分析报告相关的问题，但通常它不能避免与研究设计或实施相关的偏倚。若有此类问题（同时也可能出现在研究的出版物和基于此的任何系统评价中），该研究应从 Meta 分析中排除。

2. 收集 IPD 时，往往能够纳入传统系统评价/Meta 分析无法纳入的研究，因为这些研究可能未发表或未报告允许其纳入的足够信息，有助于避免发表偏倚。

3. IPD 方法成功应用的重点在于所有（或接近所有）的研究数据均可用。若无法获得相关研究结果，如原始研究单位倾向于提供阳性结果数据，则忽视这些不可用的研究会导致 IPD 系统评价/Meta 分析出现偏倚。如果大部分数据已获得（如可能 90%或更多进行了随机分配的个体），我们就会比较确信所得结果。如果信息较少，则需谨慎下结论。合并任何不可用研究（自出版物提取或以表格的形式获得）的敏感性分析，并与主要 IPD 结果比较，有助于数据的解释。在不能获得所有研究 IPD 的 IPD 系统评价/Meta 分析报告中应说明无法获得个体病人数据的原因以及由此导致偏倚的可能性。

4. 与其他的 Cochrane 系统评价一样，IPD-NMA 应清楚描述未纳入研究的相关原因。如果仅有少数研究能提供 IPD 用于分析，则该方法的价值值得商榷。

5. 制作任何系统评价一开始就需要考虑好合适的方法以及数据类型，需特别注意引起偏倚的各种因素。收集个体病人资料的优势在某些情况下可能微不足道但是在其他方面却至关重要。

6. 目前 IPD-NMA 的价值是否等同于或者优于 NMA 尚无证据支持，执行 IPD-NMA 时通过变换使用模糊先验和信息先验来探讨先验分布对 NMA 结果的影响。

四、应用举例

引用文献： Cope S, Zhang J, Williams J, et al. Efficacy of once-daily indacaterol 75 μg relative to alternative bronchodilators in COPD: A study level and a patient level network meta-analysis[J]. BMC Pulmonary Medicine, 2012, 12:29.

1. 背景

慢性阻塞性肺疾病（chronic obstructive pulmonary disease, COPD）是一种以气流受限为特征的肺疾病，气流受限不完全可逆。其主要临床症状包括：呼吸急促、运动能力低下、慢性咳嗽和咳痰等。因为疾病呈进行性发展，所以治疗主要目的是缓解症状，减少发作以及改善生活质量。COPD最初的治疗推荐使用短效支气管扩张剂（如沙丁胺醇），疾病进展后则应用一种及其以上的长效 β_2 受体激动剂（LABA）（如茚达特罗、沙美特罗、福莫特罗）或长效抗胆碱药（LAMA，如噻托溴铵）作为常规治疗。

茚达特罗作为一种新的治疗用药，对于中度到重度COPD患者可产生快速且持续性的支气管扩张效果。75μg茚达特罗最近被美国FDA批准作为中度到重度COPD患者气流受限的长期维持性治疗。然而，2010年欧洲药品管理局亦批准了150μg以及300μg茚达特罗。目前尚无随机对照试验（randomized controlled trials, RCTs）同时比较所有这些被推荐的长效维持性单药治疗方案。

目前发表的关于COPD网状Meta分析基于研究水平的数据或集合数据。基于集合数据的网状Meta分析因不能保证病人的随机化，可能造成研究和患者特征间比较的不平衡，从而造成治疗效果评估偏倚。此外，集合数据并不能独立分析研究内部的关联性，集合数据的网状Meta分析由于拟纳入病例之间的差异，可能容易产生混杂偏倚。本研究通过收集来自茚达特罗试验项目的单个病例数据进行网状Meta分析，采用Meta回归模型的方法来精确地评估由于病人特征引起的异质性。此IPD网状Meta分析基于B23354、B2355、INVOLVE、INHANCE、INLIGHT-2和INLIGHT-1 6个临床试验，以1秒钟最大呼气量（FEV1）和SGRQ呼吸问卷调查评分为观察指标，比较茚达特罗每次75μg，每日1次，噻托溴铵每次18μg，每日1次，沙美特罗每次50μg，每日2次，福莫特罗每次12μg，每日2次以及安慰剂之间的疗效差异，同时与基于集合数据的网状Meta分析结果作对比。

2. 研究问题及转化

具体临床问题：比较茚达特罗每次75μg/150μg/300μg，每日1次，噻托溴铵每次18μg，每日1次，沙美特罗每次50μg，每日2次，福莫特罗每次12μg，每日2次以及安慰剂之间的疗效差；

研究对象（P）：18岁及以上的COPD患者。

干预措施（I）：茚达特罗、噻托溴铵、沙美特罗和福莫特罗。

对照措施（C）：干预措施中的任何一个或者安慰剂。

结局指标（O）：1秒钟最大呼气量（FEV1）和SGRQ呼吸问卷调查评分。

研究类型（S）：RCTs。

3. 检索策略

以 MEDLINE 和 EMBASE 数据库为数据来源，检索 1989～2010 年发表的评价茚达特罗 75μg/150μg /300μg、噻托溴铵 18μg、沙美特罗 50μg、福莫特罗 12μg 和安慰剂治疗 COPD 的 RCTs。检索策略采用自由词和主题词相结合的方式。详细检索策略可以查阅先前发表的研究计划。检索词主要包括 COPD 相关的自由词和主题词、茚达特罗、噻托溴铵、沙美特罗、福莫特罗和 RCT 等。同时纳入未发表的研究。

4. 资料提取和质量评价

两名评价者根据纳入排除标准筛选文献，并根据资料提取表提取相关资料。提取内容包括：研究设计、患者特点、干预措施以及服药 12 周后的结果。对于每个结局都要提取随访时间与基线之间的改变差值或最小二乘均数或计算目标治疗和安慰剂治疗之间从基线的改变（或随访时的最小二乘均数）差值。使用 Digitizit 1.5.8 软件提取图形中的数据。此外，当不可获取基线改变差值的标准误时，可根据其标准差和研究样本量进行转换。

5. 数据分析

针对关注的测量指标进行贝叶斯网状 Meta 分析，其中单个病例数据来自茚达特罗研究，集合数据来自所有纳入研究。贝叶斯框架包括数据、似然分布、参数、模型和先验分布。为了评估每个干预措施对比安慰剂的相对治疗效果，模型的基本参数与来自单个研究的数据相关。所有干预措施之间的相对疗效可根据每个干预措施的基本参数进行计算。

为了减小混杂偏倚，模型中添加了治疗与协变量交互作用的参数。潜在的效应修正因子基于临床经验，因此，除了治疗和研究效果之外，最终对 12 周结局进行分析的模型包括协变量及其交互作用引起的治疗效应。单个病例数据包括协变量基线值、吸烟者的比例（对照已戒烟者）、短效 β_2 受体激动剂的可逆性和短效抗胆碱药的可逆性。由于可逆性的数据在研究中没有被报告，因此在进行集合数据分析时应考虑以下的协变量：吸烟者比例、严重或非常严重 COPD 的比例、平均年龄和男性比例。在进行集合数据分析时，分析基线差值，结局的基线值不作为协变量，也分析 12 周随访的结果。

使用正态似然分布的线性模型进行数据分析，为了减小先验对结果的影响，所有的模型参数都使用非信息先验分布，对先验分布的精确性进行敏感性分析。采用偏差信息准则（deviance information criterion, DIC）进行随机或固定效应模型的选择。使用 WinBUGS 1.4.1 软件，采用马尔科夫链蒙特卡洛方法进行数据分析，单个病例数据采用 R−2.8.1 软件进行分析。收敛性的评估通过 Gelman-Rubin 统计方法，相对治疗效果的后验分布采用中位数及其 95%置信区间（credible Interval, CrI）表示。

6. 结果

纳入干预措施的网状图见图 6−5，网状 Meta 分析结果见表 6−2 和表 6−3。所有的干预措施在 12 周 FEV1 上都优于安慰剂。基于 IPD 和集合数据分析，75μg 茚达特罗与噻托溴铵、沙美特罗在12周FEV1上的差异具有统计学意义。比较福莫特罗，75μg茚达特罗更有效（IPD = 0.07 L; 95% CrI: 0.02～0.11; 集合数据分析= 0.05 L; 95%CrI: 0.01～0.09）。在12周SGRQ总评分方面，与安慰剂相比，75μg茚达特罗和福莫特罗疗效更好，然而，对于噻托溴铵和沙美特罗的集合数据分析显示差异无统计学意义（噻托溴铵VS 安慰剂：−2.99, 95%CrI: −6.48～0.43; 沙美特罗VS 安慰剂：−2.52, 95%CrI: −5.34～0.44）。IPD或者集合数据分析结果均显示75μg茚达特罗较其他药物有优势。

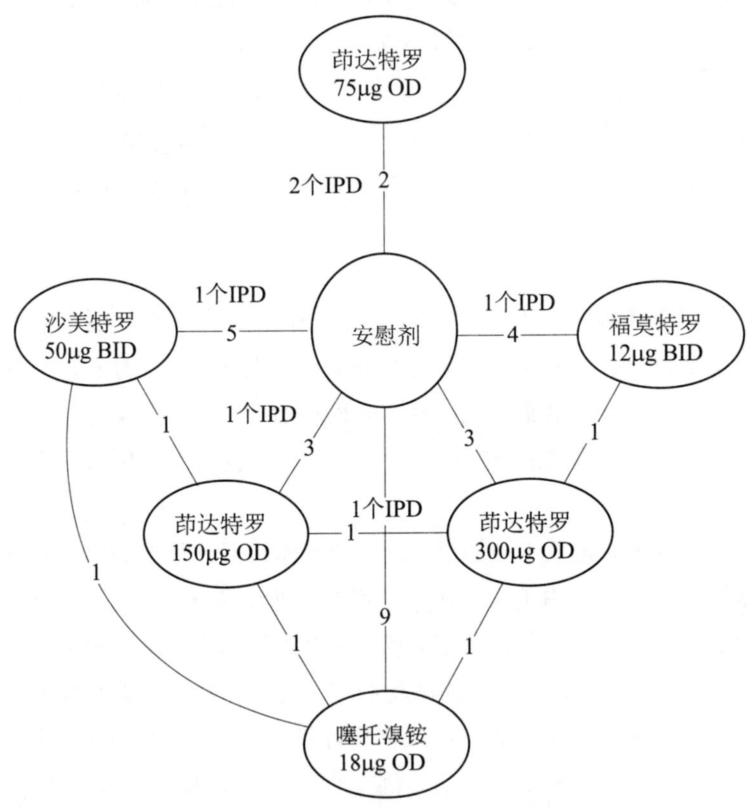

图6-5 75μg茚达特罗治疗COPD的网状图

表6-2 网状Meta分析协变量调整后的结果（vs.安慰剂）

	FEV$_1$ L Difference (95%CrI)		SGRQ Difference (95%CrI)	
	IPD	AD	IPD	AD
噻托溴铵18μg	0.13 (0.10; 0.17)	0.13 (0.12; 0.15)	−1.60 (−3.18; − 0.05)	−2.99 (−6.48; 0.43)
沙美特罗50μg	0.11 (0.07; 0.15)	0.11 (0.09; 0.13)	−3.23 (−5.27; −1.37)	−2.52 (−5.34; 0.44)
福莫特罗12μg	0.06 (0.03; 0.10)	0.06 (0.04; 0.09)	−2.63 (−4.25; −0.94)	−3.87 (−6.95; −1.16)
茚达特罗75μg	0.13 (0.10; 0.16)	0.11 (0.08; 0.14)	−3.02(−4.87; −1.22)	−4.26(−7.83; −0.41)

表 6-3　网状 Meta 分析协变量调整后的结果（75μg 茚达特罗 vs.）

	FEV1 L				SGRQ			
	IPD		AD		IPD		AD	
	Difference (95%CrI)	Prob. better	Difference (95%CrI)	Prob. better	Difference (95%CrI)	Prob. better	Difference (95%CrI)	Prob. better
噻托溴铵 18μg	0.00 (−0.05; 0.04)	44%	−0.02 (−0.06; 0.01)	12%	−1.42 (−3.84; 0.97)	88%	−1.27 (−5.95; 3.74)	72%
沙美特罗 50μg	0.02 (−0.03; 0.07)	79%	0.00 (−0.04; 0.04)	53%	0.28 (−2.35; 2.97)	42%	−1.74 (−6.89; 3.54)	77%
福莫特罗 12μg	0.07 (0.02; 0.11)	>99%	0.05 (0.01; 0.09)	99%	−0.40 (−2.90; 2.07)	62%	−0.38 (−4.99; 4.87)	57%

7. 结论

基于 6 个 RCTs 的 IPD 网状 Meta 分析和集合数据的合并结果，75μg 茚达特罗在 FEV1 上至少与福莫特罗一样有效，并与噻托溴铵和沙美特罗不相上下。此外，通过测量 SGRQ 总评分，75μg 茚达特罗在改善患者生活质量上的效果与噻托溴铵、沙美特罗及福莫特罗相似。

剖析

IPD-NMA 作为 IPD-Meta 分析和网状 Meta 分析的扩展，目前正受到证据合成者和使用者的广泛关注。网状 Meta 分析的有效性依赖于关注干预措施的效应修正因子的分布，如果纳入进行网状 Meta 分析的研究之间效应修正因子分布不平衡，就会破坏网状 Meta 分析的相似性假定和一致性假定，同时结果也会产生偏倚。基于集合数据的网状 Meta 分析因不能保证病人的随机化，可能造成研究和病人特征间比较的不平衡，从而造成治疗效果评估偏倚。此外，集合数据并不能独立分析研究内部的关联性，集合数据的网状 Meta 分析由于拟纳入病例之间的差异，可能容易产生混杂偏倚。IPD-NMA 可获得单个病例的数据，并通过对纳入病例的基线进行调整，从而精确地评价由于研究之间纳入病例的差异引起的偏倚。目前研究采用 IPD 网状 Meta 分析的方法，比较茚达特罗 75μg、噻托溴铵 18μg、沙美特罗 50μg、福莫特罗 12μg 以及安慰剂治疗 COPD 的疗效差异,同时与基于集合数据的网状 Meta 分析结果作对比。为 COPD 的治疗提供证据的同时，也为今后进行 IPD-NMA 价值的研究提供参考。研究纳入的 RCTs 中有 6 个研究提供了单个病例的数据，作者基于这 6 个研究采用间接比较的原理比较了茚达特罗与噻托溴铵、沙美特罗、福莫特罗和安慰剂之间的疗效差异，同时与基于集合数据的网状 Meta 分析结果对比，两者得出的结论是一致的。然而作者并没有结合基于 IPD 和 AD 的证据，最近研究提示在网状 Meta 分析中结合 IPD 证据和 AD 证据，有助于提高疗效评估的精确性。

（葛 龙）

第二节　生存数据网状Meta分析

一、概述

生存分析（survive analysis）是将终点事件的出现与否和出现终点事件所经历的时间结合起来的一种统计分析方法，生存分析得名于其通常研究的终点事件是死亡。当前，生存分析已广泛的运用于恶性肿瘤、慢性疾病或其他情况随访研究中的事件分析，如疾病的发生、复发、伤口的愈合、某种症状的消失等。生存资料的分析主要特点就是考虑每个研究对象出现某一结局所经历的时间。生存曲线则是以生存时间为横轴，生存率为纵轴，将各个时间点对应的生存率连接在一起的曲线图。

对于生存数据，即时间－事件，常有危险比（hazard ratio, HR）和生存曲线呈现。两种表示形式各有优劣，危险比基于比例风险假设，可采用单一测量值表示不同时间的结果，但其可能存在假阳性。生存曲线可直观比较各危险组的生存情况，但很少同时提供生存数据。目前生存数据的Meta分析多采用倒方差法合并HR值，HR值的获取可通过从已发表研究中报告的集合信息，或通过从报告的生存曲线图中提取生存数据，进而转化为HR值，或从原始研究者处获得单个病例的数据，再分析数据获得HR值的对数值及其标准误，然后进行Meta分析。在网状Meta分析中，HR估计值和生存曲线均可用来进行分析。本节重点介绍基于HR和生存曲线实现网状Meta分析的方法。

二、基本步骤

生存数据的网状Meta分析步骤与其他类型网状Meta分析步骤是一样的，区别在于生存数据的获取和数据分析，这里重点介绍危险比的网状Meta分析、生存曲线的网状Meta分析和合并二分类变量结果与危险比结果的网状Meta分析的WinBUGS编码和数据格式。

1. 危险比的网状Meta分析

采用危险比进行网状Meta分析，需要采用二项分布式，即

$$r_{s,k} \sim bin(F_{s,k}, n_{s,k}),$$

式中，$r_{s,k}$是试验s中干预措施k的累计事件发生数，$n_{s,k}$是试验s中干预措施k治疗的总人数，$F_{s,k}$是试验s中干预措施k治疗的个体上发生某一事件的累计可能性。

累计危险度的对数ln（$Hr_{s,k}$）可从$F_{s,k}$上计算得出。即满足：

$$\ln(Hr_{s,k})=\ln[-\ln(1-F_{s,k})]$$

这个对数满足干预措施k和基线治疗b的线性回归关系，即

$$\ln(Hr_{s,k})=\alpha_s+\beta_k-\beta_b$$

式中，α_s 是与研究相关的基线效果，β_k 是干预措施 k 的效果，β_b 是基线治疗 b 的效果。当 b 为安慰剂或共同对照时，b=1，$\beta_b=\beta_1=0$。

在比例风险假设模型中，β_k 就等于累计危险度（危险比）的对数，即

$$\ln(\exp(\beta_k)*h_{s,b}/h_{s,b})=\ln(\int_0^t \exp(\beta_k)*h_{s,b}/\int_0^t h_{s,b})=\beta_k$$

式中，$h_{s,b}$ 代表着试验 s 中对照干预措施 b 的治疗危险度。

WinBUGS 编码及数据格式：

```
Random effects analysis
model{
#Define Prior Distributions
    #on random tx effect variance
    sd~dunif(0,5)
    reTau < - 2/pow(sd,2)
    #On tx effect mean
    beta[1] < -0
    for (tt in 2:nTx){
    beta[tt]~dnorm(0,1.0E-6)}
    #On individual study baseline effect
    for(ss in 1:nStudies){
        alpha[ss] ~ dnorm(0,1.0E-6)}
#Define random effect
    for (ss in 1:nStudies){
        for(tt in 1:nTx){
        re[ss,tt]~dnorm(0,reTau)} }
#Fit data
    #For hazard ratio reporting studies
    for(ii in 1:LnObs ){
    Lmu[ii] < - alpha[Lstudy[ii]]*multi[ii] + re[Lstudy[ii],Ltx[ii]] -
    re[Lstudy[ii],Lbase[ii]] + beta[Ltx[ii]] - beta[Lbase[ii]]
    Lprec[ii] < - 1/pow(Lse[ii],2)
    Lmean[ii] ~ dnorm(Lmu[ii],Lprec[ii])}
# Calculate HRs
    for (ll in 1:nTx) {
        for (mm in 1:nTx) {
    hr[ll,mm] < -exp(beta[ll] - beta[mm])}}
```

```
# Ranking plot
    for (ll in 1:nTx) {
        for (mm in 1:nTx) {
        rk[ll,mm] < - equals(ranked(beta[],mm),beta[ll])}}}

# Data set descriptors
list(LnObs = 7, nTx = 4, nStudies = 7)
# Log hazard ratio and log hazard data
Lstudy[]   Ltx[]   Lbase[]   Lmean[]        Lse[]         multi[]
  1         2       1        -0.415515444   0.163178188   0
  2         2       3        -0.030459207   0.232909861   0
  3         4       3        -0.010050336   0.103434977   0
  4         2       3        0.019802627    0.061117928   0
  5         2       3        -0.139262067   0.178895587   0
  6         2       3        0.113328685    0.115562769   0
  7         3       1        0.322083499    0.222616274   0
END

# Initial values
list(alpha = c(-0.50,-0.50,-0.50,-0.50,-0.50,-0.50,-0.50), beta = c(NA,-0.5,-0.5,-0.5),sd = 0.1)
list(alpha = c(0.50,0.50,0.50,0.50,0.50,0.50,0.50), beta = c(NA,0.5, 0.5,0.5),sd = 1)
```

2. 多臂危险比的网状 Meta 分析

多臂随机对照试验，存在两个及以上的干预措施，在这两个干预措施之间存在着相关性。因此在进行网状 Meta 分析时需考虑这种相关性对结果的影响。

在多臂研究中，可将危险比取对数后进行处理。我们设定对照措施 b 的危险比的对数为0，那么干预措施 k 与干预措施 b 的相对效应 HR_{kb} 的对数 $lnHR_{kb}$ 就等于 $lnHR_k-lnHR_b$，其中 HR_k 是干预措施 k 的危险度，HR_b 是干预措施 b 的危险度，这样就可以对多个危险度的对数进行合并。

在三臂研究中，存在这样的关系，$se^2_{k1k2}=(se^2_{k1b}-se^2_b)+(se^2_{k2b}-se^2_b)$，其中 se^2_{k1k2} 是两个阳性对照措施危险比的方差，se^2_{k1b} 是阳性对照措施 k1 与基线治疗（安慰剂 b）危险比的方差，$se^2_{k2b}-se^2_b$ 是阳性对照措施 k2 与基线治疗（安慰剂 b）危险比的方差，那么

$$se^2_b=(se^2_{k1b}+se^2_{k2b}-se^2_{k1k2})/2。$$

其他阳性干预措施的方差 $se^2_k=se^2_{kb}-se^2_b$。

当不知道阳性对照措施间的危险比和方差的情况下，上述公式可简化为：

$$se^2_{k1k2}=((se^2_{k1b}+se^2_{k2b})*(1/n_{k1}+1/n_{k1}))/(1/n_{k1}+1/n_{k1}+2/n_b)$$

WinBUGS 编码及数据格式：

编码与上述大致相同，在计算 HR 上略有不同，可改为

```
# Calculate HRs
    for (hh in 2:nTx) {
    hr[hh] < -exp(beta[hh]) }}
```

数据格式为

Lstudy[]	Ltx[]	Lbase[]	Lmean[]	Lse[]	multi[]
1	2	1	–0.415515444	0.163178188	0
2	2	3	–0.030459207	0.232909861	0
3	4	3	–0.010050336	0.103434977	0
4	2	3	0.019802627	0.061117928	0
5	2	3	–0.139262067	0.178895587	0
6	2	1	0.113328685	0.115562769	1
6	3	1	0.322083499	0.222616274	1

END

3. 生存曲线的网状 Meta 分析

生存曲线的网状 Meta 分析的第一步是进行生存曲线的扫描，获取网状 Meta 分析的基本数据。这样生存曲线可被划分为多个连续的区间，每个点对应一个生存率，生存率可用来计算某一个区间内死亡的人数和区间开始时可能死亡的人数。那么在某一个区间 $[t, t+\Delta t]$（Δt 是指区间间隔），死亡的人数 r 和可能死亡的人数 n 遵循二项分布，即

$$r_{jkt} \sim bin(p_{jkt}, n_{jkt})$$

式中，j 是试验，k 是试验 j 中的干预措施，t 是时间，r_{jkt} 是在区间$[t, t+\Delta t]$试验 j 的干预措施 k 观察到的死亡人数，n_{jkt} 是在时间 t 的时候所有存活的人，即可能死亡的人，p_{jkt} 是在这个时间段里面死亡率。

危险比 h_{jkt}（如果时间极短，我们假设危险比是一致的）可通过 p_{jkt} 来获取，即 $h_{jkt}=-\ln(1-p_{jkt})/\Delta t_{jkt}$（$\Delta t_{jkt}$ 是时间间隔）。

WinBUGS 编码及数据格式：

该编码可实现双臂或者三臂的生存曲线的网状 Meta 分析，通过该编码可计算生存曲线的两个参数，形状参数β1 和比例参数β0，进而实现网状 Meat 分析生存曲线的绘制。

```
Model{
#Transforming time depending on the survival function
for (i in 1:N){
# For Weibull P1=0, for Gompertz P1=1
timen1[i]<-(equals(P1,0)*log(time[i]) + (1-equals(P1,0))*pow(time[i], P1))   #transformation
```

```
of time in months
      # likelihood
      r[i]~dbin(p[i], n[i])
      p[i]<-1-exp(-h[i]*dt[i])  # cumulative hazard over interval [t,t+dt] expressed as events
per person-month
      #Random effects model
      log(h[i])<- Beta[s[i],a[i],1]+Beta[s[i],a[i],2]*timen1[i]}
      for (l in 1:Ns){
      w[l,1]<-0
      delta[l,1]<-0
      for (ll in 1:na[l]){
      Beta[l,ll,1]<-mu[l,1]+delta[l,ll]
      Beta[l,ll,2]<-mu[l,2]+d[t[l,ll],2]-d[t[l,1],2]}
      for (ll in 2:na[l]){
      delta[l,ll]~dnorm(md[l,ll],taud[l,ll])
      md[l,ll]<-d[t[l,ll],1]-d[t[l,1],1] +sw[l,ll]+sum(betax[l,ll,])
      w[l,ll] <- (delta[l,ll] - d[t[l,ll],1] + d[t[l,1],1])
      sw[l,ll] <- sum(w[l,1:ll-1])/(ll-1)
      taud[l,ll] <- tau *2*(ll-1)/ll
      # Covariate effects
      for (ii in 1:nc) {
      betax[l,ll,ii]<-(beta_x[t[l,ll],ii]-beta_x[t[l,1],ii]) *(x[l,ii]-sum(x[,ii])/Ns)   }}}
      #Priors
      # Priors for study effects
      for (j in 1:Ns){
      mu[j,1:2] ~ dmnorm(mean[1:2],prec2[,]) }
      # Treatment effect is zero for reference treatment
      d[1,1]<-0
      d[1,2]<-0
      #Covariate effect is zero for reference treatment
      for (ii in 1:nc) {
      beta_x[1,ii]<-0 }
      # Priors for treatment effect
      for (k in 2:Ntx){
      d[k,1:2] ~ dmnorm(mean[1:2],prec2[,])
```

```
# Priors for treatment specific covariate effects
for (ii in 1:nc) {
beta_x[k,ii]~ dnorm(0,.0001)}}
# Prior for between study heterogeneity
sd~dunif(0,2)
tau<-1/(sd*sd)
#Output
for (m in 1:maxt){
time1[m]<-(equals(P1,0)*log(m) + (1-equals(P1,0))*pow(m,P1)) }
# Hazard Ratios over time for centered covariate values
for (ntx in 1:Ntx-1){
for (nntx in ntx+1:Ntx){
for (m in 1:maxt){
log(HR[ntx,nntx,m])<-(d[nntx,1]-d[ntx,1])+(d[nntx,2]-d[ntx,2])* time1[m]
}}}} # Program ends
DATA
list(P1=0,
N=234, Ns=6, Ntx=4,
maxt=78, nc=1,
mean=c(0,0),
prec2 = structure(.Data = c(
0.0001,0,
0,0.0001
), .Dim = c(2,2)))
```

治疗臂：每横排代表一个研究，t[,1]为臂 1 的对照措施，t[,2]为臂 2 的干预措施，以此类推，na[]为每个试验研究臂数

```
t[,1]   t[,2]   t[,3]   na[]
  1       2      NA      2
  1       2      NA      2
  1       2      3       3
  1       3      NA      2
  1       3      NA      2
  1       4      NA      2
END
```

研究水平协变量值

```
x[,1]
1994	#Bajetta
1993	#Thomson
2001	#Young
1991	#Falkson 91
1998	#Falkson 98
1992	#Cocconi
END
```

每个时间间隔的事件数，每横排代表一个时间间隔，s[]为研究编号，r[]为每个时间间隔内事件发生数，n[]每个时间间隔内病例数，a[]试验臂，time[]为累计间隔时间，dt[]为间隔时间长度

```
s[]	r[]	n[]	a[]	time[]	dt[]
1	4	125	2	3	3
1	4	121	2	6	3
……
1	15	196	1	3	3
1	9	179	1	6	3
1	10	170	1	9	3
……
2	6	113	2	3	3
2	4	105	2	6	3
2	3	101	2	9	3
……
2	7	116	1	3	3
2	6	111	1	6	3
2	4	105	1	9	3
2	3	99	1	12	3
……
END
```

4. 合并二分类变量与危险比的网状 Meta 分析

WinBUGS 可实现将二分类变量的结果与危险比的结果进行合并，具体统计学原理不再赘述。

WinBUGS 编码和数据格式：

```
model{
#Define Prior Distributions
```

```
#on random tx effect variance
        sd~dunif(0,5)
        reTau < - 2/pow(sd,2)
        #On tx effect mean
        beta[1] < -0
        for (tt in 2:nTx){
        beta[tt]~dnorm(0,1.0E-6)}
        #On individual study baseline effect
        for(ss in 1:nStudies){
            alpha[ss] ~ dnorm(0,1.0E-6)}
#Define random effect
        for (ss in 1:nStudies){
            for(tt in 1:nTx){
            re[ss,tt]~dnorm(0,reTau)}}
#Fit data
        #For hazard ratio reporting studies
        for(ii in 1:LnObs ){
        Lmu[ii] < - alpha[Lstudy[ii]]*multi[ii] + re[Lstudy[ii],Ltx[ii]] -
        re[Lstudy[ii],Lbase[ii]] + beta[Ltx[ii]] - beta[Lbase[ii]]
        Lprec[ii] < - 1/pow(Lse[ii],2)
        Lmean[ii] ~ dnorm(Lmu[ii],Lprec[ii])}
        #For binary data reporting studies
         for(ss in 1:BnObs){
        logCumHaz[ss] < - alpha[Bstudy[ss]] + re[Bstudy[ss],Btx[ss]] -
        re[Bstudy[ss],Bbase[ss]] + beta[Btx[ss]] - beta[Bbase[ss]]
        cumFail[ss] < - 1-exp(-1*exp(logCumHaz[ss]))
        Br[ss] ~ dbin(cumFail[ss], Bn[ss])}
# Calculate HRs
        for (hh in 2:nTx) {
        hr[hh] < -exp(beta[hh])}
# Ranking plot
        for (ll in 1:nTx) {
            for (mm in 1:nTx) {
            rk[ll,mm] < - equals(ranked(beta[],mm),beta[ll])}}}
# Data set descriptors
```

```
list(LnObs = 5, BnObs = 8, nTx = 4, nStudies = 5)
# Log hazard ratio and log hazard data
Lstudy[]   Ltx[]   Lbase[]   Lmean[]   Lse[]   multi[]
   1        1        1        0         0.066    1
   1        2        1        0.055     0.063    1
   1        3        1        -0.154    0.070    1
   1        4        1        -0.209    0.072    1
   2        2        1        -0.276    0.203    0
END
# Binary data
Bstudy[]   Btx[]   Bbase[]   Br[]   Bn[]
   3        3        1        1      229
   3        1        1        1      227
   4        2        1        4      374
   4        3        1        3      372
   4        4        1        2      358
   4        1        1        7      361
   5        3        1        1      554
   5        1        1        2      270
END
# Initial values
list(alpha = c(-0.50,-0.50,-0.50,-0.50,-0.50), beta = c(NA,-0.5,-0.5,-0.5),sd = 0.1)
list(alpha = c(0.50,0.50,0.50,0.50,0.50), beta = c(NA,0.5,0.5, 0.5),sd = 1)
```

三、应用举例

引用文献：Cope S, Ouwens MJ, Jansen JP, et al. Progression-free survival with fulvestrant 500 mg and alternative endocrine therapies as second-line treatment for advanced breast cancer: a network meta-analysis with parametric survival models[J]. Value Health, 2013, 16(2): 403–417.

1. 背景

随机对照试验（randomized controlled trials, RCTs）可以为卫生决策提供证据，然而，决策者经常面临感兴趣的干预措施间缺乏直接比较疗效差异的困扰。间接比较可以为决策者提供相对治疗效果的证据，当直接比较存在时，结合直接比较证据和间接比较证据可使研究结果更加精确。

为了提高临床决策的成本效果，干预措施干预后期望延长生存时间，达到期望的生存期。当纳入的RCTs存在截尾数据时，为了避免低估期待的生存时间，有必要去推测试验阶段以外的数据。Guyot和Ouwen的研究显示目前大部分的时间–事件效果分析都是基于危险比进行数据合并，基于比例危险假设的风险比数据合并可能会使结果产生偏倚。Ouwens和Jansen介绍了一种基于多维治疗效应的生存数据的网状Meta分析方法，能够充分地利用数据且可对成本效果分析期待的生存期估计更为准确。

氟维司群是一种雌激素受体拮抗剂，用于治疗雌激素受体阳性的局部晚期或转移性的绝经后乳腺癌患者，最近一项氟维司群治疗复发转移性乳腺癌的Ⅲ期临床试验结果显示250mg氟维司群与500mg氟维司群在改善无病生存期方面差异有统计学意义（HR=0.8, P=0.006），在改善总生存期方面差异无统计学意义，然而该研究并未探讨其毒副作用和生活质量。基于该研究，美国和欧洲批准了氟维司群500mg的标准剂量。先前的RCTs已经评价了氟维司群250mg的疗效，其中两个直接比较了氟维司群250mg与阿那曲唑片的差异。以氟维司群250mg作为共同对照，间接比较了氟维司群500mg与阿那曲唑的差异。此外，采用网状Meta分析的方法全面比较阿那曲唑、来曲唑和第三代芳香化酶抑制剂的疗效差异。

本研究基于目前可获得的证据，采用网状Meta分析的方法评价氟维司群500mg与内分泌治疗晚期绝经后乳腺癌患者的无病生存期，同时证实生存曲线图网状Meta分析在临床实践中的应用价值和重要性。

2. 研究问题及转化

具体临床问题：比较氟维司群、来曲唑、阿那曲唑、依西美坦、甲地孕酮以及安慰剂治疗晚期乳腺癌患者的疗效；

研究对象（P）：雌激素受体阳性的局部晚期或转移性的绝经后的先前内分泌治疗复发的乳腺癌患者（Ⅲ期或Ⅳ期）；

干预措施（I）：氟维司群、来曲唑、阿那曲唑、依西美坦和甲地孕酮；

对照措施（C）：干预措施中的任何一个或者安慰剂；比较同一干预措施不同治疗背景的被排除；

结局指标（O）：无病生存时间（PFS）；

研究类型（S）：RCTs。

3. 检索策略

检索Medline、Medline In-Process、EMBASE和Cochrane Library等数据库，检索时间均从建库截至2010年1月，同时检索肿瘤相关的会议资料，检索词包括晚期乳腺癌、RCT和关注的干预措施相关检索词。

4. 文献筛选、数据提取

由两名评价人员根据预先制定的纳入排除标准逐一筛选文献，对纳入文献进行数据提取，主要包括研究设计、研究人群特征和干预措施。若纳入研究中报告HR值及其95%可信区间（CI）时，也被提取，期待能获得所有纳入研究的单个病例数据，对于生存曲线图扫描后通过 Engauge Digitaliser v4.1 软件提取生存时间点数据。

5. 数据分析

根据 Ouwens 等提出的贝叶斯网状 Meta 分析方法，患者无病生存时间和生存函数构建分析模型，采用三种参数化生存函数：Weibull、Log-normal 和 Log-logistic 合并和间接比较试验之间干预措施的形状参数和比例参数函数。对形状参数和比例参数取对数后进行分析。

利用 WinBUGS 软件分析数据时，使用两条链，每条链的去火次数设定为 30000 次，继续迭代次数为 30000 次，链条的收敛性评估采用 Gelman-Rubin statitic 方法，模型的参数化采用非信息先验分布，以消除先验分布对结果的影响。所有模型均采用马尔科夫蒙特卡洛的方法，并采用 WinBUGS 1.4.1 进行数据分析。

根据偏差信息准则（deviance information criterion, DIC）进行模型的选择，DIC 包括两个部分，即 DIC=D(θ)+pD，D(θ)是贝叶斯模型中检验模型拟合的偏差，是后验总体残存偏差的平均数；pD 是参数的有效数目，可展示模型的复杂程度。一般认为 DIC 最小的模型最好。随机和固定效应模型的 DIC 值是相似的，因此本研究采用固定效应模型进行数据分析。生存参数的后验分布以 95%置信区间（credibility interval, CrI）表示。

6. 结果和结论

检索获得 2335 条记录，最终纳入 12 篇研究进行分析，共涉及 8 种治疗方案（图 6–6），其中氟维司群 250mg 负荷剂量和来曲唑 0.5mg 方案未被纳入进行网状 Meta 分析。纳入分析的单个研究的 PFS 曲线图见图 6–7。形状参数和比例参数的网状 Meta 分析结果以及不同模型试验结果见表 6–4，由表 6–4 可知，Lognormal 模型的 DIC 值最小，采用 Lognormal 模型进行数据分析，氟维司群 500mg 较氟维司群 250mg、甲地孕酮和阿那曲唑更有效（–5.73 月, 95%CrI: –10.67, –1.67），氟维司群 500mg 的 PFS 期望值的范围为 10.87（95%CrI: 9.21, 13.07）～17.02（95%CrI: 13.33, 22.02）月。

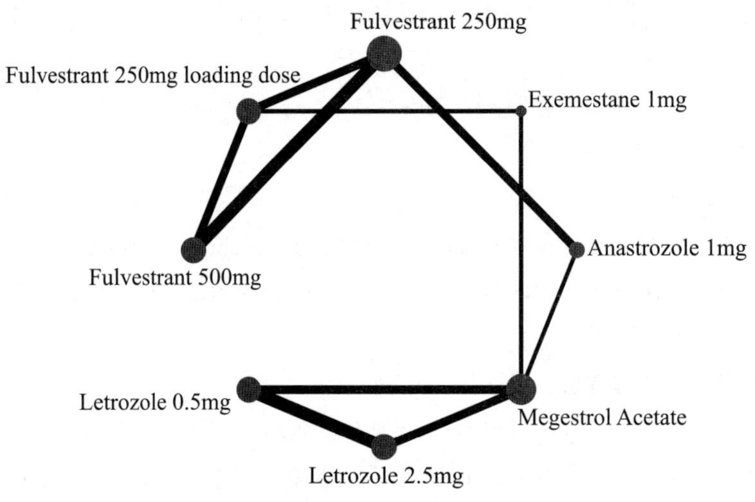

图 6–6　网状证据图

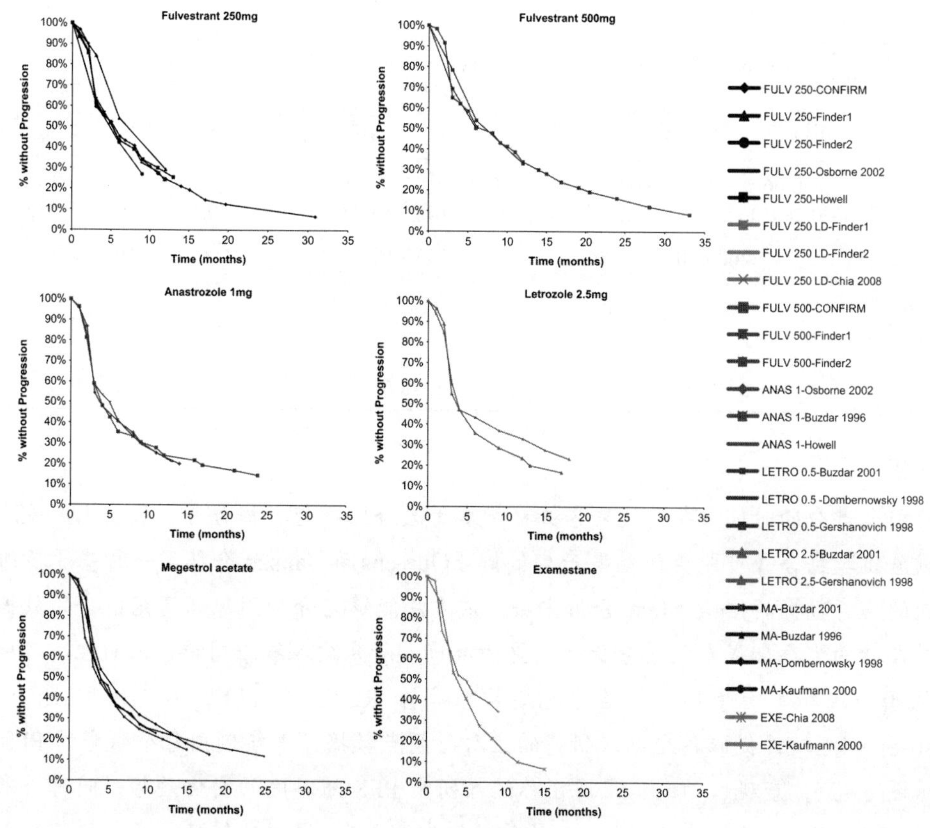

图 6–7　纳入单个研究的 PFS

ANAS1. 阿那曲唑 1mg; EXE. 依西美坦 1mg; F250. 氟维司群 250mg; F250LD. 氟维司群 250mg 负荷剂量;
F500. 氟维司群 500mg; LETRO 0.5. 来曲唑 0.5mg; LETRO 2.5. 来曲唑 2.5mg;
MA. 醋酸甲地孕酮 160mg OD or 40mg QID; OD. 一日 1 次; QID. 一日 4 次

表 6–4　形状参数和比例参数的网状 Meta 分析结果（来自原文）

	Model 1: Weibull		Model 2: Log-normal		Model 3: Log-logistic	
	Log(scale) (95%CrI)	Log(shape) (95%CrI)	Log(scale) (95%CrI)	Log(shape) (95%CrI)	Log(scale) (95%CrI)	Log(shape) (95%CrI)
FULV 250	2.15 (2.05,2.26)	0.03 (−0.08,0.13)	1.73 (1.62,1.84)	−0.13 (−0.24,−0.03)	1.61 (1.71,1.82)	0.25 (0.36,0.47)
	vs. F250	vs. F250	vs. F250	vs. F250	vs. F250	vs. F250
FULV 500	0.26 (0.12,0.41)	−0.06 (−0.19,0.06)	0.22 (0.08,0.38)	−0.10 (−0.21,0.02)	0.23 (0.08,0.39)	−0.11 (−0.23,0.02)
ANAS 1	−0.03 (−0.20,0.14)	0.03 (−0.11,0.19)	−0.04 (−0.21,0.16)	0.09 (−0.06,0.23)	−0.06 (−0.25,0.12)	0.09 (−0.07,0.24)
LETRO 2.5	0.10 (−0.18,0.37)	−0.03 (−0.25,0.21)	0.06 (−0.21,0.37)	−0.01 (−0.24,0.20)	0.04 (−0.21,0.33)	0.00 (−0.24,0.25)
EXE	0.14 (−0.10,0.39)	0.07 (−0.16,0.29)	0.16 (−0.08,0.43)	0.03 (−0.18,0.24)	0.17 (−0.08,0.42)	0.04 (−0.20,0.28)

续表

	Model 1: Weibull		Model 2: Log-normal		Model 3: Log-logistic	
	Log(scale) (95%CrI)	Log(shape) (95%CrI)	Log(scale) (95%CrI)	Log(shape) (95%CrI)	Log(scale) (95%CrI)	Log(shape) (95%CrI)
MA	−0.06 (−0.28,0.17)	0.07 (−0.11,0.27)	−0.05 (−0.29,−1.61)	0.11 (−0.07,1.34)	−0.06 (−0.27,0.18)	0.12 (−0.08,0.33)
Residual deviance (Dbar)	2683.50		2113.10		2191.23	
DIC	2719.09		2148.63		2226.84	

剖析

目前大部分的时间–事件效果分析都是基于风险比进行数据合并，基于比例风险假设的风险比数据合并可能会使结果产生偏倚。Ouwens 和 Jansen 介绍了一种基于多维治疗效应的生存数据的网状 Meta 分析方法，该方法能够充分利用原始研究报告的数据，且可对期待的生存期成本效果分析估计更为准确。研究纳入氟维司群、来曲唑、阿那曲唑、依西美坦和甲地孕酮比较治疗晚期乳腺癌的 RCTs 的 PFS，首先采用 Engauge Digitaliser v4.1 软件提取各个纳入研究的生存时间点数据，并绘制出每个研究的 PFS 曲线图（图 6–7），直观、动态地呈现了各纳入研究 PFS 随时间的变化趋势；同时，采用 Weibull、Log-normal 和 Log-logistic 三种参数化生存函数，通过比较三个函数模拟的 DIC 值，选择最优模型进行数据分析。研究采用 WinBUGS 软件进行数据分析，马尔科夫蒙特卡洛链进行数据模拟，通过计算出各个干预措施的形状参数和比例参数，进一步绘制随时间变化的 PFS 曲线图。

（葛 龙）

第三节　观察性研究网状 Meta 分析

一、概述

网状 Meta 分析采用贝叶斯模型的时候，可以相对容易地处理复杂的证据网络，得到不同干预措施之间的间接比较结果、直接比较结果和合并结果，同时增强了统计效能，从而确保临床决策中充分地应用当前所有的证据。因此就有必要在网状 Meta 分析中纳入不同类型的研究设计。毋庸置疑，当前的网状 Meta 分析主要是以随机对照试验为基础的，设计和报告良好的随机对照试验为临床治疗决策提供最佳的证据。但是随机对照试验的纳入标准相对较窄，这就限制了其外部真实性。尽管观察性研究存在诸多的问题，比如研究设计可能存在偏倚，统计结果存在不精确或被夸大，但观察性研究反映了真实的临床治疗环境。同时，只纳入随机对照试验的网状 Meta 分析可提供最佳的证据，但是这种方法忽略了其他研究设计的数据，这些研究设计的数据也可作为补充，支持当前的临床决策。

贝叶斯模型可以同时纳入随机对照试验和观察性研究的试验数据，采用复杂的统计学模型进行处理。观察性研究存在两种偏倚，系统性和非系统性偏倚，因此在合并观察性研究数据的时候必须注意这一点。这两种偏倚可以通过似然函数进行调整。以 ξ 表示偏倚，那么非系统性偏倚就遵守 $\xi \sim N(0, t_{\xi})$ 这个公式。采用这种方式模拟偏倚，则可以通过增加方差，降低观察性研究结果的权重，从而调整不精确性。对于系统性偏倚，我们通过给予一个固定值的方式，$\xi = \mu_{\xi}$，那么偏倚就应该是系统性偏倚和非系统性偏倚的结合，即为 $\xi \sim N(\mu_{\xi}, t_{\xi})$。然而在实践中，计算偏倚的大小十分困难，因此非常有必要采取敏感性分析。

二、基本步骤

观察性研究网状 Meta 分析的基本步骤与其他任何网状 Meta 分析一样。本节仅着重介绍观察性研究网状 Meta 分析模型构建。

以连续性变量为例，效应量的测量单位为均数差 MD，那么研究 i 和干预措施 j 的结果指标的效应 $\Delta[i, j]$ 就应该服从均数 $\mu_{\Delta}[i, j]$ 和精确性 $\tau_{\Delta}[i, j]$ 的正态分布，即 $\Delta[i, j] \sim N(\mu_{\Delta}[i, j], \tau_{\Delta}[i, j])$。

设定该连续变量的基线结果为 $\lambda[i, j]$，$\delta[i, j]$ 为该测量指标的改善程度的比例，则 $\mu_{\Delta}[i, j] = \lambda[i, j] * \delta[i, j]$。

对于任何一个干预措施 B，(A + B)vs. A = (C + B) vs. C。

$\delta[i, j] = \nu[i] + \alpha[i, t[i, j]] + \beta * I[i, j]$

$\alpha[i, b[i, j]] = 0$

式中，t[i, j]是指试验 i 中干预措施 j 的治疗效应，b[i, j]是指基线治疗的治疗效应。这个公式就是说该测量指标的改善程度 $\alpha[i, t[i, j]]$ 是治疗结果 t[i, j]和 b[i, j]之间的差异；同时我们采用 $\beta * I[i, j]$ 对干预措施 B 的治疗效应进行调整。采用随机效应模型 $\alpha[i, t[i, j]] \sim N(\mu_{\alpha}[i, t[i, j]], \tau_{\alpha})$。

$\mu_{\alpha}[i, t[i, j]]$ 又可写为治疗效应与基线效应的差异。

$\mu_{\alpha}[i, t[i, j]] = \alpha[i, t[i, j]] - \alpha[i, b[i, j]]$

式中，$\alpha[1] = 0$。

针对先验分布，需要注意基线效应 $\nu[i]$、基础参数 $\alpha[k]$、干预措施 B 的治疗效应 β 以及试验间标准差 $\sigma_{\alpha} = \sqrt[2]{\frac{1}{\tau\alpha}}$。

建议采取模糊的先验分布，采用 WinBUGS 的编码，他们应该服从均数和精确性的正态分布。

$\alpha[k] \sim N(0, 0.0001)$

$b \sim N(0, 0.0001)$

$v[i] \sim N(0, 0.0001)$

$\sigma_{\alpha} \sim unif(0, 0.25)$

当均数为0，精确性为0.0001的正态分布的95%的可信区间为（−196，196)，这就可足够测量相对治疗效应α[k]、b、基线效应v[i]。对于试验间的标准差，采用均匀事前分布（0，0.25)，这就允许研究间100%的不一致。

1. 第一种方法：简单合并

简单合并指将所有研究认为是一样的，只需要合并所有研究的数据，而不需要考虑研究设计，这是最简单的方法。这种方法不能够对观察性研究的结果进行调整，如降低权重。简单合并方法的假设是试验设计之间没有差异，且不允许偏倚调整，也不允许考虑其他不确定因素。一般而言，不推荐使用该方法进行观察性研究的网状Meta分析。但这种方法可提供检测不一致的机会，如干预措施A和干预措施B之间没有直接比较随机对照试验，但有观察性研究的时候，干预措施A和干预措施B之间的间接比较结果就可和观察性研究的结果进行比较，进而评估间接证据和直接证据之间的不一致性。

简单合并的前提是研究设计之间没有差异，同时这种方法不能够对研究间风险偏倚的差异进行调整，因此合并具有自身的局限性。但同时合并随机对照试验和观察性研究的数据有助于检验证据网络中的不一致性。

2. 第二种方法：作为先验信息

在贝叶斯模型中，观察性研究的结果可以作为随机对照试验合并时候的先验信息。此时，观察性研究的数据需单独分析，因此就无需对模型中干预措施B进行调整。由于干预措施B在所有的研究中都有，因此就不需（A + B）vs. A =（C + B）vs. C的假设。这种方法可对偏倚进行调整，但不能够考虑研究间的异质性，因此不能够用在多于2种研究设计的情况下。

3. 第三种方法：贝叶斯等级模型

该方法分为三级，第一级是进行Meta分析，将纳入的随机对照试验和观察性研究按照研究设计和对比措施分别进行Meta分析；第二步是合并随机对照试验和观察性研究相同对比措施的结果；第三步是比较随机对照试验和观察性研究合并结果之间的一致性。

贝叶斯等级模型（图6-8）可考虑所有研究设计的证据，同时对偏倚进行调整，也考虑研究间的异质性。该方法可分别评估不同研究设计间的证据，分析研究设计对结果的影响。

三、应用举例

引用文献：Schmitz S,Adams R,Walsh C.Incorporating data from various trial designs into a mixed treatment comparison model[J].Stat Med, 2013, 32(17): 2935−2949.

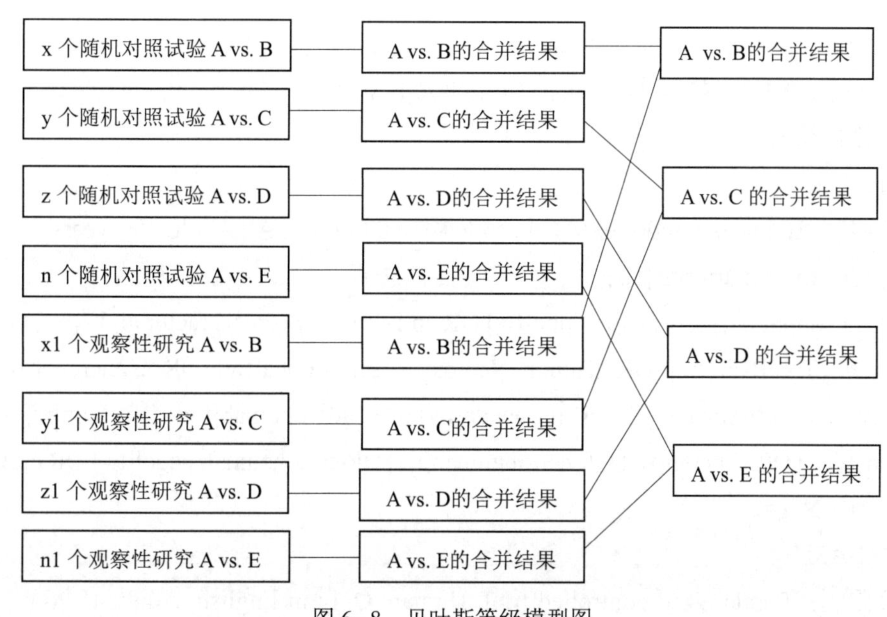

图 6-8　贝叶斯等级模型图

1. 背景

类风湿关节炎是一种慢性、进展性和致残性的自身免疫性疾病。常见症状有关节肿胀、疼痛、关节晨起僵硬、睡眠不足、疲劳和体重减轻。随着分子发病机制研究的深入，研制出针对免疫系统特定部分的生物制剂。这些新的干预措施正在逐渐改善类风湿关节炎患者的预后。肿瘤坏死因子-α拮抗剂（抗肿瘤坏死因子-α）是第一批应用于类风湿关节炎的生物制剂，目前在欧洲有 5 种肿瘤坏死因子-α拮抗剂：阿达木单抗、赛妥珠单抗、依那西普、戈利木单抗、英夫利昔单抗。尽管有大量的随机对照试验比较肿瘤坏死因子-α拮抗剂与安慰剂或传统疾病修饰型抗风湿病药物（DMARD），但是这些肿瘤坏死因子-α拮抗剂之间没有直接比较的随机对照试验。应该进行这些生物制剂之间的疗效比较，目前也有一些贝叶斯混合治疗效应的 Meta 分析比较这些制剂之间的效果，但是这些研究均没有纳入随机对照试验以外的其他研究，如观察性研究。

本文的目的是纳入观察性研究分析 5 种肿瘤坏死因子-α拮抗剂治疗常规疾病修饰抗风湿药物反应不足的患者的效果。

2. 研究问题及转化

具体临床问题：

研究对象（P）：DMARD 反应不足的类风湿关节炎患者

干预措施（I）：5 种肿瘤坏死因子-α拮抗剂之间互相比较：阿达木单抗、赛妥珠单抗、依那西普、戈利木单抗、英夫利昔单抗

结果（O）：HAQ 评分

3. 纳入排除标准

① 随机对照试验和观察性研究；② 传统疾病修饰型抗风湿病药物反应不足的类风

湿关节炎患者；③ 治疗时间至少 24 周；④ 干预措施：阿达木单抗、赛妥珠单抗、依那西普、戈利木单抗、英夫利昔单抗；⑤ 结果为 HAQ 评分。

4. 检索策略

PubMed

① 限制: Humans, Randomized Controlled Trial, English, All Adult: 19+ years

② Rheumatoid arthritis[tw]

③ anti-tumor necrosis factor alpha[tw] OR anti-tumour necrosis factor alpha[tw] OR anti-tnf[tw] OR TNFR-Fc[tw] OR Tumor Necrosis Factor-alpha[tw] OR etanercept[tw] OR enbrel[tw] OR infliximab[tw] OR remicade[tw] OR adalimumab[tw] OR humira[tw] OR golimumab[tw] OR simponi[tw] OR certolizumab[tw] OR certolizumab pegol[tw] OR cimzia[tw]

④ #1 AND #2

EMBASE

① 限制：Randomized controlled trial, Human, Only in English, Adult: 18 to 64 years, Aged: 65+ years

② Rheumatoid arthritis

③ Anti-tnf OR anti-tumor necrosis factor alpha OR anti-tumour necrosis factor alpha OR TNFR-Fc OR Tumor Necrosis Factor-alpha OR etanercept OR Enbrel OR infliximab OR remicade OR adalimumab OR humira OR golimumab OR simponi OR certolizumab OR certolizumab pegol OR cimzia

④ #1 AND #2

5. 数据分析

（1）对数据整理具体结果见表 6–5。

表 6–5　试验数据整理

研究	治疗措施	样本量	Δ 均数（标准差）	基线数据
Weinblatt et al	P+	62	0.27 （0.6）	1.64
	Ada+	69	0.54 （0.6）	1.52
	Ada+	67	0.62 （0.6）	1.55
	Ada+	73	0.59 （0.5）	1.55
Keystone et al	P+	200	0.24 （0.5）	1.45
	Ada+	207	0.56 （0.5）	1.44
	Ada+	212	0.60 （0.5）	1.48
Van de Putte et al	P	110	0.07 （0.5）	1.88
	Ada	112	0.39 （0.6）	1.88
	Ada	106	0.29 （0.6）	1.88

续表

研究	治疗措施	样本量	Δ 均数（标准差）	基线数据
Van de Putte et al	Ada	103	0.49 （0.5）	1.84
	Ada	113	0.38 （0.6）	1.83
Miyasaka	P	87	–0.1（0.6）	1.39
	Ada	87	0.2 （0.5）	1.57
	Ada	91	0.2 （0.6）	1.64
	Ada	87	0.4 （0.6）	1.77
Kim et al	P+	63	0.2 （0.5）	1.3
	Ada+	65	0.5 （0.6）	1.4
Maini et al	P+	88	0.3 （0.5）	1.8
	Inf+	86	0.3 （0.5）	1.8
	Inf+	86	0.5 （0.5）	1.8
	Inf+	87	0.5 （0.6）	1.8
	Inf+	81	0.4 （0.5）	1.5
Zhang et al	P+	86	0.45 （–）	1.6
	Inf+	87	0.76 （–）	1.6
Moreland et al	P	80	0.03 （–）	1.7
	Eta	76	0.58 （–）	1.7
	Eta	78	0.62 （–）	1.6
Weinblatt et al	P+	30	0.4 （–）	1.5
	Eta+	59	0.7 （–）	1.5
Keystone et al	P+	133	0.13 （0.4）	1.25
	Gol	133	0.13 （0.7）	1.38
	Gol+	89	0.38 （0.5）	1.38
	Gol+	89	0.5 （0.5）	1.38
Keystone et al	P+	199	0.18 （–）	1.7
	Cert+	393	0.60 （–）	1.7
	Cert+	390	0.63 （–）	1.7
Smolen et al	P+	127	0.14 （0.5）	1.6
	Cert+	246	0.5 （0.5）	1.6
	Cert+	246	0.5 （0.5）	1.6
Fleischmann	P	109	–0.07（0.4）	1.6
	Cert	111	0.39 （0.7）	1.4

续表

研究	治疗措施	样本量	Δ均数（标准差）	基线数据
Bazzani et al*	Eta+	230	0.34 （–）	1.23
	Ada+	283	0.34 （–）	1.20
	Inf+	497	0.34 （–）	1.50
Kievit*	Eta+	289	0.35 （0.5）	1.4
	Ada+	267	0.42 （0.5）	1.3
	Inf+	151	0.23 （0.5）	1.4
Klareskog*	Eta+	549	0.80 （–）	1.8
	P+	30	0.4 （–）	1.5

说明：+. 联合甲氨蝶呤；*. 观察性研究；P. 安慰剂；Ada. 阿达木单抗；Inf. 英夫利昔单抗；Eta. 依那西普；Gol. 戈利木单抗；Cert. 赛妥珠单抗

（2）WinBUGS 软件实现

```
WinBUGs Code 3-level Model:
model{
### Overall Level ###
for (k in 2:ntCO){ ## Random Effects to combine study type level effects
dRCT[k]~dnorm(d[k],tauCO)
dOBS[k]~dnorm(d[k],tauCO)}
for (k in (ntCO+1):ntRCT){ ## No changes where no additional information
dRCT[k]~dnorm(0,0.0001)
d[k]<-dRCT[k]}
d[1]<-0
for (k in 2:4){d[k]~dnorm(0,0.0001)}    ## Prior distributions
sdCO~dunif(0,0.25)
varCO<-pow(sdCO,2)
tauCO<-1/varCO
for (c in 1:(nt-1)) {for (k in (c+1):nt)    {## Calculate indirect comparisons
        IC[c,k]<-(d[k]-d[c])} }
### RCT bit ###
for(i in 1:nsRCT){
        wRCT[i,1] <-0
        deltaRCT[i,biRCT[i]] <- 0
        muRCT[i] ~ dnorm(0,.0001)
```

```
        for (k in 1:naRCT[i])   {
        HAQtauRCT[i,k] <- 1/(seRCT[i,k]*seRCT[i,k])
        meanRCT[i,k] ~ dnorm(mHAQimpRCT[i,k],HAQtauRCT[i,k])
        mHAQimpRCT[i,k] <- impRCT[i,k]*iniRCT[i,k]     ## adjust for baseline HAQ
        impRCT[i,k] <- muRCT[i] + deltaRCT[i,tRCT[i,k]]+ betaRCT[i]*mtxRCT[i,k]
         }
for (k in 2:noTRCT[i]) {
      deltaRCT[i,siRCT[i,k]] ~ dnorm(mdRCT[i,siRCT[i,k]],taudRCT[i,siRCT[i,k]])
      mdRCT[i,siRCT[i,k]] <-   (dRCT[siRCT[i,k]] - dRCT[biRCT[i]] + swRCT[i,k])
      taudRCT[i,siRCT[i,k]] <- tauRCT *2*(k-1)/k       ## Adjust for multiple treatments per
study
      wRCT[i,k] <- (deltaRCT[i,siRCT[i,k]]   - dRCT[siRCT[i,k]] + dRCT[biRCT[i]])
      swRCT[i,k] <- sum(wRCT[i,1:k-1])/(k-1)     ## Adjust for multiple treatments per study
      }
        betaRCT[i]<-mbetaRCT     ## Fixed effects for MTX effect
}
dRCT[1]<-0
sdRCT~dunif(0,0.25)     ## Prior distributions
mbetaRCT ~ dnorm(0,1.0E-6)
varRCT <- pow(sdRCT,2)
tauRCT <-1/varRCT
for (c in 1:(ntRCT-1)) {   for (k in (c+1):ntRCT)   {## Calculate indirect comparisons
       ICRCT[c,k]<-(dRCT[k]-dRCT[c])} }
### OBS bit ###
for(i in 1:nsOBS){
        wOBS[i,1] <-0
        deltaOBS[i,biOBS[i]] <- 0
        muOBS[i] ~ dnorm(0,.0001)
      for (k in 1:naOBS[i])   {
          HAQtauOBS[i,k] <- 1/(seOBS[i,k]*seOBS[i,k])
          meanOBS[i,k] ~ dnorm(mHAQimpOBS[i,k],HAQtauOBS[i,k])
          mHAQimpOBS[i,k] <- impOBS[i,k]*iniOBS[i,k]       ## adjust for baseline HAQ
          impOBS[i,k] <- muOBS[i] + deltaOBS[i,tOBS[i,k]]
          }
```

```
for (k in 2:noTOBS[i]) {
    deltaOBS[i,siOBS[i,k]] ~ dnorm(mdOBS[i,siOBS[i,k]],taudOBS[i,siOBS[i,k]])
    mdOBS[i,siOBS[i,k]] <-   (dOBS[siOBS[i,k]] - dOBS[biOBS[i]] + swOBS[i,k])
    taudOBS[i,siOBS[i,k]] <- tauOBS *2*(k-1)/k      ## Adjust for multiple treatments per
study
    wOBS[i,k] <- (deltaOBS[i,siOBS[i,k]]   - dOBS[siOBS[i,k]] + dOBS[biOBS[i]])
    swOBS[i,k] <- sum(wOBS[i,1:k-1])/(k-1) ## Adjust for multiple treatments per study
    }}
dOBS[1]<-0
sdOBS~dunif(0,0.25)          ## Prior distributions
varOBS <- pow(sdOBS,2)
tauOBS <-1/varOBS
# pairwise ORs
for (c in 1:(ntOBS-1)) {for (k in (c+1):ntOBS)   {## Calculate indirect comparisons
            ICOBS[c,k]<-(dOBS[k]-dOBS[c])} }}
```

Input Data for WinBUGs

```
list(
nt=6, ### Total Number of treatments
ntRCT=6, ### Total Number of treatments in RCT trials
ntCO=4, ### Total Number of treatments in both designs
nsRCT=13, ### Total Number of RCT trials
ntOBS=4, ### Total Number of treatments in OBS trials
nsOBS=3, ### Total Number of OBS trials
mtxRCT= structure(.Data= c(1, 1, 1, 1,NA, 1, 1, 1, NA, NA, 0, 0, 0, 0, 0, 0, 0, 0, NA, 1,
1,NA, NA,NA, 1, 1, 1, 1, 1, 1, 1,NA, NA, NA, 0, 0, 0,   NA, NA, 1, 1, NA, NA, NA, 1, 0, 1, 1,
NA, 1, 1, 1, NA, NA, 1, 1, 1, NA, NA, 0, 0, NA, NA, NA), .Dim=c(13, 5)), ### MTX indicator
RCT trials
meanRCT= structure(.Data= c(0.27, 0.54, 0.62, 0.59, NA, 0.24, 0.56, 0.60, NA, NA, 0.07, 0.39,
0.29, 0.49, 0.38, -0.10, 0.20, 0.20, 0.40, NA, 0.20, 0.50, NA, NA, NA, 0.30, 0.30, 0.50, 0.50,
0.40, 0.45, 0.76, NA, NA, NA, 0.03, 0.58, 0.62, NA, NA, 0.40, 0.70, NA, NA, NA, 0.13, 0.13,
0.38, 0.50, NA, 0.18, 0.60, 0.63, NA, NA, 0.14, 0.50, 0.50, NA, NA, -0.07, 0.39, NA, NA,
NA), .Dim=c(13, 5)), ### Mean HAQ improvement RCT trials
seRCT= structure(.Data= c(0.07, 0.07, 0.08, 0.06, NA, 0.04, 0.04, 0.04, NA, NA, 0.05, 0.06,
0.06, 0.05, 0.06, 0.06, 0.05, 0.06, 0.06, NA, 0.06, 0.07, NA, NA, NA, 0.05, 0.05, 0.05, 0.06,
```

```
0.06, 0.07, 0.07, NA, NA, NA, 0.07, 0.08, 0.07, NA, NA, 0.12, 0.09, NA, NA, NA, 0.03, 0.06,
0.05, 0.05, NA, 0.05, 0.03, 0.03, NA, NA, 0.04, 0.03, 0.03, NA, NA, 0.04, 0.06, NA, NA,
NA), .Dim=c(13, 5)), ### Mean SE of HAQ improvement RCT trials
iniRCT= structure(.Data= c(1.64, 1.52, 1.55, 1.55, NA, 1.45, 1.44, 1.48, NA, NA, 1.88, 1.88,
1.88, 1.84, 1.83, 1.39, 1.57, 1.64, 1.77, NA, 1.30, 1.40, NA, NA, NA, 1.80, 1.80, 1.80, 1.80,
1.50, 1.60, 1.60, NA, NA, NA, 1.70, 1.70, 1.60, NA, NA, 1.50, 1.50, NA, NA, NA, 1.25, 1.38,
1.38, 1.38, NA, 1.70, 1.70, 1.70, NA, NA, 1.60, 1.60, 1.60, NA, NA, 1.55, 1.43, NA, NA,
NA), .Dim=c(13, 5)), ### Initial HAQ score RCT trials
naRCT=c(4, 3, 5, 4, 2, 5, 2, 3, 2, 4, 3, 3, 2), ### Number of arms in RCT trials
biRCT=c(1, 1, 1, 1, 1, 1, 1, 1, 1, 1, 1, 1, 1), ### Baseline treatment in RCT trials
siRCT= structure(.Data= c(NA, 2, NA, 2, NA, 2, NA, 2, NA, 2,    NA, 3, NA, 3, NA, 4, NA, 4,
NA, 5, NA, 6, NA, 6, NA, 6), .Dim=c(13, 2)), ### Non-Baseline treatment in RCT trials
tRCT= structure(.Data= c(1, 2, 2, 2, NA, 1, 2, 2, NA, NA, 1, 2, 2, 2, 2, 1, 2, 2, 2, NA, 1, 2, NA,
NA, NA, 1, 3, 3, 3, 3, 1, 3, NA, NA, NA, 1, 4, 4, NA, NA, 1, 4, NA, NA, NA, 1, 5, 5, 5, NA, 1,
6, 6, NA, NA, 1, 6, 6, NA, NA, 1, 6, NA, NA, NA), .Dim=c(13, 5)), ### Treatment in RCT
trials
noTRCT=c(2, 2, 2, 2, 2, 2, 2, 2, 2, 2, 2, 2, 2), ### Number of treatments in RCT trials
meanOBS= structure(.Data= c(0.34, 0.34, 0.34, NA, NA, 0.42, 0.23, 0.35, NA, NA, 0.40, 0.80,
NA, NA, NA), .Dim=c(3, 5)), ### Mean HAQ improvement OBS trials
seOBS= structure(.Data= c(0.03, 0.02, 0.03, NA, NA, 0.03, 0.04, 0.05, NA, NA, 0.09, 0.02,
NA, NA, NA), .Dim=c(3, 5)), ### SE of HAQ improvement OBS    trials
iniOBS= structure(.Data= c(1.2, 1.5, 1.23, NA, NA, 1.3, 1.4, 1.4, NA, NA, 1.5, 1.8, NA, NA,
NA), .Dim=c(3, 5)), ### initial HAQ in OBS trials
naOBS=c(3, 3, 2), ### number of arms in OBS trials
biOBS=c(2, 2, 1), ### Baseline treatment in OBS trials
siOBS= structure(.Data= c(NA, 3, 4, NA, 3, 4, NA, 4, NA), .Dim=c(3, 3)), ### Non-Baseline
treatment in OBS trials
tOBS= structure(.Data= c(2, 3, 4, NA, NA, 2, 3, 4, NA, NA, 1, 4, NA, NA, NA), .Dim=c(3, 5)),
### Treatment in OBS trials
noTOBS=c(3, 3, 2) ### Number of treatments in OBS trials
)
```

（3）网状 Meta 分析结果及结论

表 6-6 为 3 种方法网状 Meta 分析结果。

表 6-6 三种方法结果比较

	方法 1	方法 2	方法 3	
			RCT	观察性研究
Ada vs P	0.22（0.07）	0.22（0.03）	0.21（0.02）	0.23（0.06）
Inf vs P	0.12（0.08）	0.12（0.04）	0.11（0.04）	0.13（0.06）
Eta vs P	0.24（0.08）	0.24（0.04）	0.28（0.06）	0.21（0.06）
Gol vs P	0.21（0.05）	0.21（0.04）	0.21（0.05）	
Cert vs P	0.26（0.03）	0.26（0.03）	0.26（0.03）	

剖析

三种方法各有优劣，第一种方法可以合并随机对照试验和观察性研究的数据，可以提供证据网络全面的证据，有助于检验证据网络的一致性，但是第一种方法不能够对研究间风险偏倚的差异进行调整；第二种方法可以将观察性研究的数据作为先验信息，可以对潜在的风险偏倚进行调整，但是该方法不能够对不同研究设计之间的异质性进行分析，同时，该方法只能分析两种不同研究类型的数据，对于三种及以上研究设计的数据不能有效分析；第三种方法比较灵活，可以单独计算不同研究设计下的网状 Meta 分析结果，也可以比较不同研究设计下的网状 Meta 分析结果。

（李 伦）

第四节 动物实验网状 Meta 分析

一、概述

动物实验（animal experiment）指在实验室内，为了获得有关生物学、医学等方面的新知识或解决具体问题而使用动物进行的科学研究。动物实验发展的目的，就是通过对动物本身生命现象的研究，进而推用到人类。在生命科学领域，动物实验已广泛应用于对正常生理机制的阐明、对人类疾病病理机制的理解以及治疗干预措施的观察研究等。动物实验架起了基础研究通向临床试验的桥梁，是新干预措施被引进临床过程中临床前研究的主要组成部分。

临床前动物实验的基本目的是初步验证干预措施的有效性和安全性，其所获结论则是论证被评价干预措施是否进入临床研究阶段和进一步制定临床试验计划的直接证据，以保护 I 期临床试验的志愿者。由于动物实验不需要专门委员会批准、非随机研究、对照设置欠佳、动物质量未标准化、观察指标单一、结果报告不完整、可重复性差等问题降低大部分临床前动物实验的可靠性，这不仅浪费研究经费，还残害动物生命，同时可能使患者暴露在不必要的危险之下，也可能造成卫生资源的巨大损失。

动物实验的系统评价被认为是提高临床试验效能预测的准确性，减少出现阴性结果的风险，可以用于决定动物实验结果何时可被临床接受，终止不必要的临床试验。通过动物实验的系统评价可以实现：① 后效评估动物实验，回顾性比较动物模型是否使用得当，尤其是决定被评价新的干预措施研究中基金的资助方向，比较动物实验和人体试验结果以阐明相互印证程度；② 降低将动物实验所获结果引入临床的风险，动物实验的系统评价可在即将开展的临床试验中计算效能时增加估计疗效的精度，降低假阴性结果的风险；可更好地促进动物实验向临床研究转化。

通常动物实验设置实验组别数量多于 2 个，传统系统评价方法无法充分利用实验数据，而网状 Meta 分析可以实现多个组别的比较，从而可以弥补传统系统评价的不足。

二、基本步骤

动物实验网状 Meta 分析的方法学原则与其他网状 Meta 分析一样，首先明确地提出问题和确定纳入标准，按照纳入标准全面收集用于动物实验的数据，无偏倚地选择和提取数据，严格评价动物实验方法学质量，正确合并相关数据，解释结果。动物实验网状 Meta 分析撰写步骤如下。

1. 选题

动物实验网状 Meta 分析的选题尽可能符合动物实验的研究特点，同时满足动物实验的需要。如通过动物实验网状 Meta 分析是要解决某些干预措施或同一干预措施不同剂量对实验动物某疾病（模型）的影响，还是要解决某些干预措施或同一干预措施不同剂量对某细胞因子或生化指标的影响等。

2. 研究背景与目的

在背景部分，应该明确指出解决相关问题的原因及进行网状 Meta 分析的必要性和目的。

3. 动物实验检索

动物实验检索除了 PubMed/MEDLINE、EMBASE、Web of Science、BIOSIS Previews、SciFinder Web 和 SinoMed 等数据库外，还需要考虑检索专利数据库，制药企业网站，未公开发表的报告、文摘和研究简报等。

4. 纳入排除标准的确定

在确定纳入排除标准的时候，应该注意：① 动物实验的研究对象所涉及动物种类和模型动物；② 干预措施一定要注意模型组和对照组；③ 测量指标更多关注实验动物某疾病（模型）是否减轻，细胞因子、生化指标是否升降等。

5. 文献筛选与资料提取

与传统 Meta 分析一样，在资料提取表的设计过程中，一定要注意动物模型的造模方法、动物的种类、测量指标观测时间和单位等内容。

6. 质量评价

由于动物实验的特殊性，不能完全照搬随机对照试验的质量评价工具/量表。下面介绍主要的质量评价工具/量表。

1）偏倚风险评估工具/量表

（1）SYRCLE 评估工具　在 Cochrane 偏倚风险评估工具的基础上，2014 年，动物实验系统评价研究中心（the Systematic Review Centre for Laboratory Animal Experimentation，SYRCLE）的 Hooijmans CR 团队制定并发布了 SYRCLE 评估工具，具体评价内容包括：① 如何产生实验动物分配序列？应用是否正确？② 实验各组基线是否可比？或是否调整了潜在的混杂因素？③ 是否隐藏实验动物分组方案？④ 在实验过程中，实验动物（笼子）是否被随机放置？⑤ 在实验过程中，为了避免实验动物的饲养者和研究者知道实验动物接受何种干预措施，是否对他们施盲？⑥ 在评价实验结果的过程中，是否随机选择实验动物？⑦ 在评价实验结果时，是否对结果评价者施盲？⑧ 实验最终测量指标分析是否纳入了所有实验动物？若有实验动物的数据未被纳入分析，是否报告缺失数据不会影响测量指标真实性的可能原因？⑨是否报告了选择性报告测量指标的可能情况及相关信息？⑩ 是否报告了可能存在其他引起偏倚的情况？

（2）STAIR 量表　STAIR 清单由美国马萨诸塞大学医学院 Fisher M 牵头成立的 STAIR（the initial Stroke Therapy Academic Industry Roundtable）小组制定，具体评价条目包括：① 是否进行样本量估算；② 是否描述了纳入与排除标准；③ 如何产生随机序列；④ 如何隐藏实验动物分组方案；⑤ 是否报道实验动物排除分析的原因；⑥ 是否盲法评价结局指标；⑦ 是否声明潜在的利益冲突及研究资助。

（3）CAMARADES 量表　CAMARADES（Collaborative Approach to Meta Analysis and Review of Animal Data from Experimental Stroke）量表是目前缺血性卒中动物试验 Meta 分析中最常用的质量评价工具，评价内容包括：① 样本量估算；② 随机序列的产生；③ 盲法缺血诱导；④ 测量指标的盲法评估；⑤ 适当的动物模型；⑥ 应用无明显内在神经保护活性的麻醉药品；⑦ 有温度控制的描述；⑧ 遵守动物保护法；⑨ 论文经同行评审后发表；⑩ 潜在利益冲突的声明。

2）报告质量评价量表

（1）ARRIVE 指南　ARRIVE（Animal Research：Reporting：In Vivo Experiments）指南充分借鉴 CONSORT 声明的基础上，在国际实验动物 3R 中心（The National Centre for the Replacement，Refinement and Reduction of Animals in Research，NC3Rs）资助下，由 Kilkenny C 研究团队制定，于 2010 年发布。包括题目、摘要、引言、方法、结果和讨论 6 部分，共 20 个条目及近 30 项细则，评估内容涉及动物的数量和特点（包括种类、品系、雌雄和遗传背景），饲养场所和饲养，所采用的实验方法、统计方法和分析方法（包括使用随机和盲法来减少偏倚）等，并对每个条目内容进行了简要解释（表 6-7）。

表 6-7　ARRIVE 指南条目

内容与主题	条目	描　述
标题	1	尽可能对文章内容提供一个精确和简明的描述
摘要	2	对研究背景、目的、所用动物的种系、关键方法、主要结果和结论提供一个准确的摘要
引言		
背景	3	① 包括充分、科学的背景（既往工作的相关参考文献），以明确研究目的和内容，并解释实验方法和基本原理；② 解释所用动物种类和模型的选择依据，阐述科学目的、适用范围，该研究与人体生物学的关联程度
目的	4	清楚地描述研究的主要和次要目的，或者将被验证的具体研究假设
方法		
伦理声明	5	伦理审查权限的性质，相关证书[如动物（科学程序）法案 1986]，与研究相关的国家或机构的动物护理和使用指南
研究设计	6	对于每个实验，给出简明扼要的研究设计细节：① 实验组和对照组的数量；② 旨在减少主观性偏倚影响而采取的任何措施，分配实验动物（如随机化分组程序），评估结果（如是否施盲并描述被施盲对象和时机）；③ 实验单位（如以单个动物、群组或以一笼动物为单位）；④ 用时线图或流程图来解释复杂的研究设计是如何实施的
实验步骤	7	对于每个实验或每个实验组（包括对照组），应提供所有实施过程中准确的详细资料：① 何法（药物配方和剂量，给药部位和途径，麻醉镇痛药物的应用和监测，手术步骤，动物处死方法），提供所使用的任何专业设备的详细信息，包括供应商；② 何时（实验日期）；③ 何处（饲养笼、实验室和水迷宫）；④ 何因（特定麻醉药的选择缘由、给药途径和药物剂量）
实验动物	8	① 提供研究动物的详细资料，包括种类、品系、雌雄、发育阶段（年龄均值或中位数）和体重（均值或中位数及其范围）；② 提供进一步的相关信息，如动物来源、国际命名、遗传修饰状态（如基因敲除或转基因）、基因型、健康/免疫状况、未使用药物或未进行测试和先前的程序等
饲养场所和饲养	9	① 饲养场所（如设备类型、无特定病原、笼舍类型、垫底材料、同笼同伴数量、饲养鱼类水箱的形状和材料等）；② 饲养条件（如繁殖计划、光/暗周期、温度和水质等；鱼类饲养食物的种类、食物和水的获取和环境净化等）；③ 实验前、中和后期动物福利有关的评估和干预
样本量	10	① 特别说明实验中使用的动物总数和每个实验组中分配的动物数；② 解释动物实验所需样本量的算法及计算公式；③ 标明每个实验的独立重复的动物数量
实验组分配	11	① 详细描述动物如何分配到各实验组的详细信息，包括随机化分组，如果进行配对应介绍匹配条件；② 描述各实验组对实验动物进行处理和评估的顺序
实验结果	12	明确界定主要和次要实验测量指标的评估（如细胞死亡、分子标记和行为改变）
统计学方法	13	① 提供每种分析所使用统计方法的详细信息；② 特别说明每个数据集的分析单位（如单个动物、一组动物和单神经元）；③ 描述用来评估数据是否满足统计学方法的假设及所采用的任何方法

续表

内容与主题	条目	描　述
结果		
基线数据	14	对于每个实验组，报告治疗或测试前动物的有关特征和健康状况（如体重、微生物状况和药物测试），以表格形式表示
数据分析数量	15	① 报告进入每一项分析中每组的动物数量，报告绝对数（如 10/20，而不是 50%）；② 对于分析中未纳入的任何动物或数据，需说明原因
结果和评价	16	报告每一项分析的结果及精确度测量（如标准误或可信区间）
不良反应	17	① 给出每个实验组所有重要不良反应详细信息；② 描述为减少不良反应而对实验计划书所作出的修改
讨论		
解释/科学启示	18	① 解释结果时需考虑研究目的、假设以及文献报道的当前的理论和其他相关的研究；② 评价研究的局限性，包括造成偏倚的任何潜在来源，动物模型的局限性以及与结果相关的不精确性；③ 描述该研究方法或研究发现对于替代、优化或减少动物使用（3R 原则）的意义
适用性/转化	19	评论是否或如何使本研究成果转化到其他物种或系统，包括与人体生物学相关的研究
资助	20	列出本研究涉及的所有资金来源（包括授权号）和研究资助者及其作用

（2）GSPC 量表　GSPC（Gold Standard Publication Checklist）量表由荷兰 Radboud 大学 Nijmegen 医学中心 15 名不同专业的专家组制定，包括引言、方法、结果和讨论，涉及 10 个方面的 54 个条目。GSPC 的制定是基于文献分析和已有科学证据结果，包括动物实验应客观、完整的报告研究设计方法，饲养动物环境（包括温度、湿度、通风、采光和噪音），营养（营养类型、营养成分、饲养方式）和水等对研究结果产生重要影响的信息。此外，与 ARRIVE 指南相比，GSPC 重点突出了报告饲养条件和设计动物实验的基本原理。

7. 数据处理

数据合并分析过程，也涉及模型和效应量的选择，详见第五章第七节。

8. 结果的呈现

呈现结果应该包括动物实验检索和筛选、纳入动物实验基本特征、纳入动物实验方法学质量评价结果、证据图和网状 Meta 分析结果等 5 部分。

9. 讨论与结论撰写

主要包括：① 网状 Meta 分析主要结果及其意义；② 网状 Meta 分析的局限性，主要阐述纳入动物实验和该网状 Meta 分析的相关偏倚；③ 实用性，该网状 Meta 分析的外推性如何？主要研究结论可否用于临床研究？下一步研究方向是什么？

三、动物实验网状 Meta 分析遇到的问题

1. 动物实验检索

为了申请专利和获得药品监管部门认可，临床前动物实验以获得尽可能多而且全面的数据为目的，其实验结果可能未公开发表，大部分研究成果被制药企业所拥有，仅有少量的研究报告发表于学术刊物，由此可见，动物实验的发表偏倚很难避免。为了尽量避免漏检，网状 Meta 分析制作者在检索专利数据库的基础上，尽可能联系相关制药企业，获取未公开发表的研究。

2. 动物实验方法学质量评价

对于动物实验方法学质量评价，是通过评估动物实验设计和实施过程中的偏倚风险来进行的。在使用相关评价工具/量表基础上，可以结合自己开展的网状 Meta 分析的特点，对相关评价工具/量表进行修改，也可将报告量表的部分条目作为质量评价条目。

3. 结局变量选择

结局变量的选择方便与否同后期统计学分析模型和方法选择有直接关系。动物实验通常目的明确，研究亦在良好控制下开展，但由于动物实验所涉及动物种类和模型动物更广泛，观察的结局变量可能不同，在寻找通用的可量化具有可比性的统计量或结局变量方面有时更困难，需明确网状 Meta 分析要回答的问题和有临床指导意义的、反映最终结局或预后的变量，最后选择对所有纳入的动物实验均通用的结局变量。

4. 异质性分析

动物实验的研究间差异更为明显，主要表现在实验动物的品种和品系上，如由于不同种属动物的遗传差异所决定的代谢等过程迥异，对不同种属动物的研究结果进行合并，是否具有生物统计学基础？是否具有可合并性？如果合并了动物实验研究结果，如何表述动物实验合并后代表的研究总体？是否产生了更大的不确定性？是否需要限定最低的样本同质性和代表性？结论赖以存在的基础数据是否具有代表性和可重复性？因此有必要讨论纳入研究的异质性来源。另外，动物模型是否标准化也是问题焦点之一，包括实验动物的质量控制和模型标准化。首先，在纳入研究报告时须注意模型动物的品系和免疫反应性等动物的遗传学特征，特别在免疫病理研究中动物品系尤其重要，啮齿类近交系小动物（大鼠和小鼠）的普及使用保证了实验对象的同质性和研究质量。其次，同实验动物的高血压病、肝性脑病和神经源性疼痛等模型之间差异很大，因此，纳入各个独立动物实验时需考察是否采用了公认而稳定的动物模型。

5. GRADE 的应用

目前，运用 GRADE 对干预性系统评价/Meta 分析进行证据质量分级的方法已趋成熟。随着 GRADE 方法的不断完善，在诊断性试验系统评价 Meta 分析和网状 Meta 分析中运用 GRADE 进行证据质量分级的方法也得到了长足发展。但在动物实验网状 Meta 分析尚未见到运用 GRADE 进行证据质量分级。

四、应用举例

引用文献：刘爱萍，李伦，赵晔，等. 当归多糖抗辐射效果的网状Meta分析. 中国药物评价，2014，31（2）：107-112

1. 背景

中药多糖是一类由醛糖或酮糖通过糖苷键连接而成的天然高分子多聚物，是中药主要活性成分之一。大量研究显示，植物多糖具有一定的抗辐射作用，其主要通过修复受损的造血组织，增强机体的免疫功能和清除自由基等作用来有效地减轻辐射对机体的伤害。当归多糖（angelica polysaccharides，APS）是当归主要化学成分之一。研究发现，APS可恢复辐射损伤小鼠外周血象、提高组织的抗氧化能力和减轻电离射线对机体的免疫损害。由此可见，APS具有一定的辐射保护作用，为了进一步评价APS抗辐射的效果，本研究拟对相关APS抗辐射损伤的动物实验研究的结果进行网状Meta分析，就其不同剂量APS、辐射对照和正常对照辐射保护的效果进行比较研究，为APS抗辐射的进一步利用提供依据。

2. 研究问题及转化

具体临床问题：① 与辐射对照相比，ASP是否具有辐射保护作用？② 不同剂量APS之间效果如何？

研究对象（P）：小鼠。

干预措施（I）：正常对照、辐射对照和ASP不同剂量相互对比。

结果（O）：外周血白细胞数量、外周血血小板数量、外周血血红蛋白数量、外周血淋巴细胞数量、丙二醛含量和超氧化物歧化酶活性。

3. 纳入排除标准

（1）纳入标准　纳入APS对辐射损伤影响的随机对照实验，研究对象为小鼠，辐射源为^{60}Co γ射线或X射线，实验分组至少涉及正常对照、辐射对照和ASP不同剂量，关注对外周血白细胞数量、外周血血小板数量、外周血血红蛋白数量、外周血淋巴细胞数量、丙二醛含量和超氧化物歧化酶活性的影响。

（2）排除标准　排除实施分组方法不明确，未提供充足数据或原始研究中的统计学处理数据无法转化和应用的研究。

4. 检索策略

以"（当归 OR 当归多糖 OR APS）AND（辐射 OR 辐射损伤 OR 辐射损害 OR 辐射保护 OR 辐射防护 OR 防辐射）AND 随机"检索中国期刊全文数据库（1994～2014.1）、中国生物医学文献数据库（1978～2014.1）、中文科技期刊全文数据库（1989～2014.1）和数字化期刊全文数据库（1997～2014.1）。检索途径为在题名、关键词和摘要，中国生物医学文献数据库检索采用主题词与自由词相结合的方式。同时利用Google scholar（http://scholar.google.com）、百度（http://www.baidu.com）在网络上查找相关文献，同时检索已纳入文献的参考文献。

5. 资料提取与质量评价

按照纳入排除标准，由两位评价员按预先设计的表格独立提取资料，并进行质量评价，意见不一致时，双方讨论解决或由第三者判断，缺乏的资料尽量与作者联系予以补充。资料提取表包括纳入实验基本信息、研究对象特征、干预措施、结局指标和质量评价的信息。

纳入研究的方法学质量由评价者根据美国马萨诸塞大学医学院 STAIR（the initial Stroke Therapy Academic Industry Round table）更新的 STAIR 清单评价纳入研究质量。

6. 数据分析

采用 ADDIS 软件（1.16.5）对数据进行分析。ADDIS 软件是一款基于贝叶斯框架、运用马尔可夫链蒙特卡尔理论（Markov Chain Monte Carlo，MCMC）对数据进行先验评估与处理的非编程软件。计量资料采用均数差（MD）为疗效统计量。各效应量均以 95%CI 表示。

7. 结果与结论

（1）检索结果　根据预先制定的检索策略共检索到相关 ASP 抗辐射的研究 69 篇，通过 EndNote 软件去掉重复文献 13 篇，可能相关 46 篇文献通过阅读题目、摘要排除 18 篇非 ASP 实验研究，可能符合纳入标准的文献有 28 篇，阅读全文排除综述 4 篇，非随机研究 13 篇，非抗辐射研究 4 篇，非动物实验 2 篇，最终共纳入 7 篇（未提供文献筛选流程图）。

（2）纳入研究基本特征和质量评价　动物种类主要是昆明种小鼠、BALB/c 小鼠和 C57BL/6 小鼠；动物数量介于 30～180 只；辐射源主要为 ^{60}Co γ 射线和 X 射线；照射剂量介于 2.5～5Gy；给药时间介于 7～14 天。

方法学质量评价结果显示：1 个研究的实验动物采用随机数字表进行分组，其余研究未描述分组方法；纳入研究均未描述是否进行样本量估算，部分描述了纳入与排除标准，未描述隐藏实验动物分组方案的方法，未报道实验动物排除分析的原因和阐明潜在的利益冲突及研究资助。

（3）网状 Meta 分析结果及结论　网状 Meta 分析结果显示：① 由网状 Meta 分析表格可知，血小板计数和白细胞计数在 ASP 高、低剂量、辐射对照与正常对照之间的差异有统计学意义，ASP 高剂量与 ASP 低剂量和辐射对照之间的白细胞计数差异有统计学意义，而红细胞计数、丙二醛含量和超氧化物歧化酶活性在辐射对照之间与正常对照之间的差异有统计学意义，而其他各组之间的差异无统计学意义；② 由排序概率图可知，ASP 高剂量组升高血小板计数、白细胞计数、高红细胞计数和超氧化物歧化酶活性以及降低丙二醛含量优于 ASP 低剂量和辐射对照组。

ASP 可以提高受辐射损伤小鼠外周血、红细胞和白细胞血小板的数量，降低丙二醛的含量，提升超氧化物歧化酶的活性，具有一定的辐射保护作用，为 ASP 作为放射防治药及免疫力低下的肿瘤放化疗患者的免疫增强剂应用于临床提供了实验依据。

剖析

在现实生活中，随着科学技术和人们生活的现代化，人们越来越多的接触射线，我们从没有像今天这样受到如此多的辐射，如家用电器、办公设备、室内装饰、生活环境、自然环境和医疗设备等。尤其是放疗的肿瘤患者、职业受照人员的辐射性损害日益引起重视。辐射在给人们造福的同时，也带来越来越多的不利影响。少量的辐射不会危及人类健康，但过量就会对人体造成伤害。辐射对人体的伤害主要是骨髓抑制、造血组织功能障碍和外周血白细胞下降以及免疫功能降低、致癌、致畸风险大，甚至导致死亡。如何防护有害辐射，已成为研究者关注的重点。中药的多成分，作用的多靶点和多途径，在抗辐射中有其独特的自然优势。多项研究提示，植物多糖具有一定的辐射保护作用。APS作为植物多糖的一种，可促进放射损伤小鼠外周血象的恢复及提高组织的抗氧化能力。因此，本文采用网状Meta分析的方法对APS、辐射对照和正常对照辐射保护的效果进行比较，以评价APS抗辐射效果。选题具有一定的意义和价值。

本研究采用网状Meta分析方法评价APS在动物实验中抗辐射效果，对APS后续开发具有一定的指导意义，网状Meta分析的方法和基本步骤正确，资料来源清楚，检索方法正确，纳入和排除标准明确。经筛选后，详细描述了纳入动物实验的基本特征和采用STAIR清单评价纳入动物实验的质量的评价结果。

存在的问题主要有：① 尽管作者全面详细的描述了动物实验的排除原因，但没有提供文献筛选流程图；② 在结果部分未呈现证据图。

（田金徽）

第七章　网状 Meta 分析的应用及案例分析

熟练掌握网状 Meta 分析制作的主要环节，如选题、检索、质量评价和统计分析，是规范制作网状 Meta 分析的关键。本章通过分析网状 Meta 分析在内分泌与营养代谢障碍疾病、肿瘤、中医药、健康相关生存质量、疼痛管理和外科领域的应用现状，并选择典型案例进行剖析，期望为网状 Meta 分析制作者提供借鉴和参考。

第一节　网状 Meta 分析在内分泌与营养代谢疾病中的应用

一、研究现状

内分泌学是研究机体内分泌系统结构与功能的科学，主要研究机体内分泌腺体和组织分泌激素及其作用于靶细胞、靶组织或靶器官的生理调控过程与规律，并阐明内分泌功能异常导致相关疾病的病理过程及其机制。新陈代谢是人体生命活动的基础，包括物质合成代谢和分解代谢两个过程。合成代谢是营养物质进入人体内，参与众多化学反应，合成为较大的分子并转化为自身物质，是需要能量的反应过程；分解代谢是体内的糖原、蛋白质和脂肪等大分子物质分解为小分子物质的降解反应，是产生能量的变化过程。中间代谢指营养物质进入机体后在体内合成和分解代谢过程中的一系列化学反应。营养物质不足、过多或比例不当，都能引起营养疾病。中间代谢某一环节出现障碍，则引起代谢疾病。目前，内分泌学与营养代谢研究领域已经成为当代医学与生命科学的重要分支和前沿学科。

近年来，网状 Meta 分析在内分泌与营养代谢疾病中的应用得到很大发展。通过检索 PubMed、EMBASE、Cochrane Library、中国知网和中国生物医学文献数据库可知，目前已发表的内分泌与营养代谢疾病相关的网状 Meta 分析达 75 篇，其中中文 6 篇，英文 69 篇。

第 1 篇相关文献发表于 2004 年，此后每年都有相关 NMA 发表，2010 年以后 NMA 发表数量剧增，2013 年发表文献数量最多，占 25.33%。在研究主题方面，主要涉及 2 型糖尿病（27 篇, 34.62%）、肥胖（10 篇, 12.82%）和骨质疏松症（10 篇, 12.82%）等（图 7–1）。75 篇网状 Meta 分析共涉及 352 个作者，篇均作者数量为 4.69 个，发文数量较多的作者为 Zhang Y（7 篇, 1.59%）、Sun F（7 篇, 1.59%）、Wu S（6 篇, 1.36%）、Yu K（6 篇, 1.36%）、Ji L（6 篇, 1.36%）和 Yang Z（6 篇, 1.36%）等（表 7–1）。

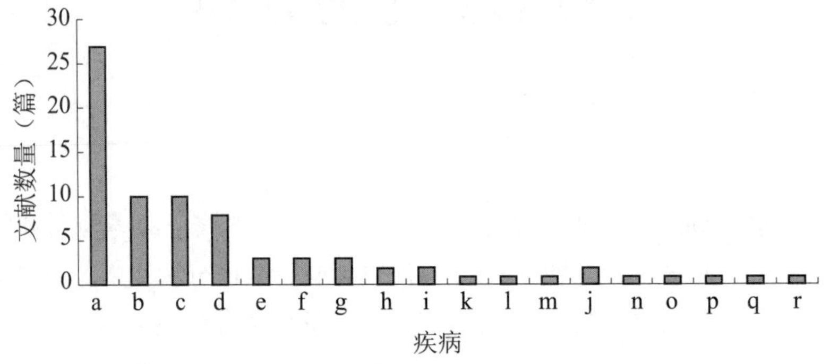

图 7–1　文献发表年代分布

a. 2 型糖尿病；b. 肥胖；c. 骨质疏松症；d. 糖尿病；e. 1 型糖尿病；f. 血糖控制；g. 糖尿病神经病变；h. 甲状腺外科；i. Graves 病；j. 糖尿病性黄斑水肿；k. 甲状腺癌；l. 代谢综合征；m. 糖尿病足部溃疡；n. 良性甲状腺结节；o. 维生素 D 缺乏；p. 妊娠合并糖尿病；q. 胰岛素抵抗；r. 高磷血症

75 篇网状 Meta 分析发表在 47 种期刊上，其中 63 篇被 SCI 收录，5 篇被 CSCD 收录，1 篇为学位论文，其余 6 篇被 MEDLINE 收录。SCI 收录的 63 篇论文中，发表杂志级别最高的为 Lancet（IF=45.217）。

表 7–1 发文数量前 20 位的作者[n(%)]

姓名	数量（%）	姓名	数量（%）
Zhang Y	7（1.59）	Gray LJ	3（0.68）
Sun F	7（1.59）	Dias S	3（0.68）
Wu S	6（1.36）	Dunkley A	3（0.68）
Yu K	6（1.36）	Wang J	3（0.68）
Ji L	6（1.36）	Shi L	3（0.68）
Yang Z	6（1.36）	Schwingshackl L	3（0.68）
Li L	4（0.91）	Chai S	3（0.68）
Khunti K	4（0.91）	Padwal R	2（0.45）
Davies MJ	3（0.68）	Hemmelgarn BR	2（0.45）
Jansen JP	3（0.68）	Cameron C	2（0.45）

二、案例分析

引用文献：Wu HY, Huang JW, Lin HJ, et al. Comparative effectiveness of renin-angiotensin system blockers and other antihypertensive drugs in patients with diabetes: systematic review and bayesian network meta-analysis. BMJ, 2013, 347:f6008.

（一）背景和目的

糖尿病合并高血压在不考虑费用的前提下，许多指南都推荐使用血管紧张素转化酶（angiotensin converting enzyme, ACE）抑制剂和血管紧张素受体阻断剂（angiotensin receptor blockers, ARBs）作为一线治疗用药。然而，ACE 抑制剂和 ABRs 直接比较的相关临床证据有限，此外，许多高血压合并糖尿病患者常常需联合使用其他类型的抗高血压药物和肾素–血管紧张素系统阻断剂来控制血压，然而到目前为止对联合治疗时药物的选择尚未达成共识。

贝叶斯网状 Meta 分析结合直接和间接证据评估所有干预措施之间的交互作用，可同时比较多个干预措施之间的疗效差异，且不破坏随机对照试验的随机性。本研究目的旨在评价不同类别肾素–血管紧张素系统阻断剂和其他抗高血压药物（单药或联合用药）治疗糖尿病合并高血压患者的生存期和主要的肾相关结局指标。

（二）方法

1. 文献检索

采用主题词和自由词结合方式，检索 Medline、PubMed、Scopus 和 the Cochrane Library 4 个数据库，检索时间从 1970 年到 2011 年 12 月 15 日，纳入抗高血压药物治疗糖尿病合并高血压的随机对照试验（randomized controlled trials, RCT），同时追踪纳入文献以及相关系统评价/Meta 分析的参考文献。详细的研究方案和检索策略的描述见原文附件。

2. 研究选择

纳入抗高血压药和其他活性药物单药或联合使用治疗糖尿病合并高血压患者的随机平行临床试验，年龄在 18 岁及以上，随访时间至少 12 个月。纳入研究至少包含以下 3 个结局指标之一：全因死亡率、终末期肾病发生率或双倍血清肌酐水平。终末期肾病被定义为需要肾透析或肾移植治疗，不限糖尿病的类型和蛋白尿水平，不限语种。

3. 数据提取和质量评价

2 名研究人员独立提取和录入数据库，内容包括：研究设计、患者基线特征、干预措施、对照措施和结局指标。若文中未交代研究设计或结局指标相关信息，或者疑为重复发表时，与纳入研究的作者联系进行澄清。2 名研究人员依据 Cochrane Collaboration 推荐的偏倚风险评估工具独立评价纳入研究的方法学质量。当存在分歧时讨论解决，若分歧仍然存在，咨询另外 2 名评价员。

4. 数据合成和分析

数据提取并录入 Microsoft Excel 2007 软件，独立分析三个治疗结局。首先执行双臂 Meta 分析，然后再进行贝叶斯网状 Meta 分析比较不同抗高血压药物（包括 ACE 抑制剂、ARBs、β 受体阻滞剂、钙通道阻滞剂、利尿剂、ACE 抑制剂联合钙通道阻滞剂、ACE 抑制剂联合利尿剂、ARBs 联合钙通道阻滞剂、ARBs 联合利尿剂、ARBs 联合 ACH 抑制剂、安慰剂和其他）。

双臂 Meta 分析采用 STATA 10.0 软件（StataCorp, College Station, TX），使用随机效应模型合并数据，计算优势比及其 95%可信区间，研究之间的异质性采用 Cochrane Q 检验和 I^2 统计。Begg's 和 Egger's 漏斗图判定存在发表偏倚的可能性。

使用贝叶斯分层随机效应模型进行网状 Meta 分析，调用 WinBUGS 1.4.3 执行网状 Meta 分析，均数和标准差等参数使用非信息先验分布和均匀分布，同时采用敏感性分析评估不同先验信息对结果的影响；针对每条马尔科夫蒙特卡洛链，运行 100000 次，丢弃前 50000 次作为退火次数。收敛性的评估采用 Brooks-Gelman-Rubin 统计，后验分布的中位数基于 100000 模拟结果，并计算其 95%置信区间（credible interval, 95%CrI）。当存在闭合环时，采用节点分析的方法检测直接证据和间接证据之间的不一致性，计算其差异和贝叶斯 P 值，当存在缺失数据时，采用敏感性分析判断结果的稳定性。治疗排序基于后验概率，评估每种干预措施成为最有效治疗的可能性，当干预措施之间的疗效较小时，临床决策时可参考概率排序结果。

（三）结果

1. 纳入研究一般特征

数据库检索共获得 4110 条记录，经过初筛和复筛后，纳入 67 篇研究进行分析。总共包括 36917 例患者，11 种不同治疗方案，62 个研究的 36810 例患者中，报告全因死亡人数为 2400 例患者；19 个研究的 25813 例患者中，766 例发生终末期肾病；13 个研究的 25055 例患者发生双倍血清肌酐水平的患者为 1099 例。图 7-2 呈现了纳入治疗方案的网状关系图以及直接比较的结果，不同的治疗方案之间不存在异质性和发表偏倚。质量评价结果显示纳入研究随机分组的方法、隐蔽分组和盲法的实施不充分，是产生潜在偏倚的主要因素。

2. 疗效比较

纳入的治疗方案与安慰剂比较的 3 个结局指标的网状 Meta 分析结果见表 7-2。与安慰剂比较，ACE 抑制剂联合钙通道阻滞剂在降低全因死亡率方面差异无统计学意义（OR=0.51, 95%CrI: 0.15～1.35），然而概率排序结果提示 ACE 抑制剂联合钙通道阻滞剂在降低死亡发生率上成为最有效治疗方案的可能性最大（71.9%），其次为 ACE 抑制剂联合利尿剂（46.0%）和 ACE 抑制剂（24.5%）。敏感性分析全因死亡率，通过排除置信区间较宽的研究、排除大样本或小样本研究，分别进行网状 Meta 分析，结果提示疗效值和排序概率变化不明显，结果稳定。针对终末期肾病的发生率，结果见表 7-2，所有

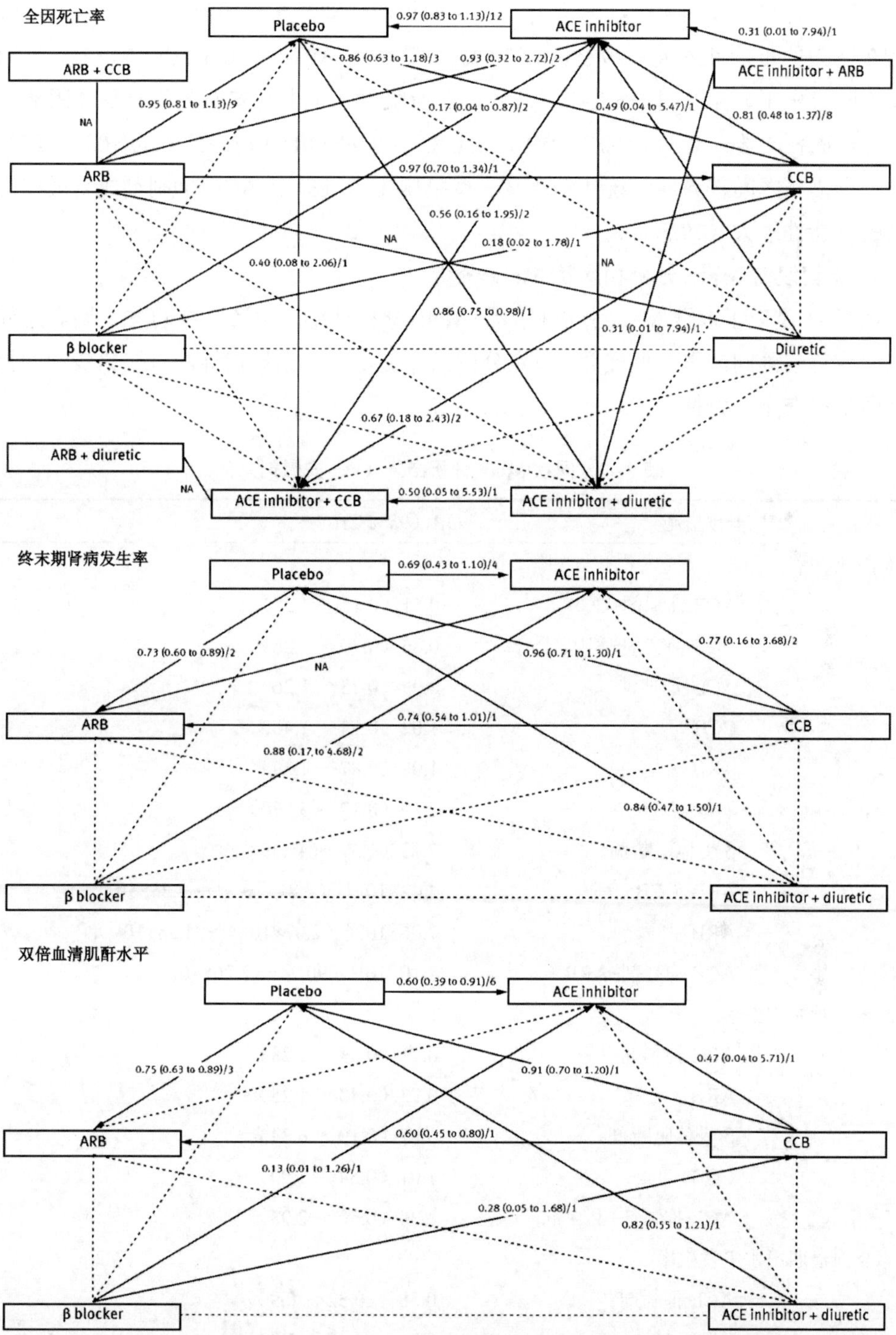

全因死亡率

Placebo
ACE inhibitor
ARB + CCB
ACE inhibitor + ARB
ARB
CCB
β blocker
Diuretic
ARB + diuretic
ACE inhibitor + CCB
ACE inhibitor + diuretic
0.97 (0.83 to 1.13)/12
0.31 (0.01 to 7.94)/1
0.86 (0.63 to 1.18)/3
0.93 (0.32 to 2.72)/2
0.95 (0.81 to 1.13)/9
NA
0.17 (0.04 to 0.87)/2
0.49 (0.04 to 5.47)/1
0.81 (0.48 to 1.37)/8
0.97 (0.70 to 1.34)/1
0.56 (0.16 to 1.95)/2
NA
0.18 (0.02 to 1.78)/1
0.40 (0.08 to 2.06)/1
NA
0.86 (0.75 to 0.98)/1
0.31 (0.01 to 7.94)/1
0.67 (0.18 to 2.43)/2
NA
0.50 (0.05 to 5.53)/1

终末期肾病发生率

Placebo
ACE inhibitor
0.69 (0.43 to 1.10)/4
0.73 (0.60 to 0.89)/2
NA
0.96 (0.71 to 1.30)/1
0.77 (0.16 to 3.68)/2
ARB
CCB
0.74 (0.54 to 1.01)/1
0.88 (0.17 to 4.68)/2
0.84 (0.47 to 1.50)/1
β blocker
ACE inhibitor + diuretic

双倍血清肌酐水平

Placebo
ACE inhibitor
0.60 (0.39 to 0.91)/6
0.75 (0.63 to 0.89)/3
0.91 (0.70 to 1.20)/1
0.47 (0.04 to 5.71)/1
ARB
CCB
0.60 (0.45 to 0.80)/1
0.13 (0.01 to 1.26)/1
0.28 (0.05 to 1.68)/1
0.82 (0.55 to 1.21)/1
β blocker
ACE inhibitor + diuretic

图 7-2　纳入干预措施三个结局指标的网状关系图及直接比较结果

图中实线代表干预措施之间直接比较，虚线代表间接比较；ACE. 血管紧张素转化酶；β blocker. β受体阻滞剂；ARB. 血管紧张素受体阻滞剂；CCB. 钙通道阻滞剂；NA. 无直接比较或事件发生率为 0

Diuretic. 利尿剂；Placebo. 安慰剂

的干预措施之间差异均无统计学意义，ACE 抑制剂在降低终末期肾病发生率上成为第 1 和第 2 有效的可能性最大（29.6%和 37.5%），其次是 ARBs（26.6%和 35.0%）。针对双倍血清肌酐水平，ACE 抑制剂在降低双倍血清肌酐水平上与安慰剂和 β 受体阻滞剂比较，差异有统计学意义（OR=0.58, 95%CrI: 0.32～0.90; OR=0.12, 95%CrI: 0.02～0.74），其他干预措施之间差异均无统计学意义，概率排序结果提示 ACE 抑制剂成为最佳干预措施的可能性最大（79.5%）。

3. 比较双臂 Meta 分析和网状 Meta 分析

图 7–3 呈现了双臂 Meta 分析和网状 Meta 分析结果，由图 7–3 可知，两者之间可信区间或置信区间的重合度较高；节点分析结果提示 3 个结局指标的直接比较和间接比较之间不存在不一致性。

表 7–2　网状 Meta 分析结果（vs. 安慰剂）

	干预措施	OR（95% CrI）
全因死亡率		
	ACE 抑制剂+CCB	0.51（0.15～1.35）
	ACE 抑制剂+利尿剂	0.86（0.59～1.26）
	ACE 抑制剂	0.99（0.73～1.26）
	CCB	1.02（0.74～1.46）
	ARB	1.08（0.87～1.39）
	利尿剂	2.19（0.17～55.70）
	β 受体阻断剂	7.13（1.37～41.39）
	ARB+CCB	4.42×10^{-14}（2.81×10^{-51}～4.25×10^{5}）
	ARB+利尿剂	7.06×10^{-3}（2.07×10^{-27}～4.38×10^{17}）
	ACE 抑制剂+ARB	2.10×10^{15}（90.74～7.26×10^{26}）
终末期肾病发生率		
	ACE 抑制剂	0.71（0.39～1.28）
	ARB	0.73（0.43～1.25）
	β 受体阻断剂	0.87（0.10～6.34）
	CCB	1.01（0.54～1.90）
	ACE 抑制剂+利尿剂	1.20（0.50～2.93）
双倍血清肌酐水平发生率		
	ACE 抑制剂	0.58 （0.32～0.90）
	ARB	0.76 （0.47～1.32）
	CCB	1.18 （0.57～2.54）
	ACE 抑制剂+利尿剂	1.22 （0.49～3.03）
	β 受体阻断剂	4.87 （0.77～34.61）

注：CrI. 置信区间；ACE. 血管紧张素转化酶；ARB. 血管紧张素受体阻断剂；CCB. 钙通道阻断剂

（四）结论

结果提示，ACE 抑制剂在保护糖尿病患者肾脏作用上显示出其优越性，与 ACE 抑制剂比较，ARBs 对糖尿病患者的疗效并不显著；根据药物的成本效果分析，本研究结果支持 ACE 抑制剂可作为治疗糖尿病患者的一线抗高血压药。钙通道阻滞剂联合 ACE 抑制剂优于单纯的 ACE 抑制剂。

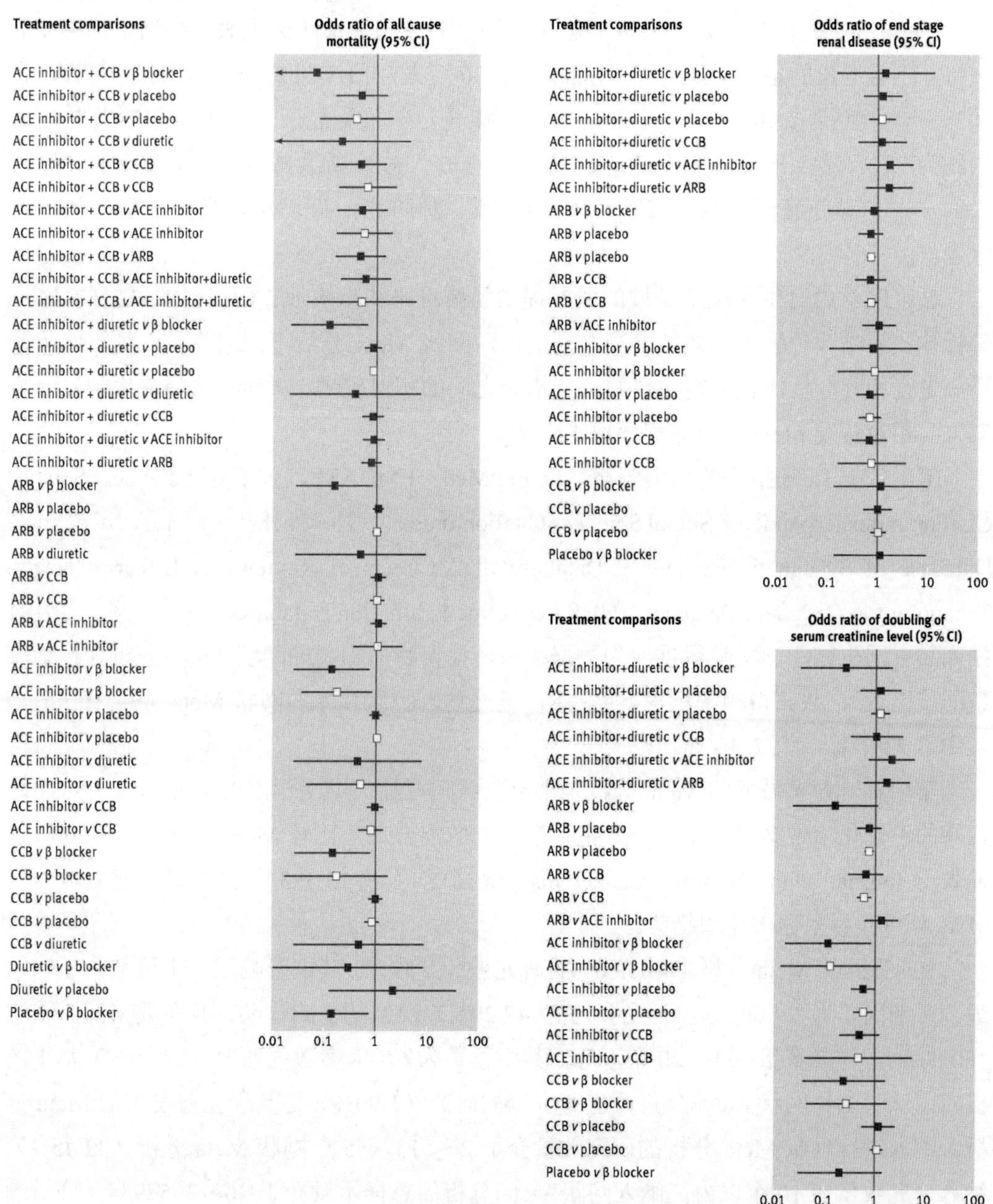

图 7-3　3 个结局指标网状 Meta 分析结果（实心方框）和双臂 Meta 分析结果（空心方框）

（葛　龙）

第二节　网状Meta分析在肿瘤研究中的应用

一、研究现状

《全球癌症报告2014》于“世界癌症日”（2月4日）前1天发表，指出全球癌症病例将呈迅猛增长的态势，2012年癌症患者1400万人，预计到2025年达1900万人，在2035年时将达到2400万人。《2012中国肿瘤登记年报》显示，我国每年新发肿瘤病例约为312万例，平均每天8550人，每分钟有6人被诊断为肿瘤，有5人死于肿瘤，人们一生中患肿瘤概率为22%。肿瘤的诊断、预防和治疗仍然是当今医学界的重要课题。

循证医学的诞生为医学领域的发展提供了新思路和新挑战。随机对照试验的Meta分析被认为是评价临床疗效的最高级别证据，网状Meta分析可同时将一系列不同干预措施进行相互分析比较并得出这些干预措施之间的相对优劣，从而在选择最优的治疗方案方面相对传统Meta分析显现出巨大优势。

笔者依据Li等报告的检索策略，以PubMed、EMBASE、Web of Science、Science Citation Index Expanded、Social Sciences Citation Index 、The Cochrane Library、Cochrane Database of Systematic Reviews、Database of Abstracts of Reviews of Effects、Health Technology Assessment Database、NHS Economic Evaluation Database、中国知网、万方数据库和中国生物医学文献数据库为数据来源，检索肿瘤相关的网状Meta分析（包括调整间接比较），共获得相关记录6373条，最终纳入肿瘤领域的网状Meta分析106篇，其中英文96篇，中文10篇。

第1篇肿瘤领域网状Meta分析是由希腊约阿尼纳大学医学院的Ioannidis JPA团队撰写的不同化疗方案对卵巢癌患者生存期影响的混合治疗比较Meta分析，并于2006年发表于Journal of the National Cancer Institute杂志（IF=12.583）。此后，肿瘤领域网状Meta分析数量呈逐年递增趋势。

106篇网状Meta分析中，85.80%的研究被SCI收录，其中影响因子中位数为3.94，最高影响因子为24.69。近半数的研究（47.20%）得到基金的资助，且主要来源于企业（60.00%）。作者数量在1～20个不等，其中位数为6。大多数的研究（94.30%）基于随机对照试验制作网状Meta分析，也有少量的研究（1.90%）是基于先前发表的Meta分析。纳入进行网状Meta分析的研究数量介于2～513，45个网状Meta分析（42.45%）纳入研究数量在10个以内。纳入网状Meta分析的总样本量介于30～2957954，分析的结局指标以二分类（71.70%）和生存资料（78.30%）为主，且半数研究（48.10%）是双臂研究（表7–3）。

表 7-3 肿瘤领域网状 Meta 分析报告特征

条目		数量	%（95%可信区间）
发表语言（n=106）	中文	10	9.40（5.20～16.70）
	英文	96	90.60（83.30～94.80）
期刊级别（n=106）	SCI	91	85.80（77.80～91.30）
	非 SCI	15	14.20（8.70～22.20）
	CSCD	3	2.80（0.90～8.40）
	非 CSCD	7	6.60（3.20～13.20）
SCI 影响因子（n=91）	中位数（范围）	3.94（0.902–24.69）	
	0.0～2.0	6	6.60（3.00～13.90）
	2.0～5.0	49	53.80（43.60～63.80）
	5.0～10.0	26	28.60（20.20～38.70）
	≥10.0	10	11.00（6.00～19.20）
发表周期（n=56）	中位数（范围）	101（1～451）天	
	1～30 天	12	21.40（12.60～34.10）
	30～60 天	10	17.90（9.90～30.10）
	60～90 天	4	7.10（2.70～17.50）
	90～150 天	12	21.40（12.60～34.10）
	≥150 天	19	33.90（22.80～47.20）
基金资助（n=106）	有	50	47.20（37.90～56.70）
	无	14	13.20（8.00～21.10）
	未报告	42	39.60（30.80～49.20）
	政府	23	21.70（14.90～30.50）
	企业	30	28.30（20.60～37.60）
作者数量	中位数（范围）	6（1～20）	
纳入研究类型（n=106）	RCT	100	94.30（88.00～97.40）
	Meta 分析	2	1.90（0.50～7.20）
纳入研究数量	中位数（范围）	12（2～513）	
干预措施	中位数（范围）	5（2～148）	
样本量（n=106）	中位数（范围）	3605（30～2957954）	
	未报告	8	7.50（3.80～14.40）
结局指标（n=106）	中位数（范围）	3（1～13）	
	二分类	76	71.70（62.40～79.40）
	连续	5	4.70（2.00～10.80）
	成本效果	9	8.50（4.50～15.50）
	生存资料	83	78.30（69.50～85.10）
研究臂数（n=106）	两臂	51	48.10（38.80～57.60）
	三臂	17	16.00（10.20～24.30）
	两臂+三臂及以上	38	35.80（27.30～45.40）

在地区分布上，106 篇纳入的网状 Meta 分析分布在 23 个国家，其中发文量在前 5 位的国家依次为：中国（包括港澳台地区）28 篇（26.42%）、英国 27 篇（25.47%）、美国 12 篇（11.32%）、加拿大 6 篇（5.66%）和希腊 5 篇（4.72%）（图 7-4）。

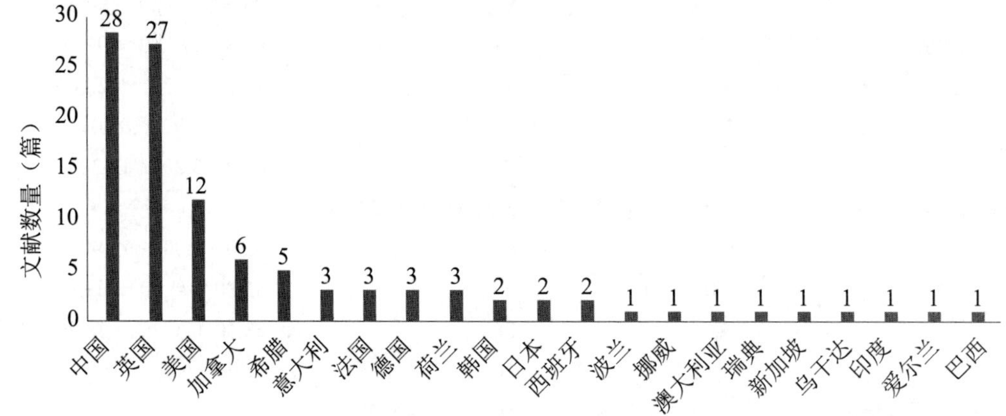

图 7-4　肿瘤领域网状 Meta 分析地区分布

99 篇网状 Meta 分析涉及 27 种肿瘤类型，其余 7 篇研究未指明具体的肿瘤。在涉及的 27 种肿瘤中，研究最多的为非小细胞肺癌 19 篇（19.19%），其次为乳腺癌 14 篇（14.14%）、结直肠癌 7 篇（7.07%）、肾细胞癌 7 篇（7.07%）、胃癌 6 篇（6.06%）和前列腺癌 5 篇（5.05%）等（图 7-5）。

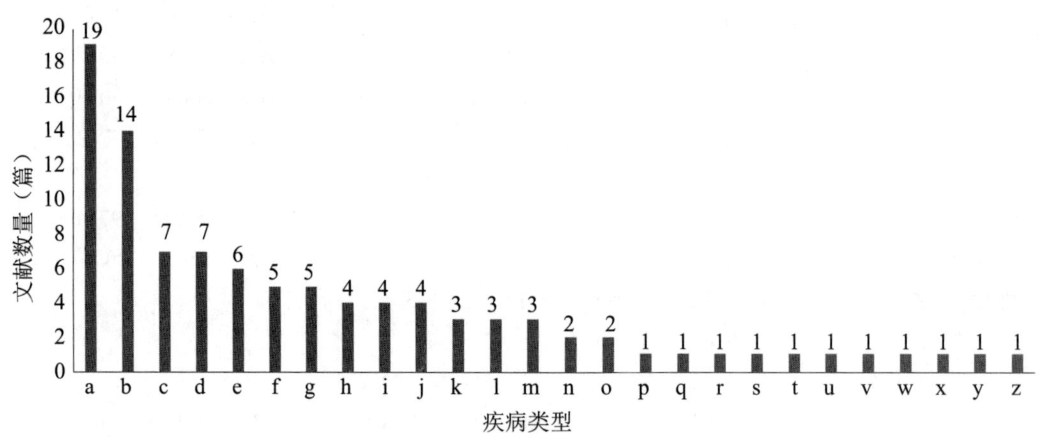

图 7-5　纳入研究涉及的肿瘤类型

a. 非小细胞肺癌；b. 乳腺癌；c. 结直肠癌；d. 肾细胞癌；e. 胃癌；f. 前列腺癌；g. 慢性淋巴细胞白血病；h. 头颈部肿瘤；i. 胰腺癌；j. 骨髓白血病；k. 多发性骨髓瘤；l. 卵巢癌；m. 肺癌；n. 肝癌；o. 鼻咽癌；p. 子宫纤维瘤；q. 小细胞肺癌；r. 甲状腺癌；s. 突发性癌痛；t. 胆管癌；u. 血液学恶性肿瘤；v. 霍奇金淋巴瘤；w. 胸膜间皮瘤；x. 食管和胃－食管连接癌；y. 食管癌；z. 黑色素瘤.

91 个研究（85.85%）报告了数据库的检索情况，共涉及 22 个数据库；25.30%的研究报告了数据库检索策略，其中 43.50%的检索策略在文中方法学部分呈现。大部分研究

（85.70%）进行了辅助检索，主要的辅助检索途径为追踪参考文献（53.80%）。30.80%的研究检索了先前发表的系统评价/Meta 分析，作为网状 Meta 分析的补充检索（表 7–4）。在报告了文献检索的 91 篇研究中，检索数据库数量最多的为 PubMed/MEDLINE（92.30%），其次是 Cochrane Library（78.00%）；最常见的数据库组合方式为 PubMed/MEDLINE+Cochrane（75.80%），其次是 PubMed/MEDLINE+EMBASE（71.40%）（表 7–5）。

表 7–4　文献检索报告情况

内容		数量	%（95%可信区间）
检索的数据库（n=106）	中文	10	9.40（5.20～16.70）
	英文	90	84.90（76.80～90.50）
	中文+英文	9	8.50（4.50～15.50）
中文数据库检索数量	中位数（范围）	5（2～8）	
英文数据库检索数量	中位数（范围）	3（1～10）	
报告检索策略的数据库数量	中位数（范围）	2（1～6）	
检索策略（n=91）	报告	23	25.30（17.40～35.20）
	未报告	68	74.70（64.80～82.60）
检索策略呈现形式（n=23）	文中	10	43.50（25.20～63.70）
	附于文后	5	21.70（9.30～42.80）
	在线附件	8	34.80（18.40～55.70）
是否检索了先前发表的系统评级/Meta 分析（n=91）	是	28	30.80（22.20～41.00）
	否	63	69.20（59.00～77.80）
是否进行辅助检索（n=91）	是	78	85.70（76.90～91.50）
	否	13	14.30（8.50～23.10）
辅助检索途径（n=78）	追踪参考文献	42	53.80（42.80～64.50）
	临床试验注册库	28	35.90（26.10～47.10）
	会议摘要	43	55.10（44.00～65.70）
	搜索引擎	17	21.80（14.00～32.30）

表 7–5　数据库检索情况（n=91）

条目		数量	%（95%可信区间）
检索数据库	PubMed/MEDLINE	84	92.30（84.70～96.30）
	EMBASE	69	75.80（66.00～83.50）
	The Cochrane Library	71	78.00（68.40～85.40）
	Web of Knowledge	17	18.70（11.90～28.00）
	CNKI	9	9.90（5.20～17.90）

续表

	条目	数量	%（95%可信区间）
检索数据库	CBM	9	9.90（5.20～17.90）
	万方	7	7.70（3.70～15.30）
	维普	8	8.80（4.50～16.60）
	中国科学引文数据库	7	7.70（3.70～15.30）
	其他	35	38.50（29.10～48.80）
数据库常见组合方式	PubMed/MEDLINE+EMBASE	65	71.40（61.30～79.80）
	PubMed/MEDLINE+Cochrane	69	75.80（66.00～83.50）
	EMBASE+Cochrane	60	65.90（55.60～74.90）
	PubMed/MEDLINE+EMBASE +Cochrane	56	61.50（51.20～70.90）
	PubMed/MEDLINE+Web of Knowledge	17	18.70（11.90～28.00）
	PubMed/MEDLINE+EMBASE+ Cochrane+ Web of Knowledge	14	15.40（9.30～24.30）
	PubMed/MEDLINE+EMBASE+ CBM	8	8.80（4.50～16.60）
	PubMed/MEDLINE+CNKI	7	7.70（3.70～15.30）

二、案例分析

引用文献：Liao WC, Chien KL, Lin YL, et al. Adjuvant treatments for resected pancreatic adenocarcinoma: a systematic review and network meta-analysis.Lancet Oncol, 2013, 14（11）: 1095－1103.

（一）背景和目的

胰腺癌5年生存率不到5%，手术切除后80%～85%复发。胰腺癌手术后进行辅助治疗，有助于降低复发的风险，延长患者的生存时间。目前主要的辅助治疗包括化疗（氟尿嘧啶和吉西他滨），基于氟尿嘧啶的放化疗联合，以及放化疗后再行化疗，然而最有效的辅助治疗方式尚存争论。

胰腺癌切除后是否应该给予放化疗尚存争论。根据ESPAC－1试验结果，在胰腺癌切除后进行氟尿嘧啶辅助化疗可降低患者的死亡率，而另一试验提示吉西他滨在延长患者生存时间上无明显效果。在美国，以氟尿嘧啶作为放射治疗敏感剂，放化疗作为术后胰腺癌患者局部复发的标准治疗手段，然而放化疗并不能延长患者的生存期，ESSPAC－1试验结果提示，与未放化疗的患者相比，接受放化疗患者的生存时间缩短

（HR=1.28，95%CI：0.99～1.66），因此在英国及欧洲其他地区，胰腺癌术后并不进行放化疗。

由于许多干预措施之间缺乏头对头的随机对照试验，给传统的证据综合方法——双臂 Meta 分析带来巨大的挑战。贝叶斯的网状 Meta 分析也叫混合治疗比较，可通过试验中共同的干预措施，实现缺乏直接比较的两个干预措施之间的间接比较。为了决定胰腺癌患者最优的辅助干预措施，本研究采用随机效应的网状 Meta 分析，比较主要的辅助治疗方案（氟尿嘧啶、吉西他滨、放化疗、放化疗联合氟尿嘧啶和放化疗联合吉西他滨）治疗胰腺癌患者的总生存时间和毒副作用。

（二）方法

1. 文献检索和研究筛选

本研究严格依据 PRISMA 规范进行报告。检索数据库包括 PubMed、the Cochrane Collaboration Central Register of Controlled Clinical Trials、Cochrane Systematic Reviews、ClinicalTrials.gov 和 American Society of Clinical Oncology database of abstracts，纳入辅助治疗胰腺癌的所有相关随机对照试验，检索时间截至 2013 年 4 月，无语言和时间的限定，检索策略见原文附件。同时手工检索纳入研究的参考文献。

本研究纳入胰腺癌切除术后行辅助治疗的患者，试验组和对照组的干预措施必须包含上述治疗方案。排除非随机对照试验，干预措施中不含或仅含有一种相关治疗方案的研究。

2. 数据提取和偏倚风险评估

2 名研究者独立筛选文献，并提取数据，主要提取内容包括患者基本特征、纳入排除标准、治疗方案和结局指标（包括总生存期和 3～4 级血液学、非血液学和其他毒副作用）。鉴于 1～2 级毒副作用的临床异质性低，且在纳入试验中报告不一致，因此我们只分析 3～4 级毒副作用。针对同一试验的不同随访阶段，我们仅纳入最后随访的数据进行分析。单个研究的偏倚风险由相同的 2 名研究者进行评价。分歧通过讨论解决。

3. 数据综合

进行数据综合的结局包括总生存时间、3～4 级治疗相关血液学毒性、3～4 级治疗相关非血液学毒性和 3～4 级总的毒性。采用随机效应模型进行数据合并，针对生存时间的 Meta 分析，优先合并调整的 HR 值，若纳入研究未报告 HR 值，采用 Tierney 描述的方法计算 HR 值，若提供的信息不能计算 HR 值，以中位生存时间代替 HR 值。使用 Woods 描述的贝叶斯网状 Meta 分析方法合并 HR 值和中位生存时间，该方法避免了潜在的选择性偏倚。为了评估直接比较和间接比较之间的不一致性，通过比较来自网状 Meta 分析的 HR 值和相应的传统 Meta 分析的 HR 值。采用 Meta 回归的方法探讨预后因素对总生存时间的影响，预后因素被定义为阳性切缘患者百分比、淋巴结阳性患者百分比、低分化或未分化肿瘤。针对毒副作用，计算 OR 值。传统 Meta 分析采用 STATA

12.0 软件，贝叶斯网状 Meta 分析采用 WinBUGS 1.4.3 软件。非信息均匀和正态先验分布被使用，使用 3 条蒙特卡洛链，总共迭代次数为 150000 次（每条链 50000 次），前 5000 次作为退火次数，针对生存时间和血液学毒性，每条链步长为 50，针对非血液学毒性，每条链步长为 100。针对血液学毒性，由于放化疗的事件发生率为零，因此不和其他干预措施进行比较，此时将去火次数设定为 10000，补偿设定为 100。收敛性的评估方法采用 Gelman-Rubin-Brooks 统计方法。

（三）结果

检索共获得相关研究 2251 篇，筛选后纳入 9 个随机对照试验进行分析，共 3033 例患者，纳入研究的基本特征详见原文。纳入研究的干预措施及其样本量见图 7–6。贝叶斯网状 Meta 分析结果见图 7–7，与观察组比较，氟尿嘧啶化疗可改善患者的总生存期（HR=0.62, 95%CrI: 0.42–0.88）。由图 7–8 可知，网状 Meta 分析和传统 Meta 分析的一致性较好。3–4 级非血液学和血液学毒性结果见图 7–9。由图 7–10 可知，吉西他滨和氟尿嘧啶在总生存时间和毒副作用方面排序相似，放化疗联合氟尿嘧啶或吉西他滨在延长患者生存时间上成为最有效治疗的可能性最大，但同时也带来了更多的毒副作用。

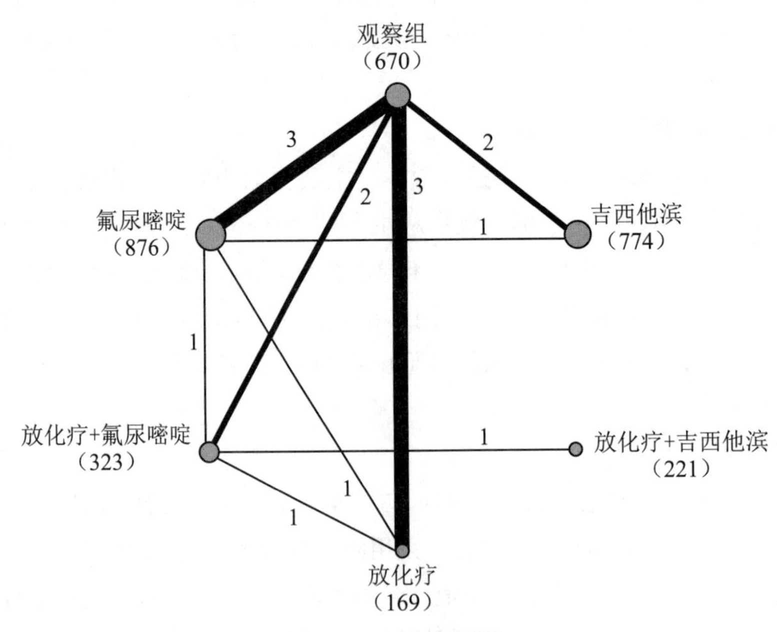

图 7–6 网状关系图

（四）结论

结果提示，氟尿嘧啶和吉西他滨辅助治疗胰腺癌术后患者在总生存时间上有优势，可降低 1/3 胰腺癌患者的死亡率。放化疗联合治疗效果不明显，放化疗联合化疗并不能延长患者的生存期，且毒副作用更为明显，尤其针对放化疗联合吉西他滨。

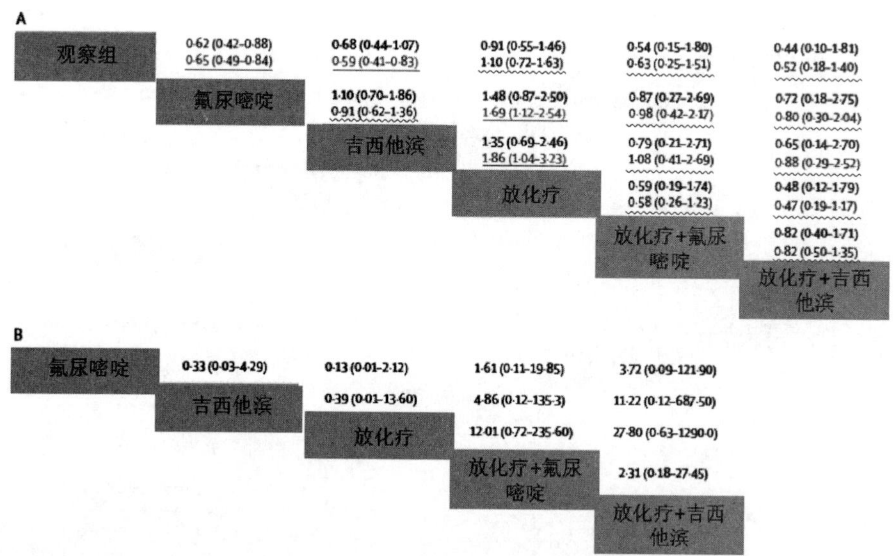

图 7–7　总生存期合并 HR 值（A）和 3–4 级毒副作用合并 OR 值（B）

波浪线上数字为未调整 HR 值结果；下划线上数字为调整 HR 值结果

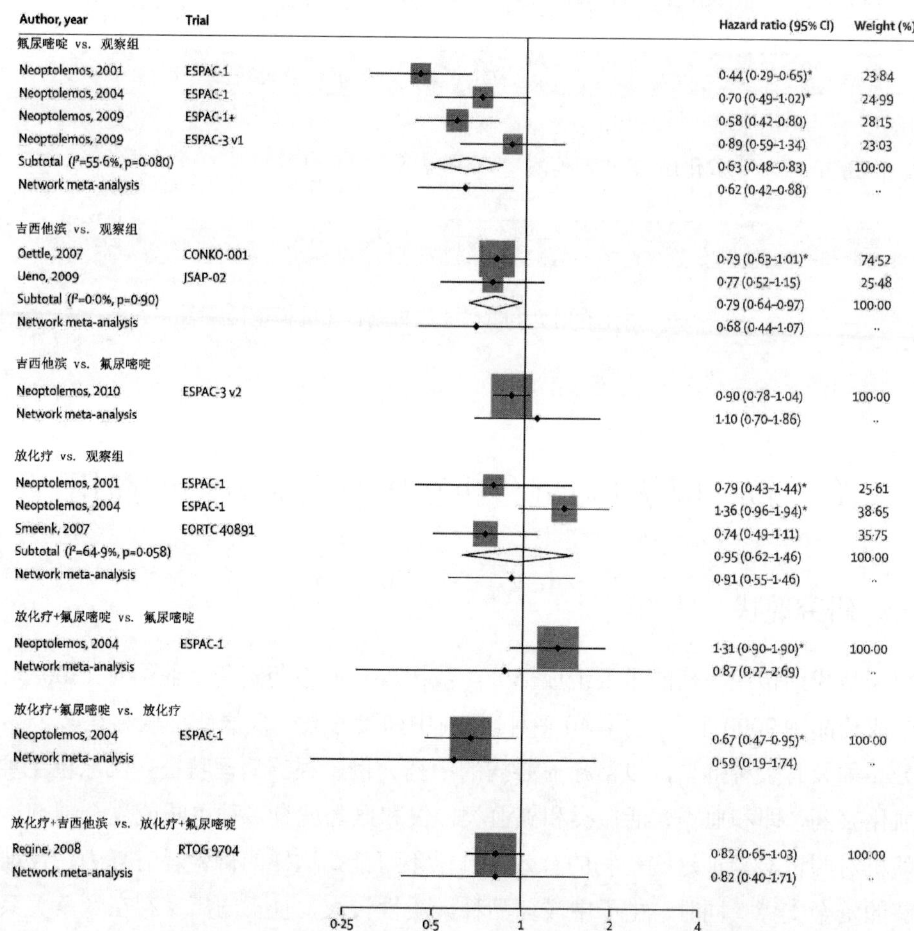

图 7–8　生存时间的传统 Meta 分析和网状 Meta 分析结果

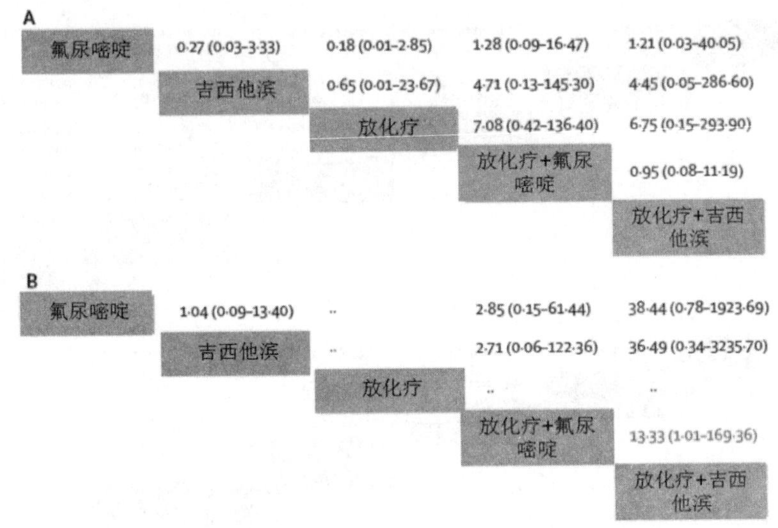

图 7–9　3～4 级非血液学毒性（A）和血液学毒性（B）合并 OR 值

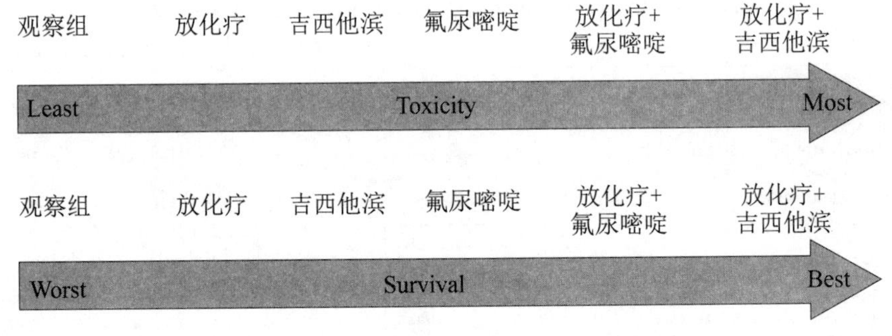

图 7–10　总生存时间和 3～4 级毒副作用的概率排序图

（葛　龙）

第三节　网状 Meta 分析在中医药研究中的应用

一、研究现状

中药是我国传统医药的重要组成部分，我国现有的中药制药企业约有 1500 余家，已有中成药品种 9000 余个，剂型 40 多种。目前中药治疗某一疾病或证候存在多个品种，且部分品种又有多种剂型，以治疗冠心病的中药为例，根据病理特征，临床上主要有 3 类活血化瘀药，即和血类、活血类和破血类，仅和血药就有多种单味或复合制剂。要想通过随机对照试验验证这些药物的有效性几乎不可能，这样的试验耗时耗力，且难以获得足够的资金支撑。同时，由于中成药品种异质性较大，且不同厂家存在竞争关系，因而难以对同一品种不同生产厂家的质量进行比较。因此，有必要将网状 Meta 分析引入中医药领域解决这些问题。

为了解目前网状 Meta 分析在中医药领域的应用现状，笔者通过检索主要中英文数据库，截至 2015 年 9 月，共获得 12 篇中医药相关的网状 Meta 分析，其中 1 篇为英文，11 篇为中文；10 篇为期刊发表论文，1 篇动物实验的网状 Meta 分析关注当归多糖不同剂量抗辐射的效果，其余 9 篇涉及的干预措施绘制网状关系图见图 7-11。纳入网状 Meta 分析的一般情况见表 7-6。

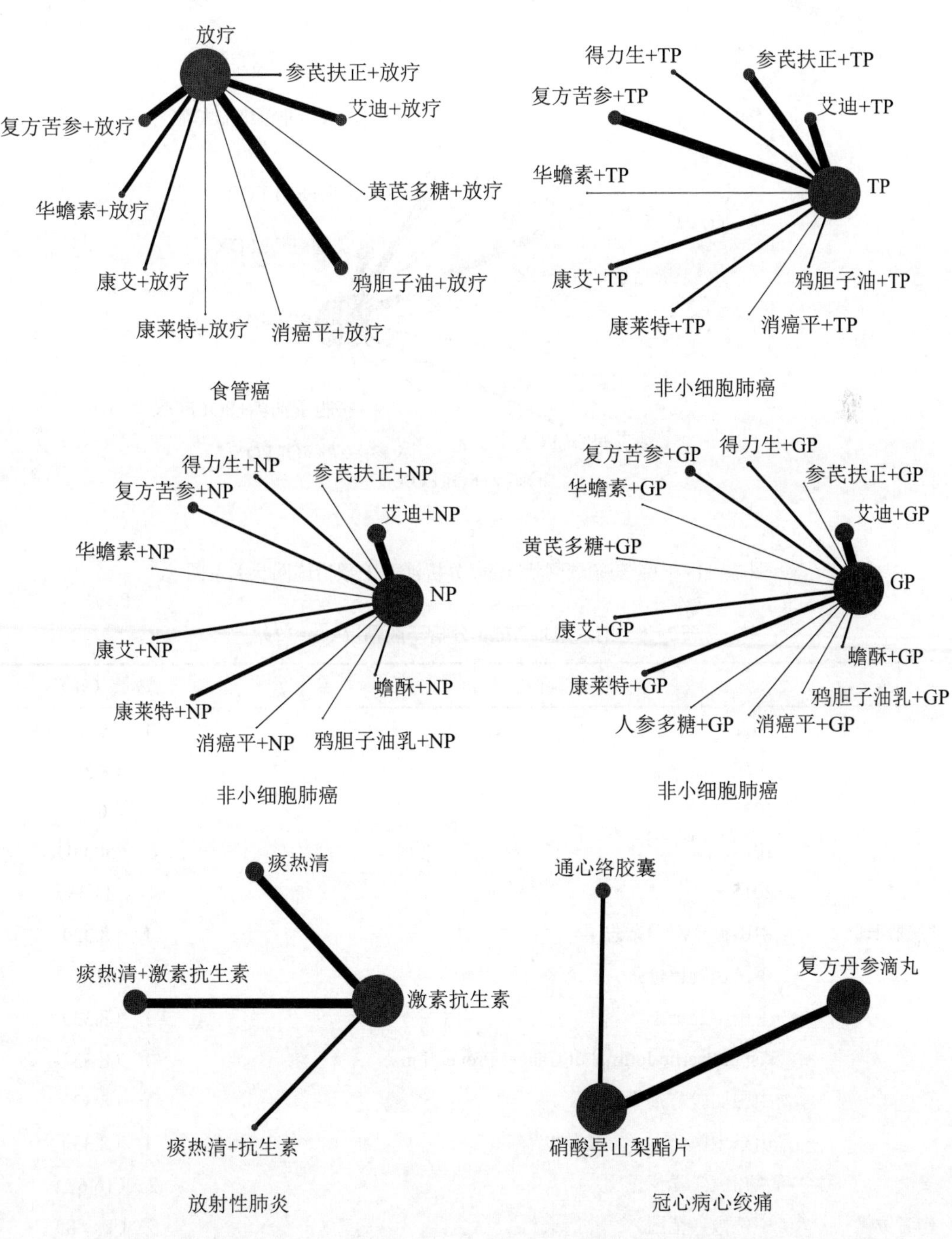

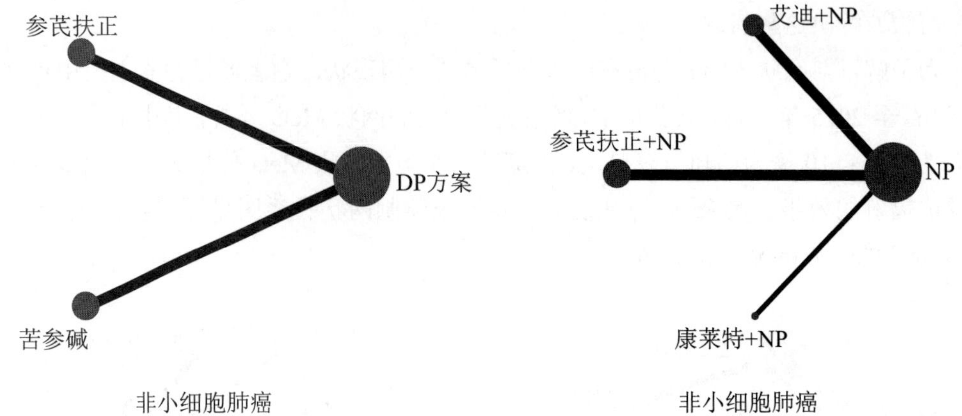

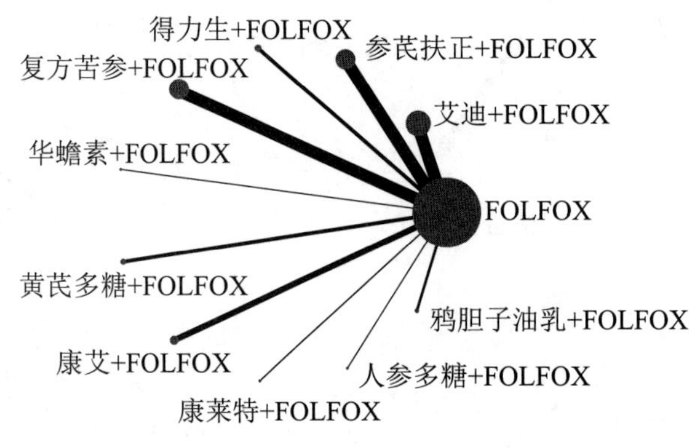

图 7－11　中医药领域网状 Meta 分析涉及干预措施网状关系图

表 7－6　纳入网状 Meta 分析一般情况（n=12）

条　　目		数量（%）
年代（年）	2011	1　（8.33）
	2012	1　（8.33）
	2013	0
	2014	6　（50.00）
	2015	4　（33.33）
发表期刊	中国循证医学杂志	1　（8.33）
	中国药物评价	5　（41.67）
	中国中药杂志	1　（8.33）
	Asian Pacific Journal of Cancer Prevention	1　（8.33）
	中国实验方剂学杂志	1　（8.33）
	山东中医药大学学位论文	1　（8.33）
	兰州大学学位论文	2　（16.67）
作者数量	中位数（范围）	5　（1～8）

续表

条　　目		数量（%）
纳入研究数量	中位数（范围）	63 （7～371）
疾病谱	食管癌	1 （8.33）
	非小细胞肺癌	6 （50.00）
	胃癌	2 （16.67）
	冠心病心绞痛	1 （8.33）
	抗辐射	1 （8.33）
	放射性肺炎	1 （8.33）
参考文献	中位数（范围）	22.5 （8～388）
论文页数	中位数（范围）	6 （4～218）
基金项目	甘肃省循证医学与临床转化重点实验室开放基金	1 （8.33）
	甘肃省青年科技基金计划资助	1 （8.33）
	澳门大学基金项目“Open systematic reviewing of clinical trials”课题	1 （8.33）
	兰州大学国家级大学生创新创业训练计划项目	1 （8.33）
	未报告	8 （66.67）

二、案例分析

引用文献：葛龙，毛蕾，田金徽，等. 食管癌放疗过程中如何选择中药注射剂的网状 Meta 分析［J］. 中国中药杂志，2015，40（18）：3674–3681.

（一）背景和目的

食管癌是常见的消化道恶性肿瘤，全世界每年约有 30 万人死于食管癌。我国是世界上食管癌发病率和病死率最高的国家，每年发病率占全世界的 50%，死亡率居世界首位。据全国防癌办公室第三次肿瘤普查资料显示，食管癌发病率居高不下的现状仍在持续，食管癌依然是危害我国人民生命和健康的严重疾病之一。

目前食管癌的治疗方式主要包括外科治疗、化疗、放疗和综合治疗，食管癌患者早期一般都没有明显的临床症状，很难引起患者的重视，多数患者就诊时病情已处于中晚期。40%～60%的食管癌患者因分期较晚或有高危手术风险而不能行手术治疗，因此放疗成为中晚期食管癌的主要治疗手段之一，但是，单纯放疗的效果欠佳，患者 5 年生存率仅 10%左右，与此同时，放疗患者有不同程度的毒副反应及肝脏损伤，从而严重影响治疗的效果。前期临床研究显示某些中药注射剂如艾迪、参芪扶正、华蟾素、康艾和鸦胆子油乳等能减轻放化疗药物的毒性损伤作用，同时可抑制肿瘤的生长及转移，有利于提高患者生存质量、延长生存期。因此采用放疗与中药注射剂相结合的综合治疗方式可有效降低不良反应的发生率，提高食管癌的治疗效果。然而，目前主要用于肿瘤治疗的中药注射剂有 16 种，在治疗过程中各自都显示出了其独特的优势，临床医师应该如何进行选择？所以通过双臂 Meta 分析和随机对照试验无法给出明确的答案。

网状 Meta 分析是由传统的 Meta 分析发展而来，从标准的双臂 Meta 分析扩展为可同时将多个相关的不同干预因素进行间接比较，其优势在于它能将治疗同类疾病的不同干预措施进行定量化的统计分析，并对干预措施进行排序，从而给出最佳干预措施。鉴于此，本研究采用网状 Meta 分析的方法，间接比较中药注射剂联合放疗治疗食管癌的有效性和安全性，以期为临床提供参考。

（二）方法

1. 纳入排除标准

纳入标准：① 研究类型：中药注射剂（包括艾迪、蟾酥、复方苦参、华蟾素、康莱特、人参多糖、痛可宁、乌头、消癌平、鸦胆子油乳、猪苓多糖、得力生、参芪扶正、元秦止痛、黄芪多糖、康艾）联合放疗对比单独放疗治疗食管癌的 RCT 和系统评价/Meta 分析，且纳入研究中报告有效率、生活质量或毒副反应等指标；② 研究对象：食管癌患者，无年龄、性别、种族及病因的限制；③ 干预措施：中药注射剂+放疗对比单独放疗。

排除标准：排除非 RCTs、综述和动物实验等研究类型；非中英文以外的文献和重复发表或会议摘要等。

2. 文献检索

在文献检索专家（至少具有 10 年的医学信息检索经验）指导下，由 2 名研究人员进行独立检索，多次预检索后确定最终的检索策略。检索数据库包括 PubMed、Web of Science、The Cochrane Library、Embase.com、中文科技期刊数据库（维普）、万方数据库、中国知网和中国生物医学文献数据库，检索时间是 2014 年 9 月。同时追踪纳入系统评价/Meta 分析的参考文献。检索词分为食管癌、放疗、中药注射剂和随机对照研究 4 个部分，其中食管癌的检索词包括食管癌、食管肿瘤、食管恶性肿瘤、esophageal cancer*、esophageal neoplasm*、esophageal carcinoma*和 esophageal tumor*等；放疗的检索词包括 radiotherapy、radiation therapy、irradiation therapy、放射治疗、放射疗法和放疗等；中药注射剂的检索词和检索策略参考田金徽等发表的研究；随机对照试验的检索词包括 random*、controlled trial*、randomized controlled trial*、randomized trial*和随机等。检索策略采用主题词和自由词检索相结合。

3. 文献筛选和数据提取

将检索获得的文献导入 EndNote X6 文献管理软件去重后，由 2 个评价者按预先制定的纳入、排除标准独立地筛选文献，最终确定纳入文献，如有不一致，通过协商解决或与第 3 者讨论解决。对纳入文献采用预先制定的资料提取表提取数据，主要内容包括纳入试验的基本信息（作者、年代、样本量、年龄、干预措施、放疗方案、中药注射剂剂量、肿瘤临床分期等）、结局指标（有效性指标、生活质量和安全性指标）和风险偏倚评估（随机分配、隐蔽分组、盲法、数据完整性、选择性报告偏倚和其他偏倚）三个部分。如遇分歧通过讨论解决。

4. 统计分析

计数资料采用比值比，计量资料采用均数差，并计算效应量的 95%可信区间（95%CI）。首先采用 χ^2 检验进行异质性分析，用 I^2 评估异质性大小，$I^2 \leq 50\%$，则异质性较小，可进行网状 Meta 分析；$I^2 > 50\%$，则异质性较大，分析造成异质性的原因，在排除临床异质性因素之后，再进行网状 Meta 分析。由于本研究是基于放疗比较各种中药注射剂联合放疗的间接比较，因此不需要进行一致性检验。通过绘制“比较－校正”漏斗图识别 NMA 网络中是否存在小样本效应的证据。贝叶斯网状 Meta 分析采用 GeMTC 0.14.3 软件的一致性模型进行计算，采用 Stata 12.0 软件进行双臂 Meta 分析的异质性检验和图形的绘制。严格根据系统评价和 Meta 分析优先报告条目清单（Preferred Reporting Items for Systematic Reviews and Meta-Analyses, PRISMA）进行报告。

（三）结果

1. 文献筛选和基本特征

根据预先制定的检索策略和资料收集方法，检索获得 284 条记录，利用 EndNoteX6 软件剔重后获得相关文献 132 篇，再根据预先制定的纳入排除标准，通过阅读题目和摘要，排除非食管癌 10 篇，非放疗 39 篇，非 RCTs4 篇，初步纳入文献 79 篇，进一步调阅全文排除重复文献 9 篇，无相关数据的 11 篇，放化疗同步研究的 16 篇，最终纳入符合标准的文献 43 篇。纳入的 43 篇文献包含 3289 例患者，涉及 9 种中药注射剂，其中康莱特注射剂和消癌平注射剂由于研究中不能提取相关数据，因此不能纳入进行网状 Meta 分析。9 种中药注射剂与放疗的网状关系图见图 7-12。

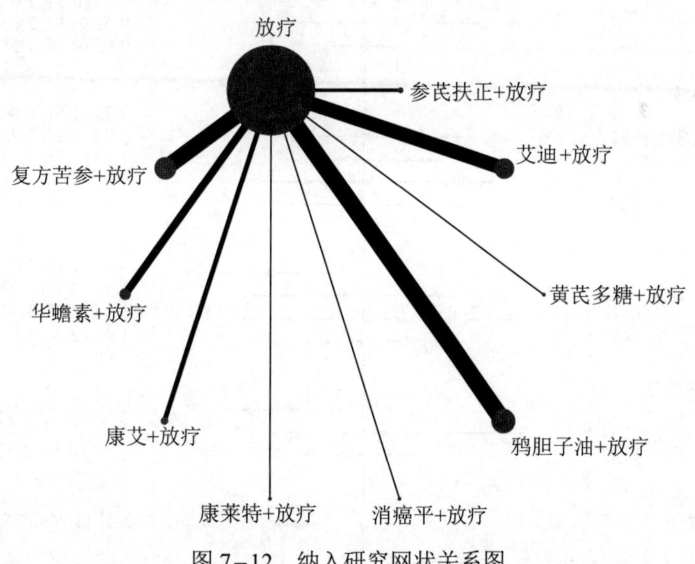

图 7-12　纳入研究网状关系图

2. 网状 Meta 分析结果

（1）有效率　共有 37 个研究报告了中药注射剂联合放疗治疗食管癌的有效率，中药注射剂包含有艾迪、复方苦参、鸦胆子油、参芪扶正、华蟾素、黄芪多糖和康艾 7 种中药注射剂；卡方检验结果显示各组内研究间同质性较好（I^2=0%, P＞0.10）。与单纯放疗比较，除参芪扶正注射剂外（OR=3.66, 95%CI: 0.92, 17.98），其余 6 种中药注射剂联合放疗在提高患者的有效率方面差异有统计学意义（图 7–13）。网状 Meta 分析结果显示：7 种中药注射剂联合放疗两两比较治疗食管癌的有效率差异无统计学意义。概率排序结果显示参芪扶正注射剂+放疗在提高有效率上成为最好干预措施的可能性最大，其次为黄芪多糖+放疗、华蟾素+放疗、康艾+放疗、艾迪+放疗、复方苦参+放疗和鸦胆子油+放疗（表 7–7）。

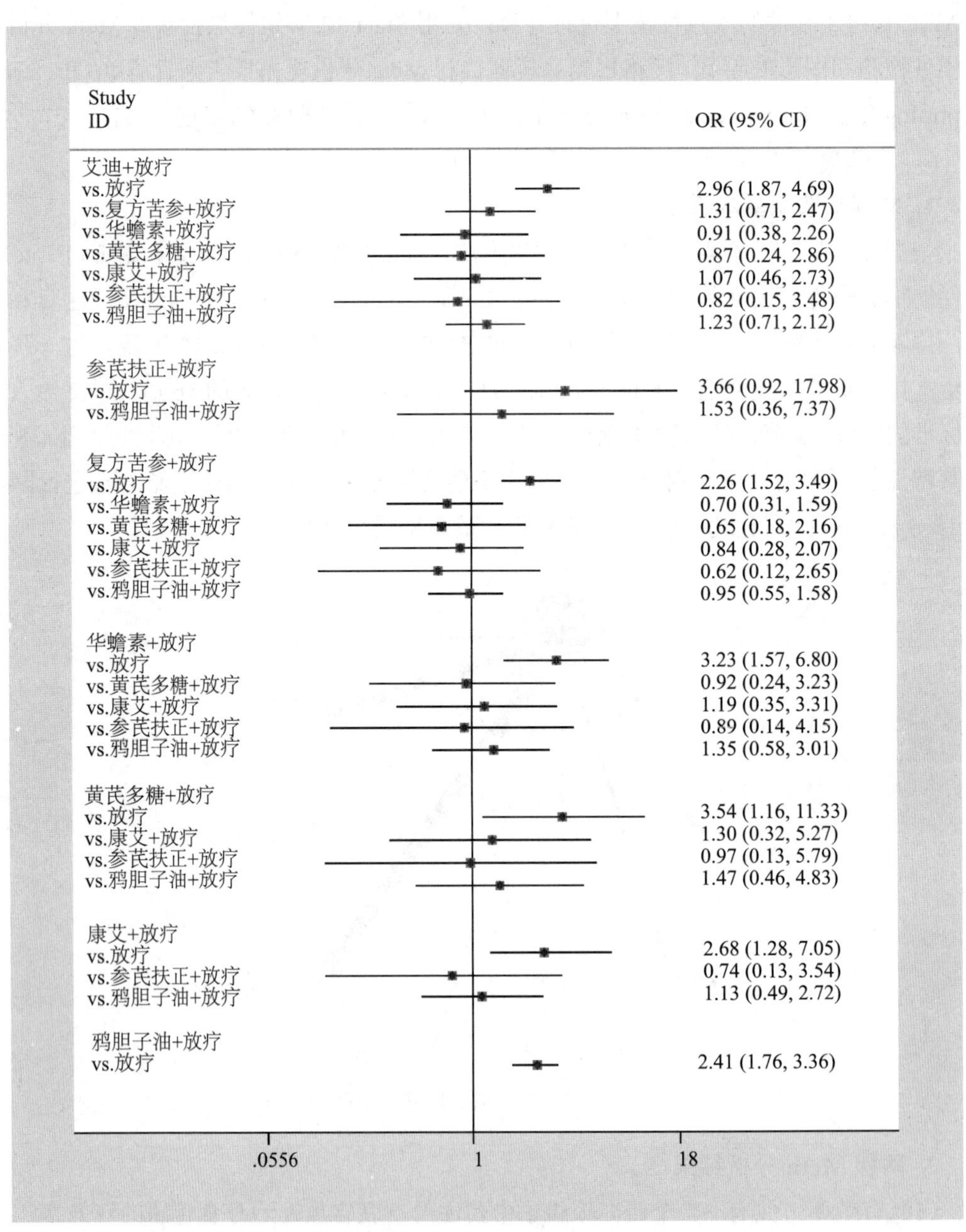

图 7–13　中药注射剂联合放疗治疗食管癌有效率的网状 Meta 分析结果

（2）生活质量　18 个研究报告了生活质量评分，涉及艾迪、复方苦参、鸦胆子油、黄芪多糖和康艾 5 种中药注射剂；卡方检验结果显示各组内研究间同质性较好（I^2=0%, P＞0.10）。与单独放疗相比，除艾迪注射液联合放疗外（OR=2.01, 95%CI：0.73, 5.78），其余 4 种中药注射剂联合放疗均可改善患者生活质量，差异有统计学意义。网状 Meta 分析结果显示：5 种中药注射剂联合放疗两两比较在食管癌患者生活质量改善方面差异无统计学意义（图 7–14）。概率排序依次为：黄芪多糖+放疗＞康艾+放疗＞复方苦参+放疗＞鸦胆子油+放疗＞艾迪+放疗＞放疗（表 7–7）。

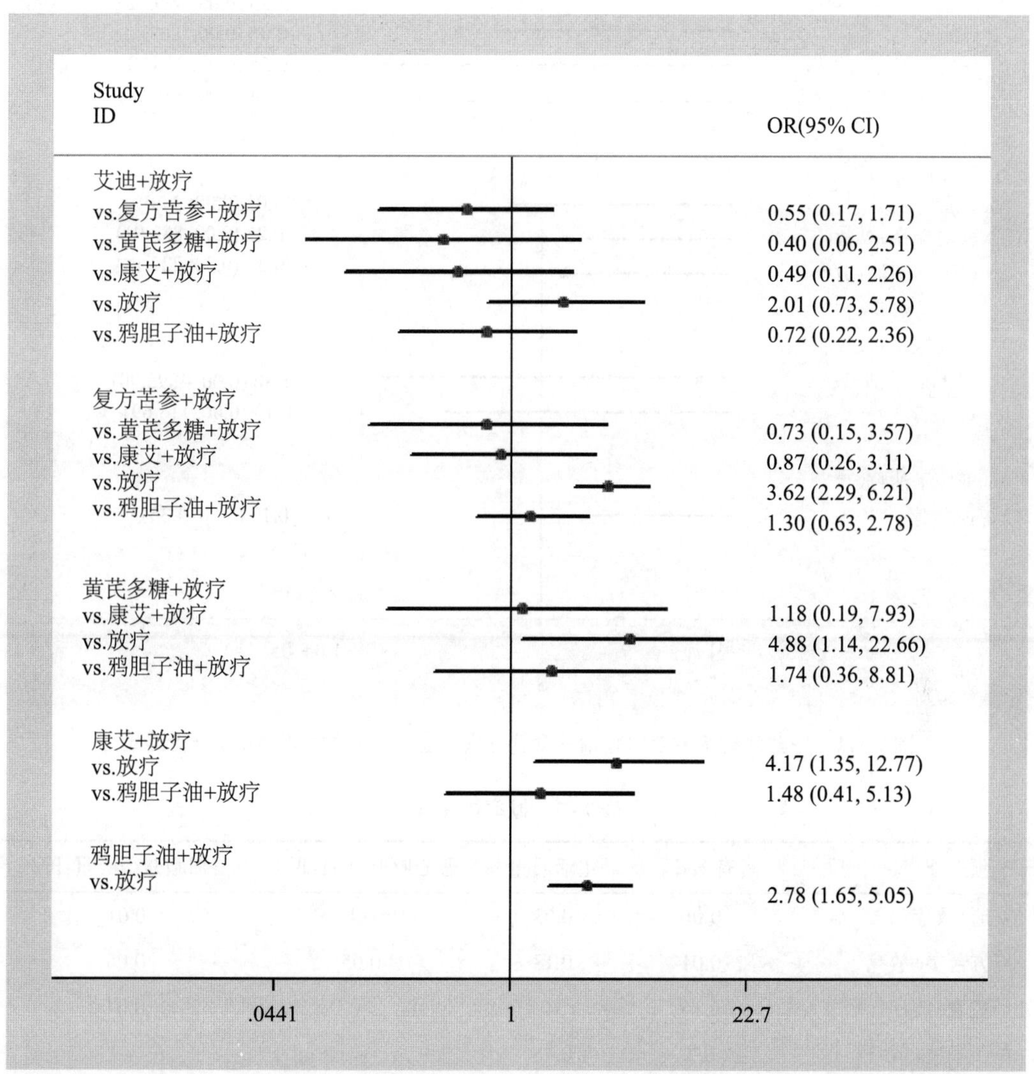

图 7–14　中药注射剂联合放疗治疗食管癌生活质量的网状 Meta 分析结果

（3）恶心呕吐（Ⅲ～Ⅳ）　8 个研究报告了恶心呕吐（Ⅲ～Ⅳ）的发生率，各组内研究间同质性较好（I^2=0%, P＞0.10）。与单独放疗相比，艾迪、复方苦参、鸦胆子油乳和参芪扶正 4 种中药注射剂在减少恶心呕吐发生率方面差异无统计学意义。网状 Meta 分析结果显示各中药注射剂联合化疗之间差异无统计学意义（图 7–15）。概率排序结果显示：复方苦参+放疗产生恶心呕吐的可能性最小，单独放疗产生恶心呕吐的可能性最大（表 7–7）。

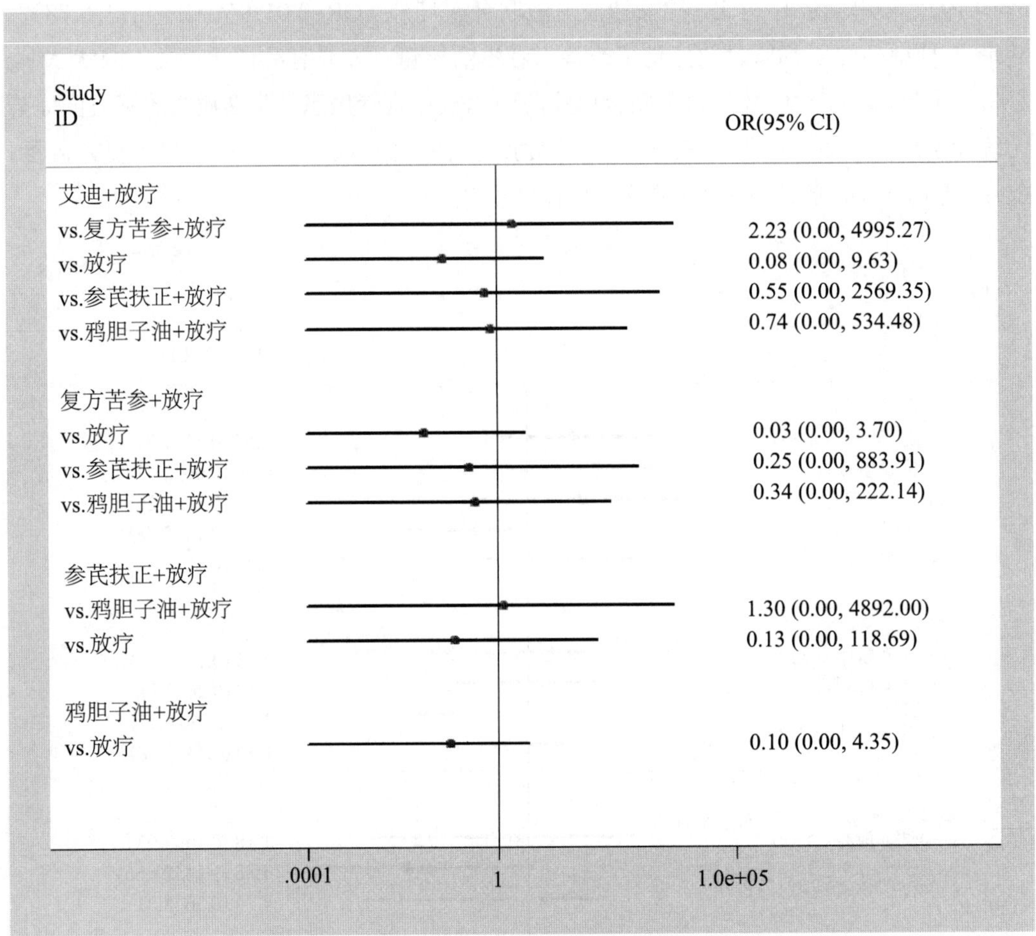

图 7–15　中药注射剂联合放疗治疗食管癌出现恶心呕吐的网状 Meta 分析结果

表 7–7　概率排序表

干预措施	有效率	生活质量	恶心呕吐（Ⅲ-Ⅳ）	白细胞减少（Ⅲ-Ⅳ）
艾迪+放疗	0.06	0.03	0.1	0.01
复方苦参+放疗	0.01	0.13	0.05	0.05
华蟾素+放疗	0.15	–	–	0.04
黄芪多糖+放疗	0.3	0.48	–	–
康艾+放疗	0.1	0.32	–	–
放疗	0	0	0.55	0.83
参芪扶正+放疗	0.37	–	0.23	0.05
鸦胆子油+放疗	0.01	0.03	0.07	0.02

（4）白细胞减少（Ⅲ～Ⅳ） 18 个研究报告了白细胞减少（Ⅲ～Ⅳ），各组内研究间同质性较好（I^2=0%, P＞0.10）。与单独放疗相比，艾迪注射液联合放疗在防止白细胞减少（Ⅲ～Ⅳ）方面差异有统计学意义（OR=0.21，95%CI: 0.05, 0.77），而复方苦参、鸦胆子油、参芪扶正和华蟾素 4 种中药注射剂联合放疗的差异均无统计学意义。网状 Meta 分析结果显示各中药注射剂之间在防止白细胞减少（Ⅲ-Ⅳ）方面均无统计学差异（图 7–16）。在白细胞减少发生率方面，概率排序为：艾迪+放疗＜鸦胆子油+放疗+放疗＜华蟾素+放疗＜参芪扶正+放疗＜复方苦参+放疗＜单独放疗（表 7–7）。

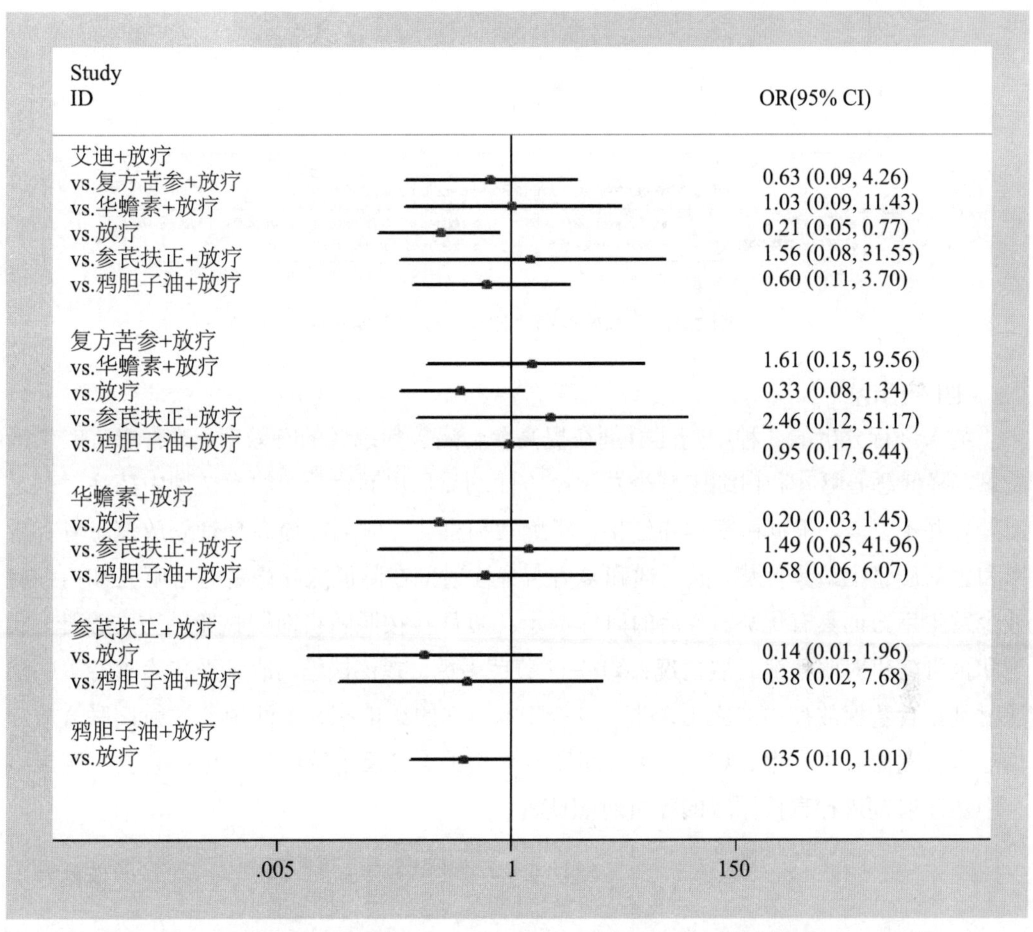

图 7–16 中药注射剂联合放疗治疗食管癌出现白细胞降低的网状 Meta 分析结果

3. 小样本效应评估

以某研究中的某个配对比较的效应量与所有同类比较的合并效应量之差为横坐标，效应量的标准误为纵坐标，绘制比较–校正漏斗图识别干预网络中存在小样本效应的可能性。由图 7–17 可知，所有研究对称分布于 X=0 垂直线周围，可认为目前研究网络中针对有效率无小样本效应的证据。

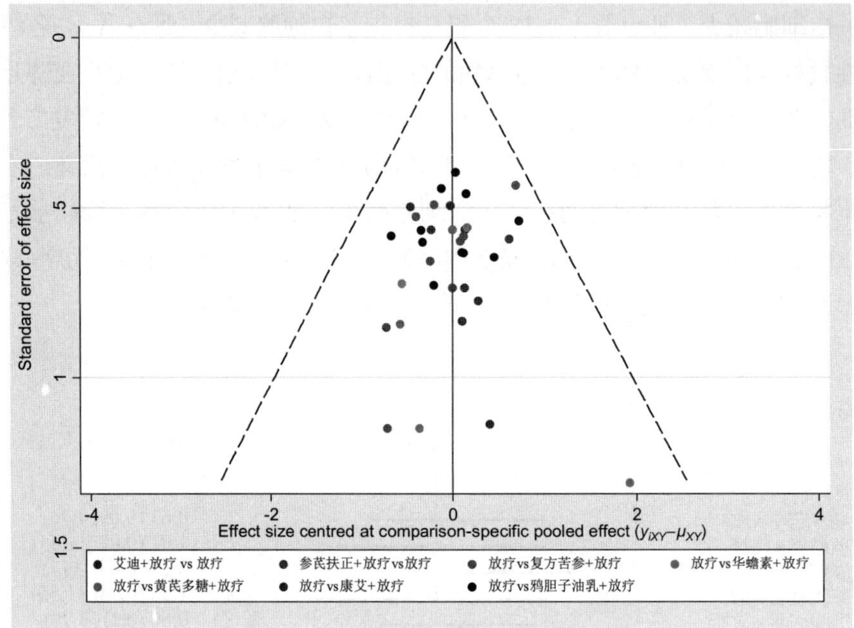

图 7-17　有效率的“比较－校正”漏斗图

（四）结论

纳入进行分析的7种中药注射剂在提高食管癌放疗患者的有效率、改善患者的生活质量、降低恶心呕吐和白细胞减少发生率方面均显示出其优势，然而7种中药注射剂之间差异并不显著，根据概率排序结果，华蟾素和康艾注射剂在提高食管癌放疗患者有效率和生活质量上最具优势，而艾迪和复方苦参注射剂在降低放疗患者恶心呕吐和白细胞减少发生率方面具有优势。今后的研究提示：① 严格按照随机对照试验的方法设计、实施和报告随机对照研究开展情况；② 关注黄芪多糖、参芪扶正、消癌平和康莱特等中药注射剂在食管癌放疗中的应用，进一步验证本研究的结论；③ 关注中药注射剂联合放疗治疗食管癌患者生存率、无病生存时间和放疗相关不良反应等结局指标；④ 尝试开展多个中药注射剂进行直接比较的随机对照研究。

（张俊华）

第四节　网状Meta分析在健康相关生存质量中的应用

一、研究现状

目前，对于生存质量已达到以下共识：① 生存质量是一个多维的概念，包括身体机能、心理功能、社会功能等；② 生存质量是主观的评价指标（主观体验），应由被测者自己评价；③ 生存质量是有文化依赖性的，必须建立在一定的文化价值体系下。在医学领域研究生存质量，就是把生存质量理论和医学实践结合起来，便形成了健康相关生存质量。医学研究中采用健康相关生存质量测评的目的，除了反映患者综合健康状况外，更重要的是用于药物疗效和治疗方案的评价与选择。健康相关生存质量作为一种新的医学评价技术，全面评价了疾病及医疗干预措施对患者的生理、心理和社会生活等方面的影响，很大程度上弥补了传统评价指标的不足。目前在一些发达国家，健康相关生存质量已被作为医疗干预措施疗效考察的必须指标。尤其对于肿瘤与慢性病患者的生存质量测评是医学领域生存质量研究的主流，且正呈现出方兴未艾之势。

为了解网状 Meta 分析在健康相关生存质量研究中的应用现状，参照 Li L 的检索策略，检索主要中英文数据库，纳入已发表的在结局指标中关注了患者健康相关生存质量的网状 Meta 分析，最终纳入相关文献 49 篇，均为英文文献。

49 篇网状 Meta 分析来自于 11 个国家，其中发表数量最多的为英国，其次是美国、加拿大和德国（图 7–18）。46 篇期刊论文中，44 篇被 SCI 收录。SCI 收录的 44 篇论文中，发表期刊影响因子最高的为 35.289，影响因子大于 10 有 6 篇（13.64%），影响因子介于 5～10 之间有 18 篇（40.91%），收录期刊详情见表 7–8。第 1 篇相关文献发表于 2006 年，主要内容涉及肿瘤 5 篇（11.36%）、慢性阻塞性肺疾病 4 篇（9.09%）、糖尿病 4 篇（9.09%）、纤维肌痛综合征 4 篇（9.09%）和外周动脉疾病 4 篇（9.09%）等慢性疾病（图 7–19）。49 篇 NMA 对健康相关生存质量的测量涉及多个量表，其中在普适性量表中应用最多的为 SF–36，量表详细信息见表 7–9。

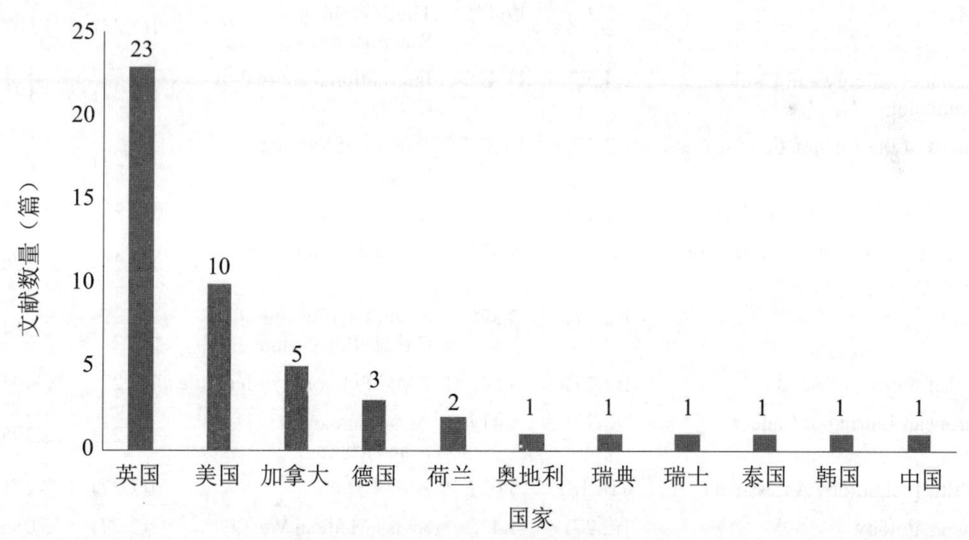

图 7–18　发表文献地区分布

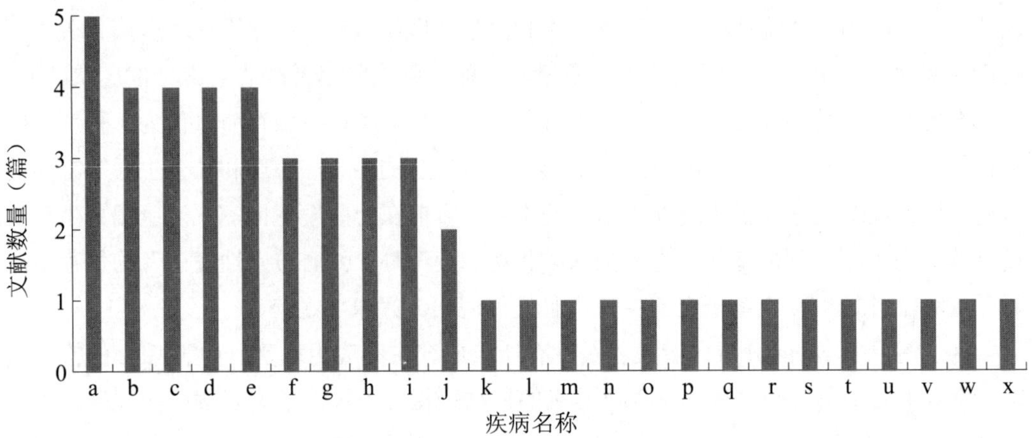

图 7-19　纳入研究涉及的疾病类型

a. 肿瘤；b. 纤维肌痛综合征；c. 外周动脉疾病；d. 糖尿病；e. COPD；f. 抑郁；g. 帕金森；h. 肺纤维化；i. 疼痛；j. 类风湿关节炎；k. 心衰；l. 哮喘；m. 深静脉血栓；n. 牛皮癣；o. 慢性前列腺炎/慢性盆腔疼痛综合征；p. 溃疡性结肠炎；q. 静脉曲张；r. 过敏性鼻炎；s. 骨质疏松症；t. 肝切除；u. 多动症；v. 创伤后应激障碍；w. 冰冻肩；x. 阿尔兹海默症

表 7-8　发表 NMA 期刊分布

期刊名称	数量（%）	影响因子	期刊名称	数量（%）	影响因子
JAMA-Journal of the American Medical Association	1(2.27)	35.289	BMC Cancer	1(2.27)	3.362
Annals of Internal Medicine	1(2.27)	17.81	Plos One	1(2.27)	3.234
BMJ	1(2.27)	17.445	The Journal of Rheumatology	1(2.27)	3.187
Journal of Allergy and Clinical Immunology	2(4.55)	11.476	International Journal of COPD	1(2.27)	3.141
Annals of the Rheumatic Diseases	1(2.27)	10.377	Journal of Vascular Surgery	1(2.27)	3.021
Journal of Crohn's and Colotis	1(2.27)	6.234	Clinical Therapy	1(2.27)	2.731
Cochrane Database of Systematic Reviews	6(13.64)	6.032	Clinical Cardiology	1(2.27)	2.586
Heart	1(2.27)	5.595	Asian Pacific Journal of Cancer Prevention	1(2.27)	2.514
British Journal of Surgery	1(2.27)	5.542	BMC Pulmonary Medicine	1(2.27)	2.404
European Journal of Cancer	1(2.27)	5.417	Acta Neurologica Scandinavica	1(2.27)	2.395
Health Technology Assessment	8(18.18)	5.027	BMJ Open	1(2.27)	2.271
Rheumatology	1(2.27)	4.475	Swiss Medical Weekly	1(2.27)	2.086
The Journal of Pain	1(2.27)	4.01	Arch Pharm Research	1(2.27)	2.046
Seminars in Arthritis and Rheumatism	1(2.27)	3.925	BMC Pharmacol Toxicol	1(2.27)	1.842
Journal of General Internal Medicine	1(2.27)	3.449	Vascular	1(2.27)	0.795

表 7-9 NMA 涉及的量表

量表类型	量表名称
普适性量表	SF-36：健康调查简表-36（the MOS 36-Item Short-Form Health Survey）
	EQ-5D：欧洲五维健康量表（the European Quality of Life scale-5D）
	SF-12：健康调查简表-12（the MOS 12 -item Short Form Health Survey）
	SF-6D：六维度健康调查简表（the MOS Short Form Health Survey-6D）
	WHOQOL-BREF：世界卫生组织生存质量测定量表简表（WHO Quality of Life-BREF）
	LL-FDI：晚期功能残疾指数（Late-life Fuction and Disability Instrument）
	QWB-SA：良好适应状态质量自评量表 （the Quality of Well-Being Scale Self-Administered）
	Q-LES-Q：简明幸福与生活质量满意度问卷（Quality of Life Enjoyment and Satisfaction questionnaire）
疾病专表	IBDQ：炎症性肠病生存质量问卷（Inflammatory Bowel Disease Questionnaire）
	SGRQ：圣乔治呼吸问卷（St.George's Respiratory Questionnaire）
	PDQ-39：39 项帕金森病调查表（the 39-item Parkinson s Disease Questionnaire）
	SIP：疾病影响量表（Sickness Impact Profile）
	WIQ：行走受损问卷（ the Walking Impairment Questionnaire）
	Vascu-QOL：血管生存质量问卷（the Vascular Quality of Life Questionnaire）
	MLHFQ：慢性心功能不全生存质量量表（the Minnesota Living with Heart Failure Questionnaire）
	MIDAS：偏头痛失能评估量表（the Migraine Disability Scale）
	MS：偏头痛生活质量问卷（Migraine-Specific Quality of Life Questionnaire）
	FACT-G：癌症患者生命质量测定量表（the Functional Assessment of Cancer Therapy General Scale）
	RQLQ：鼻结膜炎相关生活质量问卷（Rinoconjunctivitis Quality of Life Questionnaire）
	WED：糖尿病患者健康询问调查问卷（the Well-Being Enquiry for Diabetics questionnaire）
	FIQL：大便失禁患者生活质量（the Fecal Incontinence Quality of Life）
	EORT：癌症患者生命质量测定量表（the European Organization for Research and Treatment of Cancer）
	NHP：诺丁汉健康量表（Nottingham Health Profile score0
	CWIS：卡迪夫伤口影响问卷（Cardiff wound impact schedule）
	AQFQ：哮喘患者生存质量问卷（the Asthma Quality of Life Questionnaire）
	HIT：头痛影响测试（Headache Impact Test）

二、案例分析

引用文献：Karabis A, Lindner L, Mocarski M, et al. Comparative efficacy of aclidinium versus glycopyrronium and tiotropium, as maintenance treatment of moderate to severe COPD patients: a systematic review and network meta-analysis. Int J Chron Obstruct Pulmon Dis, 2013, 8: 405–423.

1. 背景和目的

对慢性阻塞性肺疾病（COPD）的治疗旨在预防和控制症状、减少疾病发作、提高患者健康状态。目前，慢性阻塞性肺疾病全球倡议（GOLD）以及健康保健国家研究所（NICE）指南推荐使用包括长效毒蕈碱拮抗剂（LAMA）在内的长效支气管扩张剂。因与短效支气管扩张剂相比，长效支气管扩张剂能更持久地缓解患者症状。

噻托溴铵是唯一上市的用于治疗 COPD 的长效毒蕈碱拮抗剂。噻托溴铵是治疗 COPD 常见的处方药，通常每日 1 次（OD）。一般以粉剂或溶液的形式被雾化吸入，通常粉剂配方的剂量是 18μg 和 5μg。

近年来，欧洲和美国批准了一种新型的用于 COPD 患者长期维持性治疗的长效毒蕈碱拮抗剂阿地溴铵。阿地溴铵吸入性粉剂的推荐剂量是每天 2 次（BID），每次 400μg。而另一种近期被欧洲批准作为 COPD 患者维持性支气管治疗的药物为格隆溴铵，其推荐剂量是每次雾化吸入 50μg，每天 1 次。

阿地溴铵的广泛应用带来了新的问题，即与其他长效毒蕈碱拮抗剂相比，阿地溴铵的长期疗效如何？目前可获得的证据只有比较阿地溴铵和噻托溴铵短期疗效（＜12 周）的随机对照试验（RCTs），而缺乏对比阿地溴铵与格隆溴铵的疗效的 RCTs。

为解决临床实践的需要，本研究采用网状 Meta 分析的方法探讨其长期疗效（≥12 周）。网状 Meta 分析可以在干预措施间直接比较研究缺乏的情况下进行间接比较，从而为不同干预措施疗效的对比提供证据。

本研究比较了阿地溴铵 400 μg BID，噻托溴铵 5 μg OD，噻托溴铵 18 μg OD 以及格隆溴铵 50 μg OD 等 4 种治疗方案作为 COPD 患者维持性支气管扩张剂治疗的疗效，评价指标包括肺功能、健康状况以及呼吸困难程度。

2. 资料与方法

1）文献检索

采用预先制定好的检索策略检索 MEDLINE、MEDLINE IN Process、EMBASE（OVID 平台）以及 Cochrane 对照试验注册平台。检索时间为 1989 年 7 月至 2012 年 10 月。检索采用主题词与自由词相结合的方式，主要的检索词包括 COPD、阿地溴铵、噻托溴铵、格隆溴铵和 RCTs。此外，补充检索了临床试验注册平台（clinicaltrials.gov），检索语种限制为英语，会议摘要只纳入近 2 年的。

2）纳入标准（只呈现与健康相关生存质量有关的信息）

（1）研究对象　成人 COPD 患者，COPD 诊断符合 GOLD 指南。

（2）干预措施　阿地溴铵 400 μg BID、噻托溴铵 5 μg OD、噻托溴铵 18 μg OD 和格隆溴铵 50 μg OD。所有药物均为雾化吸入。

（3）对照措施　对比安慰剂或以上不同方案两两比较。

（4）结局指标　12 周及 24 周时的圣乔治呼吸问卷（SGRQ）得分；12 周及 24 周时 SGRQ 得分改变具有临床意义（至少 4 分）的人数比例。

（5）试验设计　研究时间≥10 周的 RCTs。

3）数据收集和有效性评估

2 名评价者采用三步法收集数据。所有的步骤均由 2 名评价者独立完成，完成后交叉核对结果。第一步，根据研究问题和 PICOS 标准筛选题目和摘要；第二步，用同样的 PICOS 标准筛选全文；第三步，采用预先制定的统一表格对纳入研究进行资料提取，提取内容包括研究设计、研究对象基本特征、干预措施以及结局指标。对有分歧的研究通过讨论决定。对于连续性结局指标（如 SGRQ 得分），提取基线得分与治疗后得分差值（CFB）的均数差和标准差。对于二分类结局指标（如 SGRQ 得分改变具有临床意义的患者比例），提取发生数。

采用 Jadad 等设计的 RCTs 评估工具对纳入研究的方法学质量进行评价。对各研究偏倚风险的评估基于以下因素是否被充分实施：随机化、隐蔽分组、对患者和调查者实施盲法、数据的完整性以及未选择性报告结果。对各结局指标偏倚文献的评估基于以下因素是否被充分实施：采用意向性分析、对结果测量者实施盲法、统计学评价、数据的完整性以及选择性报告结果。对主要结局指标通过漏斗图检测发表偏倚。

4）数据合成

采用贝叶斯网状 Meta 分析。对每一个结局指标，均采用固定效应模型和随机效应模型进行评估。模型的拟合程度采用误差信息准则（DIC）判断，一般选择 DIC 较小的模型。每个模型采用 3 条马尔可夫链进行初始值设定。模型初次更新迭代次数设定为 8000，继续更新迭代次数设定为 20000，前 8000 次退火用以消除初始值影响，从 8001 次后开始抽样。迭代收敛性通过迭代轨迹和 Gelman Rubin Brooks 诊断法来判断。

试验间设计、患者特征的不同可能会通过带来偏倚而影响分析结果。因此，基于临床经验和已发表系统评价的结果，将吸烟者的比例、疾病严重程度、基线的 FEV1 百分比、服用糖皮质激素（ICS）患者的比例和服用长效 β 受体激动剂（LABA）患者的比例作为可能影响分析结果的潜在因素。为处理该偏倚，采用 treatment-by-covariate 回归模型处理前 4 种潜在因素；此外，通过排除允许患者服用 LABA 的研究进行敏感性分析，以处理最后一种潜在因素。采用 WinBugs1.4.3 软件进行数据处理。

网状 Meta 分析结果通过基线与干预后差值的均数（CFB）和 OR 的差异来呈现。点估计来自于后验分布的中位数，对 95% 置信区间（CrI）的估计来自于后验分布的 the 2.5th and 97.5th percentiles。

3. 结果

1）文献筛选

初检得到文献 1088 篇，去除重复文献、非英语文献以及 2009 年以前的会议论文，共有 668 篇摘要采用 PICOS 标准筛选。初筛排除 564 篇文献，排除原因包括试验设计、对照、干预措施、结局指标或研究对象不符合纳入标准。此外，排除了早于 2009 年的会议论文摘要 20 篇以及 12 篇重复摘要。剩余的 104 篇文献进行全文筛选，其中 84 篇文献被排除，排除原因包括结局指标（26%）、研究设计（14%）、对照措施（12%）、研究对象（10%）、干预措施（10%）等不符合纳入标准，非英语文献 2 篇，重复文献 2 篇，无法获取文献 4 篇以及 16 篇与全文文献重复的会议摘要。此外，Almirall and Forest on aclidinium 提供了 3 个相关的临床研究报告。最终纳入来自 21 个研究的 20 篇文献及 3 个临床研究报告。

2）研究特征

总体上，21 个研究共包含 22542 名患者。其中 3 个研究比较了阿地溴铵 400μg 和安慰剂，3 个研究比较了噻托溴铵 5μg 和安慰剂，13 个研究比较了噻托溴铵 18μg 和安慰剂，1 个研究比较了格隆溴铵 50μg 和安慰剂，其余 1 个研究比较了格隆溴铵 50μg、噻托溴铵 18μg 和安慰剂。

方法学质量评价结果显示，所有的研究得分均高于 3 分，为高质量研究。本研究纳入的所有研究均是随机、平行分组、安慰剂对照的多中心研究。18 个研究采用了双盲法，其余 3 个研究未采用盲法。样本量范围为 100 例至 5993 例，平均 1242 例。为缓解疾病症状，所有患者均可使用短效支气管扩张剂。大多数研究允许患者服用 ICSs。6 个研究报告允许患者服用 LABA，2 个研究没有报告相关信息，其余研究禁止使用。

纳入研究的所有患者均为成人 COPD 患者，病程平均为 8.7 年。患者以男性为主（49%～99%），平均年龄范围为 60～68 岁。所有患者均吸烟或具有吸烟史，大多数研究的患者至少有 10 年的烟龄。

尽管各研究在研究设计、患者特征以及结局指标定义等方面有一定差异，但基本认为其中 20 个研究是可比的，因此纳入基本分析。其余 1 个研究因基线情况不平衡而被排除。基于 SGRQ 得分的漏斗图表明研究分布无明显不对称，表明不存在发表偏倚。考虑到本研究每个结局指标以及测量点纳入的文献均较少，因此分析结果应被谨慎解读。

3）网状 Meta 分析（只呈现与健康相关生存质量有关的部分）

不同治疗方案及安慰剂的网状关系见图 7–20，仅有 1 个闭合环提供了间接证据。对于连续性变量采用均数和标准差进行效应估计。

共有 14 个研究（17140 名患者）以 SGRQ 为评估工具评价了患者的健康状况。结果显示，与安慰剂相比，所有的治疗方案均增加了患者治疗后 12 周、24 周患者 SGRQ 得分的差异（SGRQ 得分越低，患者健康状况越好）。与接受安慰剂治疗的患者相比，24 周时接受阿地溴铵治疗的患者 SGRQ 基线得分与治疗后得分增加 4.63 分（95%CrI –6.85, –2.42），具体见图 7–21。

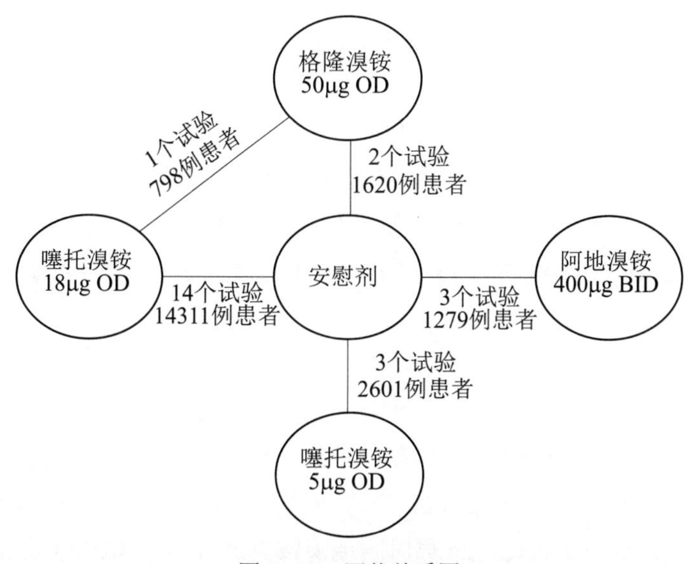

图 7-20　网状关系图

OD. 每天 1 次；BID. 每天 2 次

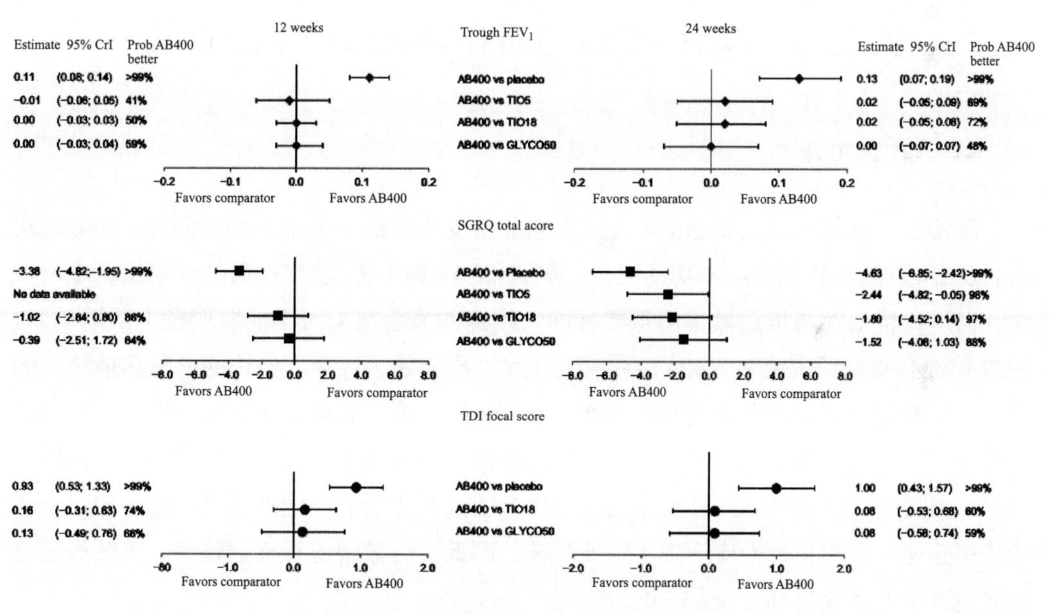

图 7-21　阿地溴铵网状 Meta 分析结果

12 周时，阿地溴铵与噻托溴铵 18 μg（CFB−1.02 [95%CrI−2.84,0.8]）、格隆溴铵疗效 CFB−0.39 [95%CrI−2.51,1.72]）相当。阿地溴铵成为更好治疗方案的可能性分别为 86% 和 64%（图 7-24）。在 24 周，分析结果显示，阿地溴铵在提高患者健康相关生存质量方面优于噻托溴铵 5 μg（CFB−2.44 [95%CrI−4.82,−0.05]）、噻托溴铵 18μg（CFB −1.80 [95% CrI −4.52, 0.14]）以及格隆溴铵（difference in CFB −1.52 [95% CrI −4.08, 1.03]）。结果说明阿地溴铵可能成为更好的治疗方案，可能性范围为 88%～98%（图 7-21）。此

外，在 24 周时，排除允许患者使用 LABA 的研究后重新分析，结果同样显示阿地溴铵在改善患者 SGRQ 得分方面优于噻托溴铵。

9 个研究（7886 名患者）报告了 SGRQ 得分变化达到最小临床意义的患者比例。分析结果显示，与安慰剂相比，接受治疗方案的患者 SGRQ 得分变化达到最小临床意义的比例更高，这与基于 SGRQ 得分变化的网状 Meta 分析结果一致。阿地溴铵与安慰剂相比，在 12 周时的 OR 为 1.75 （95% CrI 1.34, 2.27），在 24 周时的 OR 为 1.94（95% CrI 1.38, 2.73）。

4. 结论

基于目前可获得的 RCTs，通过网状 Meta 分析的方法对比了不同治疗方案对 COPD 患者 FEV1、健康状况以及呼吸困难的影响效果。结果显示，在 12 周和 24 周时，阿地溴铵 400 μgBID 与噻托溴铵 18 μg OD，噻托溴铵 5 μg OD 以及格隆溴铵 50 μg OD 疗效相当。而与噻托溴铵 5 μg 相比，24 周时阿地溴铵更加有利于 SGRQ 分数的改善。

（张 珺）

第五节　网状 Meta 分析在疼痛管理中的应用

一、研究现状

疼痛是一种复杂的主观感受，是近年来非常受重视的一个常见临床问题。疼痛与疾病的发生、发展与转归有着密切的联系，是临床上诊断疾病、鉴别疾病的重要指征之一，同时也是评价治疗与护理效果的重要标准。疼痛的概念随着医学的发展在不断地更新。1979 年国际疼痛研究会（IASP）将疼痛定义为“疼痛是一种令人不快的感觉和情绪上的感受，伴随着现有的或潜在的组织损伤”。1999 年，第九届世界疼痛大会提出“疼痛不仅仅是一种症状，而是一种疾病”这一全新概念。2000 年世界卫生组织提出了“慢性疼痛是一类疾病”的观点。目前世界上越来越多的人在遭受着疼痛的折磨，而疼痛对个体的精神心理、生理和行为均产生了重要影响。因此，有效地进行疼痛管理、缓解患者疼痛成为医学的重要目标之一。

为了解网状 Meta 分析在疼痛管理领域的应用现状，我们调查了目前已发表的关注疼痛管理的网状 Meta 分析，最终纳入相关文献 69 篇，均为英文文献。

69 篇网状 Meta 分析来自于 17 个国家，其中发表数量最多的为英国，其次为美国、中国（图 7–22）。69 篇论文中，66 篇被 SCI 收录，发表期刊影响因子最高为 35.289，收录期刊详细信息见表 7–10。

69 篇论文中，48 篇论文（69.57%）报告了基金资助来源，7 篇（10.14%）论文报告没有基金资助，其余 14 篇（20.29%）未予报告；58 篇（84.06%）网状 Meta 分析基于随机对照试验，而其余 11 篇（15.945）研究同时纳入了队列研究、病例对照研究等观察性研究；评价干预措施的数量介于 2～29，平均每篇网状 Meta 分析涉及了 8 种不同的干预措施。研究关注的疾病方面，69 篇论文均关注由各种原因引起的疼痛，其中 8 篇论文研究对象为多种原因引起的疼痛患者，其余 61 篇论文关注了特定疾病引起的疼痛。这些疼痛主要包括神经痛 13 篇（18.84%）、关节痛 12 篇（17.39%）、癌痛 6 篇（8.70%）以及肌肉痛 6 篇（8.70%）等在内的慢性疼痛（图 7-26）。

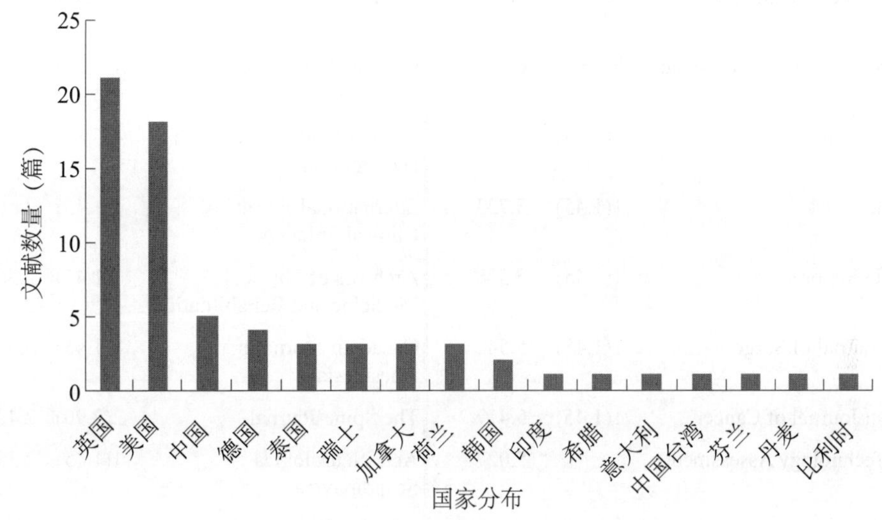

图 7-22　报告疼痛网状 Meta 分析国家分布

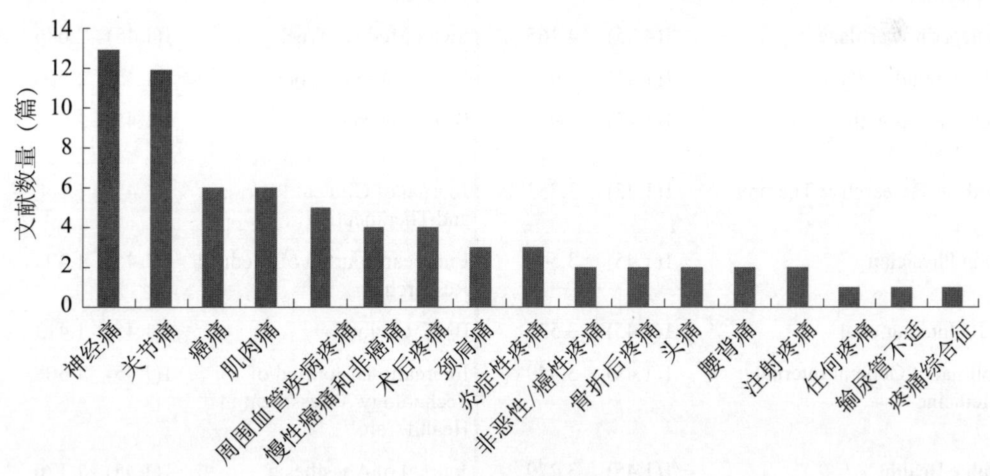

图 7-23　报告疼痛网状 Meta 分析疾病分布

表 7–10　报告疼痛网状 Meta 分析发表期刊分布

期刊名称	数量（%）	影响因子	期刊名称	数量（%）	影响因子
JAMA	1(1.45)	35.289	Knee Surgery Sports Traumatology Arthroscopy	1(1.45)	3.053
Annals of Internal Medicine	2(2.90)	17.81	Journal of Vascular Surgery	1(1.45)	3.021
BMJ	4(5.80)	17.445	Journal of Pain and Symptom Management	2(2.90)	2.795
Annals of the Rheumatic Diseases	1(1.45)	10.377	Journal of Dentistry	1(1.45)	2.749
Cochrane Database of Systematic Reviews	2(2.90)	6.032	Clinical Therapeutics	1(1.45)	2.731
Anesthesiology	1(1.45)	5.879	Current Medical Research and Opinion	4(5.80)	2.653
Medicine	1(1.45)	5.723	International Journal of Clinical Practice	1(1.45)	2.566
Scientific Reports	1(1.45)	5.578	Archives of Physical Medicine and Rehabilitation	1(1.45)	2.565
British Journal of Surgery	1(1.45)	5.542	Canadian Journal of Anesthesia	1(1.45)	2.527
European Journal of Cancer	1(1.45)	5.417	The Spine Journal	2(2.90)	2.426
Health Technology Assessment		5.027	Acta Neurologica Scandinavica	1(1.45)	2.395
Cephalalgia	1(1.45)	4.891	Pain Practice	2(2.90)	2.361
Rheumatology	1(1.45)	4.475	Pain Medicine	3(4.35)	2.3
American Journal of Sports Medicine	1(1.45)	4.362	Health and Quality of Life Outcomes	1(1.45)	2.12
Osteoarthr Cartilage	3(4.35)	4.165	Swiss Medical Weekly	1(1.45)	2.086
The Journal of Pain	1(1.45)	4.01	European Spine Journal	1(1.45)	2.066
Seminars in Arthritis and Rheumatism	1(1.45)	3.925	BMC Neurology	1(1.45)	2.04
Arthrits Research & Therapy	1(1.45)	3.753	Journal of Clinical Pharmacy and Therapeutics	1(1.45)	1.668
Pain Physician	1(1.45)	3.542	European Journal of Medical Research	1(1.45)	1.495
BJU International	1(1.45)	3.533	BMC Urology	1(1.45)	1.413
Journal of General Internal Medicine	1(1.45)	3.449	International Journal of Technology Assessment in Health Care	1(1.45)	1.308
Value Health	1(1.45)	3.279	Journal of Anesthesia	1(1.45)	1.176
Surgical Endoscopy and Other Interventional techniques	1(1.45)	3.256	Vascular	1(1.45)	0.795
PLOS One	2.90	3.234			

二、案例分析

引用文献：Corbett MS, Rice SJ, Madurasinghe V, et al. Acupuncture and other physical treatments for the relief of pain due to osteoarthritis of the knee: network meta-analysis. Osteoarthritis Cartilage, 2013, 21(9): 1290–1298.

1. 背景和目的

膝关节炎治疗的目的在于缓解患者疼痛、提高其生活质量。疼痛得不到有效控制，患者的活动能力以及对日常活动的参与程度均会降低，进而导致疾病症状加剧。常用的镇痛药物副作用明显（如胃肠道出血），很多患者尝试采用非药物方式控制疼痛。

ACR、AAOS、OARSI、EULAR 和 NICE 制定的指南评价了各种方案对膝关节炎治疗中关键结局指标的疗效。所有指南均推荐肌力训练、有氧运动、健康教育、减肥（如果需要）以及扑热息痛和（或）经典的非甾体抗炎药（必要时）。当这些都没有明显效果时，可选择经皮电神经刺激（TENS）和冷热疗法等。OARSI 指南推荐使用针灸，而 AAOS 发现使用针刺的证据并不确定。ACR 则推荐对于不能或不愿接受全膝关节成形术的中重度疼痛患者，可采用针刺治疗。EULAR 和 NICE 却不推荐使用针刺。由此可见，对于针刺是否可用于骨关节炎的治疗并不清楚。基于此，本研究将比较针刺和其他物理疗法的孰优孰劣。

虽然已有大量研究评价了单一种类的物理治疗，但是几乎没有随机对照试验（RCT）对这些物理治疗进行直接比较。而克服这种局限性的方法就是采用网状 Meta 分析方法。当直接证据缺乏或不可获得，网状 Meta 分析方法仍然可对干预措施的相对疗效进行评价。因此，本研究的目的在于采用网状 Meta 分析方法全面比较针刺和其他物理疗法在减轻膝关节炎患者疼痛效果的优劣。

2. 方法

本系统评价的制作遵循 CRD 指南和 PRISMA 声明，是 2011 年发表的系统评价和网状 Meta 分析的更新。

（1）文献检索　检索了 17 个电子数据库以获得发表和未发表的研究、灰色文献和正在进行的研究。检索时间为各数据库建库至 2013 年 1 月，未限制语种。采用自由词、同义词以及主题词相结合的方式检索膝关节炎和各种物理治疗的名称。追踪了相关系统评价和指南的参考文献，检索了与膝关节炎相关的网页。

（2）文献筛选和定义干预措施　两名评价者独立筛选所有的摘要和全文，意见不同时讨论决定或由第三名评价者决定。纳入所有旨在减轻成人膝关节炎患者（平均年龄≥55 岁）疼痛（作为主要或次要结局指标）的 RCT。纳入干预措施包括：针刺、浴疗法、矫正器、有氧运动、肌力训练、热疗、冷疗、鞋垫、干扰波治疗、光疗、体力治疗、神经肌肉电刺激（NMES）、脉冲电刺激（PES）、脉冲电磁场（PEMF）、静态磁场、太极、经皮电神经刺激（TENS）以及减肥。若干预措施符合以下条目将被排除：主要在家中进行的以及无人监督的运动疗法、外科手术、药物治疗、同时包含两种或以上物理治疗的干预、只比较同一种干预措施的不同形式或时间的研究。此外，对于报告的数据不适用于网状 Meta 分析的研究亦被排除。

根据纳入研究的报告将试验组干预措施的辅助成分分为 5 类，即常规治疗、常规治疗加家庭锻炼或教育、常规治疗加镇痛药、无治疗、无治疗加家庭锻炼或教育。符合纳入的对照方式包括任何形式的标准治疗、常规治疗或者是等待患者控制（可以应用镇痛药、提供教育和锻炼建议），我们将这些对照方式统称为标准护理。此外，对照方式还包括安慰剂干预、没有干预以及假针刺。在分析过程中，假针刺将被作为独立的对照方式，因为已有证据表明与安慰剂相比，假针刺可起到积极的效果。所有对于疼痛的评价均被纳入。

（3）质量评价和数据提取　采用 CRD 质量评价清单的修订版评价纳入研究的质量，根据评价结果将研究分为 4 个等级。同样也采用了 Cochrane 偏倚风险评价工具对研究质量进行评价。数据提取和质量评价由 1 名评价者独立完成后，由另 1 名研究者进行核查。意见不同时讨论决定或由第 3 名评价者决定。

（4）结局指标和数据转换　WOMAC 疼痛得分（采用 VAS 或 Likert 等级）是首选的疼痛测量指标。当纳入研究没有测量 WOMAC 疼痛时，其他疼痛测量指标也被纳入。以 SMD 为 Meta 分析的效应统计指标（只报告了中位数的研究不纳入分析）。同时合并同一研究中同一类干预措施不同剂量或不同方式的结果。在初步分析中，只采用最后的结果。为了提供更多具有临床意义的结果，我们呈现了 SMD，并且将其转换为 WOMAC 疼痛的 VAS 评分。

（5）数据合成　网状 Meta 分析包括直接比较证据和间接比较证据。为保证间接证据和直接证据的一致性，纳入研究的研究对象以及干预措施特征在比较中应是相似的。间接证据和直接证据间的不一致性可通过点分法进行检验。假定 SMD 服从正态分布，且纳入研究间的临床特征和方法学特征相似，因此本研究采用了随机效应网状 Meta 分析模型。采用 WinBUGS 软件进行数据分析。

无论干预措施是否包含辅助治疗成分，我们均进行分析。此外，为了评价干预措施效果的及时性和持久性，计划在 3 个不同的时间点进行分析，即试验刚结束（主要测试点）、试验开始后 3 个月和试验结束后 3 个月。因缺乏中期和长期随访数据，我们只报告了试验刚结束时的结果。

为了评价研究质量对结果的影响，本研究在原始分析的基础上，进行了敏感性分析，探究纳入研究质量和排除了包含不合格的人群、干预措施以及结果的研究对本研究结果的影响。采用漏斗图评价是否存在发表偏倚。

3. 结果

156 个原始研究（涉及 22 种不同的干预措施）符合纳入标准。10 篇外文文献中，有 4 篇文献根据其英文摘要判断可能符合纳入标准，但因全文无法翻译而被排除。此外，排除了 1 个已被撤销出版的研究。在 2013 年的更新检索中，检出了 21 个新的研究。

（1）研究特点　纳入研究的基本特征详见原文。大多数研究干预时长为 2～6 周，差别较大为从一次课程（TENS）到 69.3 周（减肥）。大部分研究只纳入普通膝关节炎患者，但评价减肥干预的试验纳入了超重或肥胖的患者。部分研究纳入患者的 BMI 平均值符合超重或肥胖分类，但大部分研究未报告 BMI。

3/4 的纳入研究（110 个）质量较低。其余的研究质量分别为较好（33 个）或好（9 个），将这两项视为“高质量”。在网状 Meta 分析中，只有 12 个研究被认为是低风险。大部分研究缺乏充分的盲法，且为小样本研究（限制了随机分组的效果，导致基线情况不平衡）。研究的质量随干预措施的不同而不同，致使一些领域的证据比其他领域更为稳健。无证据发现发表偏倚。

（2）网状 Meta 分析　114 个研究（9709 个患者）报告的数据适用于干预效果分析。在更新检索时获得的 22 个新研究中，9 个研究被纳入到更新的分析中。原始分析（基于 2010 年的检索）结果表明大部分试验组干预措施的辅助治疗成分之间无明显差异。但“标准化护理加镇痛”的效果优于“标准化护理加常规治疗”。仅 8 个研究采用了辅助镇痛的方式，而大部分研究采用了常规治疗的辅助干预方式。基于此，我们的分析只关注干预措施的种类。

由表 7–11a 和图 7–24 可知，与标准化护理相比，8 种物理干预措施的镇痛效果更好，这 8 种物理治疗包括干扰波治疗、针刺、TENS、脉冲电刺激、浴疗法、有氧运动、假针刺和肌力训练（图 7–24a，表 7–11a）；当以针刺作为对照，在缓解疼痛方面，针刺优于假针刺、肌力训练、减肥、PEMF、安慰剂、鞋垫、NMES 和不接受任何干预（图 7–24b，表 7–14b）。在所有的比较中，涉及 PES 的两组比较中不一致性检验的 P 值小于 0.05。

主要的敏感性分析纳入了 35 个高质量研究，涉及 9 种干预措施和 3499 名患者。在分析中，排除了 1 个对比肌力训练与 PES 的小样本研究，因考虑其可能是引起主要分析存在不一致性的原因。网状关系见图 7–25。因每组比较的研究数目减少，因此网状关系图中的闭合环数目亦减少，增加了研究间变化的不确定性。虽然分析中纳入了 11 个针刺研究和 9 个肌力训练研究，但其他一些干预措施涉及的研究数目很少。分析结果显示，与标准化护理相比，针刺、浴疗法、假针刺和肌力训练镇痛效果更优（图 7–24c，表 7–11c）。只纳入高质量研究的分析结果显示，针刺镇痛效果优于假针刺、减肥、有氧锻炼和不接受任何干预（图 7–24d，表 7–11d）。根据干预措施疗效进行排序（表 7–12），针刺和浴疗法排名最优。

第二个敏感性分析主要根据研究对象、干预措施的不同或异常的数据排除了部分研究重新进行数据分析，结果显示，模型拟合很好且结果很稳定。

3. 结论

网状 Meta 分析结果显示，针刺是短期缓解膝关节炎患者疼痛的有效物理治疗方式。

但目前该领域大部分研究证据质量较低，大多数物理治疗的疗效均不确定。

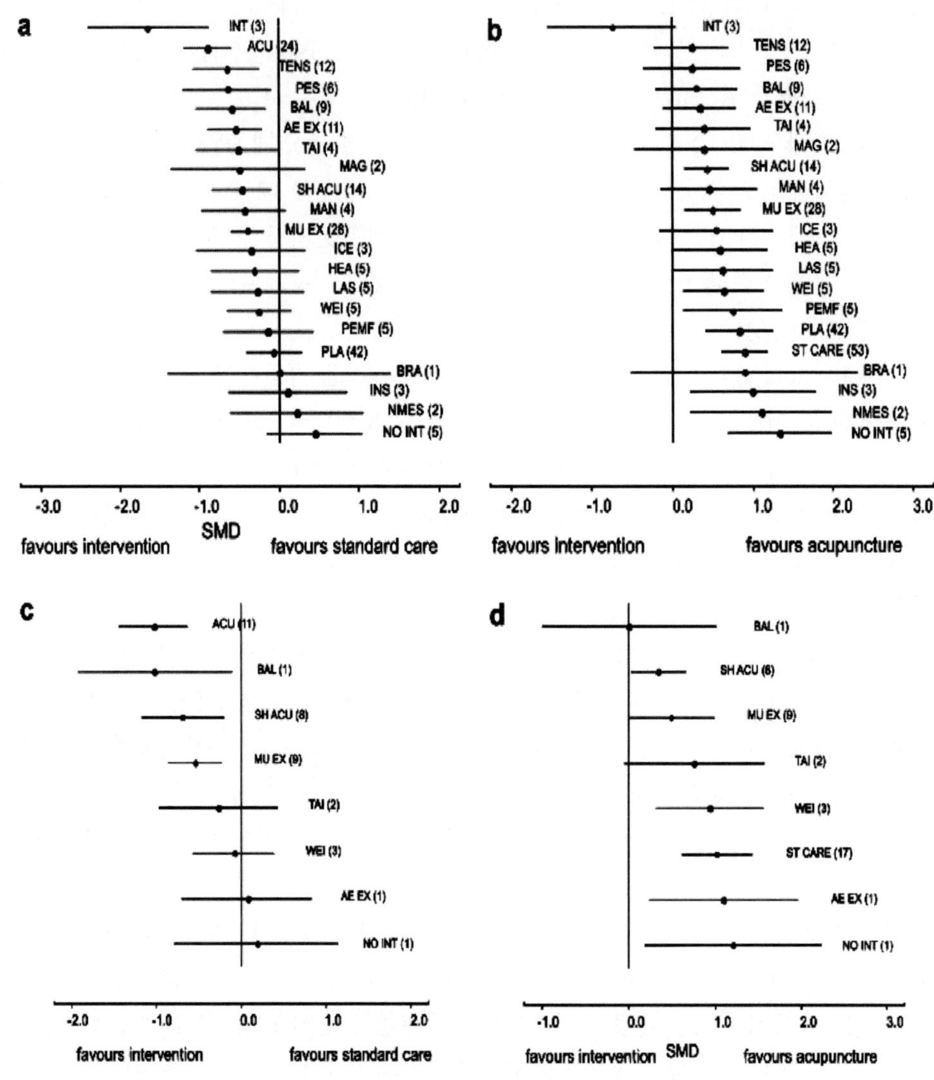

图 7-24　网状 Meta 分析结果

a. 以标准化护理为对照的网状 Meta 分析结果（纳入全部研究）；b. 以针刺为对照的网状 Meta 分析结果（纳入全部研究）；c. 以标准化护理为对照的网状 Meta 分析结果（纳入高质量研究）；d. 以针刺为对照的网状 Meta 分析结果（纳入高质量研究）

INT. 干扰波治疗；ACU. 针刺；TENS. 经皮电神经刺激；PES. 脉冲电刺激；BAL. 浴疗法；AE EX. 有氧运动；TAI. 太极；MAG. 静态磁场；SH ACU. 假针刺；MAN. 体力治疗；MU EX. 肌力训练；ICE. 冷疗；HEA. 热疗；LAS. 激光治疗；WEI. 减肥；PEMF. 脉冲电磁场；PLA. 安慰剂；BRA. 矫正器；INS. 鞋垫；NMES. 神经肌肉电刺激；NO INT. 无干预

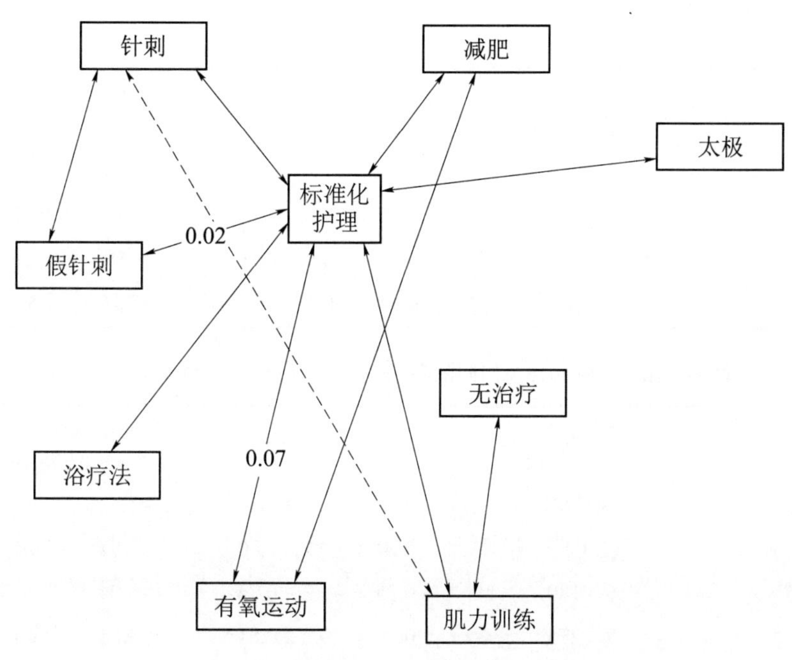

图 7-25 网状关系图

表 7-11a 以标准化护理作为对照的网状 Meta 分析结果：纳入全部研究

干预措施	研究数目（患者例数）	SMD（95%Cr I）	WOMAC 疼痛的 VAS 评分（95%Cr I）
干扰波治疗	3（98）	−1.63（−2.39, −0.87）	−26.90（−39.39, −14.40）
针刺	24（1219）	−0.89（−1.18, −0.59）	−14.69（−19.52, −9.80）
经皮电神经刺激	12（285）	−0.65（−1.06, −0.25）	−10.77（−17.50, −4.05）
脉冲电刺激	6（180）	−0.65（−1.19, −0.10）	−10.65（−19.59, −1.66）
浴疗法	9（275）	−0.60（−1.04, −0.15）	−9.87（−17.15, −2.48）
有氧运动	11（428）	−0.55（−0.89, −0.21）	−9.02（−14.68, −3.51）
太极	4（159）	−0.51（−1.03, 0.01）	−8.39（−16.98, 0.13）
静态磁场	2（41）	−0.50（−1.34, 0.33）	−8.27（−22.08, 5.43）
假针刺	14（892）	−0.47（−0.84, −0.09）	−7.76（−13.89, −1.52）
体力治疗	4（166）	−0.44（−0.96, 0.09）	−7.21（−15.90, 1.49）
肌力训练	28（1254）	−0.40（−0.61, −0.19）	−6.54（−9.99, −3.11）
冷疗	3（51）	−0.35（−1.03, 0.33）	−5.81（−16.94, 5.44）
热疗	5（123）	−0.31（−0.86, 0.24）	−5.14（−14.20, 3.98）
激光治疗	5（155）	−0.27（−0.86, 0.32）	−4.53（−14.19, 5.20）
减肥	5（436）	−0.26（−0.67, 0.15）	−4.25（−10.97, 2.43）
脉冲电磁场	5（238）	−0.15（−0.71, 0.42）	−2.43（−11.76, 6.90）
安慰剂	42（1077）	−0.07（−0.42, 0.29）	−1.15（−6.98, 4.70）

续表

干预措施	研究数目（患者例数）	SMD（95%Cr I）	WOMAC 疼痛的 VAS 评分（95%Cr I）
矫正器	1（12）	0.00（−1.39, 1.39）	0.07（−22.84, 22.94）
鞋垫	3（197）	0.10（−0.65, 0.85）	1.64（−10.71, 13.97）
神经肌肉电刺激	2（28）	0.22（−0.62, 1.05）	3.58（−10.26, 17.33）
无干预	5（87）	0.44（−0.15, 1.04）	7.25（−2.51, 17.12）

表 7−11b　以针刺作为对照的网状 Meta 分析结果：纳入全部研究

干预措施	研究数目（患者例数）	SMD（95%Cr I）	WOMAC 疼痛的 VAS 评分（95%Cr I）
干扰波治疗	3（98）	−0.74（−1.54, 0.05）	−12.21（−25.33, 0.84）
经皮电神经刺激	12（285）	0.24（−0.22, 0.70）	3.92（−3.70, 11.50）
脉冲电刺激	6（180）	0.25（−0.35, 0.84）	4.04（−5.78, 13.87）
浴疗法	9（275）	0.29（−0.22, 0.81）	4.82（−3.60, 13.28）
有氧运动	11（428）	0.34（−0.11, 0.79）	5.67（−1.84, 13.00）
太极	4（159）	0.38（−0.22, 0.98）	6.30（−3.58, 16.12）
静态磁场	2（41）	0.39（−0.48, 1.25）	6.41（−7.86, 20.61）
假针刺	14（892）	0.42（0.15, 0.70）	6.93（2.50, 11.46）
体力治疗	4（166）	0.45（−0.14, 1.05）	7.47（−2.30, 17.23）
肌力训练	28（1254）	0.49（0.15, 0.84）	8.14（2.41, −13.83）
冷疗	3（51）	0.54（−0.16, 1.25）	8.88（−2.70, 20.61）
热疗	5（123）	0.58（−0.02, 1.18）	9.55（−0.30, 19.44）
激光治疗	5（155）	0.62（−0.02, 1.25）	10.16（−0.28, 20.61）
减肥	5（436）	0.63（0.13, 1.14）	10.44（2.13, 18.72）
脉冲电磁场	5（238）	0.74（0.13, 1.36）	12.26（2.22, 22.36）
安慰剂	42（1077）	0.82（0.40, 1.25）	13.53（6.58, 20.53）
标准化护理	53（2308）	0.89（0.58, 1.18）	14.69（9.80, 19.52）
矫正器	1（12）	0.89（−0.51, 2.31）	14.76（−8.49, 38.01）
鞋垫	3（197）	0.99（0.21, 1.78）	16.33（3.41, 29.30）
神经肌肉电刺激	2（28）	1.11（0.22, 1.98）	18.27（3.57, 32.72）
无干预	5（87）	1.33（0.69, 1.97）	21.95（11.30, 32.52）

表 7−11c　以标准化护理作为对照的网状 Meta 分析结果：纳入高质量研究

干预措施	研究数目（患者例数）	SMD（95%Cr I）	WOMAC 疼痛的 VAS 评分（95%Cr I）
针刺	11（878）	−1.01（−1.43,0.61）	−16.70（−23.61, −10.07）
浴疗法	1（40）	−1.01（−1.92, −0.11）	−16.65（−31.73, −1.74）

续表

干预措施	研究数目（患者例数）	SMD（95%Cr I）	WOMAC 疼痛的 VAS 评分（95%Cr I）
假针刺	8（685）	−0.68（−1.17, −0.19）	−11.14（−19.29, −3.16）
肌力训练	9（450）	−0.52（−0.84, −0.22）	−8.62（−13.92, −3.58）
太极	2（51）	−0.26（−0.96, 0.44）	−4.29（−15.87, 7.23）
减肥	3（357）	−0.08（−0.55, 0.39）	−1.34（−9.10, 6.41）
有氧运动	1（80）	0.07（−0.69, 0.84）	1.23（−11.30, 13.78）
无干预	1（30）	0.19（−0.77, 1.14）	3.11（−12.72, 18.77）

表 7–11d　以针刺作为对照的网状 Meta 分析结果：纳入高质量研究

干预措施	研究数目（患者例数）	SMD（95%Cr I）	WOMAC 疼痛的 VAS 评分（95%Cr I）
浴疗法	1（40）	0.00（−0.99, 1.01）	0.05（−16.36, 16.62）
假针刺	8（685）	0.34（0.03, 0.66）	5.57（0.02, 16.21）
肌力训练	9（450）	0.49（0.00, 0.98）	8.08（−13.92, −3.58）
太极	2（51）	0.75（−0.05, 1.57）	12.42（−0.81, 25.84）
减肥	3（357）	0.93（0.31, 1.57）	15.36（5.18, 25.81）
标准化护理	17（928）	1.01（0.61, 1.43）	16.70（10.07, 23.61）
有氧运动	1（80）	1.09（0.23, 1.96）	17.94（3.82, 32.27）
无干预	1（30）	1.20（0.18, 2.23）	19.80（2.94, 36.81）

表 7–12　概率排序结果

干预措施	研究数目	平均排序	95%CrI
针刺	11	2	1～3
浴疗法	1	2	1～6
假针刺	8	3	2～6
肌力训练	9	4	2～6
太极	2	5	2～9
减肥	3	6	4～9
标准化护理	17	7	6～9
有氧训练	1	8	3～9
无干预	1	8	3～9

（张　珺）

第六节 网状Meta分析在外科学研究中的应用

一、研究现状

近些年，网状 Meta 分析已经在医学研究中广泛应用，如风湿性疾病、肿瘤、心血管疾病等。网状 Meta 分析同样可以应用于外科学领域，2003 年，Lim 等采用调整间接比较研究低剂量和中等剂量阿司匹林在心脏手术中的应用情况；2008 年，Stettler 等采用网状 Meta 分析的方法比较不同支架的有效性和安全性。网状 Meta 分析应用于外科学领域，主要是用来比较不同的手术方式、术中不同手术设备、术前、术中或术后的不同药物。然而，由于网状 Meta 分析需要满足同质性、相似性和一致性假设，外科学中干预措施和靶向人群在不同原始研究中存在差异，这就可能导致外科学网状 Meta 分析存在很大统计学异质性和不一致性。因此，复杂的外科干预措施和靶向人群导致网状 Meta 分析的制作有一定的困难。为了解网状 Meta 分析在外科学中的应用现状？我们检索了 PubMed、EMBASE 和 Cochrane Library 数据库中所有与外科学相关的网状 Meta 分析，获得相关文献 73 篇。

分析发现，第 1 篇发表于 2003 年，随后外科学网状 Meta 分析的数量逐渐增加，2013 年发表的数量达到了高峰。发表外科学网状 Meta 分析最多的是 BMJ（9 篇）。28 个国家参与外科学网状 Meta 分析的制作，其中 15 个国家参与 10 篇以上，前 3 位国家分别为：美国 68 篇（16.15%）、意大利 38 篇（9.03%）和荷兰 38 篇（9.03%），国家之间的合作关系见图 7-26。223 个单位参与 73 篇外科学网状 Meta 分析的制作，研究单位

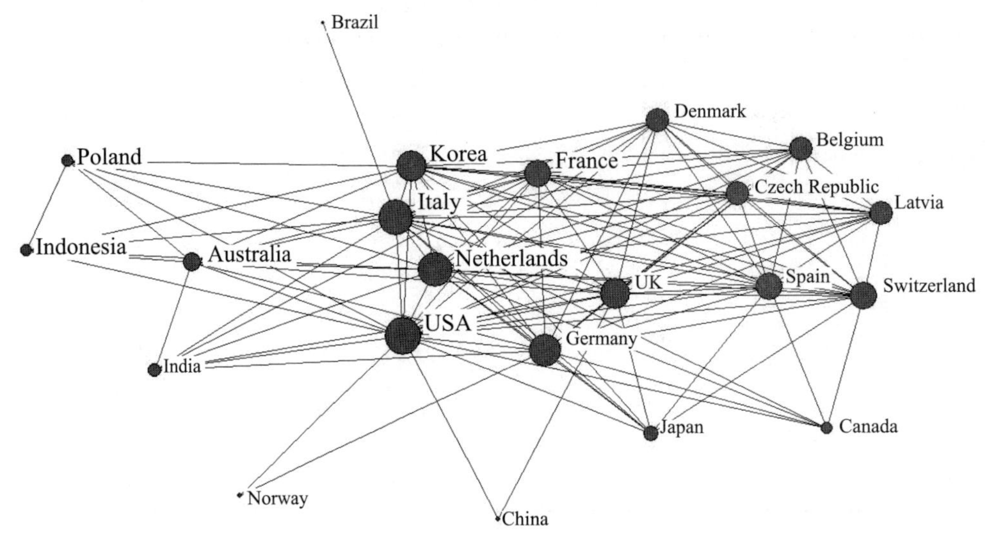

图 7-26 发表外科学网状 Meta 分析国家间的合作关系

之间的合作关系见图 7-27。在作者分布方面，446 个作者参与了 73 篇外科学网状 Meta 分析的制作，其中 25 个作者参与了 3 篇以上外科学网状 Meta 分析的制作，作者之间的合作关系见图 7-28。研究疾病分布包括循环系统疾病 32 篇（43.84%）、消化系统疾病 11 篇（15.07%）、骨骼肌肉系统和结缔组织疾病 10 篇（13.70%），其他有移植、内分泌、营养和代谢疾病、肿瘤、呼吸系统疾病、妊娠、分娩和产褥期、眼及附器疾病、泌尿生殖系统疾病等。在干预措施分布方面：药物 28 篇（38.36%）、支架 23 篇（31.51%）、手术 15 篇（20.55%）、手术用具 3 篇（4.1%）和其他 4 篇（5.48%）。

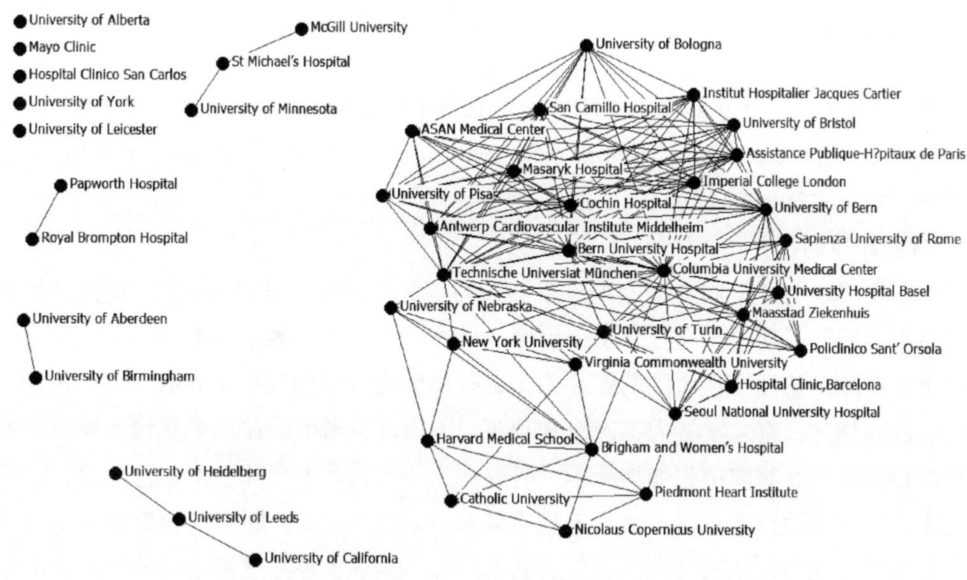

图 7-27　发表外科学网状 Meta 分析大于 2 篇的单位间的合作关系

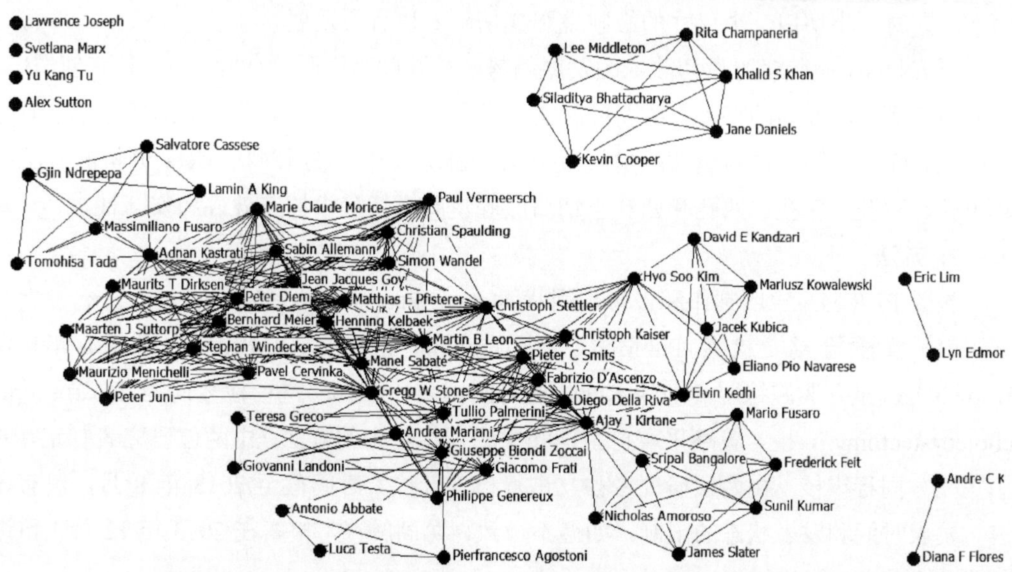

图 7-28　发表外科学网状 Meta 分析大于 2 篇作者间的合作关系

采用网状 Meta 分析比较外科学不同的干预措施需要注意以下问题：第一，需要评估不同研究间的同质性和相似性，这主要是通过评价影响结果的因素在患者、干预措施和结果指标之间的差异。研究显示，结果指标在不同研究间的定义不同将导致直接比较和间接比较结果之间的不一致性，进而导致合并结果的不准确。第二，统计学异质性较高。统计学异质性常常反映临床和方法学异质性，在出现统计学异质性之后，要采取适当的措施寻找异质性的来源，并进行处理，如亚组分析、Meta 回归或敏感性分析。

二、案例分析

引用文献：Li L, Tian JH, Tian HL, etal.The efficacy and safety of different kinds of laparoscopic cholecystectomy: a network meta analysis of 43 randomized controlled trials[J]. PLoS One, 2014, 9(2): e90313.

1. 背景和目的

1986 年以来，腹腔镜胆囊切除术一直被认为是良性胆囊疾病的金标准。腹腔镜胆囊切除术一般是四孔，其中一个孔是用来摄像，另外一孔是用来操作手术，其余两孔是用来暴露手术区域。第四个孔中的套管是用来抓住胆囊底，以便露出 Calot 三角。随着手术医生的经验增加，有专家认为第四个套管可以不用，手术可以在三个套管下完成。为此，有人提出了三孔腹腔镜胆囊切除术。研究认为小切口、小尺寸、少套管的腹腔镜胆囊切除术可提高瘢痕满意程度，减少术后疼痛和并发症。因此，腹腔镜胆囊切除术的发展一直倾向于小切口、小尺寸、少套管。1997 年，Navarra 等描述第一例单孔腹腔镜胆囊切除术，腹腔镜胆囊切除术经历了四个阶段：四孔、三孔、双孔、单孔腹腔镜胆囊切除术。同时，小切口、小尺寸的腹腔镜胆囊切除术也有所发展。

研究显示，腹腔镜胆囊切除术的发展趋势是单孔腹腔镜胆囊切除术，其具有创伤小，术后瘢痕满意程度高的特点。尽管目前临床指南推荐采用腹腔镜进行胆囊切除术，但并没有推荐哪一样腹腔镜胆囊切除术效果更佳。因此本研究采用网状 Meta 分析的方法比较单孔、双孔、三孔、四孔和四孔小切口腹腔镜胆囊切除术的有效性和安全性。

2. 方法

按照 PRISMA 声明制作和报告本网状 Meta 分析。

（1）文献检索　检索 PubMed、the Cochrane library、EMBASE 和 ISI Web of Knowledge，纳入腹腔镜胆囊切除术的随机对照试验和 Meta 分析。检索词为“laparoscopic cholecystectomy”，检索策略采取自由词和主题词相结合的方法，由两位研究者制定，并由第三方同行审核。由两位研究者独立进行检索，检索时间截至 2013 年 8 月，没有语言、发表时间和发表状态的限制，如遇不一致，协商解决。检索在 2013 年 12 月 1 日进行更新。

（2）纳入标准和研究筛选　纳入比较不同胆囊切除术的随机对照试验。单孔腹腔镜胆囊切除术指的是采用一个多孔的装置或者一个切口的多个套管进行的胆囊切除术。四孔、三孔、双孔腹腔镜胆囊切除术的套管必须大于5毫米。对于四孔小切口腹腔镜胆囊切除术，其中2～3个套管必须小于5毫米。本研究只纳入英文文献，会议摘要，未发表的数据将被排除。

两位研究基于题目、摘要和全文独立筛选文献，如遇不一致，讨论解决。若讨论不能解决，与第三方协商。

（3）数据提取和质量评价　两位研究独立提取资料，资料输入Excel表格里面，主要提取：国家、患者特征（年龄、性别以及其他特征）、疾病、随访时间和结果指标等条目。结果指标的提取按照意向性分析的方法。如遇不一致，与第三方讨论解决。

2位研究者独立评价纳入研究的质量，如遇不一致，与第三方讨论解决。根据Cochrane手册评价以下条目：随机序列、盲法、隐蔽分组、选择性报告、不完整数据和其他偏倚。

（4）数据分析　结果指标主要是术后第一天疼痛（视觉模拟评分）、术后需要麻醉剂的患者数目、术后并发症、术中出血、术后疤痕评分、住院时间和手术时间。

传统的Meta分析主要通过RevMan软件进行。二分类变量的结果指标，主要用比值比（OR）和95%可信区间（95%CI）表示。连续变量的结果指标主要用均数差（MD）和95%CI表示。异质性主要通过I^2检验，若P值小于0.05或者I^2大于50%就意味着存在显著的异质性，当存在显著异质性的时候，首先分析造成异质性的原因，若分析后未发现导致异质性的原因，采用随机效应模型。

当直接证据缺失的情况下，进行调整间接比较。调整间接比较主要通过ITC软件实现。如存在两组比较（A vs. B, B vs. C），那么即计算A vs. C的间接比较结果。如果存在3组或多组比较（A vs. B, B vs. D, D vs. C），尽管有可能计算A vs. C的间接比较结果，我们并不计算A vs. C的间接比较结果。当存在不同的间接比较路径时，如A vs. B、B vs. C和A vs. D、D vs. C，我们计算不同间接比较路径时的间接比较结果。最后，不同间接比较结果采用倒方差的方法进行合并。

采取贝叶斯的网状Meta分析方法分析两个以上的干预措施，合并所有间接证据和直接证据，最终得到一个合并的效应量。网状Meta分析主要采取ADDIS软件进行分析。同时，采取ADDIS软件生成结果指标的排序图，结果采用比值比、均数差和95%置信区间进行表示。

分析不一致性，采取点分法来判断间接比较和直接比较间的一致性。同时，采取Fujian Song教授的方法比较直接证据/间接证据与网状Meta分析数据之间的一致性。计算Z值，如Z值大于1.645，此时的P值就小于0.05，则认为存在显著的统计学差异。

3. 结果

（1）检索结果　通过数据库检索获取7644篇文献，通过参考文献检索获取了89篇文献，通过筛选，最终纳入43个随机对照试验。6个研究比较单孔和三孔腹腔镜胆囊切除术，2个研究比较双孔和四孔腹腔镜胆囊切除术，5个研究比较三孔和四孔腹腔镜胆囊切除术，18个研究比较单孔和和四孔腹腔镜胆囊切除术，15个研究比较了四孔和四孔小切口腹腔镜胆囊切除术。尽管纳入研究的有些患者为急性胆囊炎患者，但全部纳入研究为择期手术。纳入研究的其他特征详见原文。

（2）质量评价　所有研究均提及随机，仅13个研究提及随机方法的具体细节，17个研究描述了隐蔽分组的具体细节。11个研究提及盲法，但5个研究是对患者和结果评价人员施盲，3个研究是对患者施盲，2个研究对结果评价人员施盲，1个研究对手术人员施盲。

（3）传统Meta分析　传统Meta分析显示，单孔腹腔镜胆囊切除术与四孔腹腔镜胆囊切除术相比，术后并发症较多，术后瘢痕满意程度较高；与三孔腹腔镜胆囊切除术相比，手术时间长，术后瘢痕满意程度较高；与四孔小切口腹腔镜胆囊切除术相比，术后并发症较多。在其他结果指标上并没有统计学差异。

（4）间接比较和网状Meta分析　间接比较显示，三孔腹腔镜胆囊切除术与四孔小切口腹腔镜胆囊切除术相比，术后手术时间较长；与双孔腹腔镜胆囊切除术相比，术后疼痛程度较低。双孔腹腔镜胆囊切除术与单孔腹腔镜胆囊切除术相比，术后并发症较少，术后住院时间较长。网状Meta分析显示，单孔腹腔镜胆囊切除术与四孔小切口腹腔镜胆囊切除术相比，术后并发症较多；与四孔腹腔镜胆囊切除术相比，手术时间长（表7–13）。

（5）不一致性分析　点分法结果显示：在间接证据、直接证据和网状Meta分析间不存在显著的统计学不一致性，但单孔腹腔镜胆囊切除术与四孔小切口腹腔镜胆囊切除术的术后并发症存在统计学不一致性。Z检验显示间接证据/直接证据和网状Meta分析间没有不一致性。但直接比较显示大部分结果中存在显著的统计学异质性。

（6）结果排序图　结果排序图显示：四孔小切口腹腔镜胆囊切除术术后瘢痕满意程度最高、术后并发症最少和术中出血量最少，四孔腹腔镜胆囊切除术术后疼痛程度最高，需要麻醉剂的患者最多，住院时间最长，术后瘢痕满意程度低；单孔腹腔镜胆囊切除术术后并发症最多，术中出血量最多，手术时间最长，术后疼痛程度最高，需要麻醉剂的患者最少；双孔腹腔镜胆囊切除术手术时间最短。

3. 结论

基于网状Meta分析，四孔腹腔镜胆囊切除术可能效果最差，因为其术后疼痛程度最高，住院时间最长，术后瘢痕满意程度最低。四孔小切口腹腔镜胆囊切除术或者单孔腹腔镜胆囊切除术相对最好，因为四孔小切口腹腔镜胆囊切除术术后瘢痕满意程度最高，术后并发症最少。单孔腹腔镜胆囊切除术的术后疼痛程度最低，住院时间最短。基于结

表 7–13　网状 Meta 分析结果

测量指标		4 孔小切口 vs 4 孔	4 孔小切口 vs 3 孔	4 孔小切口 vs 2 孔	4 孔小切口 vs 单孔	4 孔 vs 3 孔	4 孔 vs 2 孔	4 孔 vs 单孔	3 孔 vs 2 孔	3 孔 vs 单孔	2 孔 vs 单孔
住院时间	DMA/ITC#	−0.11 [−0.31, 0.09] d	0.33 [−0.06, 0.71] i (p)	−0.16 (−0.390.07)i	−0.21 [−0.68, 0.26] d	0.46 [−0.10, 1.03] d	−0.05 [−0.16, 0.06] d	0.16 [−0.29, 0.60] d	−0.51 (−1.08 0.07)i	0.10 [−0.06, 0.26] d	0.15 (0.04 0.34)i
	NMA&	−0.13 (−0.42, 0.17)	−0.01 (−0.40, 0.36)	−0.13 (−0.65, 0.42)	0.06 (−0.30, 0.40)	0.12 (−0.15, 0.37)	0.00 (−0.46, 0.46)	0.18 (−0.05, 0.40)	−0.11 (−0.63, 0.41)	0.07 (−0.18, 0.31)	0.18 (−0.34, 0.68)
手术时间	DMA/ITC#	5.02 [3.33, 6.70] d	6.41 [3.21, 9.62] i (p)	3.08 (−16.93 23.09)i	1.60 [−5.29, 8.49] d	−0.13 [−3.11, 2.85] d	−1.94 [−21.88, 18.00] d	−16.37 [−22.75, −9.98] d	−1.81 (−21.97 18.35)i	−6.23 [−9.39, −3.07] d	−14.43 (−35.37 6.06)i
	NMA&	5.11 (−2.64, 12.69)	3.74 (−8.28, 15.36)	16.61 (−11.91, 45.73)	−4.99 (−15.36, 5.07)	−1.35 (−10.78, 7.74)	11.55 (−16.07, 39.88)	−10.05 (−17.26, −3.33)	12.87 (−16.23, 42.53)	−8.69 (−17.90, 0.16)	−21.63 (−50.74, 6.57)
术后疼痛	DMA/ITC#	−0.30 [−1.38, 0.78] d	0.29 [−0.86 1.44] i	−0.29 (−1.40 0.82)i	0.42 (−1.04 1.88)i	0.59 [0.20, 0.98] d	0.01 [−0.22, 0.25] d	0.72 [−0.25, 1.70] d	−0.58 (−1.04 −0.13)i	0.13 [−0.41, 0.67] d	0.71 (−0.29 1.71)i
	NMA&	−0.32 (−1.40, 0.77)	0.30 (−1.22, 1.92)	−0.13 (−2.48, 2.26)	0.38 (−0.93, 1.73)	0.63 (−0.48, 1.73)	0.20 (−1.97, 2.30)	0.70 (−0.07, 1.47)	−0.42 (−2.85, 1.98)	0.07 (−0.96, 1.10)	0.50 (−1.74, 2.80)
麻醉剂需要患者的患者数量	DMA/ITC$	1.00 [0.38, 2.64] d	0.90 [0.31, 2.59] i (p)		0.84 [0.27, 2.65] d	1.61 [0.41, 6.67] d		2 [0.86, 4.55] d		1.35 [0.69, 2.86] d	
	NMA@	0.83 (0.30, 2.06)	0.79 (0.12, 3.86)		1.51 (0.39, 4.88)	0.95 (0.20, 3.99)		1.84 (0.69, 4.68)		1.92 (0.56, 7.61)	
术中出血量	DMA/ITC#	−6.37 [−26.97, 14.23] d	−5.65 (−26.62 15.32)i		−6.22 (−26.98 14.54)i	0.72 (−3.2 4.64)i		0.15 [−2.46,2.75] d		−0.57 [−3.5 2.37] d	
	NMA&	−8.07 (−27.26, 12.67)	−7.21 (−27.14, 13.81)		−7.83 (−27.04, 12.78)	0.55 (−4.58, 5.73)		−0.02 (−2.94, 3.23)		−0.70 (−4.39, 3.66)	
术后并发症	DMA/ITC$	0.61 [0.20, 1.86] d	0.14 [0.01, 1.94] i (p)	1.56 (0.26 9.22)i	0.05 [0.00, 0.98] d	0.32 [0.01, 8.33] d	2.56 (0.63 10)d	0.54 (0.34 0.85)d	8 (0.21 303.39)i	0.69 [0.27, 1.72] d	0.21 (0.05 0.91)i
	NMA@	0.31 (0.05, 1.41)	0.19 (0.01, 1.89)	0.87 (0.03, 19.86)	0.14 (0.02, 0.77)	0.62 (0.08, 3.41)	2.72 (0.20, 50.70)	0.46 (0.17, 1.05)	4.57 (0.21, 158.79)	0.75 (0.15, 4.31)	0.17 (0.01, 2.58)
瘢痕满意程度	DMA/ITC#	1.60 [−0.05, 3.24] d	1.69 (−0.12 3.50)i	1.2 (−0.56 2.96)i	1.01 (−0.71 2.73)i	0.09 [−0.68, 0.85] d	−0.40 [−1.02, 0.22] d	−0.59 [−1.09, −0.10] d	−0.49 (−1.48 0.50)i	−1.13 [−0.06, −2.19] d	−0.19 (−0.98 0.60)i
	NMA&	1.50 (−0.11, 3.55)	1.72 (−0.49, 4.25)	1.11 (−2.20, 4.78)	0.61 (−1.40, 2.97)	0.20 (−1.39, 1.72)	−0.41 (−3.39, 2.65)	−0.90 (−2.14, 0.30)	−0.60 (−3.84, 2.91)	−1.09 (−2.44, 0.22)	−0.48 (−3.85, 2.64)

d. DMA，传统 Meta 分析；i. ITC，调整间接比较；i（4）. 通过 4 孔实现调整间接比较；i（1）. 通过单孔实现调整间接比较；i（p）. 间接比较的合并结果；#. MD [95%CI]；&. MD [95%CrI]；$. RR [95%CI]；@. RR [95%CrI]

果排序图发现，单孔腹腔镜胆囊切除术的术后疼痛程度最低，术后并发症最高，住院时间最长；四孔小切口腹腔镜胆囊切除术术后疤痕满意程度最高，术后并发症最少。开展单孔腹腔镜胆囊切除术，应该注意术中出血量和术后并发症。

（张 朋）

附录

附录一　中英文名词对照索引

（按汉语拼音字母顺序排列）

Cochrane 疗效评价文摘库　The Database of Abstracts of Reviews of Effects，DARE

Cochrane 临床对照试验中心注册库　Cochrane Central Register of Controlled Trials，CENTRAL

Cochrane 系统评价　Cochrane Systematic Reviews，CSR

Cochrane 系统评价库　Cochrane Database of Systematic Reviews，CDSR

Cochrane 协作网　The Cochrane Collaboration，CC

Cochrane 协作网方法学文献注册数据库　The Cochrane Methodology Register

Meta 分析　Meta analysis，MA

WHO 临床试验注册平台　World Health Organization International Clinical Trial Registration Platform，WHO ICTRP

澳大利亚－新西兰临床试验注册中心　Australian New Zealand Clinical Trials Registry，ANZCTR

巴西临床试验注册中心　Brazilian Clinical Trials Registry，ReBec

贝叶斯法　Bayesian analysis methods

比值比　odds ratio，OR

标准化均数差　Standardized mean difference，SM

不对称性　asymmetry

不连贯性　incoherence

不一致性　inconsistency

传递性　Transitivity

单个病例数据　individual patient data，IPD

单个病例数据 Meta 分析　individual patient data meta analysis，IPD-MA

单个病例数据的网状 Meta 分析　individual patient data network meta-analysis, IPD-NMA

当归多糖　angelica polysaccharides，APS

德国临床试验注册中心　German Clinical Trials Register，DRKS

点分法　node-splitting

多组比较 Meta 分析　multiple treatments meta analysis

泛非临床试验注册中心　Pan African Clinical Trial Registry，PACTR

干预措施数目 number of treatments
干预措施网络 treatment network
古巴临床试验注册中心 Cuban Public Registry of Clinical Trials，RPCEC
国际标准随机对照临床试验编号注册系统 International Standard Randomized Cntrolled Trial Number Register, ISRCTN
国际系统评价注册平台 International Prospective Register of Systematic Review，PROSPERO
国家科技图书文献中心 National Science and Technology library，NSTL
韩国临床研究信息服务中心 Clinical Research Information Service Republic of Korea
荷兰临床试验注册中心 The Netherlands National Trial Register，NTR
混合治疗效应 Meta 分析 Mixed treatment comparison meta analysis
集合病人数据 aggregate patient data，APD
集合数据 aggregate data，AD
几何学特征 geometry
计划书 protocol
剂量–反应关系 Meta 分析 dose-response meta-analysis，DRMA
加拿大药品和卫生技术署 Canadian Agency for Drugs and Technologies in Health，CADTH
间接比较 indirect comparison
均数差 mean difference，MD
可交换性 exchangeability
连贯性 coherence
率差 ratio difference，RD
马尔科夫–蒙特卡罗链 Markov-chain-Monte-Carlo，MCMC
美国国家生物技术信息中心 National Center for Biotechnology Information，NCBI
美国国家卫生研究院 National Institutes of Health，NIH
美国国家医学图书馆 National Library of Medicine，NLM
美国医疗保健研究与质量局 The Agency for Healthcare Research and Quality，AHRQ
频率法 frequency analysis method
权重均数差 weight mean difference，WMD
日本临床试验注册网络 Japan Primary Registries Network，JPRN
斯里兰卡临床试验注册中心 Sri Lanka Clinical Trials Registry，SLCTR
随机对照试验 randomized controlled trial，RCT
调整间接比较 adjusted indirect comparison
网状 Meta 分析 network Meta-analysis，NMA
危险比 hazard ratio，HR
卫生技术评估数据库 Health Technology Assessment Database，HTA

系统评价 systematic review，SR

系统评价再评价 overviews of reviews，Overviews

相对危险度 relative risk，RR

相似性 similarity

血管紧张素受体阻断剂 angiotensin receptor blockers，ARBs

血管紧张素转化酶 angiotensin converting enzyme，ACE

研究网络 trial network

一致性 consistency

伊朗临床试验注册中心 Iranian Registry of Clinical Trials，IRCT

印度临床试验注册中心 Clinical Trials Registry-India，CTRI

英国国家卫生服务部卫生经济评价数据库 NHS Economic Evaluation Database，NHS EED

诊断试验系统评价 diagnostic test accuracy systematic review，DTASR

证据推荐分级的评估、制订与评价 grading of recommendations assessment, development and evaluation，GRADE

证据网络 evidence network

中国科学引文数据库 Chinese Science Citation Database，CSCD

中国临床试验注册中心 Chinese Clinical Trial Registry，ChiCTR

中国生物医学文献服务系统 SinoMed

中国生物医学文献数据库 China Biomedical Literature Database，CBM

中国学术期刊网络出版总库 China Academic Journal Network Publishing Database，CAJD

中文科技期刊数据库（全文版） China Science and Technology Journal Database，CSTJ

附录二　SCI 收录网状 Meta 分析主要期刊列表

（以影响因子为序）

序号	期刊名称（缩写）	期刊名称（全称）	出版国家	创刊时间	当前出版频率	ISSN	影响因子	期刊主页
1	Lancet	The Lancet	英国	1823	52 期/年	0140－6736	45.217	http://www.sciencedirect.com/science/journal/01406736
2	JAMA	The Journal of the American Medical Association	美国	1960	48 期/年	0098－7484	35.289	http://jama.jamanetwork.com/journal.aspx
3	Lancet Oncol	The Lancet oncology	英国	2000	12 期/年	1470－2045	24.69	http://www.sciencedirect.com/science/journal/14702045
4	Lancet Infect Dis	The Lancet Infectious diseases	美国	2001	12 期/年	1473－3099	22.433	http://www.sciencedirect.com/science/journal/14733099
5	Ann Intern Med	Annals of internal medicine	美国	1927	24 期/年	0003－4819	17.81	http://annals.org
6	BMJ	The British medical journal	英国	1988	52 期/年	1756－1833	17.445	http://www.bmj.com
7	Gastroenterology	Gastroenterology	美国	1943	12 期/年	0016－5085	16.716	http://www.sciencedirect.com/science/journal/00165085
8	J Am Coll Cardiol	Journal of the American College of Cardiology	美国	1983	50 期/年	0735－1097	16.503	http://sciencedirect.com/science/journal/07351097
9	Eur Heart J	European heart journal	英国	1980	24 期/年	0195－668X	15.203	http://eurheartj.oxfordjournals.org
10	Circulation	Circulation	美国	1950	50 期/年	0009－7322	15.073	http://circ.ahajournals.org
11	Plos Med	PLoS medicine	美国	2004	12 期/年	1549－1676	14.429	http://journals.plos.org/plosmedicine
12	World Psychiatry	World psychiatry	意大利		3 期/年	1723－8617	14.225	http://onlinelibrary.wiley.com/journal/10.1002/（ISSN）20515545;jsessionid=80C45F77E1B130141E784D389ADB8AEC.f01t04
13	Eur Urol	European urology	荷兰	1975	12 期/年	0302－2838	13.938	http://www.sciencedirect.com/science/journal/03022838
14	Jama Intern Med	JAMA internal medicine	美国	2013	12 期/年	2168－6106	13.116	http://archinte.jamanetwork.com/issues.aspx

续表

序号	期刊名称（缩写）	期刊名称（全称）	出版国家	创刊时间	当前出版频率	ISSN	影响因子	期刊主页
15	J Natl Cancer Inst	Journal of the national cancer institute	美国	1940	24 期/年	0027－8874	12.583	http://jnci.oxfordjournals.org
16	J Allergy Clin Immunol	Journal of allergy and clinical immunology	美国	1971	12 期/年	0091－6749	11.476	http://www.sciencedirect.com/science/journal/00916749
17	Hepatology	Hepatology	美国	1981	12 期/年	0270－9139	11.055	http://onlinelibrary.wiley.com/journal/10.1002/（ISSN）1527－3350
18	Ann Rheum Dis	Annals of the rheumatic diseases	英国	1939	12 期/年	0003－4967	10.377	http://ard.bmj.com
19	Lancet Diabetes Endocrinol	The lancet diabetes & endocrinology	英国	2013	12 期/年	2213－8587	9.185	http://www.sciencedirect.com/science/journal/22138587
20	Int J Epidemiol	International journal of epidemiology	英国	1972	6 期/年	0300－5771	9.176	http://ije.oxfordjournals.org
21	Clin Infect Dis	Clinical infectious diseases	美国	1992	24 期/年	1058－4838	8.886	http://cid.oxfordjournals.org
22	Clin Cancer Res	Clinical cancer research	美国	1995	24 期/年	1078－0432	8.722	http://clincancerres.aacrjournals.org
23	Ann Surg	Annals of surgery	美国	1985	12 期/年	0003－4932	8.327	http://journals.lww.com/annalsofsurgery/pages/default.aspx
24	Thorax	Thorax	英国	1946	12 期/年	0040－6376	8.290	http://thorax.bmjjournals.com
25	Obes Rev	Obesity reviews	英国	2000	12 期/年	1467－7881	7.995	http://onlinelibrary.wiley.com/journal/10.1111/（ISSN）1467－789X
26	Clin Gastroenterol Hepatol	Clinical gastroenterology and hepatology	美国	2003	12 期/年	1542－3565	7.896	http://www.sciencedirect.com/science/journal/15423565
27	Eur Respir J	The European respiratory journal	英国	1988	12 期/年	0903－1936	7.636	http://erj.ersjournals.com
28	Cancer Treat Rev	Cancer treatment reviews	英国	1974	8 期/年	0305－7372	7.588	http://www.sciencedirect.com/science/journal/03057372

续表

序号	期刊名称（缩写）	期刊名称（全称）	出版国家	创刊时间	当前出版频率	ISSN	影响因子	期刊主页
29	Chest	Chest	美国	1970	12 期/年	0012－3692	7.483	http://journal.publications.chestnet.org
30	JACC Cardiovasc Interv	JACC Cardiovascular interventions	美国	2008	12 期/年	1936－8798	7.345	http://www.sciencedirect.com/science/journal/19368798
31	JAMA Neurol	JAMA neurology	美国	2013	12 期/年	2168－6149	7.271	http://archneur.jamanetwork.com/issues.aspx
32	BMC Med	BMC medicine	英国	2003	—	1741－7015	7.356	http://www.biomedcentral.com/bmcmed
33	Intensive Care Med	Intensive care medicine	美国	1975	12 期/年	0342－4642	7.214	http://link.springer.com/journal/134
34	Ann Oncol	Annals of oncology	英国	—	12 期/年	0923－7534	7.040	http://annonc.oxfordjournals.org
35	Diabetologia	Diabetologia	德国	1965	12 期/年	0012－186X	6.671	http://link.springer.com/journal/125
36	Epidemiol Rev	Epidemiologic reviews	美国	1979	1 期/年	0193－936X	6.667	http://epirev.oxfordjournals.org
37	Hypertension	Hypertension	美国	1979	12 期/年	0194－911X	6.499	http://hyper.ahajournals.org
38	Diabetes Obes Metab	Diabetes obesity & metabolism	英国	1999	12 期/年	1462－8902	6.360	http://onlinelibrary.wiley.com/journal/10.1111/（ISSN）1463－1326
39	Oncotarget	Oncotarget	美国	2009	6 期/年	1949－2553	6.359	http://www.impactjournals.com/oncotarget/index.php?journal=oncotarget
40	Mayo Clin Proc	Mayo clinic proceedings	美国	1964	12 期/年	0025－6196	6.262	http://www.sciencedirect.com/science/journal/00256196
41	J Crohns Colitis	Journal of crohns &colitis	荷兰	2007	10 期/年	1873－9946	6.234	http://ecco-jcc.oxfordjournals.org
42	Circ Cardiovasc Interv	Circulation. cardiovascular interventions	美国	2008	6 期/年	1941－7640	6.218	http://circinterventions.ahajournals.org
43	J Clin Endocrinol Metab	The Journal of clinical endocrinology and metabolism	美国	1952	12 期/年	0021－972X	6.209	http://press.endocrine.org/journal/jcem
44	Cochrane Database Syst Rev	The Cochrane database of systematic reviews	英国	1996	12 期/年	1469－493X	6.032	http://www.thecochranelibrary.com

续表

序号	期刊名称（缩写）	期刊名称（全称）	出版国家	创刊时间	当前出版频率	ISSN	影响因子	期刊主页
45	CMAJ	Canadian medical association journal	加拿大	1985	18 期/年	0820－3946	5.959	http://www.cmaj.ca
46	Psychol Med	Psychological medicine	美国	1970	16 期/年	0033－2917	5.938	http://journals.cambridge.org/action/displayJournal?jid=PSM
47	Clin Microbiol Infect	Clinical microbiology and infection	英国	1995	12 期/年	1198－743X	5.768	http://www.sciencedirect.com/science/journal/1198743X
48	Aliment Pharmacol Ther	Alimentary pharmacology & therapeutics	英国	1987	24 期/年	0269－2813	5.727	http://onlinelibrary.wiley.com/journal/10.1111/（ISSN）1365－2036
49	Am J Transplant	American journal oftransplantation	丹麦	2001	12 期/年	1600－6135	5.683	http://onlinelibrary.wiley.com/journal/10.1111/（ISSN）1600－6143
50	Circ Cardiovasc Qual Outcomes	Circulation. cardiovascular quality and outcomes	美国	2008	6 期/年	1941－7705	5.656	http://circoutcomes.ahajournals.org
51	Acta Psychiatr Scand	Acta psychiatrica scandinavica	英国	1961	12 期/年	0001－690X	5.605	http://onlinelibrary.wiley.com/journal/10.1111/（ISSN）1600－0447
52	Heart	Heart	英国	1996	24 期/年	1355－6037	5.595	http://heart.bmj.com
53	Sci Rep	Scientific reports	英国	2011	—	2045－2322	5.578	http://www.nature.com/srep
54	Br J Surg	The British journal of surgery	英国	1913	12 期/年	0007－1323	5.542	http://onlinelibrary.wiley.com/journal/10.1002/（ISSN）1365－2168
55	J Clin Psychiatry	Journal of clinical psychiatry	美国	1978	12 期/年	0160－6689	5.498	http://www.psychiatrist.com/Pages/home.aspx
56	Ann Fam Med	Annals of family medicine	美国	2003	6 期/年	1544－1709	5.434	http://www.annfammed.org
57	Eur J Cancer	European journal of cancer	英国	1990	18 期/年	0959－8049	5.417	http://www.sciencedirect.com/science/journal/09598049
58	Gastrointest Endosc	Gastrointestinal endoscopy	美国	1965	12 期/年	0016－5107	5.369	http://www.sciencedirect.com/science/journal/00165107

续表

序号	期刊名称（缩写）	期刊名称（全称）	出版国家	创刊时间	当前出版频率	ISSN	影响因子	期刊主页
59	J Antimicrob Chemother	Journal of antimicrobial chemotherapy	英国	1975	12 期/年	0305－7453	5.313	http://jac.oxfordjournals.org
60	Am J Epidemiol	American journal of epidemiology	美国	1965	24 期/年	0002－9262	5.230	http://aje.oxfordjournals.org
61	Cns Drugs	Cns drugs	新西兰	1994	12 期/年	1172－7047	5.113	http://link.springer.com/journal/40263
62	Endoscopy	Endoscopy	德国	1969	12 期/年	0013－726X	5.104	https://www.thiemeconnect.de/products/ejournals/journal/10.1055/s－00000012
63	Health Technol Assess	Health technology assessment	英国	1997	—	1366－5278	5.027	http://www.journalslibrary.nihr.ac.uk/hta
64	Br J Sports Med	British journal of sports medicine	英国	1969	22 期/年	0306－3674	5.025	http://bjsm.bmj.com
65	Thromb Haemostasis	Thrombosis and haemostasis	德国	—	12 期/年	0340－6245	4.984	http://th.schattauer.de/en
66	Cephalalgia	Cephalalgia	挪威	1981	16 期/年	0333－1024	4.891	http://onlinelibrary.wiley.com/journal/10.1111/（ISSN）1468－2982
67	Curr Opin Rheumatol	Current opinion in rheumatology	美国	1989	6 期/年	1040－8711	4.886	http://journals.lww.com/corheumatology/pages/default.aspx
68	Oncologist	Oncologist	美国	1996	12 期/年	1083－7159	4.865	http://theoncologist.alphamedpress.org
69	Br J Anaesth	British journal of anaesthesia	英国	1923	12 期/年	0007－0912	4.853	http://bja.oxfordjournals.org
70	J Thorac Oncol	Journal of thoracic oncology	美国	2006	12 期/年	1556－0864	4.852	http://journals.lww.com/jto/pages/default.aspx
71	Liver Int	Liver international	丹麦	2003	12 期/年	1478－3223	4.850	http://onlinelibrary.wiley.com/journal/10.1111/（ISSN）1478－3231
72	Br J Cancer	British journal of cancer	英国	1947	24 期/年	0007－0920	4.836	http://www.nature.com/bjc/index.html
73	Arch Dermatol	Archives of dermatology	美国	1960	12 期/年	0003－987X	4.789	http://archderm.jamanetwork.com/journal.aspx

续表

序号	期刊名称（缩写）	期刊名称（全称）	出版国家	创刊时间	当前出版频率	ISSN	影响因子	期刊主页
74	Addiction	Addiction	英国	1993	12 期/年	0965–2140	4.829	http://onlinelibrary.wiley.com/journal/10.1111/（ISSN）1360–0443
75	J Hypertens	Journal of hypertension	英国	1983	12 期/年	0263–6352	4.720	http://journals.lww.com/jhypertension/pages/issuelist.aspx
76	J Am Geriatr Soc	Journal of the American geriatrics society	美国	1953	12 期/年	0002–8614	4.572	http://onlinelibrary.wiley.com/journal/10.1111/（ISSN）1532–5415
77	Thyroid	Thyroid	美国	1990	12 期/年	1050–7256	4.493	http://online.liebertpub.com/thy
78	Crit Care	Critical care	英国	1997	6 期/年	1466–609X	4.476	http://www.ccforum.com
79	Rheumatology（oxford）	Rheumatology	英国	1999	12 期/年	1462–0324	4.475	http://rheumatology.oxfordjournals.org
80	Stat Methods Med Res	Statistical methods in medical research	英国	1992	6 期/年	0962–2802	4.472	http://smm.sagepub.com
81	J Urol	The Journal of urology	美国	1917	12 期/年	0022–5347	4.471	http://www.sciencedirect.com/science/journal/00225347
82	Am Heart J	American heart journal	美国	1925	12 期/年	0002–8703	4.463	http://www.sciencedirect.com/science/journal/00028703
83	Jama Dermatol	JAMA Dermatology	美国	2013	12 期/年	2168–6068	4.426	http://archderm.jamanetwork.com/issues.aspx
84	Depress Anxiety	Depression and anxiety	美国	1997	12 期/年	1091–4269	4.407	http://onlinelibrary.wiley.com/journal/10.1002/（ISSN）1520–6394
85	Am J Sports Med	The American journal of sports medicine	美国	1976	8 期/年	0363–5465	4.362	http://ajs.sagepub.com
86	Exp Diabetes Res	Experimental diabetes research	美国	2007	—	1687–5214	4.325	http://www.hindawi.com/journals/jdr/contents/
87	J Am Heart Assoc	Journal of the American heart association	美国	2012	6 期/年	2047–9980	4.306	http://jaha.ahajournals.org

续表

序号	期刊名称（缩写）	期刊名称（全称）	出版国家	创刊时间	当前出版频率	ISSN	影响因子	期刊主页
88	Int J Antimicrob Agents	International journal of antimicrobial agents	荷兰	1991	12 期/年	0924–8579	4.296	http://www.sciencedirect.com/science/journal/09248579
89	Br J Dermatol	The British journal of dermatology	英国	1951	12 期/年	0007–0963	4.275	http://onlinelibrary.wiley.com/journal/10.1111/（ISSN）1365–2133
90	Osteoporos Int	Osteoporosis international	英国	1990	12 期/年	0937–941X	4.169	http://link.springer.com/journal/198
91	J Thorac Cardiovasc Surg	Journal of thoracic and cardiovascular surgery	美国	1959	12 期/年	0022–5223	4.168	http://www.sciencedirect.com/science/journal/00225223
92	Osteoarthritis Cartilage	Osteoarthritis and cartilage	英国	1993	12 期/年	1063–4584	4.165	http://www.sciencedirect.com/science/journal/10634584
93	J Dent Res	Journal of dental research	美国	1919	12 期/年	0022–0345	4.139	http://jdr.sagepub.com
94	Int J Cardiol	International journal of cardiology	爱尔兰	1981	24 期/年	0167–5273	4.036	http://www.sciencedirect.com/science/journal/01675273
95	J Clin Periodontol	Journal of clinical periodontology	丹麦	1974	12 期/年	0303–6979	4.010	http://onlinelibrary.wiley.com/journal/10.1111/（ISSN）1600–051X
96	Int J Neuropsychopharmacol	International journal of neuropsychopharmacology	英国	1998	12 期/年	1461–1457	4.009	http://ijnp.oxfordjournals.org
97	BMC Genomics	BMC genomics	英国	2000	—	1471–2164	3.986	http://www.biomedcentral.com/bmcgenomics
98	Breast Cancer Res Treat	Breast cancer research and treatment	美国	1981	18 期/年	0167–6806	3.940	http://link.springer.com/journal/10549
99	Semin Arthritis Rheum	Seminars in arthritis and rheumatism	美国	1971	6 期/年	0049–0172	3.925	http://www.sciencedirect.com/science/journal/00490172
100	Epidemiol Psychiatr Sci	Epidemiology and psychiatric sciences	英国	2011	4 期/年	2045–7960	3.907	http://journals.cambridge.org/action/displayJournal?jid=EPS

续表

序号	期刊名称（缩写）	期刊名称（全称）	出版国家	创刊时间	当前出版频率	ISSN	影响因子	期刊主页
101	Res Synth Methods	Research synthesis methods	英国	2010	4 期/年	1759–2879	3.898	http://onlinelibrary.wiley.com/journal/10.1002/（ISSN）1759–2887
102	Ann Med	Annals of medicine	瑞典	1989	8 期/年	0785–3890	3.886	http://www.tandfonline.com/loi/iann20#.VgJ1z_RAVa0
103	Br J Clin Pharmacol	British journal of clinical pharmacology	英国	1974	12 期/年	0306–5251	3.878	http://onlinelibrary.wiley.com/journal/10.1111/（ISSN）1365–2125
104	Endocrine	Endocrine	美国	1994	6 期/年	1355–008X	3.878	http://link.springer.com/journal/12020
105	Psychopharmacology	Psychopharmacology	德国	1976	24 期/年	0033–3158	3.875	http://link.springer.com/journal/213
106	Int J Methods Psychiatr Res	International journal of methods in psychiatric research	英国	1991	4 期/年	1049–8931	3.759	http://onlinelibrary.wiley.com/journal/10.1002/（ISSN）1557–0657
107	Arthritis Res Ther	Arthritis research & therapy	英国	2003	6 期/年	1478–6354	3.753	http://www.arthritis-research.com
108	J Neurotrauma	journal of neurotrauma	美国	1988	24 期/年	0897–7151	3.714	http://online.liebertpub.com/neu
109	Lung Cancer	Lung cancer	荷兰	1985	12 期/年	0169–5002	3.958	http://sciencedirect.com/science/journal/01695002
110	Europace	Europace	英国	1999	12 期/年	1099–5129	3.670	http://europace.oxfordjournals.org
111	Genes Brain Behav	Genes, brain, and behavior	丹麦	2002	8 期/年	1601–1848	3.661	http://onlinelibrary.wiley.com/journal/10.1111/（ISSN）1601–183X
112	Clin Implant Dent Relat Res	Clinical implant dentistry and related research	美国	1999	6 期/年	1523–0899	3.589	http://onlinelibrary.wiley.com/journal/10.1111/（ISSN）1708–8208/homepage/Contact.html
113	Pain Physician	Pain physician	美国	1999	6 期/年	1533–3159	3.542	http://www.painphysicianjournal.com
114	Expert Opin Pharmacother	Expert opinion on pharmacotherapy	英国	1999	12 期/年	1465–6566	3.534	http://www.tandfonline.com/loi/ieop20#.VgT_9fRAVa0
115	Bju Int	Bju international	英国	1999	24 期/年	1464–4096	3.533	http://onlinelibrary.wiley.com/journal/10.1111/（ISSN）1464–410X

续表

序号	期刊名称（缩写）	期刊名称（全称）	出版国家	创刊时间	当前出版频率	ISSN	影响因子	期刊主页
116	J Cyst Fibros	Journal of cystic fibrosis	荷兰	2002	6 期/年	1569–1993	3.475	http://www.sciencedirect.com/science/journal/15691993
117	J Gen Intern Med	Journal of general internal medicine	美国	1986	12 期/年	0884–8734	3.449	http://link.springer.com/journal/11606
118	Drug Alcohol Depend	Drug and alcohol dependence	瑞士	1975	12 期/年	0376–8716	3.423	http://www.sciencedirect.com/science/journal/03768716
119	J Clin Epidemiol	Journal of clinical epidemiology	美国	1988	12 期/年	0895–4356	3.417	http://www.sciencedirect.com/science/journal/08954356
120	BMC Cancer	BMC Cancer	英国	2001	—	1471–2407	3.362	http://www.biomedcentral.com/bmccancer
121	Menopause	Menopause-the journal of the north American menopause society	美国	1994	12 期/年	1072–3714	3.361	http://journals.lww.com/menopausejournal/pages/default.aspx
122	Eur J Prev Cardiolog	European journal of preventive cardiology	英国	2012	12 期/年	2047–4873	3.319	http://cpr.sagepub.com
123	Eur J Cardiothorac Surg	European journal of cardio-thoracic surgery	荷兰	1987	12 期/年	1010–7940	3.304	http://ejcts.oxfordjournals.org
124	Am J Cardiol	American College of Cardiology	美国	1958	24 期/年	0002–9149	3.296	http://sciencedirect.com/science/journal/00029149
125	Value Health	Value in Health	美国	1998	6 期/年	1098–3015	3.279	http://www.sciencedirect.com/science/journal/10983015
126	J Gen Intern Med	Journal of general internal medicine	美国	1986	12 期/年	0884–8734	3.449	http://link.springer.com/journal/11606
127	J Cancer	Journal of Cancer	澳大利亚	—	—	1837–9664	3.271	http://www.jcancer.org
128	Surg Endosc	Surgical endoscopy	德国	1987	12 期/年	0930–2794	3.256	http://link.springer.com/journal/464
129	J Surg Oncol	Journal of surgical oncology	美国	1969	16 期/年	0022–4790	3.244	http://onlinelibrary.wiley.com/journal/10.1002/（ISSN）1096–9098

续表

序号	期刊名称（缩写）	期刊名称（全称）	出版国家	创刊时间	当前出版频率	ISSN	影响因子	期刊主页
130	Med Decis Making	Medical decision making	美国	1981	6 期/年	0272–989X	3.240	http://mdm.sagepub.com
131	PLoS One	PLoS One	美国	2006	12 期/年	1932–6203	3.234	http://www.plosone.org
132	Med Care	Medical care	美国	1963	12 期/年	0025–7079	3.232	http://journals.lww.com/lwwmedicalcare/pages/default.aspx
133	Cardiovasc Drugs Ther	Cardiovascular drugs and therapy	美国	1987	6 期/年	0920–3206	3.189	http://link.springer.com/journal/10557
134	J Rheumatol	The Journal of rheumatology	加拿大	1974	12 期/年	0315–162X	3.187	http://www.jrheum.org
135	Jpen-parenter Enter	Journal of parenteral and enteral nutrition	美国	1977	6 期/年	0148–6071	3.151	http://pen.sagepub.com
136	Int J Chron Obstruct Pulmon Dis	International journal of chronic obstructive pulmonary disease	新西兰	2006	—	1178–2005	3.141	https://www.dovepress.com/international-journal-of-chronic-obstructive-pulmonary-disease-journal
137	Eur J Oral Implantol	European Journal of Oral Implantology	英国	2008	4 期/年	1756–2406	3.136	http://ejoi.quintessenz.de
138	Arch Dis Child Fetal Neonatal Ed	Archives of disease in childhood-fetal and neonatal edition	美国	1988	6 期/年	1359–2998	3.120	http://fn.bmjjournals.com/contents-by-date.0.shtml
139	Phytopathology	Phytopathology	美国	1911	12 期/年	0031–949X	3.119	http://apsjournals.apsnet.org/toc/phyto/current
140	Diabet Med	Diabetic medicine	英国	1984	12 期/年	0742–3071	3.115	http://onlinelibrary.wiley.com/journal/10.1111/（ISSN）1464–5491
141	Malar J	Malaria journal	美国	2002	—	1475–2875	3.109	http://www.malariajournal.com
142	Resp Res	Respiratory research	英国	2000	—	1465–993X	3.093	http://www.respiratory-research.com
143	Hematol Oncol	Hematological oncology	英国	1983	4 期/年	0278–0232	3.084	http://onlinelibrary.wiley.com/journal/10.1002/（ISSN）1099–1069

续表

序号	期刊名称（缩写）	期刊名称（全称）	出版国家	创刊时间	当前出版频率	ISSN	影响因子	期刊主页
144	J Cancer Res Clin Oncol	Journal of cancer research and clinical oncology	德国	1979	12 期/年	0171–5216	3.081	http://link.springer.com/journal/432
145	Knee Surg Sports Traumatol Arthrosc	Knee surgery sports traumatology arthroscopy	德国	1985	12 期/年	0942–2056	3.053	http://www.sciencedirect.com/science/journal/07498063
146	J Vasc Surg	Journal of vascular surgery	美国	1984	12 期/年	0741–5214	3.021	http://www.sciencedirect.com/science/journal/07415214
147	Curr Drug Targets	Current drug targets	阿拉伯	2000	8 期/年	1389–4501	3.021	http://www.eurekaselect.com/590/journal/current-drug-targets
148	J Ethnopharmacol	Journal of ethnopharmacology	爱尔兰	1979	18 期/年	0378–8741	2.998	http://www.sciencedirect.com/science/journal/03788741
149	Br J Ophthalmol	British journal of ophthalmology	英国	1917	12 期/年	0007–1161	2.976	http://bjo.bmj.com
150	Angiology	Angiology	美国	1950	10 期/年	0003–3197	2.970	http://ang.sagepub.com
151	Eur J Clin Pharmacol	European journal of clinical pharmacology	德国	1970	12 期/年	0031–6970	2.966	http://link.springer.com/journal/228
152	Pulm PharmacolTher	Pulmonary pharmacology & therapeutics	英国	1997	6 期/年	1094–5539	2.937	http://www.sciencedirect.com/science/journal/10945539
153	Joint Bone Spine	Joint bone spine	法国	2000	6 期/年	1297–319X	2.901	http://www.sciencedirect.com/science/journal/1297319X
154	Eur J Intern Med	European Journal of Internal Medicine	荷兰	1989	6 期/年	0953–6205	2.891	http://www.sciencedirect.com/science/journal/09536205
155	Acta Ophthalmol	Acta ophthalmologica	丹麦	2008	8 期/年	1755–375X	2.844	http://onlinelibrary.wiley.com/journal/10.1111/（ISSN）1755–3768
156	J Eur Acad Dermatol Venereol	Journal of the european academy of dermatology and venereology	英国	1992	12 期/年	0926–9959	2.826	http://onlinelibrary.wiley.com/journal/10.1111/（ISSN）1468–3083
157	Drug Safety	Drug safety	新西兰	1990	12 期/年	0114–5916	2.824	http://link.springer.com/journal/40264

续表

序号	期刊名称（缩写）	期刊名称（全称）	出版国家	创刊时间	当前出版频率	ISSN	影响因子	期刊主页
158	J Pain Symptom Manage	Journal of pain and symptom management	美国	1986	12 期/年	0885-3924	2.795	http://www.sciencedirect.com/science/journal/08853924
159	J Cardiol	Journal of cardiology	荷兰	1987	12 期/年	0914-5087	2.782	http://www.sciencedirect.com/science/journal/09145087
160	Clin Orthop Relat Res	Clinical orthopaedics and related research	美国	1963	12 期/年	0009-921X	2.765	http://link.springer.com/journal/11999
161	J Dent	Journal of dentistry	英国	1972	12 期/年	0300-5712	2.749	http://www.sciencedirect.com/science/journal/03005712
162	Hepatol Res	Hepatology research	日本	—	12 期/年	1386-6346	2.735	http://onlinelibrary.wiley.com/journal/10.1111/（ISSN）1872034X;jsessionid=CAFD93552CFE44D8D6544AEFDE8DBE10.f04t02
163	Eur J Clin Invest	European journal of clinical investigation	德国	1970	12 期/年	0014-2972	2.734	http://onlinelibrary.wiley.com/journal/10.1111/（ISSN）1365-2362
164	Clin Ther	Clinical therapeutics	美国	1977	12 期/年	0149-2918	2.731	http://www.sciencedirect.com/science/journal/01492918
165	Clin Exp Rheumatol	Clinical and experimental rheumatology	意大利	1983	6 期/年	0392-856X	2.724	http://www.clinexprheumatol.org/default.asp
166	J Manag Care Pharm	Journal of managed care pharmacy	美国	1995	9 期/年	1083-4087	2.713	http://www.amcp.org/jmcp
167	Cancer Epidemiol	Cancer Epidemiology	英国	2009	6 期/年	1877-7821	2.711	http://www.sciencedirect.com/science/journal/18777821
168	Headache	Headache	美国	1961	12 期/年	0017-8748	2.758	http://onlinelibrary.wiley.com/journal/10.1111/（ISSN）1526-4610
169	Curr Opin Cardiol	Current opinion in cardiology	美国	1986	6 期/年	0268-4705	2.696	http://journals.lww.com/co-cardiology/pages/default.aspx
170	Pharmacotherapy	Pharmacotherapy	美国	1981	12 期/年	0277-0008	2.662	http://onlinelibrary.wiley.com/journal/10.1002/（ISSN）1875-9114/issues
171	Curr Med Res Opin	Current medical research and opinion	英国	1972	12 期/年	0300-7995	2.653	http://www.tandfonline.com/loi/icmo20#.VgEJLfRAVa0

续表

序号	期刊名称（缩写）	期刊名称（全称）	出版国家	创刊时间	当前出版频率	ISSN	影响因子	期刊主页
172	Biostatistics	Biostatistics (Oxford, England)	英国	2000	4 期/年	1465－4644	2.649	http://www.oxfordjournals.org/our_journals/biost
173	World J Surg	World journal of surgery	美国	1977	12 期/年	0364－2313	2.642	http://link.springer.com/journal/268
174	Ann Hematol	Annals of hematology	德国	1991	12 期/年	0939－5555	2.634	http://link.springer.com/journal/277
175	Hiv Clin Trials	HIV clinical trials	美国	2000	6 期/年	1528－4336	2.629	http://www.maneyonline.com/loi/hct
176	BMC Infect Dis	BMC infectious diseases	英国	2001	—	1471－2334	2.613	http://www.biomedcentral.com/bmcinfectdis
177	Asian J Androl	Asian journal of andrology	中国	1999	6 期/年	1008－682X	2.596	http://www.asiaandro.com/index.asp
178	Clin Cardiol	Clinical cardiology	美国	1978	12 期/年	0160－9289	2.586	http://onlinelibrary.wiley.com/journal/10.1002/（ISSN）1932－8737
179	Int J Clin Pract	Iinternational journal of clinical practice	英国	1997	12 期/年	1368－5031	2.566	http://onlinelibrary.wiley.com/journal/10.1111/（ISSN）1742－1241
180	Arch Phys Med Rehabil	archives of physical medicine and rehabilitation	美国	1953	12 期/年	0003－9993	2.565	http://www.sciencedirect.com/science/journal/00039993
181	J Hosp Infect	Journal of hospital infection	美国	1980	12 期/年	0195－6701	2.544	http://www.sciencedirect.com/science/journal/01956701
182	Diabetes Res Clin Pract	Diabetes research and clinical practice	荷兰	1985	12 期/年	0168－8227	2.538	http://www.sciencedirect.com/science/journal/01688227
183	Can J Anaesth	Canadian Journal of Anesthesia-Journal canadien d anesthesie	加拿大	1987	12 期/年	0832－610X	2.527	http://link.springer.com/journal/12630
184	Asian Pac J Cancer Prev	Asian Pacific journal of cancer prevention	韩国	2000	4 期/年	1513－7368	2.514	http://www.apocpcontrol.org/page/apjcp_issues.php
185	Future Oncol	Future Oncology	英国	2005	12 期/年	1479－6694	2.477	http://www.futuremedicine.com/loi/fon
186	Int Clin Psychopharm	International clinical psychopharmacology	美国	1986	6 期/年	0268－1315	2.456	http://journals.lww.com/intclinpsychopharm/pages/issuelist.aspx

续表

序号	期刊名称（缩写）	期刊名称（全称）	出版国家	创刊时间	当前出版频率	ISSN	影响因子	期刊主页
187	Pharmacoeconomics	Pharmacoeconomics	新西兰	1992	12 期/年	1170–7690	2.450	http://link.springer.com/journal/40273
188	Thromb Res	Thrombosis research	美国	1972	12 期/年	0049–3848	2.447	http://www.sciencedirect.com/science/journal/00493848
189	Spine J	Spine Journal	美国	2001	6 期/年	1529–9430	2.426	http://www.sciencedirect.com/science/journal/15299430
190	Expert Rev Gastroenterol Hepatol	Expert review of gastroenterology & hepatology	英国	2007	8 期/年	1747–4124	2.417	http://www.tandfonline.com/toc/ierh20/current#.VgUWQPRAVa0
191	Bmc Pulm Med	BMC Pulmonary Medicine	英国	2001	—	1471–2466	2.404	http://www.biomedcentral.com/bmcpulmmed
192	Acta Neurol Scand	Acta neurologica Scandinavica	丹麦	1961	12 期/年	0001–6314	2.395	http://onlinelibrary.wiley.com/journal/10.1111/（ISSN）1600–0404
193	Clin Appl Thromb Hemost	Clinical and applied thrombosis-hemostasis	美国	1995	8 期/年	1076–0296	2.392	http://cat.sagepub.com
194	World J Gastroenterol	World journal of gastroenterology	美国	1997	48 期/年	1007–9327	2.369	http://www.wjgnet.com/1007–9327/index.htm
195	Hum Vaccin Immunother	Human vaccines &immunotherapeutics	美国	2012	12 期/年	2164–5515	2.366	http://www.tandfonline.com/toc/khvi20/current#.Vgp3mvRAVa0
196	BMC Gastroenterol	BMC gastroenterology	英国	2001	—	1471–230X	2.365	http://www.biomedcentral.com/bmcgastroenterol/
197	Support Care Cancer	Supportive care in cancer	美国	1993	12 期/年	0941–4355	2.364	http://link.springer.com/journal/520
198	Pain Pract	Pain Practice	美国	2001	8 期/年	1530–7085	2.361	http://onlinelibrary.wiley.com/journal/10.1111/（ISSN）15332500;jsessionid=5DB5D5816B6BD6C9733971B857C12DB8.f01t02
199	Colorectal Dis	Colorectal Disease	英国	—	12 期/年	1462–8910	2.351	http://onlinelibrary.wiley.com/journal/10.1111/（ISSN）14631318;jsessionid=3D7D72F44EAD31D62A0F88E86A993858.f02t02

续表

序号	期刊名称（缩写）	期刊名称（全称）	出版国家	创刊时间	当前出版频率	ISSN	影响因子	期刊主页
200	Pain Med	Pain medicine	美国	2000	12 期/年	1526－2375	2.339	http://onlinelibrary.wiley.com/journal/10.1111/（ISSN）1526－4637
201	Adv Ther	Advances in therapy	英国	1984	12 期/年	0741－238X	2.272	http://link.springer.com/journal/12325
202	BMJ Open	BMJ open	英国	2011	12 期/年	2044－6055	2.271	http://www.pubmedcentral.gov bmjopen.bmj.com
203	BMC Med Res Methodol	BMC medical research methodology	英国	2001	—	1471－2288	2.270	http://www.biomedcentral.com/bmcmedresmethodol
204	Am J Manag Care	American journal of managed care	美国	1995	12 期/年	1088－0224	2.264	http://www.ajmc.com
205	Climacteric	Climacteric	英国	1998	6 期/年	1369－7137	2.264	http://www.tandfonline.com/loi/icmt20#.VgTuovRAVa0
206	Eur J Gastroenterol Hepatol	European journal of gastroenterology & hepatology	美国	1989	12 期/年	0954－691X	2.253	http://journals.lww.com/eurojgh/pages/issuelist.aspx
207	Curr Pain Headache Rep	Current Pain and Headache Reports	美国	2001	6 期/年	1531－3433	2.250	http://link.springer.com/journal/11916
208	Lupus	Lupus	英国	1991	14 期/年	0961－2033	2.197	http://lup.sagepub.com
209	Langenbecks Arch Surg	Langenbecks archives of surgery	德国	1998	8 期/年	1435－2443	2.191	http://link.springer.com/journal/423
210	Ann Clin Microbiol Antimicrob	Annals of Clinical Microbiology and Antimicrobials	英国	—	—	1476－0711	2.189	http://www.ann-clinmicrob.com
211	Cardiology	Cardiology	瑞士	2009	8 期/年	0008－6312	2.177	http://www.nature.com/nrcardio/index.html
212	Am Fam Physician	american family physician	美国	1970	12 期/年	0002－838X	2.175	http://www.aafp.org/journals/afp.html
213	Diabetol Metab Syndr	Diabetology & Metabolic Syndrome	巴西	—	—	1758－5996	2.173	http://www.dmsjournal.com/about

续表

序号	期刊名称（缩写）	期刊名称（全称）	出版国家	创刊时间	当前出版频率	ISSN	影响因子	期刊主页
214	J Thromb Thrombolysis	Journal of thrombosis and thrombolysis	荷兰	1994	8 期/年	0929–5305	2.169	http://link.springer.com/journal/11239
215	Prev Vet Med	Preventive veterinary medicine	荷兰	1982	13 期/年	0167–5877	2.167	http://www.sciencedirect.com/science/journal/01675877
216	J Diabetes Res	Journal of Diabetes Research	美国	2013	—	2314–6745	2.164	http://www.hindawi.com/journals/jdr
217	Pol Arch Med Wewn	Polskie Archiwum Medycyny Wewnetrznej-Polish Archives of Internal Medicine	波兰	1923	12 期/年	0032–3772	2.121	http://www.pamw.pl
218	Fundam Clin Pharmacol	Fundamental & clinical pharmacology	英国	2006	6 期/年	0767–3981	2.121	http://www.eurekaselect.com/589/journal/current-clinical-pharmacology
219	Health Qual Life Outcomes	Health and Quality of Life Outcomes	英国	2003	—	1477–7525	2.120	http://www.hqlo.com
220	ClinBreast Cancer	Clinical breast cancer	美国	2000	6 期/年	1526–8209	2.107	http://www.sciencedirect.com/science/journal/15268209
221	Diabetes Technol Ther	Diabetes Technology & Therapeutics	美国	1999	12 期/年	1520–9156	2.106	http://online.liebertpub.com/dia
222	Swiss Med Wkly	Swiss medical weekly	瑞士	2001	24 期/年	1424–7860	2.086	http://blog.smw.ch
223	Eur J Haematol	European journal ofhaematology	丹麦	1987	12 期/年	0902–4441	2.066	http://onlinelibrary.wiley.com/journal/10.1111/（ISSN）1600–0609
224	Ann Pharmacother	Annals of pharmacotherapy	美国	1992	12 期/年	1060–0280	2.059	http://aop.sagepub.com
225	BMC Neurol	BMC Neurology	英国	2001	—	1471–2377	2.040	http://www.biomedcentral.com/bmcneurol/
226	Jpn J Clin Oncol	Japanese journal of clinical oncology	日本	1971	12 期/年	0368–2811	2.016	http://jjco.oxfordjournals.org
227	Acad Emerg Med	Academic emergency medicine	美国	1994	12 期/年	1069–6563	2.006	http://onlinelibrary.wiley.com/journal/10.1111/（ISSN）1553–2712

续表

序号	期刊名称（缩写）	期刊名称（全称）	出版国家	创刊时间	当前出版频率	ISSN	影响因子	期刊主页
228	J Crit Care	Journal of critical care	美国	1986	4 期/年	0883–9441	1.995	http://www.sciencedirect.com/science/journal/08839441
229	J Hum Nutr Diet	Journal of human nutrition and dietetics	英国	1988	6 期/年	0952–3871	1.987	http://onlinelibrary.wiley.com/journal/10.1111/（ISSN）1365–277X
230	Lancet Psychiatry	Lancet psychiatry	英国	2014	—	2215–0374	1.976	http://www.thelancet.com/journals/lanpsy/onlinefirst
231	Ther Adv Respir Dis	Therapeutic Advances in Respiratory Disease	英国	2007	6 期/年	1753–4658	1.949	http://tar.sagepub.com
232	Contemp Clin Trials	Contemporary Clinical Trials	美国	2005	6 期/年	1551–7144	1.935	http://www.sciencedirect.com/science/journal/15517144
233	Clin Trials	Clinical trials	英国	2004	6 期/年	1740–7745	1.925	http://ctj.sagepub.com
234	Fam Pract	Family practice	英国	1984	6 期/年	0263–2136	1.861	http://fampra.oxfordjournals.org
235	BMC Pharmacol Toxicol	BMC Pharmacology & Toxicology	英国	2012	—	1471–2210	1.842	http://www.biomedcentral.com/bmcpharmacoltoxicol
236	Stat Med	Statistics in medicine	英国	1982	30 期/年	0277–6715	1.825	http://onlinelibrary.wiley.com/journal/10.1002/（ISSN）1097–0258
237	Seizure	Seizure	英国	1992	10 期/年	1059–1311	1.822	http://www.sciencedirect.com/science/journal/10591311
238	J Asthma	Journal of asthma	美国	1981	10 期/年	0277–0903	1.802	http://www.tandfonline.com/loi/ijas20#.VgUFd_RAVa0
239	Curr Oncol	Current Oncology	加拿大	—	6 期/年	1198–0052	1.785	http://www.current-oncology.com/index.php/oncology
240	Gastroenterol Res Pract	Gastroenterology research and practice	美国	—	—	1687–6121	1.749	http://www.hindawi.com/journals/grp
241	Neuropsychiatr Dis Treat	Neuropsychiatric disease and treatment	新西兰	—	—	1178–2021	1.741	https://www.dovepress.com/neuropsychiatric-disease-and-treatment-journal
242	Trials	Trials	英国	2006	—	1745–6215	1.731	http://www.trialsjournal.com
243	Harv Rev Psychiatry	Harvard review Of psychiatry	美国	1993	6 期/年	1067–3229	1.727	http://www.tandfonline.com/loi/ihrp20#.VgYyAPRAVa0

续表

序号	期刊名称（缩写）	期刊名称（全称）	出版国家	创刊时间	当前出版频率	ISSN	影响因子	期刊主页
244	BMC Musculoskelet Disord	BMC musculoskeletal disorders	英国	2000	—	1471－2474	1.717	http://www.biomedcentral.com/1471－2474/
245	Clin Rheumatol	Clinical rheumatology	英国	1982	12 期/年	0770－3198	1.696	http://link.springer.com/journal/10067
246	J Dermatolog Treat	Journal of dermatological treatment	瑞典	1989	6 期/年	0954－6634	1.669	http://www.tandfonline.com/loi/ijdt20#.VgTh9vRAVa0
247	J Clin Pharm Ther	Journal of clinical pharmacy and therapeutics	英国	1987	6 期/年	0269－4727	1.668	http://onlinelibrary.wiley.com/journal/10.1111/（ISSN）1365－2710
248	BMC Fam Pract	BMC family practice	英国	2000	—	1471－2296	1.66	http://www.biomedcentral.com/bmcfampract
249	Hamostaseologie	Hamostaseologie	德国	1981	5 期/年	0720－9355	1.602	http://haemo.schattauer.de/en
250	Dermatol Ther	Dermatologic Therapy	美国	1996	6 期/年	1396－0296	1.599	http://onlinelibrary.wiley.com/journal/10.1111/（ISSN）1529－8019
251	Biomed Res Int	BioMed research international	美国	2012	—	2314－6133	1.579	http://www.hindawi.com/journals/bmri/
252	J Med Econ	Journal of medical economics	英国	1998	6 期/年	1369－6998	1.576	http://www.tandfonline.com/loi/ijme20#.VgIeLPRAVa0
253	J Interv Card Electrophysiol	Journal of interventional cardiac electrophysiology	荷兰	1997	9 期/年	1383－875X	1.575	http://link.springer.com/journal/10840
254	Dermatology	Dermatology	瑞士	1992	8 期/年	1018－8665	1.569	http://www.karger.com/Journal/Home/224164
255	Biometrics	Biometrics	美国	1945	4 期/年	0006－341X	1.568	http://onlinelibrary.wiley.com/journal/10.1111/（ISSN）1541－0420
256	Clin Drug Investig	Clinical drug investigation	新西兰	1995	12 期/年	1173－2563	1.557	http://link.springer.com/journal/40261
257	Exp Clin Endocrinol Diabetes	Experimental and clinical endocrinology & diabetes	德国	1995	10 期/年	0947－7349	1.555	https://www.thieme-connect.de/products/ejournals/journal/10.1055/s－00000017

续表

序号	期刊名称（缩写）	期刊名称（全称）	出版国家	创刊时间	当前出版频率	ISSN	影响因子	期刊主页
258	Int J Surg	International Journal of Surgery	英国	2004	8 期/年	1743–9191	1.531	http://www.sciencedirect.com/science/journal/17439191
259	Int J Neurosci	The International journal of neuroscience	英国	1970	12 期/年	0020–7454	1.521	http://www.tandfonline.com/loi/ines20#.VgYxCfRAVa0
260	Rheumatol Int	rheumatology international	德国	1981	3 期/年	0172–8172	1.516	http://link.springer.com/journal/296
261	J Cardiovasc Med	Journal of Cardiovascular Medicine	意大利	—	12 期/年	1558–2027	1.510	http://journals.lww.com/jcardiovascularmedicine/pages/issuelist.aspx
262	Can J Surg	Canadian journal of surgery	加拿大	1957	6 期/年	0008–428X	1.507	http://canjsurg.ca/
263	Eur J Med Res	european journal of medical research	德国	1995	12 期/年	0949–2321	1.495	http://www.eurjmedres.com
264	Islets	Islets	美国	2009	6 期/年	1938–2014	1.487	http://www.tandfonline.com/toc/kisl20/current
265	Ther Clin Risk Manag	Therapeutics and clinical risk management	新西兰	—	—	1178–203X	1.469	https://www.dovepress.com/therapeutics-and-clinical-risk-management-journal
266	J Cardiothorac Vasc Anesth	Journal of cardiothoracic and vascular anesthesia	美国	—	7 期/年	1053–0770	1.463	http://www.sciencedirect.com/science/journal/10530770
267	J Endocrinol Invest	Journal of endocrinological investigation	意大利	1978	12 期/年	1720–8386	1.448	http://link.springer.com/journal/40618
268	Surg Infect	Surgical Infections	美国	2000	6 期/年	1096–2964	1.448	http://online.liebertpub.com/sur
269	Heart Lung Circ	Heart lung and circulation	澳大利亚	2000	6 期/年	1443–9506	1.438	http://www.sciencedirect.com/science/journal/14439506
270	Med Clin-barcelona	Medicina clinica	西班牙	1943	24 期/年	0025–7753	1.417	http://www.sciencedirect.com/science/journal/00257753
271	Bmc Urol	BMC urology	英国	2001	—	1471–2490	1.413	http://www.biomedcentral.com/bmcurol
272	Cancer Radiother	Cancer radiotherapie	法国	1997	6 期/年	1278–3218	1.411	http://www.sciencedirect.com/science/journal/12783218

续表

序号	期刊名称（缩写）	期刊名称（全称）	出版国家	创刊时间	当前出版频率	ISSN	影响因子	期刊主页
273	Am J Orthod Dentofacial Orthop	American journal of orthodontics and dentofacial orthopedics	美国	1986	12 期/年	0889－5406	1.382	http://www.sciencedirect.com/science/journal/08895406
274	Int Microbiol	International microbiology	西班牙	1998	4 期/年	1139－6709	1.326	http://link.springer.com/journal/10123
275	Psychiatry Investig	Psychiatry Investigation	韩国	—	4 期/年	1738－3684	1.280	http://m.psychiatryinvestigation.org
276	Int J Clin Exp Med	International Journal of Clinical and Experimental Medicine	美国	—	10 期/年	1940－5901	1.277	http://ijcem.com
277	Int J Clin Pharm Th	International journal of clinical pharmacology and therapeutics	德国	—	12 期/年	0946－1965	1.223	http://www.dustri.com/nc/journals-in-english/mag/int-journal-of-clinical-pharmacology-and-therapeutics.html
278	Eur Rev Med Pharmacol Sci	European review for medical and pharmacological sciences	意大利	1997	12 期/年	1128－3602	1.213	http://www.europeanreview.org
279	Ann Vasc Surg	Annals of vascular surgery	美国	1986	6 期/年	0890－5096	1.170	http://www.sciencedirect.com/science/journal/08905096
280	Am J Ther	American journal of therapeutics	美国	1994	6 期/年	1075－2765	1.129	http://journals.lww.com/americantherapeutics/pages/default.aspx
281	PACE	Pace-pacing and clinical electrophysiology	美国	1978	12 期/年	0147－8389	1.129	http://onlinelibrary.wiley.com/journal/10.1111/（ISSN）1540－8159
282	Chinese Med J	Chinese Medical journal	中国	—	12 期/年	0366－6999	1.053	http://www.cmj.org
283	Bmc Ophthalmol	BMC Ophthalmology	英国	2001	—	1471－2415	1.020	http://www.biomedcentral.com/bmcophthalmol
284	Aten Prim	Atencion Primaria	西班牙	1983	10 期/年	0212－6567	0.953	http://www.elsevier.es/index.php?p=404&idioma=es
285	J Cutan Med Surg	Journal of cutaneous medicine and surgery	美国	1996	6 期/年	1203－4754	0.935	http://cms.sagepub.com

续表

序号	期刊名称（缩写）	期刊名称（全称）	出版国家	创刊时间	当前出版频率	ISSN	影响因子	期刊主页
286	J Vasc Access	Journal of Vascular Access	意大利	2000	4 期/年	1129–7298	0.846	http://www.vascular-access.info
287	Pharm Stat	pharmaceutical statistics	英国	2002	6 期/年	1539–1604	0.833	http://onlinelibrary.wiley.com/journal/10.1002/（ISSN）1539–1612
288	Int Angiol	international angiology	意大利	1982	6 期/年	0392–9590	0.833	http://www.minervamedica.it/en/journals/international-angiology/index.php
289	Vascular	Vascular	英国	2004	6 期/年	1708–5381	0.795	http://vas.sagepub.com
290	J Comp Eff Res	Journal of comparative effectiveness research	英国	2012	6 期/年	2042–6305	0.719	http://www.futuremedicine.com/loi/cer
291	Encephale	Encephale-revue de psychiatrie clinique biologique et therapeutique	法国	1906	6 期/年	0013–7006	0.698	http://www.sciencedirect.com/science/journal/00137006
292	J Am Podiatr Med Assoc	Journal of the American podiatric medical association	美国	1985	6 期/年	8750–7315	0.654	http://www.japmaonline.org
293	Stat Methodol	Statistical methodology	荷兰	—	6 期/年	1572–3127	0.637	http://link.springer.com/journal/40258
294	Z Rheumatol	Zeitschrift für rheumatologie	德国	1974	10 期/年	0340–1855	0.613	http://link.springer.com/journal/393
295	J Biopharm Stat	Journal of biopharmaceutical statistics	美国	1991	6 期/年	1054–3406	0.587	http://www.tandfonline.com/loi/lbps20#.Vguim_RAVa0
296	Therapie	Therapie	法国	1946	6 期/年	0040–5957	0.505	http://www.journal-therapie.org/
297	Gac Med Mex	Gaceta medica de mexico	墨西哥	1864	6 期/年	0016–3813	0.274	http://new.medigraphic.com/cgibin/publicacionesI.cgi?IDREVISTA=16

（张 珺 整理）

主要参考文献

［1］田金徽，陈杰峰. 诊断试验系统评价/Meta 分析指导手册［M］. 北京：中国医药科技出版社，2015.

［2］郑良成，田辉荣，谢培增. 医学生存质量评估［M］. 北京：军事医学出版社，2005.

［3］李幼平. 循证医学［M］. 北京：人民卫生出版社，2014.

［4］张天嵩，钟文昭，李博. 实用循证医学方法学［M］. 2 版. 长沙：中南大学出版社，2014.

［5］杨克虎. 卫生信息检索与利用［M］. 2 版. 北京：人民卫生出版社，2014.

［6］李小寒，尚少梅. 基础护理学［M］. 北京：人民卫生出版社，2013.

［7］李幼平. 循证医学［M］. 3 版. 北京：人民卫生出版社，2013.

［8］杨克虎. 循证医学［M］. 2 版. 北京：人民卫生出版社，2013.

［9］刘保延. 患者报告结局的测量——原理、方法与应用［M］. 北京：人民卫生出版社，2011.

［10］刘鸣. 系统评价、Meta-分析设计与实施方法［M］. 北京：人民卫生出版社，2011.

［11］杨克虎. 系统评价指导手册［M］. 北京：人民卫生出版社，2010.

［12］杨克虎. 生物医学信息检索与利用［M］. 北京：人民卫生出版社，2009.

［13］杨克虎. 循证医学［M］. 北京：人民卫生出版社，2007.

［14］杨克虎. 医学信息检索［M］. 北京：人民卫生出版社，2005.

［15］方积乾. 生存质量测定方法及营养［M］. 北京：北京大学医学出版社，2000.

［16］田金徽，陈耀龙，杨克虎，等. SR/MA 研究进展与挑战［J］. 兰州大学学报（医学版），2016，42（1）：42-47.

［17］李伦，孙甜甜，田金徽，等. 网状 Meta 分析的检索是否全面并被清楚报道？［C］. //第七届亚太地区循证医学研讨会论文集. 2012：96.

［18］应项吉，严蕊红，李伦，等. 网状 Meta 分析的方法学和报告学质量评价［C］. //第七届亚太地区循证医学研讨会论文集. 2012：96.

［19］田金徽，李伦，葛龙，等. 网状 Meta 分析检索实施情况调查分析［J］. 中国药物评价，2015，32（6）：321-326.

［20］田金徽，李伦，葛龙，等. 网状 Meta 分析检索报告情况分析［J］. 中国药物评价，2015，32（6）：327-332.

［21］艾艳珂，文天才，何丽云，等. 单个病例数据 Meta 分析在中医药疗效评价中应用的思考［J］. 环球中医药，2015，8（2）：190-194.

［22］冯鑫媛，张旭日，谷保红，等. 我国中医药大学冠名为“系统评价/Meta 分析”的博硕

士论文文献检索现状［J］. 中华医学图书情报杂志，2015，24（8）：67–72.
［23］葛龙，毛蕾，田金徽，等. 食管癌放疗过程中如何选择中药注射剂的网状 Meta 分析［J］. 中国中药杂志，2015，40（18）：3674–3681.
［24］李伦，田金徽，姚亮，等. 网状 Meta 分析的统计学基础、假设和证据质量评估［J］. 循证医学，2015，15（3）：180–183.
［25］李楠，雷翔，曹红波，等. 网状 Meta 分析及其在中医药领域的应用［J］. 中医杂志，2015，59（15）：1286–1289.
［26］李胜，张超，杜亮，等. 应用 R 软件 pcnetmeta 程序包实现网状 Meta 分析［J］. 中国循证医学杂志，2015，15（2）：230–235.
［27］田金徽，葛龙，李伦，等. 全面、系统收集资料是撰写网状 Meta 分析的先决条件［J］. 中国药物评价，2015，32（6）：333–339.
［28］田金徽，葛龙，赵晔，等. 网状 Meta 分析优先报告条目：PRISMA 扩展声明解读［J］. 中国药物评价，2015，32（5）：266–272.
［29］田金徽，赵晔，李金龙，等. 10 种中药注射剂联合长春瑞滨+顺铂化疗方案治疗非小细胞肺癌的网状 Meta 分析［J］. 中国药物评价，2015，32（1）：45–49.
［30］王昕，冯鑫媛，冯媛，等. 我国"系统评价/Meta 分析"冠名学位论文文献检索情况分析［J］. 中国循证医学杂志，2015，15（11）：1343–1351.
［31］徐畅，张永刚，韩芳芳，等. 剂量–反应关系 Meta 分析的方法学简介［J］. 中国循证医学杂志，2015，15（10）：1236–1240.
［32］张家华，葛龙，田金徽，等. PET/CT 和 CT 诊断宫颈癌腹主动脉淋巴结转移间接比较的 Meta 分析［J］. 兰州大学学报（医学版），2015，41（1）：34–42.
［33］董圣杰，冷卫东，田家祥，等. Meta 分析系列之五：贝叶斯 Meta 分析与 WinBUGS 软件［J］. 中国循证心血管医学杂志，2012，4（5）：395–398.
［34］胡荣明，张超，曾宪涛. 应用 GeMTC 软件实现网状 Meta 分析［J］. 湖北医药学院学报，2014，33（1）：36–40.
［35］李伦，田金徽，杨克虎，等. 网状 Meta 分析的报告规范现状分析［J］. 中国循证儿科杂志，2014，（6）：467–471.
［36］李伦，杨克虎，田金徽，等. 网状 Meta 分析相关术语和定义的研究［J］. 中国药物评价，2014，（6）：321–326.
［37］刘勇，郭非凡. 内分泌学与代谢研究领域的发展态势分析［J］. 科学观察，2014，9（4）：43–47.
［38］田金徽，李伦，杨克虎，等. 频率统计方法网状 Meta 分析在 STATA 软件中的实现［J］. 中国循证儿科杂志，2014，（6）：472–474.
［39］田金徽，李伦，赵晔，等. 网状 Meta 分析现状［J］. 中国药物评价，2014，31（3）：129–133.

[40] 田金徽，赵晔，李金龙，等. 12 种中药注射剂联合吉西他滨和顺铂化疗方案治疗非小细胞肺癌的网状 Meta 分析 [J]. 中国药物评价，2014，31（6）：350−355.
[41] 仰笙. 最新版中国癌症地图 [J]. 现代养生，2014，20：13−15.
[42] 姚亮，陈耀龙，王琪，等. 病例报告的报告规范解读 [J]. 中国循证儿科杂志，2014，9（3）：216−219.
[43] 张超，鄢金柱，孙凤，等. 网状 Meta 分析一致性的鉴别与处理方法 [J]. 中国循证医学杂志，2014，14（7）：884−888.
[44] 张超，耿培亮，郭毅，曾宪涛. 应用 R 语言 netmeta 程序包实现网状 Meta 分析 [J]. 中国循证医学杂志，2014，14（5）：625−630.
[45] 周支瑞，张天嵩，李博，等. 生存曲线中 Meta 分析适宜数据的提取与转换 [J]. 中国循证心血管医学杂志，2014，6（3）：243−247.
[46] 赵晔，刘丹璐，李金龙，等. 9 种中药注射剂联合多西他赛和顺铂/卡铂治疗非小细胞肺癌的网状 Meta 分析 [J]. 中国药物评价，2014，（5）：295−299.
[47] 曾宪涛，张超，杜亮. 应用 ADDIS 软件实现网状 Meta 分析 [J]. 中国循证医学杂志，2013，13（12）：1508−1505.
[48] 葛龙，安妮，曾巧铃，等. 我国干预类系统评价/Meta 分析文献检索新挑战 [J]. 中华医学图书情报杂志，2013，22（5）：2−8.
[49] 葛龙，李雅睿，曾巧铃，等. 发表于《中华儿科杂志》的系统评价/Meta 分析的报告质量和方法学质量评价 [J]. 中华医学图书情报杂志，2013，22（12）：55−60.
[50] 梁莉，葛龙，周为文，等. 我国诊断性试验系统评价/Meta 分析的检索情况调查分析 [J]. 中华医学图书情报杂志，2013，22（5）：9−16.
[51] 刘爱萍，李伦，赵晔，等. 当归多糖抗辐射效果的网状 Meta 分析 [J]. 中国药物评价，2014，（2）：107−112.
[52] 孙晓莹，马婧，赵晔，等. Cochrane 系统评价现状 [J]. 中国循证儿科杂志，2013，8（3）：237−240
[53] 田金徽，李伦，赵晔，等. 网状 Meta 分析的撰写与报告 [J]. 中国药物评价，2013，30（6）：321−323，333.
[54] 田金徽. 全面、系统收集资料是进行系统评价的先决条件——“循证医学文献检索专题”序 [J]. 中华医学图书情报杂志，2013，22（5）：1.
[55] 徐俊峰，葛龙，安妮，等. 中国大陆学者发表诊断性试验系统评价现状分析 [J]. 中国循证儿科杂志，2013，8（5）：388−390.
[56] 张超，董圣杰，曾宪涛. R 软件 gemtc 程序包在网状 Meta 分析中的应用 [J]. 中国循证医学杂志，2013，13（10）：1258−1264.
[57] 周权，李卉，罗美玲，等. 剂量反应关系 Meta 分析在 R 软件中的实现 [J]. 现代预防医学，2015，42：（5）：789−794.

［58］周为文，葛龙，徐俊峰，等.《中国循证医学杂志》发表的干预类系统评价/Meta 分析报告质量评价［J］. 中国循证医学杂志，2013，13（4）：482−488.
［59］田金徽. 中药注射剂联合化疗治疗非小细胞肺癌的网状 Meta 分析［D］. 兰州大学，2012.
［60］刘雅莉，袁金秋，杨克虎，等. 系统评价再评价的制作方法简介及相关资料分析［J］. 中国循证儿科杂志，2011，11（1）：58−64.
［61］杨克虎，刘雅莉，袁金秋，等. 发展和完善中的“系统评价再评价”［J］. 中国循证儿科杂志，2011，6（1）：321−324.
［62］孙鑫，王莉，李幼平. 使用个体病例数据进行 Meta 分析评价医疗干预措施的效果［J］. 中国循证医学杂志，2010，10（8）：998−1003.
［63］贾文琴，杨克虎，田金徽，等. Cochrane 系统评价发表状况调查［J］. 中国循证医学杂志，2009，9（6）：635−639.
［64］Pound P，IRoberts I. 对动物实验进行系统评价的必要性［J］. 中国循证医学杂志，2005，5（1）：3−5.
［65］熊玮，魏强，刘雪梅，等. 动物实验研究的系统评价简介［J］. 中国循证医学杂志，2005，5（2）：161−163，173.
［66］Zoccai GB. Network meta-analysis：evidence synthsis with mixed treatment comparsion [M]. New York：Nova Science Publishers, Inc, 2014.
［67］Wells GA, Sultan SA, Chen L, et al. Indirect Evidence：Indirect Treatment Comparisons in Meta-Analysis [M]. Ottawa：Canadian Agency for Drugs and Technologies in Health, 2009.
［68］Altman D G, Song F, Sakarovsitch C, et al. Indirect comparisons of competing interventions [M]. Gray Publishing, 2005.
［69］Zhang J, Li RK, Chen KH, et al. Antimicrobial lock solutions for the prevention of catheter-related infection in patients undergoing haemodialysis: study protocol for network meta-analysis of randomised controlled trials [J]. BMJ Open, 2016, 6(1): e010264.
［70］Hutton B, Salanti G, Caldwell DM, et al. The PRISMA Extension Statement for Reporting of Systematic Reviews Incorporating Network Meta-analyses of Health Care Interventions: Checklist and Explanations [J]. Ann Intern Med, 2015, 162(11): 777−784.
［71］Iorio A, Spencer FA, Falavigna M, et al. Use of GRADE for assessment of evidence about prognosis: rating confidence in estimates of event rates in broad categories of patients [J]. BMJ, 2015, 350: h870.
［72］Simmonds M, Stewart G, Stewart L. A decade of individual participant data meta-analyses: A review of current practice [J]. Contemp Clin Trials, 2015, 45(Pt A): 76−83.
［73］Sobieraj DM, Cappelleri JC, Baker WL, et al. Methods used to conduct and report Bayesian mixed treatment comparisons published in the medical literature: a systematic review [J].

BMJ open, 2013, 3(7). pii: e003111.

[74] Tian JH, Ge L, Li L. The PRISMA Extension Statement [J]. Ann Intern Med, 2015, 163(7): 566.

[75] van Valkenhoef G, Dias S, Ades AE, et al. Automated generation of nodesplitting models for the assessment of inconsistency in network meta-analysis [J]. Res Synth Methods, 2016, 7(1): 80–93.

[76] Ge L, Tian JH, Li L, et al. Mesh fixation methods in open inguinal hernia repair: a protocol for network meta-analysis and trial sequential analysis of randomised controlled trials s [J]. BMJ Open, 2015, 5(11): e009369.

[77] Li L, Tian JH, Tian HL, et al. Network meta-analyses could be improved by searching more sources and by involving a librarian [J]. Clin Epidemiol, 2014, 67(9): 1001–1007.

[78] Alemayehu D, Cappelleri JC. Evaluating methodological assumptions in comparative effectiveness research: overcoming pitfalls [J]. J Comp Eff Res, 2014, 3(1): 79–93.

[79] Avsenell A, Mak JCS, O'Connell D. VSitamin D and vitamin D analogues for preventing fractures in post-menopausal women and older men [J]. Cochrane Database Syst Revs, 2014, 4: CD000227.

[80] Bachelot T, McCool R, Duffy S, et al. Comparative efficacy of everolimus plus exemestane versus fulvestrant for hormone-receptor-positive advanced breast cancer following progression/recurrence after endocrine therapy: a network meta-analysis [J]. Breast Cancer Res Treat, 2014, 143(1): 125–133.

[81] Bafeta A, Trinquart L, Seror R, et al. Reporting of results from network meta-analyses: methodological systematic review [J]. BMJ, 2014, 348: g1741.

[82] Brown S, Hutton B, Clifford T, et al. A Microsoft-Excel-based tool for running and critically appraising network meta-analyses—an overview and application of NetMetaXL [J]. Syst Rev, 2014, 3: 110.

[83] Gresham GK, Wells GA, Gill S, et al. Chemotherapy regimens for advanced pancreatic cancer: a systematic review and network meta-analysis [J]. BMC Cancer, 2014, 14(1): 471.

[84] Hooijmans CR, Rovers MM, de Vries RB, et al. SYRCLE's risk of bias tool for animal studies [J]. BMC Med Res Methodol, 2014, 14: 43.

[85] Huang Y, Mao C, Yuan J, et al. Distribution and Epidemiological Characteristics of Published Individual Patient Data Meta-Analyses [J]. PLoS One, 2014, 9(6): e100151.

[86] Hutton B, Salanti G, Chaimani A, et al. The quality of reporting methods and results in network meta-analyses: an overview of reviews and suggestions for improvement [J]. PLoS One, 2014, 9(3): e92508.

[87] Jansen JP, Trikalinos T, Cappelleri JC, et al. Indirect treatment comparison/network meta-

analysis study questionnaire, assess relevance and credibility, inform health care decision making: an ISPOR-AMCP-NPC Good PracticeTask Force report [J]. Value Health, 2014, 17(2): 157–173.

[88] Kew KM, Dias S, Cates CJ. Long-acting inhaled therapy (beta-agonists, anticholinergics and steroids) for COPD: a network meta-analysis [J]. Cochrane Database Syst Rev, 2014, (3): CD010844.

[89] Kim H, Gurrin L, Ademi Z, et al. Overview of methods for comparing the efficacies of drugs in the absence of head-to-head clinical trial data [J]. Br J Clin Pharmacol, 2014, 77(1): 116–121.

[90] Lee AW. Review of mixed treatment comparisons in published systematic reviews shows marked increase since 2009 [J]. J Clin Epidemiol, 2014, 67(2): 138–143.

[91] Li JL, Ge L, Ma JC, et al. Quality of reporting of systematic reviews published in "evidence-based" Chinese journals [J]. Syst Rev, 2014, 3: 58.

[92] Li L, Tian J, Tian H, et al. Network meta-analyses could be improved by searching more sources and by involving a librarian [J]. J Clin Epidemiol, 2014, 67(9): 1001–1007.

[93] Li L, Tian JH, Tian HL, et al. The efficacy and safety of different kinds of laparoscopic cholecystectomy: a network meta analysis of 43 randomized controlled trials [J]. PLOS One, 2014, 9(2): e90313.

[94] Li L, Tian JH, Tian HL, et al. Network meta-analyses could be improved by searching more sources and by involving a librarian [J]. J Clin Epidemiol, 2014, 67(9): 1001–1007.

[95] Li L, Tian JH, Tian HL, et al. The Efficacy and Safety of Different Kinds of Laparoscopic Cholecystectomy A Network Meta Analysis of 43 Randomized Controlled Trials [J]. PLOS One, 2014, 9(2): e90313.

[96] Miladinovic B, Hozo I, Chaimani A, et al. Indirect treatment comparison [J]. Stata J, 2014, 14(1): 76–86.

[97] Neupane B, Richer D, Bonner AJ, et al. Network meta-analysis using R: a review of currently availableautomated packages [J]. PLoS One, 2014, 9(12): e115065.

[98] Nikolakopoulou A, Chaimani A, Veroniki AA, et al. Characteristics of networks of interventions: a description of a database of 186 published networks [J]. PLOS One, 2014, 9(1): e86754.

[99] Page MJ, McKenzie JE, Kirkham J, et al. Bias due to selective inclusion and reporting of outcomes and analyses in systematic reviews of randomised trials of healthcare interventions [J]. Cochrane Database Syst Rev, 2014, (10): MR000035.

[100] Piepho HP. Network-meta analysis made easy: Detection of inconsistency using factorial analysis-of-variance models [J]. BMC Med Res Methodol, 2014, 14(1): 61.

[101] Puhan MA, Schunemann HJ, Murad MH, et al. A GRADE Working Group approach for rating the quality of treatment effect estimates from network meta-analysis [J]. BMJ, 2014, 349(349): g5630.

[102] Salanti G, Del Giovane C, Chaimani A, et al. Evaluating the quality of evidence from a network meta-analysis [J]. PLoS One, 2014, 9(7): e99682.

[103] Thorlund K, Druyts E, Mills EJ, et al. Adalimumab versus infliximab for the treatment of moderate to severe ulcerative colitis in adult patients naive to anti-TNF therapy: an indirect treatment comparison meta-analysis [J]. J Crohns Colitis, 2014, 8(7): 571–581.

[104] van Enst WA, Ochodo E, Scholten RJ, et al. Investigation of publication bias in meta-analyses of diagnostic test accuracy: a meta-epidemiological study [J]. BMC Med Res Methodol, 2014, 14(1): 70.

[105] Wang JC, Tian JH, Ge L, et al. Which is the best Chinese herb injection based on the FOLFOX regimen for gastric cancer? A network meta-analysis of randomized controlled trials [J]. Asian Pac J Cancer Prev, 2014, 15(12): 4795–800.

[106] Windecker S, Srotecky S, Stefanini GG, et al. Revascularisation versus medical treatment in patients with stable coronary artery disease: network meta-analysis [J]. BMJ, 2014, 348: g3859.

[107] Li L, Tian J, Tian H, et al. The efficacy and safety of different kinds of laparoscopic cholecystectomy: a network meta analysis of 43 randomized controlled trials [J]. PLOS One, 2014, 9(2): e90313.

[108] Bafeta A, Trinquart L, Seror R, et al. Analysis of the systematic reviews process in reports of network meta-analyses: methodological systematic review [J]. BMJ, 2013, 347: f3675.

[109] Bansal D. Comparative efficacy and safety of six antidepressants and anticonvulsants in painful diabetic neuropathy: a network meta-analysis [J]. Pain Physician, 2013, 16(6): E705–E714.

[110] Biondi-Zoccai G, Malavasi V, D'Ascenzo F, et al. Comparative effectiveness of novel oral anticoagulants for atrial fibrillation: evidence from pair-wise and warfarin-controlled network meta-analyses [J]. HSR Proc Intensive Care Cardiovasc Anesth, 2013, 5(1): 40–54.

[111] Bittl JA, He Y, Jacobs AK, et al. Bayesian methods affirm the use of percutaneous coronary intervention to improve survival in patients with unprotected left main coronary artery disease [J]. Circulation, 2013, 127(22): 2177–2185.

[112] Chaimani A, Higgins JP, Mavridis D, et al. Graphical tools for network meta-analysis in STATA [J]. PLOS One, 2013, 8(10): e76654.

[113] Cipriani A, Higgins JPT, Geddes JR, et al. Conceptual and technical challenges in network meta-analysis [J]. Ann Intern Med, 2013, 159(2): 130–137.

[114] Conde-Agudelo A, Romero R, Nicolaides K, et al. Vaginal progesterone vs. cervical cerclage for the prevention of preterm birth in women with a sonographic short cervix, previous preterm birth, and singleton gestation: a systematic review and indirect comparison meta analysis [J]. Am J Obstet Gynecol, 2013, 208(1): 42. e1–42. e18.

[115] Cope S, Jansen JP. Quantitative summaries of treatment effect estimates obtained with network meta-analysis of survival curves to inform decision-making [J]. BMC Med Res Methodol, 2013, 13: 147.

[116] Cope S, Ouwens MJ, Jansen JP, et al. Progression-free survival with fulvestrant 500 mg and alternative endocrine therapies as second-line treatment for advanced breast cancer: a network meta-analysis with parametric survival models [J]. Value Health, 2013, 16(2): 403–417.

[117] Corbett MS, Rice SJ, Madurasinghe V, et al. Acupuncture and other physical treatments for the relief of pain due to osteoarthritis of the knee: network meta-analysis [J]. Osteoarthritis Cartilage, 2013, 21(9): 1290–1298.

[118] Del Re A, Spielmans GI, Flückiger C, et al. Efficacy of new generation antidepressants: Differences seem illusory [J], Plos One, 2013, 8(6): e63509.

[119] Dias S, Sutton AJ, Ades AE, et al. Evidence synthesis for decision making 2: a generalized linear modeling framework for pairwise and network meta-analysis of randomized controlled trials [J]. Med Decis Making, 2013, 33(5): 607–617.

[120] Dias S, Sutton AJ, Welton NJ, et al. Evidence synthesis for decision making 3: heterogeneity–subgroups, meta-regression, bias, and bias-adjustment [J]. Med Decis Making, 2013, 33(5): 618–640.

[121] Donegan S, Williamson P, D'Alessandro U, et al. Assessing key assumptions of network meta-analysis: a review of methods [J]. Res Synth Methods, 2013, 4(4): 291–323.

[122] Galván-Banqueri M, Marin Gil R, Santos Ramos B, et al. Biological treatments for moderate-to-severe psoriasis: indirect comparison [J]. J Clin Pharm Ther, 2013, 38(2): 121–130.

[123] Grant ES, Calderbank-Batista T. Network meta-analysis for complex social interventions: Problems and potential [J]. J Soc Soc Work Res, , 2013, 4(4): 406–420

[124] Hochberg MC, Berry S, Broglio K, et al. Mixed treatment comparison of efficacy and tolerability of biologic agents in patients with rheumatoid arthritis [J]. Curr Med Res Opin, 2013, 29(10): 1213–1222.

[125] Jansen JP, Naci H. Is network meta-analysis as valid as standard pairwise meta-analysis? It all depends on the distribution of effect modifiers [J]. BMC Med, 2013, 11: 159.

[126] Karabis A, Lindner L, Mocarski M, e al. Comparative efficacy of aclidinium versus

glycopyrronium and tiotropium, as maintenance treatment of moderate to severe COPD patients: a systematic review and network meta-analysis [J]. Int J Chron Obstruct Pulmon Dis, 2013, 8: 405–423.

[127] Liao WC, Chien KL, Lin YL, et al. Adjuvant treatments for resected pancreatic adenocarcinoma: a systematic review and network meta-analysis [J]. Lancet Oncol, 2013, 14(11): 1095–1103.

[128] Migliore A, Broccoli S, Massafra U, et al. Ranking antireabsorptive agents to prevent vertebral fractures in postmenopausal osteoporosis by mixed treatment comparison meta-analysis [J]. Eur Rev Med Pharmacol Sci, 2013, 17(5): 658–667.

[129] Mills EJ, Kanters S, Thorlund K, et al. The effects of excluding treatments from network meta-analyses: survey [J]. BMJ, 2013, 347: f5195.

[130] Mustafa RA, Santesso N, Brozek J, et al. The GRADE approach is reproducible in assessing the quality of evidence of quantitative evidence syntheses [J]. J Clin Epidemiol, 2013, 66(7): 736–742.

[131] Naci H, Brugts JJ, Fleurence R, et al. Dose-comparative effects of different statins on serum lipid levels: a network meta-analysis of 256, 827 individuals in 181 randomized controlled trials [J]. Eur J Prev Cardiol, 2013, 20(4): 658–670.

[132] Palmerini T, Biondi-Zoccai G, Riva DD, et al. Clinical outcomes with drug-eluting and bare-metal stents in patients with ST-segment elevation myocardial infarction: Evidence from a comprehensive network meta-analysis [J]. J Am Coll Cardiol, 2013, 62(6): 496–504.

[133] Palmerini T, Biondi-Zoccai G, Riva DD, et al. Risk of stroke with percutaneous coronary intervention compared with on-pump and off-pump coronary artery bypass graft surgery: Evidence from a comprehensive network meta-analysis [J]. Am Heart J, 2013, 165(6): 910–917. e14.

[134] Pandor A, Gomersall T, Stevsens JW, et al. Remote monitoring after recent hospital discharge in patients with heart failure: a systematic revsiew and network meta-analysis [J]. Heart, 2013, 99(23): 1717–1726.

[135] Panic N, Leoncini E, de Belvis G, et al. Evaluation of the endorsement of the preferred reporting items for systematic reviews and meta-analysis (PRISMA) statement on the quality of published systematic review and meta-analyses [J]. PLoS One, 2013, 8(12): e83138.

[136] Rashiq S, Vandermeer B, Abou-Setta AM, et al. Efficacy of supplemental peripheral nerve blockade for hip fracture surgery: multiple treatment comparison [J]. Can J Anaesth, 2013, 60(3): 230–243.

[137] Rong Y, Chen L, Zhu T, et al. Egg consumption and risk of coronary heart disease and stroke:

dose-response meta-analysis of prospective cohort studies [J]. BMJ. 2013, 346: e8539.

[138] Rotta I, Ziegelmann PK, Otuki MF, et al. Efficacy of topical antifungals in the treatment of dermatophytosis: a mixed-treatment comparison meta-analysis involving 14 treatments [J]. JAMA Dermatol, 2013, 149(3): 341–349.

[139] Schacht A, Dyachkova Y, Walton RJ. Critical evaluation of mixed treatment comparison meta-analyses using examples assessing antidepressants and opioid detoxification treatments [J]. Int J Methods Psychiatr Res, 2013, 22(2): 166–174.

[140] Schmitz S, Adams R, Walsh C. Incorporating data from various trial designs into a mixed treatment comparison model [J]. Statist Med, 2013, 32(17): 2935–2949.

[141] Thorlund K, Druyts E, Aviña-Zubieta JA, et al. Why the findings of published multiple treatment comparison meta-analyses of biologic treatments for rheumatoid arthritis are different: an overview of recurrent methodological shortcomings [J]. Ann Rheum Dis, 2013, 72(9): 1524–1535.

[142] van Valkenhoef G, Tervonen T, Zwinkels T, et al. ADDIS: a decision support system for evidence-based medicine [J]. Decision Support Systems, 2013, 55(2), 459–475.

[143] Wu HY, Huang JW, Lin HJ, et al. Comparative effectiveness of renin-angiotensin system blockers and other antihypertensive drugs in patients with diabetes: systematic review and bayesian network meta-analysis [J]. BMJ, 2013, 347: f6008.

[144] Carlin BP, Hong H, Shamliyan TA, Sainfort F, Kane RL. Case Study Comparing Bayesian and Frequentist Approaches for Multiple Treatment Comparisons. (Prepared by the Minnesota Evidence-based Practice Center under Contract No.290–2007– 10064–I2.) AHRQ Publication No.12(13)–EHC103–EF. Rockville, MD: Agency for Healthcare Research and Quality. 2013. www.effectivehealthcare.gov/reports/final.cfm

[145] Coleman CI, Phung OJ, Cappelleri JC, Baker WL, Kluger J, White CM, Sobieraj DM. Use of Mixed Treatment Comparisons in Systematic Reviews. Methods Research Report. (Prepared by the University of Connecticut/Hartford Hospital Evidence-based Practice Center under Contract No.290–2007–10067–I.) AHRQ Publication No.12– EHC119–EF. Rockville, MD: Agency for Healthcare Research and Quality. 2012. www.effectivehealthcare.ahrq.gov/reports/final.cfm.

[146] Bangalore S, Kumar S, Fusaro M, et al. Short– and long-term outcomes with drug-eluting and bare-metal coronary stents: a mixed-treatment comparison analysis of 117762 patient-years of follow-up from randomized trials [J]. Circulation, 2012, 125(23): 2873–2891.

[147] Cassese S, Ndrepepa G, King LA, et al. Two zotarolimus-eluting stent generations: a meta-analysis of 12 randomised trials versus other limus-eluting stents and an adjusted indirect comparison [J]. Heart, 2012, 98(22): 1632–1640.

[148] Cheng MM, Goulart B, Veenstra DL, et al. A network meta-analysis of therapies for previously untreated chronic lymphocytic leukemia [J]. Cancer Treat Rev, 2012, 38(8): 1004–1011.

[149] Cope S, Zhang J, Williams J, et al. Efficacy of once-daily indacaterol 75 μg relative to alternative bronchodilators in COPD: A study level and a patient level network meta-analysis [J]. BMC Pulmonary Medicine, 2012, 12: 29.

[150] Dias S, Sutton AJ, Ades A, et al. A generalized linear modeling framework for pairwise and network meta-analysis of randomized controlled trials [J]. Med Decis Making, 2012, 33(5): 607–617.

[151] Higgins JPT, Jackson D, Barrett JK, et al. Consistency and inconsistency in network meta-analysis: concepts and models for multi-arm studies [J]. Res Synth Methods, 2012, 3: 98–110.

[152] Jansen JP, Schmid CH, Salanti G. Directed acyclic graphs can help understand bias in indirect and mixed treatment comparisons [J]. J Clin Epidemiol, 2012, 65(7): 798–807.

[153] Li L, Tian J, Tian H, et al. Quality and transparency of overviews of systematic review [J]. J Evid Based Med, 2012, 5(3): 166–173.

[154] Migliore A, Broccoli S, Massafra U, et al. Mixed-treatment comparison of anabolic (teriparatide and PTH 1–84) therapies in women with severe osteoporosis [J]. Curr Med Res Opin, 2012, 28(3): 467–473.

[155] Murad MH, Drake MT, Mullan RJ, et al. Clinical review.Comparative effectiveness of drug treatments, prevent fragility fractures: a systematic review and network meta-analysis [J]. J Clin Endocrinol Metab, 2012, 97(6): 1871–1880.

[156] Naci H, Ioannidis JP. Comparative effectiveness of exercise and drug interventions on mortality outcomes: metaepidemiological study [J]. BMJ, 2013, 347: f5577.

[157] Norton EC, Miller MM, Wang JJ, et al. Rank reversal in indirect comparisons [J]. Value Health, 2012, 15(8): 1137–1140.

[158] Salanti G. Indirect and mixed-treatment comparison, network, or multiple-treatments meta-analysis: many names, many benefits, many concerns for the next generation evidence synthesis tool [J]. Res Synth Methods, 2012, 3(2): 80–97.

[159] Schmitz S, Adams R, Walsh C. The use of continuous data versus binary data in MTC models: A case study in rheumatoid arthritis [J]. BMC Med Res Methodol, 2012, 12: 167.

[160] Song F, Clark A, Bachmann M, Maas J. Simulation evaluation of statistical properties of methods for indirect and mixed treatment comparisons [J]. BMC Med Res Methodol, 2012, 12: 138.

[161] Sturtz S, Bender R. Unsolvsed issues of mixed treatment comparison meta-analysis:

network size and inconsistency [J]. Res Synth Methods, 2012, 3(4): 300−311.

[162] Sun F, Yu K, Yang Z, et al. Impact of GLP−1 receptor agonists on major gastrointestinal disorders for type 2 diabetes mellitus: a mixed treatment comparison meta-analysis [J]. Exp Diabetes Res, 2012, 2012: 230624.

[163] van Valkenhoef G, Lu B, de Brock B, et al. Automating network meta-analysis [J]. Res Synth Methods, 2012, 3(4) : 285−299.

[164] van Valkenhoef G, Tervonen T, de Brock B, et al. Algorithmic Parameterization of Mixed Treatment Comparisons [J]. Statistics and Computing, 2012, 22(5) : 1099−1111.

[165] Wang SY, Chu H, Shamliyan T, et al. Network meta-analysis of margin threshold for women with ductal carcinoma in situ [J]. J Natl Cancer Inst, 2012, 104(7): 507−516.

[166] White I. MVMETA: Stata module to perform multivariate random effects meta-analysis. https: //ideas. repec. org/c/boc/bocode/s456970. html

[167] White IR, Barrett JK, Jackson D, et al. Consistency and inconsistency in network meta-analysis: model estimation using multivariate meta-regression [J]. Res Synth Methods, 2012, 3(2): 111−125.

[168] Balshem H, Helfand M, Schünemann HJ, et al. GRADE guidelines: 3. Rating the quality of evidence [J]. J Clin Epidemiol, 2011, 64(12): 401−406.

[169] Brigo F. New anti-epileptic drugs: overcoming the limits of randomised controlled trials [J]. Int J Evid Based Healthc, 2011, 9(4): 440−443.

[170] Cooper NJ, Peters J, Lai MC, et al. How valuable are multiple treatment comparison methods in evidence-based health-care evaluation [J]? Value Health, 2011, 14(2): 371−380.

[171] Guyatt GH, Oxman AD, Schünemann HJ, et al. GRADE guidelines: a new series of articles in the Journal of Clinical Epidemiology [J]. J Clin Epidemiol, 2011, 64(12): 380–382.

[172] Guyatt GH, Oxman AD, VSist G, Kunz R, et al. GRADE guidelines: 4. Rating the quality of evidence—study limitations (risk of bias) [J]. J Clin Epidemiol, 2011, 64(12): 407–415.

[173] Guyatt GH, Oxman AD, Mon, ri VS, et al. GRADE guidelines: 5. Rating the quality of evidence—publication bias [J]. J Clin Epidemiol, 2011, 64(12): 1277–1282.

[174] Guyatt GH, Oxman AD, Kunz R, et al. GRADE guidelines 6. Rating the quality of evidence—imprecision [J]. J Clin Epidemiol, 2011, 64(12): 1283–1293.

[175] Guyatt GH, Oxman AD, Kunz R, et al. GRADE guidelines: 7. Rating the quality of evidence—inconsistency [J]. J Clin Epidemiol, 2011, 64: 1294–1302.

[176] Guyatt GH, Oxman AD, Kunz R, et al. GRADE guidelines: 8. Rating the quality of evidence—indirectness [J]. J Clin Epidemiol, 2011, 64(12): 1303–1310.

[177] Higgins JP, Altman DG, Gøtzsche PC, et al. The Cochrane Collaboration's tool for assessing risk of bias in randomised trials [J]. BMJ, 2011, 343: d5928.

[178] Jansen JP, Fleurence R, Devine B, et al. Interpreting indirect treatment comparisons and network meta-analysis for health-care decision making: report of the ISPOR Task Force on Indirect Treatment Comparisons Good Research Practices: part 1 [J]. Value Health. 2011, 14(4): 417–428.

[179] Hoaglin DC, Hawkins N, Jansen JP, et al. Conducting indirect-treatment-comparison and network-meta-analysis studies: report of the ISPOR Task Force on Indirect Treatment Comparisons Good Research Practices: part 2 [J]. Value Health, 2011, 14(4): 429–437.

[180] Jansen JP. Network meta-analysis of survival data with fractional polynomials [J]. BMC Med Res Methodol, 2011, 11: 61.

[181] Jones B, Roger J, Lane PW, et al. Statistical approaches for conducting network meta-analysis in drug development [J]. Pharm Stat, 2011, 10(6): 523–531.

[182] Li T, Puhan M, Vedula S, et al. Network meta-analysis-highly attractive but more methodological research is needed [J]. BMC Medicine, 2011, 9(1): 79.

[183] Madan J, Stevenson MD, Cooper KL, et al. Consistency between direct and indirect trial evidence: is direct evsidence always more reliable [J]? Value Health, 2011, 14(6): 953–960.

[184] Mills E, Bansback N, Ghement I, et al. Multiple treatment comparison meta-analyses: a step forward in, complexity [J]. Clin Epidemiol, 2011, 3: 193–202.

[185] Song F, Xiong T, Parekh-Bhurke S, et al. Inconsistency between direct and indirect comparisons of competing interventions: meta-epidemiological study [J]. BMJ, 2011, 343(7821): d4909.

[186] White IR. Multivariate random-effects meta-regression: updates to mvmeta [J]. Stata J, 2011, 11(2): 255–270.

[187] Willis BH, Quigley M. The assessment of the quality of reporting of meta analyses in diagnostic research: a systematic review [J]. BMC Med Res Methodol, 2011, 11: 163.

[188] Caldwell DM, Welton NJ, Ades A. Mixed treatment comparison analysis provides internally coherent treatment effect estimates based on overviews of reviews and can reveal inconsistency [J]. J Clin Epidemiol, 2010, 63(8): 875–882.

[189] Dias S, Welton NJ, Ades AE. Study designs to detect sponsorship and other biases in systematic reviews [J]. J Clin Epidemiol, 2010, 63(6): 587–588.

[190] Dias S, Welton NJ, Caldwell DM, et al. Checking consistency in mixed treatment comparison meta-analysis [J]. Stat Med, 2010, 29(7–8): 932–944.

[191] Edwards SJ, Borrill J. Network meta-analysis: importance of appropriate trial selection [J]. Value Health, 2010, 13(5): 681–682.

[192] Hooijmans CR, Leenaars M, Ritskes-Hoitinga M. A gold standard publication check list to improve the quality of animal studies, to fully integrate the Three Rs, and to make systematic

reviews more feasible [J]. Altern Lab Anim, 2010, 38(2): 167–182.

[193] Kilkenny C, Browne WJ, Cuthill IC, et al. Improving bioscience research reporting: the ARRIVE guidelines for reporting animal research [J]. PLoS Biol, 2010, 8(6): e1000412.

[194] Kirkham JJ, Altman DG, Williamson PR. Bias due to changes in specified outcomes during the systematic review process [J]. PLoS One, 2010, 5(3): e9810.

[195] Kirkham JJ, Dwan KM, Altman DG, et al. The impact of outcome reporting bias in randomised controlled trials on a cohort of systematic reviews [J]. BMJ, 2010, 340: c365.

[196] Lathyris DN, Patsopoulos NA, Salanti G, et al. Industry sponsorship and selection of comparators in randomized clinical trials [J]. Eur J Clin Invest, 2010, 40: 172–182.

[197] Nestoriuc Y, Kriston L, Rief W. Meta-analysis as the core of evidence-based behavioral medicine: tools and pitfalls of a statistical approach [J]. Curr Opin Psychiatry, 2010, 23(2): 145–150.

[198] Ouwens MJ, Philips Z, Jansen JP. Network meta-analysis of parametric survival curves [J]. Res Synth Methods, 2010, 1(3–4): 258–271.

[199] Eckermann S, Coory M, Willan AR. Indirect comparison: relative risk fallacies and odds solution [J]. J Clin Epidemiol, 2009, 62(10): 1031–1036.

[200] Fisher M, Feuerstein G, Howells DW, et al. Update of the stroke therapy academic industry roundtable preclinical recommendations [J]. Stroke, 2009, 40(6): 2244–2250.

[201] Hawkins N, Scott DA, Woods BS, et al. No study left behind: a network meta-analysis in non-small-cell lung cancer demonstrating the importance of considering all relevant data [J]. Value Health, 2009, 12(6): 996–1003.

[202] Moher D, Liberati A, Tetzlaff J, et al. Preferred reporting items for systematic reviews and meta-analyses: the PRISMA statement [J]. Ann Intern Med, 2009, 151: 264–269.

[203] White IR. Multivariate random-effects meta-analysis [J]. Stata J, 2009, 9(1): 40–56.

[204] Jansen JP, Crawford B, Bergman G, et al. Bayesian meta-analysis of multiple treatment comparisons: an introduction to mixed treatment comparisons [J]. Value Health, 2008, 11(5): 956–964.

[205] Salanti G, Higgins JPT, Ades AE, et al. Evaluation of networks of randomized trials [J]. Stat Methods Med Res, 2008, 17(3): 279–301.

[206] Sampson M, McGowan J, Tetzlaff J, et al. No consensus exists on search reporting methods for systematic reviews [J]. J Clin Epidemiol, 2008, 61(8): 748–754.

[207] Stettler C, Allemann S, Wandel S, et al. Drug eluting and bare metal stents in people with and without diabetes: collaborative network meta-analysis [J]. BMJ, 2008, 337: a1331.

[208] Sutton A, Ades AE, Cooper N, et al. Use of indirect and mixed treatment comparisons for technology assessment [J]. Pharmacoeconomics, 2008, 26(9): 753–767.

[209] Welton N, Cooper N, Ades A, et al. Mixed treatment comparison with multiple outcomes reported inconsistently across trials: evaluation of antivirals for treatment of influenza A and B [J]. Stat Med, 2008, 27(27): 5620–5639.

[210] Elliott WJ, Meyer PM. Incident diabetes in clinical trials of anti hypertensive drugs: a network meta-analysis [J]. Lancet, 2007, 369(9557): 201–207.

[211] Golfinopoulos V, Salanti G, Pavlidis N, et al. Survival and disease-progression benefits with treatment regimens for advanced colorectal cancer: a meta-analysis [J]. Lancet Onco, 2007, 8(10): 898–911.

[212] Lu G, Ades AE, Sutton AJ, et al. Meta-analysis of mixed treatment comparisons at multiple follow-up times [J]. Stat Med, 2007, 26(20): 3681–3699.

[213] Stettler C, Wandel S, Allemann S, et al. Outcomes associated with drug-eluting and bare-metal stents: a collaborative network meta-analysis [J]. Lancet, 2007, 370(9591): 937–948.

[214] Toft N, Innocent GT, Gettinby G, et al. Assessing the convergence of Markov Chain Monte Carlo methods: an example from evaluation of diagnostic tests in absence of a gold standard [J]. Prev Vet Med, 2007, 79(2–4): 244–256.

[215] Lu G, Ades A. Assessing evidence inconsistency in mixed treatment comparisons [J]. J Am Stat Assoc, 2006, 101(474): 447–459.

[216] Crumley ET, Wiebe N, Cramer K, et al. Which resources should be used to identify RCT/CCTs for systematic reviews: a systematic review [J]. BMC Med Res Methodol, 2005, 5: 24.

[217] Lu G, Ades A. Combination of direct and indirect evidence in mixed treatment comparisons [J]. Stat Med, 2004, 23(20): 3105–3124.

[218] Macleod MR, O'Collins T, Howells DW, et al. Pooling of animal experimental data reveals influence of study design and publication bias [J]. Stroke, 2004, 35(5): 1203–1208.

[219] Deeks JJ, Dinnes J, D'Amico R, et al. Evaluating non-randomised intervention studies [J]. Health Technol Assess, 2003, 7(27): iii-x, 1–173.

[220] Lim E, Ali Z, Ali A, et al. Indirect comparison meta-analysis of aspirin therapy after coronary surgery [J]. BMJ, 2003, 327(7427): 1309.

[221] Song F, Altman DG, Glenny A-M, et al. Validity of indirect comparison for estimating efficacy of competing interventions: empirical evidence from published meta-analyses [J]. BMJ, 2003, 326(7387): 472.

[222] Higgins J, Thompson SG. Quantifying heterogeneity in a meta-analysis [J]. Stat Med, 2002, 21(11): 1539–1558.

[223] Lumley T. Network meta-analysis for indirect treatment comparisons [J]. Stat Med, 2002, 21(16): 2313–2324.

[224] Moher D, Cook DJ, Eastwood S, et al. Improving the quality of reports of meta-analyses of randomised controlled trials: the QUOROM statement [J]. Lancet, 1999, 354(9193): 1896–1900.

[225] Bucher HC, Guyatt GH, Griffith LE, et al. The results of direct and indirect treatment comparisons in meta-analysis of randomized controlled trials [J]. J Clin Epidemiol, 1997, 50(6): 683–691.

[226] Egger M, Smith GD, Schneider M, et al. Bias in meta-analysis detected by a simple, graphical test [J]. BMJ, 1997, 315(7109): 629–634.

[227] Begg CB, Mazumdar M. Operating characteristics of a rank correlation test for publication bias [J]. Biometrics, 1994, 50(4): 1088–1101.

[228] Chaimani A. Using STATA for Network Meta-Analysis [EB/OL]. Available from: http: // www.mtm.uoi.gr/STATA.html.

[229] Gerta Ruecker GS. netmeta: Network meta-analysis with R [EB/OL]. Available from: http: //cran. r-project. org/web/packages/netmeta/netmetapdf. 2015–08–15.

[230] Higgins JP, S G. Cochrane Handbook for Systematic Reviews of Interventions 5.1.0 [updated March 2014]. Avaliable from: http: //www.cochrane-handbook.org

[231] Li LF, Zhang J, Chu HT. pcnetmeta: Methods for patient-centered network meta-analysis. Version 1.2 [EB/OL]. Avaliable from: http: //cran. r-project. org/web/ packages/ pcnetmeta/ index.html.

[232] Plummer M, Best N, Cowles K, et al. CODA: Convergence Diagnosis and Output Analysis for MCMC. Version 0.17–1 [EB/OL]. Avaliable from: http: //mirror. bjtu. edu. cn/cran/

[233] van Valkenhoef G, Kuiper J. gemtc: Network meta-analysis using Bayesian methods [EB/OL]. Available from: http: //cran. r-project. org/web/packages/gemtcpdf. 2015–8–15.